建筑信息化服务技术人员职业技术辅导教材

铁路工程 BIM 基础知识

人力资源和社会保障部职业技能鉴定中心
北 京 绿 色 建 筑 产 业 联 盟   组织编写

中铁工程设计咨询集团有限公司   主编单位
张忠良   王晓刚   主编

中国建筑工业出版社

图书在版编目(CIP)数据

铁路工程BIM基础知识/张忠良,王晓刚主编. —北京:中国建筑工业出版社,2019.1

建筑信息化服务技术人员职业技术辅导教材

ISBN 978-7-112-23128-7

Ⅰ.①铁… Ⅱ.①张… ②王… Ⅲ.①铁路工程-工程项目管理-应用软件-岗位培训-教材 Ⅳ.①F530.31-39

中国版本图书馆CIP数据核字(2018)第294943号

责任编辑:封 毅 毕凤鸣 周方圆
责任校对:赵 颖

建筑信息化服务技术人员职业技术辅导教材
铁路工程 BIM 基础知识

人力资源和社会保障部职业技能鉴定中心
北 京 绿 色 建 筑 产 业 联 盟 　组织编写

中铁工程设计咨询集团有限公司　主编单位

张忠良　王晓刚　主编

*

中国建筑工业出版社出版、发行(北京海淀三里河路9号)
各地新华书店、建筑书店经销
北京红光制版公司制版
天津翔远印刷有限公司印刷

*

开本:787×1092毫米　1/16　印张:28½　字数:708千字
2019年5月第一版　2019年5月第一次印刷
定价:**78.00**元
ISBN 978-7-112-23128-7
(33207)

本 书 编 委 会

编委会主任：陆泽荣　北京绿色建筑产业联盟执行主席

主编单位：中铁工程设计咨询集团有限公司

主　　编：张忠良　王晓刚

编写人员：（排名不分先后）

中铁工程设计咨询集团有限公司	王　磊	李　纯	张　弛	赵博洋
	展志成	张大春	周清华	黄新文
	韩雪莹	李娅冉	刘　昭	王兴鲁
	吴　洋	陈　翔	张　丽	张国涛
	石鲁宁	张　毅	孟　笑	明　杰
	王　婧	李茂蛟	张　轩	薛宇腾
	韩广晖	杨文成	赵　琳	庞思雨
	孟德鑫			
北京天盛环球工程咨询有限公司	李天阳	董文龙	胡林策	许　磊
	龚　寒	韩　松	李明远	田　旭
	席梓瑞	元晓皓		
中国铁路济南局集团有限公司：	陈文捷	李元龙		
京张城际铁路有限公司：	高焕忠	沈　智		
济青高速铁路有限公司：	刘　杰	高世超	董彦习	张　帅
	卢大治	宿宝忠		
鲁南高速铁路有限公司：	张海凤	孙召伍	姜　贺	谷存雷
石港城际铁路有限责任公司：	王　雨	周松林		
杭绍台铁路有限公司：	陈国良	杨宏星	董红博	
中铁第五勘察设计院集团有限公司：	何明华	高　煌		

中国中铁电气化局集团公司： 徐佳明 刘绍鹏

中国铁建电气化局集团有限公司： 吕锡纲 李长波

中元众诚（北京）科技有限公司： 刘清松

上海锦申信息科技有限公司： 宋桃东

中铁二十四局集团有限公司： 刘利强

评审专家组：（排名不分先后）

中国铁路济南局集团有限公司： 张　铭 杨杯义

青连铁路有限责任公司： 栾光日 闫立忠 单云波 张秀泉
庞希海

济青高速铁路有限公司： 姜长兴 刘杰民 周宪东 杨书生
李志刚

鲁南高速铁路有限公司： 王基全 孙韶峰 杨俊泉 冯贵莹
田月峰

京津冀城际铁路投资有限公司： 吴广盛

中铁第四勘察设计院集团有限公司： 冯光东

中国中铁建工集团西北分公司： 严　晗

万达商业规划研究院： 李雄毅

石家庄铁道大学： 吕希奎 王硕禾 刘瑞杰

内蒙古大学： 李卓英

北京鸿业同行科技有限公司： 杨永生 张宏南

丛 书 总 序

中共中央办公厅、国务院办公厅印发《关于促进建筑业持续健康发展的意见》（国发办〔2017〕19 号），住房城乡建设部印发《2016—2020 年建筑业信息化发展纲要》（建质函〔2016〕183 号），《关于推进建筑信息模型应用的指导意见》（建质函〔2015〕159 号），国务院印发《国家中长期人才发展规划纲要（2010—2020 年)》《国家中长期教育改革和发展规划纲要（2010—2020 年)》，教育部等六部委联合印发的《关于进一步加强职业教育工作的若干意见》等文件，以及全国各地方政府相继出台多项政策措施，为我国建筑信息化 BIM 技术广泛应用和人才培养创造了良好的发展环境。

当前，我国的建筑业面临着转型升级，BIM 技术将会在这场变革中起到关键作用；也必定成为建筑领域实现技术创新、转型升级的突破口。围绕住房和城乡建设部印发的《推进建筑信息模型应用指导意见》，在建设工程项目规划设计、施工项目管理、绿色建筑等方面，更是把推动建筑信息化建设作为行业发展总目标之一。国内各省市行业行政主管部门已相继出台关于推进 BIM 技术推广应用的指导意见，标志着我国工程项目建设、绿色节能环保、装配式建筑、3D 打印、建筑工业化生产等要全面进入信息化时代。

如何高效利用网络化、信息化为建筑业服务，是我们面临的重要问题；尽管 BIM 技术进入我国已经有很长时间，所创造的经济效益和社会效益只是星星之火。不少具有前瞻性与战略眼光的企业领导者，开始思考如何应用 BIM 技术来提升项目管理水平与企业核心竞争力，却面临诸如专业技术人才、数据共享、协同管理、战略分析决策等难以解决的问题。

在"政府有要求，市场有需求"的背景下，如何顺应 BIM 技术在我国运用的发展趋势，是建筑人应该积极参与和认真思考的问题。推进建筑信息模型（BIM）等信息技术在工程设计、施工和运行维护全过程的应用，提高综合效益，是当前建筑人的首要工作任务之一，也是促进绿色建筑发展、提高建筑产业信息化水平、推进智慧城市建设和实现建筑业转型升级的基础性技术。普及和掌握 BIM 技术（建筑信息化技术）在建筑工程技术领域应用的专业技术与技能，实现建筑技术利用信息技术转型升级，同样是现代建筑人职业生涯可持续发展的重要节点。

为此，北京绿色建筑产业联盟特邀请国际国内 BIM 技术研究、教学、开发、应用等方面的专家，组成 BIM 技术应用型人才培养丛书编写委员会；针对 BIM 技术应用领域，组织编写了这套 BIM 工程师专业技能培训与考试指导用书，为我国建筑业培养和输送优秀的建筑信息化 BIM 技术实用性人才，为各高等院校、企事业单位、职业教育、行业从业人员等机构和个人，提供 BIM 专业技能培训与考试的技术支持。这套丛书阐述了 BIM 技术在建筑全生命周期中相关工作的操作标准、流程、技巧、方法；介绍了相关 BIM 建模软件工具的使用功能和工程项目各阶段、各环节、各系统建模的关键技术。说明了 BIM 技术在项目管理各阶段协同应用关键要素、数据分析、战略决策依据和解决方案。提出了推动 BIM 在设计、施工等阶段应用的关键技术的发展和整体应用策略。

我们将努力使本套丛书成为现代建筑人在日常工作中较为系统、深入、贴近实践的工具型丛书，促进建筑业的施工技术和管理人员、BIM 技术中心的实操建模人员、战略规划和项目管理人员，以及参加 BIM 工程师专业技能考评认证的备考人员等理论知识升级和专业技能提升。本丛书还可以作为高等院校的建筑工程、土木工程、工程管理、建筑信息化等专业教学课程用书。

本套丛书包括四本基础分册，分别为《BIM 技术概论》《BIM 应用与项目管理》《BIM 建模应用技术》《BIM 应用案例分析》，为学员培训和考试指导用书。另外，应广大设计院、施工企业的要求，我们还出版了《BIM 设计施工综合技能与实务》《BIM 快速标准化建模》等应用型图书，并且方便学员掌握知识点的《BIM 技术知识点练习题及详解（基础知识篇）》《BIM 技术知识点练习题及详解（操作实务篇）》。后续我们还将陆续推出面向 BIM 造价工程师、BIM 装饰工程师、BIM 电力工程师、BIM 机电工程师、BIM 铁路工程师、BIM 轨道交通工程师、BIM 工程设计工程师、BIM 路桥工程师、BIM 成本管控、装配式 BIM 技术人员等专业方向的培训与考试指导用书，覆盖专业基础和操作实务全知识领域，进一步完善 BIM 专业类岗位能力培训与考试指导用书体系。

为了适应 BIM 技术应用新知识快速更新迭代的要求，充分发挥建筑业新技术的经济价值和社会价值，本套丛书原则上每两年修订一次；根据《教学大纲》和《考评体系》的知识结构，在丛书各章节中的关键知识点、难点、考点后面植入了讲解视频和实例视频等增值服务内容，让读者更加直观易懂，以扫二维码的方式进入观看，从而满足广大读者的学习需求。

感谢各位编委们在极其繁忙的日常工作中抽出时间撰写书稿。感谢清华大学、北京建筑大学、北京工业大学、华北电力大学、云南农业大学、四川建筑职业技术学院、黄河科技学院、湖南交通职业技术学院、中国建筑科学研究院、中国建筑设计研究院、中国智慧科学技术研究院、中国建筑西北设计研究院、中国建筑股份有限公司、中国铁建电气化局集团、北京城建集团、北京建工集团、上海建工集团、北京中外联合建筑装饰工程有限公司、北京市第三建筑工程有限公司、北京百高教育集团、北京中智时代信息技术公司、天津市建筑设计院、上海 BIM 工程中心、鸿业科技公司、广联达软件、橄榄山软件、麦格天宝集团、成都孺子牛工程项目管理有限公司、山东中永信工程咨询有限公司、海航地产集团有限公司、T-Solutions、上海开艺设计集团、江苏国泰新点软件、浙江亚厦装饰股份有限公司、文凯职业教育学校等单位，对本套丛书编写的大力支持和帮助，感谢中国建筑工业出版社为丛书的出版所做出的大量的工作。

北京绿色建筑产业联盟执行主席　陆泽荣

2019 年 1 月

本 书 序

BIM 源于 "Building Information Modeling"，中文译为 "建筑信息模型"。20 世纪 70 年代末，美国、英国等国家率先进行了 BIM 的研究与开发工作，BIM 技术在工程项目中展示的巨大潜力引起了全球范围内的 BIM 热潮。改革开放以来，我国经济的高速增长带动了建筑业的快速发展，推动了国内建筑业与 BIM 技术的融合，中国尊、国家会展中心、广州东塔、上海中心大厦等国内大型的新建项目都较多地使用了 BIM 技术，实现施工技术和管理手段的双重创新，有效解决了施工矛盾。时至今日，BIM 已成为全球工程建设行业共同认可的专业术语，是改变传统工程项目中设计、施工、运维等各方面的模式和方法，使项目信息共享更加方便快捷，促进人力、物料、设备等资源的合理利用，提高社会经济效益。

国务院、住房城乡建设部等部门发布的文件精神，都在推进 BIM 技术在各行各业内的应用。结合我国 2016 年发布的《中长期铁路网规划》，到 2020 年，全国铁路营业里程达到 15 万公里。铁路网要扩大规模、完善结构、提高质量，推进技术创新，未来铁路建设的需求仍将持续增长。尽管 BIM 技术进入我国已有相当一段时间，但其所创造的经济效益和社会效益只是星星之火，铁路工程 BIM 技术的开发与应用整体上尚处于起步和探索阶段，并未融入铁路建设的全生命周期过程。随着中国铁路信息化建设进程的不断推进，BIM 技术将成为铁路工程建设行业发展的必然趋势。

在铁路工程高速建设的背景下，如何运用 BIM 技术推进铁路行业信息化建设，提高铁路行业的整体效益，是每个铁路人都在思考的问题。铁路工程项目的建设从规划、设计到施工、运营构成了一个庞大的体系，各专业既有严格的分工，又有紧密的协作，推进 BIM 技术在项目全过程中的应用，促进各专业协同工作，是未来我国铁路建设发展的需要。普及和掌握 BIM 技术在铁路工程中的应用，是提高铁路行业信息化水平、实现智能铁路建设的重要技术基础。

依据工业和信息化部电子行业职业技能鉴定指导中心、人力资源和社会保障部职业技能鉴定中心、北京绿色建筑产业联盟 BIM 技术研究与推广应用委员会的意见，编委会组织铁路行业内 BIM 技术研究、教学、开发、应用等方面的专家，精心编制了一套言简意赅、深入浅出的铁路工程 BIM 技术书籍，作为 BIM 工程师铁路工程方向的专业技能培训与考试指导用书，为快速普及铁路工程 BIM 基础知识，培养铁路专项人才提供基础性力量，引导 BIM 技术在铁路各行业深化落地，促进铁路 BIM 项目开展及技术推广。

本书目标是作为现代铁路人在日常工作中较为系统、深入、贴近实践的工具书，促进铁路行业各阶段的技术和管理人员、BIM 技术实操建模人员、战略规划和项目管理人员以及参加 BIM 工程师专业技能考评认证的备考人员等理论知识升级和专业技能提升。本丛书还可以作为高等院校铁路工程专业的教学课程用书。

《铁路工程 BIM 基础知识》作为轨道交通（铁路方向）系列的第一本理论基础书籍，旨在为当前铁路行业内 BIM 技术的推广应用进行基础梳理工作，普及面向大众的铁路 BIM 相关知识，后续会陆续开展铁路专业 BIM 实操等专项书籍的编写，并推出与各丛书配套的技能训练习题、应试攻略等用书。

本书从 BIM 基础知识、铁路工程基础知识谈起，涉及铁路建设各个阶段的 BIM 技术应用与实际操作的经验介绍，同时提供可参考的不同应用案例，对当前正在开展的智能铁路建设和今后铁路的智能运维管理，都将起到积极的作用。

中国铁路总公司工程管理中心原副主任兼总工程师、铁路 BIM 联盟秘书长

盛黎明

2019 年 3 月

前　言

建筑信息模型（BIM）引入国内建筑工程领域后，颠覆了传统项目建设中的设计、施工和运维模式，被视为工程建设领域的第二次数字革命。BIM不仅带来现有技术的进步和更新换代，也间接影响了生产组织模式和管理方式，更长远地影响人们思维模式的转变。BIM技术的核心是通过赋予信息化三维模型完整、与实际情况一致的建筑工程信息，从而完成在项目全生命周期内的分析、模拟、可视化、施工图、工程量统计等过程，使建筑工程的信息集成化程度大大提高，为工程建设中各参与方提供信息交互平台，有效消除工程隐患、提前规避风险。

BIM作为一种有利于建筑工程全生命周期信息化管理的技术，其未来在建筑领域的普遍应用已不容置疑。铁路工程作为大型基础设施，不仅建设周期长、消耗资源多，相比建筑工程，铁路建设的施工技术也更为复杂，同时还要面临自然环境的考验，将铁路建设与建筑信息模型结合，是未来铁路工程的发展趋势，密切融合现代科技成果，提升铁路发展的效率效益。在现阶段，铁路行业内已在大力推进BIM技术的研究与探索，并在部分项目中得到了初步应用，但是目前也存在着对于BIM技术的认识不够统一、BIM技术人员知识储备不足、技术流程和交付成果不够规范、BIM技术与项目管理契合度不高等问题。

基于上述现状，同时结合工业和信息化部职业技能鉴定指导中心BIM系列岗位教育与考评项目管理中心组织的BIM职业技能考试要求，我们组织相关专家和奋斗在铁路BIM应用一线的专业技术人员编写了本书，希望能为考生提供帮助，也希望能为有志从事铁路行业BIM工作者提供指引。

本书对铁路工程BIM相关知识做了较为系统的介绍，共分为10个章节，第1~2章综述了铁路行业BIM发展现状及相关BIM项目应用依据，第3~4章分别对铁路工程BIM项目应用软件和实施策划过程进行简单介绍，第5~8章着重讲解了铁路工程各专业在项目建设规划、设计、施工阶段内的BIM应用内容，阐述了基于BIM技术下的铁路工程协同管理体系，第9~10章对铁路工程BIM技术应用趋势进行展望，通过铁路工程项目实际案例讲解BIM技术在铁路建设全生命周期内的应用。

本书在编写过程中参考了大量专业文献，汲取了行业专家的经验，参考和借鉴了有关专业书籍内容，尤其是铁路BIM联盟有关标准的内容，以及中国BIM培训网、土木产学研平台等论坛上相关网友的BIM应用心得体会。在此，向这部分文献的作者表示衷心的感谢！

由于本书编者水平有限，时间紧张，不妥之处在所难免，恳请广大读者批评指正，若有不妥之处，可随时向微信公众号（ID：Newbuildingcircle）后台发送反馈意见。

感谢参加本丛书编写的各位编委们在极其繁忙的日常工作中抽出时间撰写书稿。感谢京张城际铁路有限公司、中国铁路济南局集团有限公司、济青高速铁路有限公司、鲁南高速铁路有限公司、青连铁路有限责任公司、京津冀城际铁路投资有限公司、中国中铁电气化局集团公司、石家庄铁道大学、Autodesk 软件、Bentley 软件、Dassault Systèmes 软件等单位对本书编写的大力支持和帮助，感谢中国建筑工业出版社为本书的出版做出的大量的工作。

《铁路工程 BIM 基础知识》编写组

2019 年 3 月

目　　录

第 1 章　铁路工程 BIM 综述

　　BIM 技术的逐步成熟使其应用领域不断扩大，将 BIM 与铁路工程建设相结合，为铁路工程的科学发展注入了新的活力。本章主要从 BIM 技术概念、铁路工程 BIM 的发展、铁路工程 BIM 职业发展三大方面对铁路工程 BIM 基础知识进行讲解，为后续章节的学习打下基础。首先，概述 BIM 技术的定义、特点及其在国内外的发展应用；其次，对铁路工程行业现状及信息化发展进行基本介绍，讲解铁路工程的 BIM 应用；最后，通过对铁路工程 BIM 相应岗位职责与职业素质具体要求的介绍，使读者对铁路行业 BIM 工程师有更全面的了解。

1.1　BIM 概述

1.1.1　BIM 定义

BIM（Building Information Model）是"建筑信息模型"的简称，起源于 20 世纪 70 年代，由美国乔治亚理工学院（Georgia Institute of Technology）的查克伊士曼博士（Chuck Eastman，Ph. D.）提出，并定义其为：建筑信息模型是将一个建筑建设项目在整个生命周期内的所有几何特性、功能要求与构件的性能信息综合到一个单一的模型中，同时，这个单一模型的信息中还包括了施工进度、建造过程的控制信息。

目前，对于 BIM 的定义与解释已有诸多版本。维基百科中将 BIM 定义为涵盖了几何学、空间关系、地理信息系统、各种建筑组件性质及数量（例如供应商的详细信息）的建筑信息模型，可以用来展示整个建筑生命周期，包括兴建过程及运营过程；美国国家标准（NBIMS）定义 BIM，为一个建设项目物理和功能特性的数字表达，是从建设项目最初概念设计阶段开始的整个生命周期里做出任何决策的可靠的共享信息资源。

不管 BIM 定义如何，可以肯定的是，应用 BIM 技术能为项目带来巨大的价值优势。BIM 技术能够实现工程项目在规划、设计、施工、运营维护等各阶段，各参与方、各专业之间的信息交换与共享、协同工作；可以支持工程环境、能耗、经济、安全等的分析和模拟，实现虚拟建造；实现项目全过程的精细管理，为项目各类决策提供依据，为产业链贯通提供技术保障，促进工程领域生产方式的变革，推动建筑工业化和可持续发展。

随着 BIM 的发展，在建筑工程中应用 BIM 技术已屡见不鲜，建筑业对于 BIM 的认识也越来越广泛。笔者认为，BIM 并非任何一款软件，也不只是一项信息化技术，而是一种全新的工作模式，是对工程领域工具、技术、流程、组织结构、思维方式、分配方式、管理模式等进行改革的系统工程，并服务于项目设计、施工、运营、维护整个生命周期。BIM 是引领建筑工程行业信息技术走向更高层次的一项革新，也是应用于建筑等各类工程行业信息技术发展到今天的必然产物，它的全面应用，将为各类工程行业的科技进步产生无可估量的影响。

1.1.2　BIM 的特点

按照国内对 BIM 的普遍认识，BIM 具有可视化、参数化、一体化、仿真性、协调性、优化性六大特点，能够使项目参与方更好地理解设计概念、减少资源浪费、提升项目质量、节约成本，提高工程建设效益。

1. 可视化

可视化是 BIM 最显而易见的特点。BIM 将以往线条式的构件形成一种三维立体实物图形展现在人们面前，为实现可视化操作开辟了广阔前景，其附带的构件信息（几何信息、关联信息、技术信息等）为可视化操作提供了有力的支持，不但使一些比较抽象的信息（如应力、温度、热舒适性等）用可视化的方式表达出来，还可以将设施建设过程及各种相互关系动态地表现出来。可视化操作为项目团队进行的一系列分析提供了方便，有利于提高生产效率、降低生产成本和提高工程质量。

2. 参数化

参数化特点使得在操作时，简单地改变模型中的参数值就能建立新的模型。BIM 的参数化设计分为两个部分："参数化图元"和"参数化修改引擎"。"参数化图元"指的是 BIM 中的图元是以构件的形式出现，这些构件之间的不同，是通过参数的调整反映出来的，参数保存了图元作为数字化建筑构件的所有信息；"参数化修改引擎"指的是参数更改技术使用户对建筑设计或文档部分作的任何改动，都可以自动地在其他相关联部分反映出来。在参数化设计系统中，设计人员根据工程关系和几何关系来指定设计要求。参数化设计的本质是在可变参数的作用下，系统能够自动维护所有的不变参数，提高模型的生成和修改速度。

3. 一体化

一体化指的是 BIM 技术可以实现工程项目设计、施工、运营等全生命周期的一体化管理。BIM 技术的核心是一个由计算机三维模型所形成的数据库，包含项目建设各阶段的全过程信息，使工程参与各方可以清楚全面地了解项目。BIM 将各专业的设计模型整合到一个共享的建筑信息模型中，设计中的冲突可以直观显现出来并进行及时的调整。利用 BIM 可以实现整个施工周期的可视化模拟与可视化管理，提高资金使用率。在运营管理阶段也能够提高收益和成本管理水平，最大化地实现 BIM 意义，完成项目全生命周期的信息化管理。

4. 仿真性

基于 BIM 技术可以在设计过程中赋予所创建的虚拟建筑模型大量建筑信息（几何信息、材料性能、构件属性等），然后将 BIM 模型导入相关性能分析软件，就可得到相应分析结果。这一性能使得原本 CAD 时代需要专业人士花费大量时间输入大量专业数据的过程，可自动轻松完成，从而大大降低了工作周期，提高设计质量，优化项目服务。

5. 协调性

BIM 的协调性体现在两个方面：一是在数据之间创建实时的、一致性的关联，对数据库中数据进行的任何修改，立刻可以在其他关联的地方反映出来；二是在各构件实体之间实现关联显示、智能联动。基于 BIM 进行工程管理，可以有助于工程各参与方进行组织协调，完成设计成果、施工进度、成本预测、运维管理等方面的协调工作，提升设计质量，优化施工方案，降低成本风险，将项目建设中产生的数据资源充分利用，提高工程效益。

6. 优化性

在整个项目设计、施工、运营的过程中，其实就是一个不断优化的过程，BIM 模型提供了各类工程存在的实际信息，包括几何信息、物理信息、规则信息，还提供了各类工程变化以后的实际存在。BIM 及其配套的各种优化工具提供了对复杂项目进行优化的可能：把项目设计和投资回报分析结合起来，计算出设计变化对投资回报的影响，使得业主选取更有利于自身的需求，并对设计、施工方案进行优化，节省工期与建设成本。

1.1.3　BIM 国内外发展历程

BIM 技术因为其实际内涵和价值，在国内外建筑工程行业受到越来越多的关注和研究，逐步成为建筑工程行业发展以及产业转型升级的关键技术。BIM 作为一种可应用于工程设计建造管理的数字化工具，支持项目各种信息的连续应用及实时应用，大大提高设计、施工乃至整个工程的质量和效率，显著降低成本，各国相继推出了一系列技术政策和措施，来加速 BIM 技术的普及应用。

1. BIM 在国外的发展

美国是较早启动建筑业信息化研究的国家。2003 年，美国总务署（GSA）推出了国家级 3D—4D—BIM 计划，并要求从 2007 年起，所有大型项目都要应用 BIM；2006 年 10 月，美国陆军工程兵团（USACE）发布了为期 15 年的 BIM 发展路线规划，承诺所有军事建筑项目都将使用 BIM 技术，以提升规划、设计和施工质量及效率。

英国政府强制要求使用 BIM 技术成为促进 BIM 发展的一项重要因素。2011 年 5 月，英国内阁办公室发布了"政府建设战略"（Government Construction Strategy）文件，明确要求在未来五年内，完成全面协同的 BIM，每年年底进行阶段性规划，该文件得到了 PAS 1192 标准的支持。在 2016 发布的第二份政府建筑业战略报告中，继续推动对数字化设计与建造的投入，利用 BIM 数字技术提高协同和创新，为公共建筑项目的建设和运营提高生产力和效率。英国国家建筑法规会（NBS）在 2016 年的一份研究报告中指出，在英国，BIM 的应用率已由 2010 年的 13％上升到 2015 年的 54％。

俄罗斯政府针对建筑合同于 2017 年 5 月开始增加包含应用 BIM 技术的条款要求，明确要求到 2019 年，政府工程中的参建方均要采用 BIM 技术。同时，俄罗斯政府表示"英国工程项目与 BIM 相关的 30％成本节约是俄罗斯政府决定应用 BIM 的主要原因"。

新加坡建设局（BCA）于 2011 年发布新加坡 BIM 发展路线规划，提出 2015 年前在建设产业中广泛应用 BIM 的目标，并提出了相应的战略方针：于 2013 年逐步将强制使用 BIM 监管审批引入建筑审批流程，2014 年引入结构和机电审批中，2015 年实现建筑面积大于 5000 m^2 的项目计划全部采用 BIM 审批。

北欧国家如挪威、丹麦、瑞典和芬兰，是一些主要建筑信息技术软件的厂商所在地，也促使这些国家是全球最先一批采用建筑信息模型技术的国家。北欧国家冬天漫长多雪的特点使得建筑的预制化非常重要，这也促进了包含丰富数据、基于模型的 BIM 技术在当地的发展。由于当地气候的要求以及先进建筑信息技术软件的推动，BIM 技术的发展主要是企业的自觉行为。

德国、日本、韩国等其他国家也意识到了 BIM 的光明前景，大力支持发展 BIM 技术。BIM 技术作为实现建设工程项目全生命周期管理的核心技术，在互联网时代下，引发建筑行业一次史无前例的彻底变革。

2. BIM 在国内的发展

在我国政府的高度关注和大力支持下，国内的 BIM 技术研究与应用取得了长足的进步。

建设部于 2003 年 11 月发布《2003-2008 年全国建筑业信息化发展规划纲要》，推动信息化技术与传统建筑业结合应用，提高建筑产业核心竞争力，文中虽未直接提及 BIM 技术，但"协同设计""可视化技术"等关键词的出现为 BIM 的全面推广打下基础。

2011 年 5 月，住房城乡建设部发布《2011-2015 年建筑业信息化发展纲要》，在全国建筑业信息化发展已有一定水平的背景下，第一次明确提到了 BIM 技术，拉开了 BIM 在中国应用的序幕，并提出了要加快建筑信息化建设及促进建筑业技术进步和管理水平提升的指导思想，达到普及 BIM 技术概念和应用的目标，使 BIM 技术初步应用到工程项目中去。

2012 年 1 月，住房城乡建设部《关于印发 2012 年工程建设标准规范制订修订计划的通知》，宣告了中国 BIM 标准制定工作的正式启动，推动 BIM 技术规范化前进。

2013 年 8 月，在《关于征求关于推荐 BIM 技术在建筑领域应用的指导意见（征求意见稿）意见的函》中，首次提出了工程项目全生命期质量安全和工作效率的思想，截至 2020 年，完善 BIM 技术应用标准、实施指南，形成 BIM 技术应用标准和政策体系。

2014 年 7 月，《关于推进建筑业发展和改革的若干意见》，再次强调了 BIM 技术工程设计、施工和运行维护等全过程应用重要性。各地方政府关于 BIM 的讨论与关注更加活跃，上海、北京、广东、山东、陕西等各地区相继出台了各类具体的政策推动和指导 BIM 的应用与发展。

2015 年 6 月，住房城乡建设部《关于推进建筑信息模型应用的指导意见》中，明确指出到 2020 年末建筑行业甲级勘察、设计单位，以及特级、一级房屋建筑工程施工企业应掌握并实现 BIM 与企业管理系统和其他信息技术的一体化集成应用，搭建公共建筑构件资源数据中心及服务平台以及 BIM 应用水平考核评价机制，使得 BIM 技术的应用更加规范化，做到有据可依，不再是空泛的技术推广。

2016 年 9 月，"十三五"纲要——《2016—2020 年建筑业信息化发展纲要》发布，相比于"十二五"纲要，引入了"互联网＋"概念，以 BIM 技术与建筑业发展深度融合、塑造建筑业新业态为指导思想，实现企业信息化、行业监管与服务信息化、专项信息技术应用及信息化标准体系的建立，达到基于"互联网＋"的建筑业信息化水平升级。

2018 年 5 月，住房城乡建设部印发《城市轨道交通工程 BIM 应用指南》，引导城市轨道交通工程 BIM 应用及数字化交付，提升城市轨道交通工程建设信息化水平，正式扩大了 BIM 在工程行业的应用领域。BIM 国家政策的发展历程如图 1.1.3-1 所示。

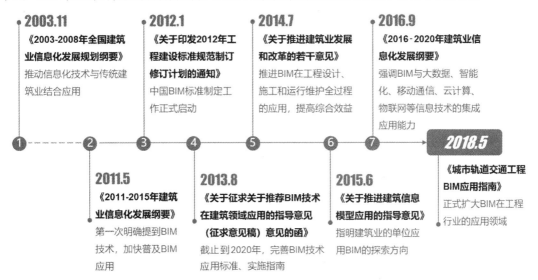

图 1.1.3-1　BIM 国家政策的发展历程

同时，为推进 BIM 应用普及，住房城乡建设部从 2016 年开始陆续批准发布了《建筑信息模型应用统一标准》GB/T 51212—2016、《建筑信息模型施工应用标准》GB/T

51235—2017、《建筑信息模型分类和编码标准》GB/T 51269—2017 三部国家标准，目前还有一本 BIM 国家标准正在编制中、两本 BIM 国家标准已在送审阶段。为配合 BIM 国家标准的实施，中国建筑科学研究院联合多家企业共同成立"中国 BIM 发展联盟"，开展中国 BIM 标准研究项目，目前已经发布了十余部 P-BIM 标准。此外，行业协会、地方政府也组织编制了相应的实施标准，具体内容参见本书第2章。

从普及概念到工程项目全过程的深度应用，再到相关标准体系的建立完善，BIM 在国内外的发展逐步深化、细化，由点到面，完成了 BIM 技术应用的推广工作，同时开始上升到管理层面，开发集成、协同工作系统及云平台，提出 BIM 的深层次应用价值，如与绿色建筑、装配式及物联网的结合，"BIM+"时代到来，使 BIM 技术得以深入工程行业的各个方面。

1.1.4　BIM 应用现状

BIM 可以连接工程项目建设周期各阶段的数据和资源，支持项目环境、经济、能耗、安全等多方面的分析与模拟，使工程建设变得可预测和可控制。BIM 不仅是未来实现工程项目全生命期信息共享的核心技术，也是促进工程行业生产方式转变的重要推动力量。

1. 健全政策法规体系

工程行业实现信息化是必然的发展方向与趋势，我国政府及相关机构在政策方面一直给予大力支持，先后出台多项指导意见及规范来推动 BIM 技术的应用。但随着工程市场的不断扩大、BIM 的迅速普及，需要配套的政策法规体系来规范 BIM 的应用，发挥政府在产业政策上的引领作用。推进 BIM 技术在全行业内的开展，还需政府及相关部门不断完善 BIM 标准体系，编制配套的 BIM 应用标准，研究 BIM 应用模式、方法和指南。

2. 扩大软件应用领域

软件是支持 BIM 应用的基础要素。国内外已经涌现了多个 BIM 应用软件，但多以设计、施工阶段的建模软件为主，在成本控制、施工运维等综合管理方面的软件相对较少，且无法安全契合项目协同作业。由于工程各个行业对 BIM 软件需求的不同，未来需要更多不同领域的 BIM 软件来满足建设需求。

3. 完善人才培养体系

从事 BIM 方面的人员除了要深入了解 BIM 的理论知识，掌握核心的 BIM 软件并熟练操作外，还必须有足够的工程建设经验，能够结合项目实际情况制定科学合理的 BIM 应用方案。培养复合型的高素质 BIM 人才是我国建筑业信息化的重要推进手段，应与高等院校课程体系结合，推动应用型 BIM 人才的培养。

4. 与其他技术融合

信息化时代的来临，使得移动互联网、云计算、大数据、物联网等信息技术在工程建设领域得到了一定的应用。基于云技术构建的建筑全生命周期 BIM 平台，可以增强工程项目全过程的把控；利用 BIM 与 GIS 有机结合，解决区域性、长线或大规模工程的 BIM 应用，实现施工阶段与运维阶段的精细化管理；将 BIM 与物联网技术融合，实现二维码、RFID、红外感应、激光扫描等传感信息与 BIM 关联，解决 BIM 应用中的智能化识别、定位、跟踪、监控和管理。BIM 与现代信息技术的融合应用能够有效推动建筑业全面进入智慧建造时代。

BIM 作为一种科学的管理理念，为各个工程行业带来了很多便利。BIM 技术的应用逐步从房建项目向各领域拓展，从地标性项目向普通项目延伸，逐步实现项目建设规划、设计、施工、运维多阶段的综合应用；建设单位、设计单位、施工单位、运维单位多参与方的协同应用；土建、钢结构、机电、幕墙等多专业的集成应用。

随着近几年铁路工程行业对 BIM 认知度的提升，许多建设单位已将 BIM 作为发展自身核心竞争力的有力手段，积极探索 BIM 技术的应用，并在部分铁路工程项目中得到实践，对我国铁路工程行业 BIM 技术的广泛应用起到了很好的推进作用。本书所介绍的京张高铁、济青高铁等案例都通过应用 BIM 技术完成项目目标，实现创新流程、科学管理。

1.2 铁路工程行业现状

1.2.1 行业发展现状

铁路作为一种具有较强技术经济优势的基础产业，在各国综合运输体系中的地位和作用日益突出。自 1825 年英国建成世界上第一条铁路以来，铁路为人类社会的文明进步与经济发展作出了巨大的贡献，全世界已有 146 个国家和地区修建了铁路，总营业里程超过 105 万 km。

美国至今仍是世界上铁路最多的国家，以 25.7 万 km 的营业里程明显高于其他国家；俄罗斯铁路主要集中在人口稠密和经济发达的欧洲部分，总营业里程达到 8.5 万 km，是世界上最强大的铁路运输系统之一；印度铁路运营里程约为 6.5 万 km，但由于建造时间太早、年久失修等原因，印度铁路的速度、舒适程度等方面远不能和世界其他国家相比；有着 3.3 万 km 营业里程的德国铁路曾经以准时著称，各国争相效仿，但如今至少 80％的列车无法完成准点任务，成为大家议论的焦点。

20 世纪 50 年代后期，科学技术的飞速发展给铁路发展注入了新的活力，世界铁路主要国家开始研究和筹建高速铁路。1964 年，日本建成世界上第一条高速铁路——连接东京与大阪的东海道新干线，运行速度达到 210km/h；在同年 10 月份，东京奥运会的前夕开始通车运营。新干线修建之后对日本经济的拉动引起了世界各国高速铁路建设的狂潮，法国、英国、意大利等国家先后开始兴建高速铁路、制造高速列车。美国自 1992 年开始对东北走廊持续进行提速改造，2000 年 12 月，美国拥有了第一条高速铁路，Acela 高速（摆式）列车在东北走廊投入运营，最高运行速度 240km/h；法国于 1981 年开通第一条TGV（Train a Grande Vitesse，法语"高速铁路"），运行速度达到 270km/h，1989 年TVG 大西洋线开通，运行速度可达 300km/h；1971 年，德国开工建设第一条高速新线——汉诺威-维尔茨堡铁路，并于 1991 年正式开通运营；海峡隧道铁路连接线（CTRL）是英国近一个世纪以来修建的一条重要的新线，也是英国第一条高速铁路，因此被称为HS1，最高运营速度 300km/h。据不完全统计，全球已投入运营和在建高铁总里程达6.57 万 km。日本已投入运营的新干线高速铁路里程为 2765km，在建及规划高速铁路里程合计 681km；法国已投入运营的 TGV 高速铁路里程为 2658km，在建里程 135km，规划里程为 1786km。高速铁路已成为世界铁路发展的重要趋势，各国铁路积极采用高新技术，力求在重载、高速运输和信息技术等方面取得新的突破。

中国的铁路发展至今已有 100 多年的历史，我国幅员辽阔、人口密集，而铁路运价低、运量大的优势决定了国内铁路建设的必要性。新中国成立以来，铁路工程建设从小到大，从少到多，从弱到强，铁路事业推陈出新，突飞猛进，取得了举世瞩目的成就。随着"和谐号""复兴号"高速列车的研发应用，我国铁路工程整体建造水平大大提高。截至 2018 年底，中国铁路营业里程达 13.1 万 km，比 2017 年增长 3.15%，其中，高铁运营里程达到 2.9 万 km，中国铁路工程建设持续增长。国家发展改革委、交通运输部、中国铁路总公司在 2016 年发布的《中长期铁路网规划》中指出：到 2020 年，我国铁路网规模达到 15 万 km，其中高速铁路 3 万 km 左右；到 2025 年，铁路网规模达到 17.5 万 km，其中高速铁路 3.8 万 km 左右，网络覆盖进一步扩大，路网结构更加优化，骨干作用更加显著，更好发挥铁路对经济社会发展的保障作用；展望到 2030 年，基本实现内外互联互通、区际多路畅通、省会高铁联通、城市快速通达、县域基本覆盖。由此可见，我国铁路建设的需求仍将持续增长，科学地建设现代高速铁路网，构建综合交通运输体系，使效率效益最大化，是未来我国铁路建设的主要需求。

从扩大铁路工程的辐射范围到提高铁路的运行速度，铁路建设历经半个多世纪的发展，成为人们心中高效、安全的运输方式，受到各国政府的广泛重视，也让铁路工程的建设呈现新的发展趋势：在提升列车速度的同时，更加注重技术手段的创新；既要保证建设质量，也要控制建设成本；既要为旅客提供高质量的运输服务，也要进一步提高整个铁路网的运输效率，降低运营成本。随着互联网的普及、计算机及其相关技术的飞速发展，世界铁路开始注重将新技术应用于铁路工程的建设管理中，发挥其最大效益。

1.2.2　铁路工程业态

铁路作为国家重要基础设施、大众化的交通工具，在综合交通运输体系中处于骨干地位，需要多个专业配合，共同完成建设目标与运输任务。

1. 运量

铁路运量是铁路建设项目研究和设计的基础，需要依靠大量相关数据的调查并通过一定预测方法和模型完成该项工作，体现在铁路工程建设周期内的可行性研究阶段与初步设计阶段。按照作用时间划分，可分为运量规划与项目运量设计两部分内容。运量规划主要指导全行业的发展规划，提供未来运输需求的数量和质量参数，项目运量设计用于具体建设项目标准和规模的确定，反映项目设计的具体需求；按照作用内容划分，又可分为货运量和客运量，货运量是指设计线（或区段）一年内单方向需要运输的货物吨数，客运量（或客流密度）是设计线（或区段）一年内单方向需要运输的旅客人数，应按设计线（或区段）分上、下行方向，采用客流量预测方法预测确定。

2. 运输组织

铁路运输组织包括铁路客运组织、铁路货运组织、铁路车站及枢纽工作组织、铁路车流组织、铁路货物运输计划、铁路运输能力与铁路运输调度指挥工作等内容，共同构成了现代铁路运输体系。

3. 地理环境

铁路工程的建设受地理环境影响较大，需要依据地理特征进行铁路选线，合理规划桥隧位置，加强铁路行车安全，减少耕地占用。

4. 地质

铁路工程的建设与地质息息相关，需要充分了解建设区域的自然地理概况、地层及构造、水文地质特征、工程地质特征等信息，为工程项目的建设提供最基础的保障。

5. 线路

铁路线路直接承受机车车辆传来的压力，是机车车辆和列车运行的基础。为了保证列车安全、平稳和不间断地运行，完成客货运输任务，铁路线路必须保持良好状态。铁路线路根据其使用用途可分为正线、站线、段管线、岔线及特别用途线五类。正线是连接车站并贯穿或直股伸入车站的线路；站线是指到发线、牵出线、调车线、货物线及指定用途的其他线；段管线是由机务、车辆、工务、电务、供电等段专用并由其管理的线路；岔线是指在区间或站内接轨，通向路内外单位的专用线；特别用途线为安全线和避难线。铁路等级根据其在铁路网中的作用、性质、设计速度和客货运量确定，分为高速铁路、城际铁路、客货共线铁路、重载铁路。其中客货共线铁路分为Ⅰ级、Ⅱ级、Ⅲ级、Ⅳ级，具体划分如表1.2.2-1所示。

客货共线铁路等级划分

表 1.2.2-1

等级	在铁路网中的意义	近期年客货运量 (Mt)
Ⅰ级铁路	在铁路网中起骨干作用的铁路	≥20
Ⅱ级铁路	在铁路网中起联络、辅助作用的铁路	≥10，<20
Ⅲ级铁路	为某一地区或企业服务的铁路	≥5，<10
Ⅳ级铁路	为某一地区或企业服务的铁路	<5

6. 轨道

铁路轨道起着机车车辆运行的导向作用，可分为有砟轨道和无砟轨道。有砟轨道由钢轨、轨枕、扣件、道床等结构构成，无砟轨道由钢轨、扣件、无砟道床等构成。由于轨道经常处于列车运行的动力作用下，所以它的各组成部分均应具有足够的强度和稳定性，以便保证列车按照规定的最高速度，安全、平稳和不间断地运行。

7. 路基

铁路路基是为了满足轨道铺设和运营条件而修建的土木构筑物，承受并传递轨道重力及列车动态作用，它是轨道的基础也是保证列车运行的重要建筑物。路基由路基本体、路基排水设备、路基防护与加固设备组成，它不但处于各种地形地貌、地质、水文和气候环境中，有时还要遭受各种灾害，如洪水、泥石流、崩塌、地震等。因此，路基的防护是路基工程中十分重要的一个环节，有坡面防护和冲刷防护两种形式，来保护路基边坡整体稳定性，坡面防护可通过坡面种草、喷护、砌石等形式实现，冲刷防护可通过抛石防护和石笼防护实现。

8. 桥涵

铁路桥梁是铁路跨越河流、湖泊、海峡、山谷或其他障碍物，以及为实现铁路线路与既有铁路或道路的立体交叉而修建的构筑物。桥涵按跨径大小可分为特大桥、大桥、中桥、小桥、涵洞。凡单孔跨径小于5m或多孔跨径总长小于8m的桥涵一律称为涵洞。桥梁由上部结构、下部结构、支座和附属结构四部分组成。上部结构为桥跨结构，是主要承载部分；下部结构是支撑桥跨并将恒载和车辆荷载传至地基的建筑物。

9. 隧道

铁路隧道是修建在地下或水下并铺设铁路供机车车辆通行的建筑物，与桥涵建筑物一样，当遇到高程或平面障碍，限于地形又无法避绕时，需要修建隧道方便铁路建设。隧道分类方法繁多，根据其所在位置可分为山岭隧道、水下隧道、城市隧道三大类；按其长度可分为短隧道（长 500m 及以下）、中长隧道（长 500～3000m）、长隧道（长 3000～10000m）、特长隧道（长 10000m 以上）；按照隧道埋置深度又可分为浅埋隧道和深埋隧道。

10. 站场

铁路站场是以车站为中心的建筑物，除办理旅客和货物运输的各项作业以外，还办理和列车运行有关的各项工作，是铁路运输的基本单位。我国铁路车站繁多，车站有多种分类法。按照车站所担负的任务量，以及它在国家政治、经济方面的地位来划分，车站可分为特等站、一等站、二等站、三等站、四等站、五等站共六个等级；根据它们所负担的任务量和国家政治上、经济上的地位，共分为六个等级，即一、二、三、四、五、特等站；按技术作业性质分会让站、越行站、中间站、区段站、编组站；按业务性质分为客运站、货运站、客货运站。站场集中了运输有关的各项技术设备，参与整个运输过程的各个作业环节，与工农业生产的发展、城市和国防建设以及各种交通运输工具之间的分工与协作，均有密切的关系。

11. 电气化

铁路电气化包含牵引供电系统、牵引变电所、开闭所、分区所、AT 所及电力调度所、接触网等内容。牵引供电系统主要是指牵引变电所和接触网两大部分；变电所设在铁道附近，它将从发电厂经高压输电线送来的电流，送到铁路上空的接触网上；接触网是向电力机车直接输送电能的设备。

12. 车辆、动车组设备

铁路车辆是运送旅客和货物的运载工具。它一般没有动力装置，必须把车辆连挂成列，由机车牵引才能沿路线运行。铁路车辆按用途可分为客车和货车两大类。常见的客车有硬座车、软坐车、硬卧车等数种；货车有平车、敞车、保温车、罐车等不同的类型；按轴数可分四轴车、六轴车和多轴车，我国铁路上的大部分车辆都采用四轴车的形式。铁路车辆分类繁杂，但其结构大体相似，一般都由车体、车底架、走行部、车钩缓冲装置和制动装置五个基本部分组成。其中，制动装置不仅是列车安全、正点运行的重要保证，也是提高列车重量和运行速度的前提条件，在铁路列车不断提速的背景下，显得尤为重要。

13. 给水排水

在我国铁路列车行车密度高、停站时间短、列车供应水质和列车排泄物环保高标准的背景下，对铁路给水排水系统提出了新的要求。给水排水工程更要结合实际规划，合理选择水源方案及污水排放方案。结合水源水质、水量、地形等条件，根据用户对水质、水量、水压的要求采用统一、分区、分质、分压，或长距离输水的给水系统，根据污水排出口的地点、污水量、污水性质等要求采用合理的排水工程方案。

14. 通信

铁路通信是指铁路运输生产和建设中，利用各种通信方式进行信息传送和处理的技术与设备。它以运输生产为重点，主要功能是实现行车和机车车辆作业的统一调度与指挥。

由于铁路线路分散、枝权繁多、业务种类多样化，组成统一通信的难度较大，因此，铁路通信需利用有线通信、无线通信、光纤通信等多项技术和设备相结合的方式，传输和交换处理铁路运输生产和建设过程中的各种信息。

15. 信号

铁路信号是以标志物、灯具、仪表和音响等向铁路行车人员传送机车车辆运行条件、行车设备状态和行车有关指示的技术与设备，来保证机车车辆安全有序地行车与调车作业。随着铁路信号技术的发展和铁路信号的广泛应用，铁路信号也成为提高铁路区间和车站通过能力、增加铁路运输经济效益、改善铁路员工劳动条件的一种现代化科学管理手段和技术。

16. 信息

铁路信息系统是铁路运输生产的重要组成部分，不仅包含用于铁路运输生产、管理且不间断运行的系统设备，还包含服务器端设备、网络设备和不间断运行的客户端设备等系统，也包含根据实际需要配置的其他信息系统，是保障铁路各项活动的基础设施，需要不断完善运行维护管理制度，结合应用现状进行系统更新。

17. 防灾安全监控

铁路防灾安全监控系统能够有效地对雨量、大风以及异物侵入等众多自然灾害进行防范，从而降低自然灾害对铁路工程带来的危害，促进行车安全的提升。铁路防灾安全监控系统应至少包含风监测系统、雨量及洪水监测系统、地震监测系统、轨温及火灾监测系统、突发事故、异物侵限及非法侵入防护等多项内容，来保障铁路工程运输活动正常有序地进行。

18. 电力

铁路电力是铁路运输生产的重要能源，它与提高运输效率，保证行车安全有着密切关系。自动闭塞电线路、电力贯通线路及铁路变、配电所、电源线路等设备构成的供电网络是铁路重要的行车设备。铁路电力工作要不断提供供电质量和可靠性，采用先进技术和设备，逐步实现现代化、自动化、标准化，满足铁路运输不断发展的生产需要。

19. 房屋建筑

铁路房屋建筑是指铁路系统从事铁路运输的房屋，可以分为生产办公房屋、生产附属房屋、生活房屋三类。生产及办公用房主要有客运用房、电务用房、工务用房、机务用房、车辆用房等，满足铁路运输需求；生产附属房屋主要针对铁路职工修建的职工食堂、浴室、保健站、卫生室及铁路沿线生活供应站；生活房屋为居住用房、中小学校、地区浴室。

20. 环境保护

铁路环境保护是指铁路运输污染源对环境危害的研究和防治工作，涵盖对生态环境、声环境、振动环境、水环境、环境空气、固体废物、电磁辐射的研究和预防。从机车本身的污染看，蒸汽机车和内燃机车由于煤的燃烧不完全，造成了一定污染，我国蒸汽机车自20世纪80年代末已停止生产。对内燃机车的废气排放问题，除改进机车设计、加强维修外，进行催化剂处理的研究及应用，具有一定效果。电力机车采用电力牵引，本身不存在对大气的污染问题；在噪声和振动的污染方面，噪声及振动源来自机车车辆运行时与钢轨接触撞击以及机车的动力设备，目前一般采取隔声、吸声、减振等方法进行控制；客车粪便、货车清洗等在铁路运营中不可避免的环节都会造成对环境的污染，随着绿色铁路的建设，环境保护会是未来发展的重点之一。

1.2.3 铁路工程重难点

铁路工程项目是一个综合性工程，从规划、勘察设计、施工到交付运营构成一个庞大的系统，具有点多、线长、面广、投资规模大、技术性强、专业分工细、参加单位多、流程复杂等特点。在这个系统内既有严格的分工，又有密切的协作，同时又相互制约。与传统建筑行业相比，一条铁路工程项目的建设显得更为复杂，具体体现在以下两方面：

一方面，铁路工程设计、施工难度较大。铁路工程项目体量大、涉及专业多、施工环境复杂、技术要求高的特点为项目的建设增加了一定难度。一条铁路项目的建设常常被划分成数个甚至数十个标段，全线工程的作业面呈带状分布，每个建设项目长度延绵从几十公里到上千公里，沿途穿山、越岭、跨河，工程地质、地形和环境复杂多变，工程数量巨大，项目数据海量。而一般的工民建涉及专业较少，且多集中布置在一个区域，大部分工程是建在已经完成"三通一平"的地形上，地质和周围环境相对简单。

另一方面，铁路项目管理复杂。铁路工程参加专业众多，涉及人员广泛，测绘、地质、线路、路基、轨道、桥梁、隧道、站场、机务、车辆、给水排水、通信、信号、信息、电力、电化、房屋、暖通、环保、工程经济等都需要配备专人作业，无疑增加了铁路项目的管理难度。这些专业不但技术精度上要求高，而且需要多专业间的密切配合，协同工作，共同完成项目建设目标。

在国家经济社会发展的新形势下，对铁路工程的建设也提出了新的挑战。我国经过30多年的改革开放，将重心从"经济增长"转变到"经济发展"上来，传统经济增长模式已面临巨大的挑战，资源、环境等压力日益成为广泛关注的民生问题，也成为铁路建设中亟须考虑的重要问题。新形势下，铁路建设将与资源、环境的利用息息相关，加强环境保护、节约利用土地、减少碳排放都将成为铁路工程的重点建设理念。

1.2.4 行业发展前景

为适应社会和经济发展的需要，铁路工程会在陆上运输中继续发挥着骨干作用，在全面深化改革、加快转变经济发展方式的背景下，科学发展、和谐发展成为铁路建设的重要使命。

1. 落实科学规划，加快完善铁路网布局

根据铁路"十三五"发展规划，打造以"八纵八横"通道为主干、城际铁路为补充的高速铁路网，铁路固定资产投资规模预计将达 3.8 万亿元，到 2020 年，全国铁路营业里程达到 15 万 km，其中，高速铁路约 3 万 km。同时，要依靠科技进步，利用铁路既有资源，因地制宜，在确保安全的基础上，最大限度地提高列车运行速度，降低运输成本，提高铁路旅客运输的竞争能力。我国铁路建设规模与建设质量将会持续增长，形成触角丰富、路网通达、运力强大的铁路网络。

2. 把握时代机遇，致力打造国际化新名片

2015 年 3 月发布的《推动共建丝绸之路经济带和 21 世纪海上丝绸之路的愿景与行动》，将基础设施互联互通列为"一带一路"建设的优先领域。铁路作为国家关键基础设施和重要基础产业，成为"一带一路"倡议的重要组成部分，也为新形势下推动铁路"走出去"指明了方向。我国铁路，尤其是在高速铁路方面，历经多年发展，技术类型丰富，运营适应面广，不仅具备多种标准体系的生产能力，也可以满足各种地质地形、不同速度等级的建设需求，推动铁路"走出去"，可以深度宣传我国高铁发展成果，提升我国铁路影响力，在更大范围、更广领域、更高层次上参与国际经济合作和竞争。在国际形势复杂多变的背景下，世界铁路建设需求旺盛，中国铁路"走出去"面临难得机遇。

3. 健全科技体系，全面提升铁路建设现代化水平

铁路工程建设将继续坚持改革开放方针，深入推进铁路改革，健全技术创新体系，强化创新支持政策，将高速铁路、重载铁路、智慧铁路作为技术创新的重点领域深化基础理论研究，提高关键技术创新能力。大力推进信息化建设，促进铁路工程建设全方位、全过程、全要素的有效管理，是铁路工程建设现代化的重要标志之一。近年来，铁路工程建设管理信息化已取得一些成绩，目前仍在推进建筑信息模型（Building Information Model，BIM）、地理信息系统（Geographic Information System，GIS）等技术在铁路工程建设管理中的应用。随着信息技术的不断进步和铁路建设管理水平的不断提高，铁路工程建设管理信息化将会迈上新台阶。

4. 坚持绿色发展，积极推进铁路建设节能环保

绿色低碳是铁路未来的发展方向，也是建设"资源节约型、环境友好型"社会的必然要求。铁路工程建设必须大力提高资源利用效率、严格落实环境保护措施，从而推动铁路实现绿色低碳发展。进一步建立和完善节能环保标准体系、技术支撑体系，加大政策引导力度。建立节能减排新机制，加强节能减排管理；不断增强自主创新能力，提高资源利用效率，实现废弃物的减量化、再利用、资源化；积极推广节地、节水、节材等新技术，多层次、全方位减少资源利用。加强铁路工程建设环境影响评价工作，采取综合措施有效防治铁路工程建设中的噪声、废气、废水、废渣、电磁污染，保护生态、保持水土、减少洪水影响，积极推进绿色生态铁路建设，实现环境保护与铁路建设协调发展。

5. 深化创新驱动，加强新技术结合应用

在我国经济发展新常态的形势下，铁路工程的建设开始更关注经济效益、运营效率和服务水平。随着云计算、大数据、物联网等新技术的出现，为铁路工程的发展提供了新的契机：在铁路隧道施工中结合 RFID 技术进行人员定位、将虚拟现实技术引入铁路线路的管理中等，铁路工程与新技术的结合进一步提升了铁路信息化水平。铁路作为国民经济大动脉，应不断进行科技创新，提升基础理论和前瞻性技术水平，为我国经济的发展注入新的活力。关于铁路工程与新技术的结合应用，将在本书第 9 章进行更为详细地介绍。

1.3 铁路工程信息化

1.3.1 铁路工程信息化概述

信息技术是当代最先进，最活跃的生产力，是引领创新和驱动发展的先导力量。在铁路工程设计、实施、竣工验收及运营维护等过程中，应充分利用现代信息技术和信息资源，逐步提高项目集约化程度与安全控制能力，推动技术创新发展，实现铁路工程科学管理。信息化在铁路工程建设现代化发展中担当愈来愈重要的角色,是铁路未来发展的战略制高点,其应用水平的高低,直接影响铁路企业的核心竞争力。

经过多年的推进,信息化已经成为人们耳熟能详的名词,信息化概念的内涵和外延也在不断发生变化。常规的信息化,可以被描述为:按照可追溯、可公开和可传递的目标,及时、有序、批量采集、加工、储存、处理信息对象的结构化、非结构化数据的过程。信息化不完全等同于信息系统,而是一个流动的过程,围绕信息数据进行加工、处理,并最终反映于实践,由于行业底蕴不同,不同专业领域又有其自身的信息化特性。

随着铁路建设内外部环境的变化,铁路工程的信息化也在不断发展。如何建设好、管理好铁路资产,不断改进质量管理、安全生产和投资管控,提高工程技术创新能力,充分利用铁路工程建设行业市场创造更加丰富的价值,是铁路工程信息化建设的重要任务。铁路信息化应以建设项目为载体,将企业管理、项目管理、各专业管理等内容发生的主要信息形成有序、及时和批量存储,解决工程项目数据从输入到输出间各环节的信息化需求,在此基础上,应用定性定量的分析方法,形成一批量化模型,运算结果为相关干系人决策管理提供依据。

信息化作为发展的新空间和新动力,是建设智慧铁路、实现铁路现代化的重要载体和手段。以信息化促进智慧铁路建设、驱动铁路现代化,是铁路创新发展理念、破解发展难题、增强发展动力、厚植发展优势、提升核心竞争力、促进铁路从传统企业向现代企业转型的战略举措和必然选择。

1.3.2　铁路工程信息化发展

早在 20 世纪 70 年代,信息技术已在铁路领域开始应用。最初主要用于铁路运输计划编制、运输工作日常统计、工程计算方面。随着我国信息化建设战略任务的提出,铁路信息化建设进入了初步发展阶段。铁道部于 1994 年成立了信息化办公室,确立了推进信息化工程实施、以信息化带动产业发展的指导思想。信息技术逐步应用于铁路运输管理、生产管理、信号控制、票务及结算综合处理等方面,铁路客票发售及预定系统(TRS)、铁路运输调度智慧管理信息系统(DIMS)等信息化网络基础设施开始建设。进入 21 世纪以后,铁路信息化建设得到了进一步的发展。铁路部门做出了以实现内涵扩大再生产和外延扩大再生产为目标的跨越式发展重大决策,重点强调了信息化在铁路发展中的重要地位和支撑作用,以信息化带动铁路发展现代化,以适应走新型工业化道路的要求。面对铁路发展赋予信息化的历史重任,铁路部门制定了新的铁路信息化战略规划,铁路信息化发展更加智能、综合。

经过多年的铁路信息化建设,我国在经营管理、客货营销、运输组织等领域开展了多项建设工作,取得了以铁路运输管理信息系统(TMIS)、铁路客票发售和预订系统(TRS)、调度管理信息系统(DMIS)、车辆管理信息系统(CMIS)、铁路工务管理信息系统(PWMIS)以及综合办公信息系统(OMIS)等业务信息系统为代表的显著成绩和突破性进展,信息化已成为铁路工程项目各项管理的基础和依据,信息化应用的深度与广度也在持续扩大。

为提高铁路信息化的整体水平,实现各个系统之间的互联互通、拓展信息、资源共享的深层应用,我国铁路行业发布了《铁路技术管理规程》《高速铁路设计规范(试行)》

《铁路客户服务中心语音平台技术条件》《铁路运输管理信息系统运行故障处理规则（试行）》等文件，以确保铁路相关信息系统在规范建设和有序运营方面发挥积极作用。从2005年起，陆续发布了《铁路信息化总体规划》和部分分项规划，开展了数字铁路及铁路智能运输系统架构方面的研究，完成了铁路网络安全平台的建设，开展了安全保障、等级保护等方面的研究，启动了铁路总公司信息化规划和信息安全风险管理体系建设咨询项目，为铁路信息化规范发展奠定了一定基础。

随着铁路建设规模的扩增，不同线路之间的互联互通，大型枢纽和客站中多余线路的引入，其施工技术难度和对安全性的要求都给施工组织带来了严峻的挑战，迫切需要创新管理方法和手段，不断提高组织推进水平。2013年以来，根据中国铁路总公司的部署，工程管理中心大力推进以 BIM 技术为核心的铁路工程建设信息化工作，坚持植根现场，以需求为导向，稳步推进进度、质量、安全等信息化管理手段的创新，强化对铁路工程现场的管控，切实提高建设水平。并初步构建了铁路 BIM 标准体系框架，并加快铁路 BIM 标准研究和国际化工作，开展铁路 BIM 关键技术科研攻关，大力推进 BIM 应用试点。

目前，我国铁路信息化建设已经初具规模，由于信息化技术的发展以及各种业务对于信息化要求的深化，我国铁路工程行业的信息化建设还存在一定的发展空间。铁路信息化的发展需要建立一个具有科学性、适应性、完整性等特征的标准体系架构，特别是在各种业务的信息系统之间的互联性以及操作性等方面，要进一步加强形成通用体系。同时，运用统一的技术标准和规范确定使用方式、运行方式、编码格式和接口等内容，以此来规范铁路信息化的建设。除此之外，推进物联网、云计算、大数据、建筑信息模型等新一代信息技术的应用也是当前铁路信息化发展的重点之一，提高新技术的应用水平，强化铁路工程建设全过程信息化管理，促进智能应用集成化、协同发展，为信息化建设注入持久的生命力。

1.3.3 铁路工程信息化应用

铁路信息化从单项、部门级以数据处理为主的初级应用，发展到今天涉及各业务领域、多技术协同、覆盖全路的实时处理综合应用，为铁路工程建设管理提供了强有力的支撑，也是实现工程建设标准化、精细化、现代化、效能最大化的有效手段。

铁路信息化基础设施与应用系统的建设是信息化技术应用的重要体现。通过构筑覆盖全路的数据通信网与信息处理平台，为铁路各级信息畅通传输创造了条件。经过多年的实践完善，铁路信息化应用系统有了长足的发展，铁路列车调度指挥系统和运输调度管理系统得到了全面应用，运输计划协同编制能力明显提升。客票发售和预订系统缓解了长期存在的买票难问题，提高了铁路客运经营水平和服务质量。已建成并运行的电力远动、电力牵引远动、信号电源监控、微机监测系统等负责铁路电力设备、牵引变电设备、信号电源、微机联锁设备远程控制及自动监控，保证了铁路运输畅通，推动铁路信息化全面应用。

我国高速铁路的快速发展为铁路信息化应用提供了新的契机，以信息技术为基础的智能铁路概念应运而生。结合中国铁路具体情况，广泛应用云计算、物联网、大数据、人工智能、机器人、下一代通信、北斗卫星导航、BIM 等新技术，通过对铁路移动装备、固定基础设施及相关内外部环境信息的全面感知、泛在互联、融合处理、主动学习和科学决策，高效综合利用铁路所有移动、固定、空间、时间和人力等资源，实现铁路建设、运输全过程、全生命周期的高度信息化、自动化、智能化，打造更加安全可靠、经济高效、温馨舒适、方便快捷、节能环保的新一代铁路运输系统。近年来，随着智能铁路研究的深入及技术的成熟，中国智能铁路建设逐渐进入实质性阶段。京张高铁、京雄高铁、福厦高铁、蒙华铁路以及珠三角城际铁路，都成为智能铁路建设的前沿。智能铁路总体架构及系统组成逐步完善，使智能建造、智能装备与智能运营的理念深入人心。信息化技术的发展为铁路智能化应用打下了坚实基础，成为铁路持续发展的核心支撑。

与此同时，铁路大中型建设项目工程规模大、技术标准高、建设速度快、管理协调复杂的特点也为信息化手段的应用提供了广阔空间和价值。利用 BIM 技术完善各类建设管理信息的高效集成、高速传递和充分共享，强化铁路工程建设全过程信息化管理。通过BIM 精细化信息模型，实现信息数据与各专业工作联动。在 BIM 的虚拟建造过程中，及时发现施工操作冲突与设施碰撞，分析工序工期、人力、机械、场地等资源的占用情况来实现施工计划、场地布置、机械操作的实时调整。结合铁路工程路基压实度检测系统、铁路供电安全检测系统等各项检测系统，对路基、桥梁、隧道等基础设施进行监测并分析比对，辅助铁路工程项目竣工验收。BIM 信息化技术的应用实现铁路勘察、设计、施工、运营全生命周期种的信息共享和无损传递，提高铁路工程建设的质量和效率，大幅节约项目成本，提升科学决策和管理水平，给铁路行业带来巨大的应用价值。

铁路工程信息化是一个系统工程，与其相关的各项研究仍在进行中。铁路信息化建设应充分借鉴发达国家铁路信息化建设的成熟经验，认真学习国内其他行业信息化实践的成功做法，紧密结合铁路改革与发展的要求，结合铁路运输生产需要，以信息化促进智慧铁路建设、驱动铁路现代化，实现运输能力的显著增长、运输组织效率的普遍提高和运输服务质量的全面提升，更好地发挥铁路在现代综合运输体系中的骨干作用，保障铁路信息化发展的有序推进。

1.3.4　铁路工程信息化意义

信息化是未来铁路工程发展的加速器和催化剂，能够使铁路工程各项信息资源得到有效利用，推动铁路建设管理统一化、规范化发展，促进管理决策科学化，为实现铁路工程"六位一体"的建设目标提供了有力保障。

1. 适应新形势发展需要

新形势下信息技术不断发展，各种先进的智能化设备与工具被应用于铁路建设中去，推动着铁路工程建设的智能化、信息化管理。信息技术和管理理念日新月异，铁路工程建设亦需要与时俱进，采用 BIM、大数据、物联网等先进技术，辅助实现铁路建设信息集成管理、智能化管理、可视化管理，加快铁路工程建设的信息化步伐，实现铁路工程现代化建设与跨越式发展战略需要。

2. 提高铁路工程建设管理效率

铁路工程建设涉及多种工序搭接、多种工艺水平、多个施工单位协作，建设中产生的大量信息都为其管理带来了难度和挑战。铁路信息化建设让安全卡控措施、质量监督机制、内业资料收集、现场信息回馈等过程在信息系统的支持下自动化展开，提高建设效率。各层业务与技术操作人员可以根据信息分析判断，实现对铁路运输中的营销、生产、经营活动的精确控制与快速，简化管理活动，解放生产力，加快公文与政令的传递速度，使各方面工作更加协调，大幅度提高铁路运输组织与生产效率。

3. 提升铁路信息资源价值

铁路信息资源的开发利用，使其充分发挥应用价值是信息化的根本目的之一。铁路工程方方面面都有着丰富的信息资源，通过各种信息系统互通互连、信息共享，使信息有效开发，并应用于各部门运输生产、管理控制、维修成本、社会服务、决策制定等过程，形成完善的铁路自身信息产业，加快释放信息化巨大潜能。通过一系列信息技术完成项目的信息检索和查询，提高数据处理的准确性与工作效率，让更多有价值的组织信息、管理信息、经济信息、技术信息和法规信息辅助项目决策，促进建设项目参与方之间的信息交流和协同工作，加强铁路工程项目实施期的项目目标控制与铁路工程项目建成后的运行管理，为铁路工程带来巨大的建设效益（图 1.3.4-1）。

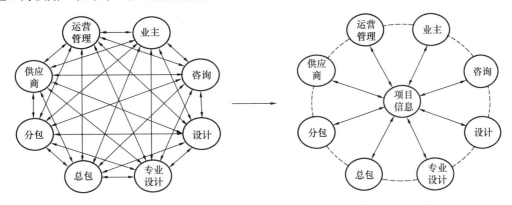

图 1.3.4-1　铁路工程信息存储和共享模式由点对点到集中共享转变

4. 铁路转型升级的必由之路

铁路信息化可以有效促进铁路转型升级并实现可持续发展。综合运用地理信息系统、遥感遥测、网络通信、虚拟现实、人工智能等高新技术，对铁路工程项目管理各种信息以数字化形式自动采集、整合、储存、管理交流和再现，对项目过程进行动态监测，通过网络化、电子化、数字化手段实现管理信息的合理利用，探索智能建造、智能装备、智能运营等方面的应用，进一步深化数字铁路、智慧铁路的建造。在铁路智能化、数字化的同时，依据信息数据提升能源技能、降低碳排放，为铁路向智能、开放、绿色、共享发展提供可能。

1.4　铁路工程 BIM 技术概述

1.4.1　国外铁路工程 BIM 发展现状

在国外，BIM 技术在不同铁路工程中有着不同深度的应用，BIM 技术作为工程信息化手段之一，在国外部分铁路工程项目中，取得了一定的社会效益和经济效益。

在数字化大潮的驱动下，德国铁路将数字化进程视作宝贵的发展契机，实施了一系列数字化举措来推进铁路基础设施以及铁路运输和运营的数字化发展，力争成为行业领导者。针对铁路基础设施建设模块，德国铁路提出到 2020 年底，实现所有项目使用 BIM 规划的战略。2014 年，德国铁路发起了全欧范围内的针对新的项目管理系统的招标活动，最终采用了 iTWO 5D BIM 平台实施其数字化战略，对铁路基础设施建设进行 5D BIM 虚拟规划与管控。

2016 年 2 月，澳大利亚基础设施建设局公布了未来十五年的基础设施发展战略——《澳大利亚基础设施规划》，这是澳大利亚首个长期性的全国基础设施规划，将 BIM 视为规划中的一大亮点，被建议用来"推动战略性的、完整的规划"，并被作为一种"追求最佳采购和交付实践"的方法。在韩国，多个政府部门都致力于 BIM 标准的制定，并运用 BIM 技术实现铁路基础设施的建设生命周期规划到维护的综合运作，大幅提高生产效率。

1.4.2 中国铁路工程 BIM 发展历程与现状

自 BIM 技术诞生以来，最先在建筑工程行业掀起了一股热潮，形成了一定的示范效应，铁路工程虽与一般房建类工程同属建筑工程领域，但因其自身显著的特征，使得铁路工程 BIM 技术的应用不能完全照搬房建类工程，而应结合实际现状进行研究。

近年来，国内外越来越多的铁路工程实践证明，BIM 技术可以有效提升建设项目规划、设计、施工及运营阶段的技术水平和管理水平，实现建设项目全生命周期管理（Building Life Cycle Management，BLM）信息化，具有巨大的应用价值和广阔的应用前景。BIM 技术在铁路工程行业的发展和应用不是一个单纯的技术问题，而是一种全新的体系。它涉及从项目规划、设计、施工到运营维护阶段的一系列创新和变革，只有制定行之有效的行业应用研究和发展战略，BIM 的发展和应用才能达到预期水平。然而从国际角度来看，并没有成熟的铁路方向的 BIM 体系可以借鉴，中国需要打造具有中国特色的铁路行业 BIM 研究和发展战略。

根据铁路工程建设信息化总体方案的部署，BIM 是实现铁路工程建设信息化的主要技术发展方向，BIM 技术对铁路工程建设的发展有着巨大的应用价值和潜力。我国铁路行业于 2013 年启动 BIM 技术研究工作，针对业内规章制度、关键技术、实施策略等一系列问题展开研究，推进 BIM 技术在铁路工程设计、建设、运营等全生命周期的应用；2013 年 12 月，中国铁路 BIM 联盟成立，在铁路行业 BIM 标准、接口研究、平台技术、专业应用等方面开展深入研究，探索并致力于形成中国铁路 BIM 技术体系，取得了多项科研成果和技术创新，填补了 BIM 在铁路行业应用的空白；2014 年，中国铁路 BIM 标准体系的研究全面启动，推动铁路工程信息化管理手段的创新应用；2017 年，中国铁路总公司提出要着力打造数字化、智能化铁路，结合京沪高铁示范线探索 BIM 技术扩展到高铁运营养护维修中的应用；2018 年 1 月，中国铁路总公司提出到 2020 年，中国铁路除了在铁路规模和质量达到世界领先，铁路技术装备和创新能力上也要达到世界领先，复杂环境和特殊地质条件下铁路工程设计建造和 BIM 应用技术水平显著提高。

可以看出，我国铁路行业内正大力推进以 BIM 技术建设为核心的铁路工程，BIM 理念、技术和方法正逐步深入铁路行业，并在一些项目中得到实践应用。在宝兰客运专线陕西段石鼓山隧道工程中，利用 BIM 软件将隧道设计由传统的 2D 向 3D、4D 转变，大大提高了工作效率；在西成客运专线阿房宫站工程中，BIM 实施范围主要包括阿房宫站站房、旅客进出站地道、站台及雨篷、站前平台、市政广场及站场咽喉区以内设施，方便各相关专业之间的配合，并试验通过 BIM 数据来对项目所包含的构筑物、建筑设备、三维空间进行全方位、全生命周期的管理、监控和维护；银川火车站、杭州东站等工程都在 BIM 应用中取得了一些成果，BIM 技术已成为推进铁路工程建设信息化的先导力量。

目前，对于铁路工程 BIM 技术的应用研究仍在继续，相关标准、政策也在进一步完善。不断拓展 BIM 应用的深度与广度，探索其在铁路建设全生命周期中的发展，逐步形成铁路工程建设标准体系，使数字铁路、智能铁路的概念深入人心。

1.4.3 铁路工程各阶段的 BIM 应用内容

铁路工程 BIM 应用是一项庞大复杂的系统性工作，各专业之间又有明显的阶段过程，一般来讲，铁路的建设过程大致可以分为规划、设计、施工和运维四个阶段，各阶段环环相扣，以前一阶段成果为基础服务于下一阶段，保证铁路工程各阶段的顺利进行。BIM 在铁路工程的各阶段都有十分重要的应用价值，具体如下：

1. 规划阶段

在项目建设前期，需要按照国家政策需求及铁路建设的整体规划，进行铁路工程建设的可行性分析，在大量翔实可靠的资料分析基础上，规划铁路走向和建设规模，初步约定工期、投资资金，预估投资收益，辅助项目立项。规划阶段的模型数据主要包括 GIS 模型和规划阶段的 BIM 模型，其中，规划阶段的 GIS 模型深度按照 LoD100 实施，规划阶段各个专业的 BIM 模型深度按照 LOD1.0 实施，具体内容详见本书第 2 章。基于 BIM 模型的应用，主要包括场地数据分析、运量分析、方案论证分析、工程量统计的应用等。

2. 设计阶段

利用前期规划数据来确立铁路设计方案，为施工阶段奠定基础，初步设计阶段各个专业的 BIM 模型深度按照 LOD3.0 实施，施工图设计阶段 BIM 模型深度按照 LOD3.5 实施。作为铁路建设的基础性和前提性工作，铁路设计阶段涉及大大小小几十个专业，在很大程度上决定了铁路建设成果的质量，并影响铁路工程建设全生命周期的其他阶段，也是促进铁路行业信息化、可持续发展与资源有效利用的重要因素。在 BIM 模型中所有构件都基于一定的逻辑关系而生成，因此在某一构件上所做的修改都将引起所有与之有逻辑关系的信息智能联动，大大减少设计人员的重复劳动和错误率。对于 BIM 技术的二次开发功能还可支持多人协同工作，保证信息实时更新，大大提高设计阶段的工作和沟通效率。铁路各个专业设计阶段 BIM 技术优势主要有方案可视化展示、参数化设计、性能分析、设计咨询报告、工程量统计及管线综合。设计阶段的 BIM 模型将为工程后续阶段的实施提供基础模型和信息数据。

3. 施工阶段

施工阶段是利用设计阶段施工图纸进行铁路工程建造的阶段，工作依赖于施工图信息的准确度和完整度，实际建造中还要进行深化设计。施工阶段的 BIM 模型是一个包含了完整信息的数据库，利用该模型把时间、成本等施工要素整合起来，进行多维度模拟和数据分析，增强项目施工的可预见性，确定施工方案的可行性。BIM 在施工阶段各个专业的模型深度按照 LOD4.0 实施，主要应用包括项目坐标定位、施工模拟、进度管理、质量管理、成本管理、工单管理等。

4. 运维阶段

铁路工程建设完成后交付给运营单位，进入全生命周期的最后阶段。运维阶段是占据铁路工程生命最长的阶段，运维管理的深度和水平决定着工程长久价值的实现。运维阶段各个专业的 BIM 模型深度按照 LOD5.0 实施，通过异构数据的集成，实现 BIM 信息全过程的继承和传递，使运营单位充分利用 BIM 在设计和施工阶段的全部信息，给予运营企业全方位的决策支持，实现动态管理，提高运营效率与质量。铁路运输不同职能部门，在运维阶段有着不同的需求，以车务段为例，BIM 技术在铁路运营中可以进行列车运维管理、列车安全管理、运营收支管理、技术资料管理等工作，为车务段的运维管理系统提供可靠的技术支撑。

1.4.4 铁路工程各专业 BIM 应用内容

铁路为线性工程，具有涉及专业多、体量大的特点。将 BIM 技术与铁路建设结合是当前铁路工程建设研究的重要方向之一。实践表明，BIM 技术可应用于铁路工程中线路、轨道、路基、桥涵、隧道、站场、给水排水、四电及房屋建筑工程等各个专业，提高工作效率与水平，实现铁路工程全专业有效协同的管理目标。

1. 线路工程

铁路线路是在路基上敷设轨道，供机车车辆和列车运行的土工构筑物，是为了进行铁路运输所修建的固定路线，为铁路固定基础设施的主体。

在设计阶段，利用 BIM 技术，实现线路的参数化设计，建立可视化三维模型、附加相关信息、建立控制参数及草图设计，使得线路平面设计中的曲线更加符合要求。在施工阶段，结合 GIS 技术，可以准确地了解项目的周边的地质环境，使得线路平面路径选择更加形象直观，辅助施工过程中的项目坐标定位。

2. 轨道工程

轨道由钢轨、轨枕、扣件、道床等部分组成，是铁路工程的重点工程之一，轨道工程为线性工程，具有跨度大，曲线复杂、预制构件体量大等特点。高速铁路无砟轨道施工工艺复杂，技术含量高，具有轨道基础地基沉降变形规律难以把握、轨道平顺度难以控制、轨道敷设定位难以精准等技术难点。

借助 BIM 数字化平台，可以对轨道工程复杂的几何信息进行理性的分析和参数化设定，包括从几何学的角度对平面及三维空间生成进行准确的定义和呈现。将 BIM 引入轨道工程三维平台中，可以实现三维仿真系统无法实现的 BIM 多维度的应用，例如在施工阶段，运用 BIM 技术，对预制加工构件进行归类统计工程量，精确指导现场安装及辅助现场施工管理，有效地控制工程进度及成本，也为运维阶段提供基础的模型数据。

3. 路基工程

路基工程是铁路建设的基础专业，是列车安全运行的保障。其中，路基压实度则是保证路基工程质量的关键，长期以来，在路基压实度检测的工作中，往往取样周期长、频率高、工作量大，直接影响着整个工程的施工进度。后期铁路运营沉降检测也是维护铁路运营安全的重要环节。

在设计阶段完成路基专业模型数据后，除了施工阶段基于路基专业数据模型应用到进度模拟、工程量计算等进度管理和成本管理中，同时基于 BIM 模型结合传感器技术，通过沉降监测平台实时传输沉降监测数据进行对比分析，广泛应用于铁路建设和运营安全管理中。

4. 桥涵工程

桥涵工程往往为一些大型复杂工程，具有参数化要求高、施工工艺复杂、工程管理难点大等特点。桥梁工程构件复杂，涉及桩基、承台、桥墩、桥台、钢筋、拉索等构件。长期以来，钢筋与钢绞线的碰撞问题一直普遍存在，现场调整直接影响工程施工进度、成本甚至质量。桥梁跨既有线也是工程中的一大难点，在尽可能保证既有线的正常营运的情况下，确保施工安全也是桥梁工程施工中的重中之重。

BIM 的应用解决了以往桥涵建设中的"错、漏、碰、缺"现象，建设人员可以通过桥涵构件参数化属性的调整实现其整体设计协同联动。桥涵工程的 BIM 技术应用，在设计阶段重点关注参数化建模，通过参数化手段，可以快速辅助方案确定和施工出图，同时，还涉及支架模拟、预应力分析、钢筋、锚座碰撞检查、整体吊装方案模拟、施工虚拟建造等内容，通过 BIM 技术的使用，推动桥涵工程向工厂化、预制化、装配化、信息化方向发展，在设计、施工、制造管理过程中，依托 BIM 手段将进度控制、质量安全管理等多种措施集成到 BIM 管理系统中，有效整合资源，提高管理水平。工作人员能够直观地观察桥涵结构以及细部节点构造，按照施工组织和工序工艺模拟进行施工，避免在施工过程中出现意外，提高工作效率，保证工期。

5. 隧道工程

隧道工程一直是铁路工程建设中的重难点，隧道地质条件多变、施工工艺复杂的特点，使得 BIM 技术在铁路隧道的应用难度变大。修建隧道不仅是保护生态环境的必要措施，也是提高铁路整体效益的主要手段，利用 BIM 技术可以有效改善传统的设计施工模式中一直存在的设计意图不明确、资源调配不合理等问题。

在设计阶段，BIM 技术主要应用在隧道三维模型的建立，通过对模型的结构设计和参数化控制，实现对模型的快速修改，同时基于 BIM 模型对隧道结构的稳定性、安全性以及地质结构、洪水淹没情况、隧道洞身浅埋区域等进行分析，来优化隧道设计方案。在施工阶段，结合监测设备实时扫描地质沉降数据、与模型对比分析，对超过允许值的位置及时纠偏，对施工方案进行工序模拟、开挖定位等。

6. 站场工程

铁路站场包括编组场、到发场、调车场、工务段、机务段等部分，涉及正线、到发线、货物线及各类机车、岔道、信号、电力等设施设备，种类繁多，结构复杂，相关图纸仅局限于二维显示，从整体上不能直观、真实地展现设计者的思路。另外，站场设计方案的比选、优化及改动需要依赖图纸，工作繁琐且专业协同难度大。设计方、施工方、运营方不能基于一个工作平台展开工作，容易产生信息孤岛的现象。

在铁路站场中应用 BIM，能够建立一个包含站场项目所有几何尺寸、结构功能和空间关系的参数化、可联动的三维模型，通过将模型和施工组织计划相关联，进行 4D 模拟，准确把控现场进度，并且根据实际情况优化施工组织设计，保证项目在合理工期内完成。在项目的实施过程中，使得各个参与方能够根据自身需要提取相关信息，并基于统一的 BIM 模型协同工作，实现 BIM 的全生命周期应用。

7. 电气化工程

铁路电气化工程的建设对于沟通区域经济发展、提高客货运输能力、节约资源、保护环境具有重要意义。接触网作为电气化轨道沿线路架设的特有供电设备，不仅可以为电气列车提供牵引电能，同时还是受电弓的滑道，在电气化铁路大量修建与改造的背景下，具有重要的建设意义。传统接触网设计采用 CAD 软件绘制二维平面布置图的方式进行，在绘制过程中以规定的平面图例及安装图号等指代接触网零部件及其连接关系，不能完整地反映系统内的机械、电气关系，给后续施工建设带来问题。特别在复杂结构，如线岔、咽喉区、站场等位置，需要施工方与设计部门频繁对接、修正，造成资源和时间的浪费。

随着 BIM 技术在电气化工程规划、设计、建设和运营各个环节的应用，针对接触网专业工程量难统计、安装难统一等特点，进一步优化生产流程。在其支柱组立、悬挂装配以及架线等过程中，利用 BIM 三维模型及施工模拟技术，进行三维交底、施工过程演练、碰撞检查、算量计价，使施工人员准确了解悬挂装配流程、安装精度以及所需具体零部件数量、型号，实现规范施工、减小误差、缩短工期的目标。还可实时观察接触网整体布局和工程量的变化，实现安装图模型与线路动态关联。通过采用 BIM 技术可以在后期运营期间对电气化工程各项设备进行实时监测，并在一定指标范围内进行不同的预警，很好地避免各类事故的发生，进一步提高生产效率和管理水平。

8. 给水排水工程

铁路给水排水工程不仅需要综合排布铁路运输生产中不同车站、不同区间的生活、消防等多项给水排水系统，还要考虑上序专业与下序专业的衔接，数量多、位置分散。在传统的设计施工模式中，铁路给水排水工作人员要考虑与房屋建筑工程、电力工程、通信工程等管线之间的位置信息，将设计理念构造的三维模型表现在二维图纸中，尽量不出现碰撞冲突，但在具体实施过程中，复杂现场情况下对二维设计图纸和文字说明的理解完全取决于施工人员的水平和经验，对于管线碰撞交叉解决方案一般都在现场解决，设计意图得不到合理实现。同时，设计成果难以在运维过程中有效利用，埋设在地下的管线很难通过二维图纸表述清楚，给后续改造设计带来困难，也为养护维修增加了难度。

应用 BIM 技术不仅能够避免传统设计模式带来的问题，还可以提高设计质量，提高工程协同水平。在 BIM 模型中可以真实表现管道空间状态，进行碰撞检测，减少现场变更，施工单位可以根据 BIM 成果指导施工，实现设计与施工无缝对接。在运营维护过程中，管理人员可随时调取各种管线、构筑物、给水排水设备等信息，并实时更新改造后的 BIM 信息，全面提高铁路给水排水工程的管理水平。

9. 通信、信号、信息工程

通信、信号、信息工程也是铁路工程的重要环节，铁路信号设计需要和站场、线路、桥梁、隧道等多专业协同，传统的二维设计方式，信息传递不及时，协同难度大，容易出现"错、漏、碰、缺"等问题。

在设计阶段，基于完善的 BIM 构件库建立带有真实构件信息的通信、信号、信息工程专业 BIM 模型，实现自身专业和各专业间的碰撞检查、设计合理性检查，并与其他专业进行协同设计以减少设计失误；利用 BIM 信息的可传递性，实现模型数据在设计、施工、运维过程中的有效传递和共享，将设计单位、施工单位、设备厂家有机结合，提升设计方案的合理性，加强施工过程的协调性，提高运维数据的完整性。

10. 电力工程

铁路电力工程与其他专业间接口较多，对预留要求较高，那么 BIM 技术可以在创建模型的过程中，发现电力设施与其他专业间不交圈的地方，防患于未然，通过 BIM 技术模拟各种光电缆敷设，制定更便捷的敷设和排布方案，指导施工，在分析施工方案可行性的同时形象展示施工方案流程，提高工作效率和质量。

针对铁路电力工程的特点，在设计过程中利用 BIM 技术协同设计，完善与其他专业的接口设计，保证系统的联通性和完整性；在施工过程中对施工重难点预先模拟，规避碰撞及工序衔接等问题，提高铁路电力工程的效能化监测能力；在运维阶段，采用 BIM 技术快速定位故障设备的具体位置，准确查询设备的信息及相关责任人，可以高效地解决设备故障以及落实责任，确保电力工程的正常稳定运营。

11. 房屋建筑工程

铁路房屋建筑工程是一项多专业的综合性工程，涉及专业种类多，各种专业接口错综复杂，工序交叉，专业用房设计施工标准要求高。新建站房更是具有体量大、技术新、集成化水平高的特点，都为铁路房屋建筑工程的建设带来难度和挑战。

目前，铁路工程房屋建筑数量众多，运用 BIM 技术采集、处理、分析、传输和储存各个阶段的信息，做好工序间、部门间的信息传播、交流与沟通，提前进行碰撞检查，规避风险，优化设计和施工方案，降低返工概率，增进各参建单位的协作，为管理部门科学高效的管理提供基础数据，提高建设质量和效率。

1.4.5　铁路工程 BIM 应用意义

BIM 技术的发展及应用给铁路工程的建设管理带来了新的驱动力。先进的三维信息技术和全生命周期的项目管理，可以帮助项目参与各方更准确、有效地把控工程建设过程，提高工程质量，降低建设成本，优化运维管理流程，是铁路行业未来发展的必然趋势。在 BIM 技术的支持下，能够将分散、凌乱的数据统一整合，实现各种信息的高效传输，保证了唯一真实数据源，为铁路工程项目参与方及时掌握工程情况和相互沟通提供有力手段，优化质量安全监督机制，增强信息数据交互，为统一铁路工程全生命周期管理创造条件。

1. 提高铁路工程建设质量与效益

基于 BIM 三维数字化模型和丰富的信息，进行一系列的深化应用，资源损耗分析、碰撞检测、成本分析、工程量统计等，使决策方案更具有科学性。在 BIM 模型中，各专业、各构件存在着逻辑关系，在保证信息统一的基础上，又方便各参与方随时查看、修改，基于 BIM 模型下的工程项目可进行虚拟建造，提前模拟建设过程，排除问题，极大地降低了项目实施中的风险，有效提升处理复杂问题的能力，提高管理水平和工作效率，使铁路建设效益最大化。

2. 提升铁路工程协同作业水平

基于 BIM 技术的协同工作，不仅可以实现全专业的协同，更要完成在整个项目全生命周期内的协同管理目标。铁路工程项目从前期策划到后期运营，往往是十几个专业甚至几十个专业共同协调的结果，利用 BIM 技术进行协同管理，将多类信息整合于一处，使项目表达更加直观统一，只有充分发挥铁路项目的 BIM 协同作用，才能更大程度地展现

BIM 价值。

3. 促进铁路工程技术创新和信息化发展进程

国家政策及业内政策都在大力推进 BIM 技术在铁路工程建设中的应用，随着我国铁路网的迅速发展，在完成铁路规模和质量达到世界领先的基础上，铁路建设更要注重提高铁路技术装备与创新能力。BIM 技术在国内外工程建筑行业的广泛应用展示了其巨大的生命力，能够促进铁路工程技术创新，也是推进铁路建设信息化进程的核心方向，将传统技术与现代科技新成果密切融合，将发挥越来越重要的作用。

1.5　铁路工程 BIM 职业发展

1.5.1　铁路工程 BIM 工程师岗位职责

BIM 工程师通过参数模型整合各种项目的相关信息，在项目策划、运营和维护的全生命周期过程中进行共享和传递，使工程技术人员对各种建筑信息做出正确理解和高效应对，为设计团队以及包括建筑运营单位在内的各方建设主体提供协同工作的基础，使 BIM 技术在提高生产效率、节约成本和缩短工期方面发挥重要作用。铁路工程 BIM 工程师岗位职责可从项目建设阶段进行规范。

1. 规划阶段 BIM 工程师职责

1）在项目规划阶段，对工程造价进行预估，应用 BIM 技术提供各设计阶段准确的工程量、设计参数和工程信息，将工程量和参数与技术经济指标结合，以得出准确的估算、概算，再运用价值工程和限额设计等手段对设计成果进行优化。

2）在合同管理方面，通过对细部工程造价信息的抽取、分析和控制，从而控制整个项目的总造价。

2. 设计阶段 BIM 工程师职责

1）通过创建模型，更好地表达设计意图，突出设计效果，满足业主需求。

2）利用模型进行专业协同设计，可减少设计错误，通过碰撞检查，把类似空间障碍等问题消灭在出图之前。

3）可视化的设计会审和专业协同，基于三维模型的设计信息传递和交换将更加直观、有效，有利于各方沟通和理解。

3. 施工阶段 BIM 工程师职责

1）利用模型进行直观的"预建造"，分析施工难点，更大程度地消除施工的不确定性和不可预见性，降低施工风险，保证施工技术措施的可行、安全、合理和优化。

2）在设计方提供的模型基础上进行施工深化设计，解决设计信息中没有体现的细节问题和施工细部做法，更直观、更切合实际地对现场施工工人进行技术交底。

3）为构件加工提供最详细的加工详图，减少现场作业、保证质量。

4）利用模型进行施工过程荷载验算、进度物料控制、施工质量检查等。

4. 运维阶段 BIM 工程师职责

1）数据集成与共享化运维管理，把成堆的图纸、报价单、采购单、工期图等统筹在一起，呈现出直观、实用的数据信息，基于这些信息进行运维管理。

2）可视化运维管理，基于 BIM 模型对建筑运维阶段进行直观的、可视化的管理。

3）应急管理决策与模拟，提供实时的数据访问，在没有获取足够信息的情况下，做出应急响应决策。

1.5.2 不同应用方向铁路工程 BIM 工程师职业素质要求

1. BIM 工程师基本素质要求

如果说专业素质构成了 BIM 工程师的主要竞争实力，基本素质则奠定了工程师的发展潜力与空间。基本素质是职业发展的基本要求，无关专业，任何人员都应必备的基本职业素养。BIM 工程师基本素质主要体现在职业道德、健康素质、团队协作及沟通协调等方面。

1）职业道德

职业道德是指人们在职业生活中应遵循的基本道德，即一般社会道德在职业生活中的具体体现。它是职业品德、职业纪律、专业胜任能力及职业责任等的总称，属于自律范围，通过公约、守则等对职业生活中的某些方面加以规范。职业道德素质对其职业行为产生重大的影响，是职业素质的基础。

2）健康素质

健康素质主要体现在心理健康及身体健康两方面。BIM 工程师在心理健康方面应具有一定的情绪稳定性与协调性、较好的社会适应性、和谐的人际关系、心理自控能力、心理耐受力以及具有健全的个性特征等。在身体健康方面 BIM 工程师应满足个人各主要系统、器官功能正常的要求，体质及体力水平良好等。

3）团队协作

团队协作能力，是指建立在团队的基础之上，发挥团队精神、互补互助以达到团队最大工作效率的能力。对于团队的成员来说，不仅要有个人能力，更需要有在不同的位置上各尽所能、与其他成员协调合作的能力。

4）沟通协调

沟通协调能力是指管理者在日常工作中妥善处理好上级、同级、下级等各种关系，使其减少摩擦，能够调动各方面的工作积极性的能力。

上述基本素质对 BIM 工程师职业发展具有重要意义，基本的职业素养有利于工程师更好地融入职业环境及团队工作中；有利于工程师更加高效、高标准地完成工作任务；有利于工程师在工作中学习、成长及进一步发展，同时为 BIM 工程师的更高层次的发展奠定基础。

2. 不同应用方向的 BIM 工程师职业素质要求

1）BIM 标准管理类

作为制定整个铁路行业标准的 BIM 工程师，要时刻了解国内外 BIM 发展动态（包括发展方向、发展程度、新技术应用等），对铁路行业内的 BIM 技术有比较全面地了解，关注 BIM 技术的发展方向。良好的文献数据查阅能力和一定的文字表达能力都是必不可少的素质要求。

2）BIM 工具研发类

BIM 产品设计人员和 BIM 软件开发人员都属于研发类的 BIM 工程师，前者需要熟悉铁路行业的 BIM 产品概况及其应用价值，具有设计创新性；后者的相关编程语言等专业技能必不可少，同时也应该对 BIM 技术有一定的了解。

3）BIM 工程应用类

（1）BIM 模型生产工程师

根据项目需求建立相关的 BIM 模型，如路基模型、站房模型、桥梁模型、隧道模型等，对专业知识的储备要求较高，熟悉各种 BIM 相关建模软件，对 BIM 模型后期应用有一定的了解。

（2）BIM 专业分析工程师

利用 BIM 模型对工程项目的整体质量、进度、成本、安全等关键指标进行分析、模拟、优化，从而对该项目承载体的 BIM 模型进行调整，以实现高效、优质的项目总体交付。

需要具备铁路相关专业知识，对隧道、桥梁、路基、地质等相关知识较了解，对项目施工过程及管理较了解；具有一定 BIM 应用实践经验；熟悉相关 BIM 分析软件及协调软件等。

（3）BIM 信息应用工程师

根据项目 BIM 模型完成各阶段的信息管理及应用的工作，如施工图出具、工程量估算、施工现场模拟管理、运维阶段的人员物业管理、设备管理及空间管理等。对 BIM 项目各阶段实施有一定了解，且能够运用 BIM 技术解决工程实际问题等。

（4）BIM 系统管理工程师

负责 BIM 应用系统、数据协同及存储系统、构件库管理系统的日常维护、备份等工作；负责各系统的人员及权限的设置与维护；负责各项目环境资源的准备及维护等。要求具备计算机应用、软件工程等专业背景；具备一定的系统维护经验等。

（5）BIM 数据维护工程师

负责收集、整理各部门、各项目的构件资源数据及模型、图纸、文档等项目交付数据；负责对构件资源数据及项目交付数据进行标准化审核，并提交审核情况报告；负责对构件资源数据进行结构化整理并导入构件库，并保证数据的良好检索能力；负责对构件库中构件资源的一致性、时效性进行维护，保证构件库资源的可用性；负责对数据信息的汇总、提取，供其他系统的应用和使用等。要求具备建铁路工程相关专业背景；熟悉 BIM 软件应用；具有良好的计算机应用能力等。

BIM 技术可应用于铁路工程项目建设全生命周期各阶段中，涉及应用领域较多，应用内容较丰富。BIM 工程师可根据自身兴趣及需求选择相应的职业发展方向。

1.5.3　铁路工程企业 BIM 技术发展模式探究

BIM 作为一种基于模型的信息化技术，合理使用可以帮助项目相关方实现提高工作效率和工作质量的目的，但作为一种新型技术，BIM 也经历了从陌生到熟知，从怀疑到运用的过程。铁路工程企业对 BIM 技术的探究可以划分为三个阶段：探索阶段、过渡阶段和成熟阶段。

1. 初步探索阶段

国家政策及业内政策尚不完善，政府及相关部门出台强制或鼓励政策，刺激铁路行业的企业主动了解、研究和应用 BIM 技术。经历了一段时间的了解与学习，目前，铁路相关企业和单位积极主动地研究 BIM 技术在实际工程中的运用，并取得一定成果，探索阶段已经顺利完成。

2. 过渡阶段

该阶段是整个铁路工程 BIM 发展的最重要部分，未来几年内，铁路工程企业仍将处于过渡阶段。在该阶段需要对顶层设计、技术标准、工程应用、管理制度、软件研发等方面进行更加具体的实质性工作，加深 BIM 的研究程度，为后续各项工作的深入开展进行规划和指导，实现铁路 BIM 价值的最大化。铁路工程企业可从以下三方面提升自身能力。

1）分析铁路工程建设各阶段信息，研究全生命周期信息传递、共享。在此基础上，研究基于 BIM 的铁路工程建设协同工作方式和质量、进度、成本、安全精益化管控。

2）定量分析 BIM 技术在铁路工程建设中的应用情况和经济效益，形成具体可行的铁路 BIM 标准合同文本、招标技术要求和考核验收指标。

3）对铁路 BIM 标准指南及软件进行充分验证，培养、锻炼、丰富铁路 BIM 人力资源。

对于企业来说，最重要的是有技术标准的指导和支持，随着 BIM 在铁路行业实施经验的积累，相关标准会继续完善，同时企业也应提高自我意识，出台对应的企业级标准。客观地讲，业内人士对 BIM 使用呈现不均衡状态，企业应用仍不广泛，更多情况是对使用 BIM 未来的前景仍持观望态度。在过渡阶段仍存在许多需要探讨的问题，企业应尽早开展铁路 BIM 人才培养，并与其他领域的企业进行深层次合作。

3. 成熟阶段

进入该阶段，我国铁路 BIM 已基本成熟。企业的主要工作是梳理归纳工程应用、技术标准、规章制度、软件研发、组织机构等方面的成果，并补充完善，打造一个完整且具体的铁路 BIM 体系。

该阶段的核心工作是进一步研究 BIM 与 GIS、移动互联网、云计算、物联网、大数据等技术在铁路工程建设中的融合应用。目前，这些技术在铁路工程建设中已有一定程度的应用，对铁路工程建设信息化起到了积极的推动作用，但深度还有待提高，且相对独立，未形成合力。相关企业应注意总结经验，未来有望通过实现这些技术的融合应用，为提高铁路工程建设管理水平提供重要支撑，从而有效地改善铁路工程建设质量，提高建设效率，减少资源损耗。

第 2 章 铁路工程 BIM 标准概述

BIM 是建筑行业未来发展的必然趋势，国内外都在积极制定相应的 BIM 应用体系，初步形成以国家标准为主，以行业标准和项目需求任务书等要求相结合的实施理念，推动 BIM 技术的落地执行。实现标准化是铁路工程 BIM 项目发展的重点方向，也是提高铁路工程信息化水平的基础和前提。本章将国内外现有 BIM 标准做分类介绍，概述铁路工程行业内现有 BIM 标准，加强读者对铁路工程 BIM 标准体系的理解。

2.1 国内外 BIM 标准

2.1.1 国外 BIM 标准

对于国际上已发布的 BIM 标准，主要分为两类：第一类是经过国际 ISO 组织认证的国际标准，第二类是各个国家针对本国建筑业发展情况制定的 BIM 操作指南。

1. 国际标准

国际标准主要为 IFC（Industry Foundation Class，工业基础类）标准、IDM（Information Delivery Manual，信息交付手册）标准、IFD（International Framework for Dictionaries，国际数据字典）标准三类，它们是实现 BIM 价值的三大支柱。

1）IFC 标准

IFC 标准是建筑行业广泛认可的国际性公共产品数据模型格式标准，目前已扩展到建筑、结构、电气、物业等 9 个领域。它是一个包含各种建设项目设计、施工、运营各个阶段，所需要全部信息的一种基于对象的、公开的标准文件格式。

2）IDM 标准

IDM 标准包含了 BIM 标准中每个概念定义的唯一标识码，是对某个指定项目以及项目阶段、某个特定项目成员、某个特定业务流程所需交换的信息以及由该流程产生的信息的定义。每个项目成员通过信息交换得到完成他的工作所需要的信息，同时把他在工作中收集或更新的信息通过信息交换给其他需要的项目成员使用。

3）IFD 标准

IFD 标准是一本字典，其内部包含了 BIM 标准中每个概念定义的唯一标识码。它解决了不同国家、地区因文化和语言背景的差异，难以统一定义信息的问题。

2. 国家 BIM 操作指南

随着 BIM 标准的发展，美国、英国、挪威、芬兰、澳大利亚、日本、新加坡等国家都开始基于 IFC 标准制定适合本国的 BIM 标准。

美国是最早推广应用 BIM 的国家，BIM 技术发展位于世界前沿。2007 年，美国率先依据 IFC 系列标准研究发布了第一版，此后分别于 2012 年、2015 年先后发布了 NBIMS 标准第二版、第三版。美国国家 NBIMS 标准发展较为完善，为每一位用户提供 BIM 过程使用标准化途径，有利于保证用户利益，增加用户对标准的使用信心。但其 BIM 标准只停留在理论层面，实际操作经验尚浅。

英国建筑工程行业组织［AEC（UK）Initiative］于 2009 年发布了该组织的首个 BIM 标准 AEC（UK）BIMstandard，重点加强 BIM 的力量；2010 年，该组织发布了适用于 Revit 软件的 BIM 标准 AEC（UK）BIM standard for Revit；随后，适用于 ArchiCAD，Vectorworks 等软件的类似 BIM 标准也相继发布。自 2011 年起，英国国家建筑规程研究所连续开展多年的 BIM 应用统计调查，并发布《国家 BIM 报告》，编制了 BIM 对象标准，据此建立国家 BIM 对象库，并开发了与 Revit，ArchiCAD 等软件的插件。另外，2013 年 3 月，英国推出了 PAs 1192-2 标准。这项标准作为英国政府建设策略的一部分，专门以加强工程交付管理及财务管理为目标，其主要目的是为了在总体上减少公共部门建设近20%～30%的费用支出。

挪威分别在2009年、2011年发布了BIM手册1.1与1.2两个版本；芬兰在2007年发布了BIM使用要求，共分为9卷，包括了建筑、机电、结构、可视化、基本质量等模块；澳大利亚也在2009年出台了数字模型的国家指南，新加坡政府于2012年颁布了《新加坡BIM指南》，以政府文件形式对BIM应用进行指导和规范。

2.1.2 国内BIM标准

BIM技术在我国建筑工程领域的快速普及亟须对其进行标准化创造更好的发展环境，为此，我国BIM标准陆续出台，规范BIM技术在行业内的发展。对于国内已经发布的BIM标准，大致可分为国家标准、地方标准、行业标准三类，部分建筑企业通过BIM实施，总结经验，也制定了企业内部的BIM技术实施标准，从自身规范BIM技术的应用。这些标准、规范、准则，共同构成了完整的中国BIM标准序列。目前，建筑工程各领域都在制定不同程度的行业标准。

1. 国家标准

为推进BIM普及应用，2012年我国住房城乡建设部启动了BIM技术国家标准的编制工作，并于2016年开始，陆续批准发布了《建筑信息模型应用统一标准》GB/T 51212—2016、《建筑信息模型施工应用标准》GB/T 51235—2017、《建筑信息模型分类和编码标准》GB/T 51269—2017三部国家标准。截至目前，国标《建筑信息模型设计交付标准》已在报批阶段，《建筑信息模型存储标准》仍在编制中。国家BIM标准发布情况如表2.1.2-1所示。

国家标准发布情况 表2.1.2-1

标准号	标准名称	发布单位	发布日期	实施日期
GB/T 51212—2016	《建筑信息模型应用统一标准》	住房城乡建设部	2016-12-02	2017-07-01
GB/T 51235—2017	《建筑信息模型施工应用标准》	住房城乡建设部	2017-05-04	2018-01-01
GB/T 51269—2017	《建筑信息模型分类和编码标准》	住房城乡建设部	2017-10-25	2018-05-01
GB/T 51301—2018	《建筑信息模型设计交付标准》	住房城乡建设部	2018-12-26	2019-06-01
—	《建筑信息模型存储标准》	住房城乡建设部	编制中	

除此之外，我国相关部门也发布了一系列指导意见等规范性文件推进BIM在建筑工程行业的发展。住房城乡建设部先后印发《关于推进建筑业发展和改革的若干意见》《2016-2020年建筑业信息化发展纲要》《城市轨道交通工程BIM应用指南》等文件，提升我国建筑信息化水平。

2. 地方标准

随着国家级BIM标准的推进，各地方政府也在积极推动相关BIM标准编制工作。部分省市BIM标准发布情况如表2.1.2-2所示。

地方BIM标准发布情况（部分） 表2.1.2-2

标准号	标准名称	发布单位	发布日期	实施日期
DB11/T 1069—2014	《民用建筑信息模型设计标准》	北京市住房城乡建设委	2014-02-26	2014-09-01
DG/TJ 08—2203—2016	《城市轨道交通信息模型技术标准》	上海市住房城乡建设委	2016-05-10	2016-10-01

标准号	标准名称	发布单位	发布日期	实施日期
DBJ 43/T 330—2017	《湖南省建筑工程信息模型交付标准》	湖南省住房城乡建设厅	2017-12-29	2018-03-01
DB50/T 831—2018	《建筑信息模型与城市三维模型信息交换与集成技术规范》	重庆市住房城乡建设委	2018-02-05	2018-06-01
DB33/T 1154—2018	《建筑信息模型（BIM）应用统一标准》	浙江省住房城乡建设厅	2018-06-26	2018-12-01

3. 行业标准

行业标准的制定发布主要以建筑工程领域行业协会为主，各行业协会参照国家 BIM 标准，对其进行深化，制定更符合行业现状的 BIM 应用依据。部分行业协会发布的 BIM 标准及应用指南如表 2.1.2-3 所示。

行业 BIM 标准发布情况（部分）　　　　　　　　　　表 2.1.2-3

标准号	标准名称	发布单位	发布日期	实施日期
T/CBDA 3—2016	《建筑装饰装修工程 BIM 实施标准》	中国建筑装饰协会	2016-09-12	2016-12-01
T/CECS-CBIMU 8—2017	《钢结构设计 P-BIM 软件功能与信息交换标准》	中国工程建设标准化协会	2017-06-15	2017-10-01
—	《铁路工程实体结构分解指南（1.0 版）》	中国铁路 BIM 联盟	2014-12-30	2015-01-01

2.2　铁路工程 BIM 标准

2.2.1　铁路工程 BIM 标准概述

随着铁路工程信息化的推进，BIM 技术在铁路全生命建设周期内有着越来越重要的应用。铁路工程 BIM 项目的实施主要基于国家标准，同时参考铁路 BIM 联盟发布的相关标准及行业内其他要求，完成 BIM 项目的规范建设。研究针对铁路行业的 BIM 应用标准是铁路 BIM 项目发展的重要支撑。在制定相应的 BIM 标准时，需结合铁路行业独有的专业领域，如地理信息、工程地质、线路、轨道、路基、桥梁、隧道、站场、信号、机务车辆、电气化等，促进 BIM 技术的落地执行。

1. 铁路 BIM 标准

2013 年，中国铁路总公司明确将 BIM 技术作为铁路工程建设信息化的主要技术发展方向，并研究制定了"以铁路工程设计、建设、运营全生命周期管理为目标，以标准化管理为抓手，以 BIM 技术为核心，建立统一开放的工程信息化平台和应用"的铁路工程建设信息化总体规划及推进计划。2013 年 12 月，铁路总公司发起成立中国铁路 BIM 联盟，旨在共同推进中国铁路 BIM 技术的进步，搭建一个集 BIM 技术总体规划与政策建议、标准制定、应用技术研究、研讨培训、技术服务与咨询、国际交流与合作等业务为一体的公共服务平台。

根据中国铁路总公司铁路工程建设信息化总体方案，中国铁路 BIM 联盟建立了铁路

BIM 标准体系，并组织各理事会单位，认真总结实践经验，在广泛征求意见的基础上，扎实推进铁路 BIM 标准体系框架的建设和验证工作。截至 2017 年 9 月，铁路 BIM 联盟已先后发布了 11 项铁路 BIM 标准和指南，为保障铁路建设标准化管理、实现工程建设信息化发展起到指引和参考的作用，铁路 BIM 标准发布情况如表 2.2.1-1 所示。由于篇幅所限，无法呈现铁路 BIM 标准全貌，本书仅摘录各标准总则及框架供读者参考。

铁路 BIM 标准发布情况　　　　　　　　　　　　　　表 2.2.1-1

序号	标准名称	发布时间	实施时间
1	铁路工程实体结构分解指南（1.0 版）	2014-12-30	2015-01-01
2	铁路工程信息模型分类和编码标准（1.0 版）	2014-12-30	2015-01-01
3	铁路工程信息模型数据存储标准（1.0 版）	2015-12-29	2016-01-01
4	铁路四电工程信息模型数据存储标准（1.0 版）	2016-07-07	2016-07-08
5	铁路工程信息模型表达标准（1.0 版）	2017-09-05	2017-09-06
6	基于信息模型的铁路工程施工图设计文件编制办法（1.0 版）	2017-09-05	2017-09-06
7	铁路工程信息模型交付精度标准（1.0 版）	2017-09-05	2017-09-06
8	面向铁路工程信息模型应用的地理信息交付标准（1.0 版）	2017-09-05	2017-09-06
9	铁路工程 WBS 工项分解指南（试行）	2017-09-05	2017-09-06
10	铁路工程数量标准格式编制指南（试行）	2017-09-05	2017-09-06
11	铁路工程信息交换模板编制指南（试行）	2017-09-05	2017-09-06

2. 铁路 BIM 标准体系框架

《中国铁路 BIM 标准体系框架》明确了中国铁路 BIM 标准体系包括技术标准和实施标准两大部分。技术标准主要面向软件开发者，分为数据存储标准（IFC）、信息语义标准（IFD）、信息传递标准（IDM）三大类别，主要目标是为了实现铁路建设项目全生命周期内不同参与方与异构信息系统间的互操作性，用于指导和规范铁路 BIM 软件开发；实施标准从资源、行为、交付物等方面指导和规范铁路行业内 BIM 的应用。中国铁路 BIM 标准体系框架如图 2.2.1-1 所示。

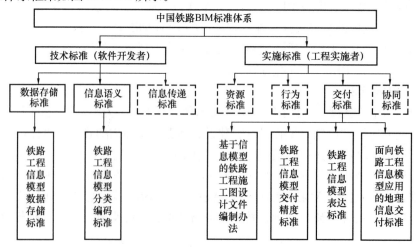

图 2.2.1-1　中国铁路 BIM 标准体系

1）技术标准

技术标准的主要目标是为了实现铁路建设项目全生命周期内不同参与方与异构信息系统间的互操作性，主要面向 IT 工具。

《铁路工程信息模型数据存储标准》（1.0 版）为数据存储标准（IFC），用来保障铁路工程建设各参与方所有软件产品的信息交换，为不同项目成员、不同软件产品之间的信息自由流动提供标准格式。该标准已被 buildingSMART 国际标准组织采纳发布为公开规范（bSI SPEC Rail），IFC 标准国际化也是当前铁路行业重要的研究目标。

《铁路工程信息模型分类编码标准》（1.0 版）为信息语义标准（IFD），其目的是为了解决在建设项目信息交换时，我们需要的信息与最后得到信息不对应的问题。IFD 保证了不同环境下同一样物品有唯一的标识，保障各参与方对该物品理解一致，避免我们需要信息 A 却得到了信息 B 的问题。

信息传递标准（IDM）规定了每一次的信息传递需要包含 IFC 中的哪些内容，是 BIM 技术付诸实践的集中体现，由设计院开始到建设部门，再到整个项目的运营过程，依次逐级传递，是铁路工程设计协同的重要标准，针对此标准的研究仍在进行中。

2）实施标准

实施标准主要用于指导和规范铁路行业规划、设计、施工、建设、运营企业实施 BIM 标准。目前，铁路 BIM 联盟已发布的实施标准主要为交付标准，明确规定了铁路项目从设计到建造阶段实施 BIM 技术应符合的标准规范，为实现铁路工程信息化提供实际指导意义。交付标准主要为以下 4 项内容：

（1）《基于信息模型的铁路工程施工图设计文件编制办法》（1.0 版）规范了采用 BIM 技术的铁路工程施工图文件组成和内容，使其达到所需的深度要求，引导铁路行业 BIM 正向设计，减少因 BIM 技术增加的工作量。以轨道专业为例，该办法从说明、附件、附图、附模四个方面规定了 BIM 技术下轨道专业的施工图设计文件编制要求，说明部分包括初步设计审批意见内容及执行情况、线路概况、设计说明、施工注意事项、运营注意事项、安全施工措施六个方面；附件部分需包含设计单元目录、参考模型目录、加强地段表等十六项文件，附模包含参考模型和设计单元模型两部分内容，按要求提交 BIM 模型，并进行必要说明。

（2）《铁路工程信息模型交付精度标准》（1.0 版）规定了工程设计参与各方所交付的铁路工程信息模型几何精度和信息深度科学合理，满足实际工程需求。本标准中规定的模型精度等级划分如表 2.2.1-2 所示。

模型精度基本等级

表 2.2.1-2

等级	英文名	简称	阶段及用途
1.0 级精度	Level of Detail 1.0	LOD1.0	规划阶段、预可研
2.0 级精度	Level of Detail 2.0	LOD2.0	可研
3.0 级精度	Level of Detail 3.0	LOD3.0	初步设计
3.5 级精度	Level of Detail 3.5	LOD3.5	施工图设计
4.0 级精度	Level of Detail 4.0	LOD4.0	施工深化设计
5.0 级精度	Level of Detail 5.0	LOD5.0	竣工、运维

从 LOD1.0~LOD5.0，模型的精度逐级递增。由于铁路工程自身跨度大、涉及专业众多等特殊性，传统二维初步设计阶段与施工图深化阶段所表示的内容有着明显差异，因此，在参照现有标准的前提下，铁路工程信息模型精度等级的划分并未全部按照一般模型精度等级进行整数划分，而是增加了介于 LOD3.0 和 LOD4.0 之间的 LOD3.5 施工图设计阶段，更符合铁路业内现行的规范体系。未来，随着 BIM 技术的推广应用，对于模型精度等级的划分可能会结合实际再进行调整。

（3）《铁路工程信息模型表达标准》（1.0 版）规范了铁路桥梁、隧道等 21 个专业领域信息模型的建立和交付，统一铁路工程各参与方识别铁路工程信息的方式。在本标准中规定了铁路工程交付文件的命名规则和各专业模型的几何表达等级，如表 2.2.1-3 和表 2.2.1-4 所示。

文件命名——部分专业代码　　　　　　　　　　　　　　　表 2.2.1-3

专业（中文）	专业（英文）	专业代码（中文）	专业代码（英文）
桥梁	Bridge	桥梁	BRI
隧道	Tunnel	隧道	TUN
路基	Subgrade	路基	SGR
站场	Station	站场	STA

构件模型几何表达等级　　　　　　　　　　　　　　　　表 2.2.1-4

等级	英文名	简称	备注
1 级表达精度	Grade1	G1	满足符号化识别需求的几何精度
2 级表达精度	Grade2	G2	满足空间占位等粗略识别需求的几何精度
3 级表达精度	Grade3	G3	满足真实外观等精细识别需求的几何精度
4 级表达精度	Grade4	G4	满足结构施工、产品制造等高精度识别需求的几何精度

（4）《面向铁路工程信息模型应用的地理信息交付标准》（1.0 版）规范了铁路工程信息模型中 GIS 相关内容的交付。铁路工程具有线状工程的特殊性，与地理信息结合得比较紧密，BIM 与 GIS 的结合铁路 BIM 技术研究的重点方向之一，铁路 GIS 模型及相关资料对应的工程阶段应符合如表 2.2.1-5 所示的规定。

铁路工程建设阶段定义与划分　　　　　　　　　　　　　表 2.2.1-5

简称	英文全称	阶段名称	对应铁路 BIM 交付精度标准中的阶段
LoD100	Level of Development 100	规划阶段	LOD 1.0
LoD200	Level of Development 200	预可研、可研阶段	LOD 2.0
LoD300	Level of Development 300	初步设计阶段	LOD 3.0
LoD350	Level of Development 350	施工图设计阶段	LOD 3.5
LoD400	Level of Development 400	施工工法模拟及造价控制	LOD 4.0

对于铁路 BIM 标准体系的研究仍在进行中，这既是推动 BIM 研发的基础，也是工程建设全寿命周期信息共享的前提，基于信息模型的铁路工程标准会在实际工作中逐渐加以规范，形成面向全专业的铁路标准。

3. 铁路工程 BIM 标准验证

铁路行业由于其专业众多、施工工序复杂等特点，BIM 的应用和推广难度更大。国内外现有 BIM 标准尚未与铁路 BIM 高度契合，相关 BIM 软件，如 Autodesk、Dassault、Bentley、广联达等，由于这些软件的模型底层编码及数据存储格式都是按照建筑行业的相关规范进行编写的，未能完全满足中国铁路的行业规范要求，需要投入更多的力量开展研发和试点应用工作，在标准明确的前提下进行软件底层的再研发和验证，为大范围推进 BIM 应用提供支撑。

为验证已经发布的《铁路工程实体结构分解指南》（1.0 版）、《铁路工程信息模型分类和编码标准》（1.0 版）和《铁路工程信息模型数据存储标准》（1.0 版），中国铁路总公司选定了部分铁路工程建设项目进行 BIM 技术单专业和综合试点，推进标准国际化的工作，同时初步制定满足施工应用的 BIM 模型交付精度、编制和验证构件划分、编码规则、模型精度、材料及数量等内容的交付标准，建立并验证基于 BIM 的设计协同，开展施工阶段 BIM 成果应用的深化研究，并依据交付标准进行 BIM 成果验收、审核、转发、归档等管理模式和实现途径，探索 BIM 技术在铁路建设项目管理中的应用场景，基于 BIM 技术的项目管理方法、流程及模式，在标准化管理的背景下，促进管理手段的提升。

通过项目验证标准成果，验证 BIM 技术在铁路工程应用的技术途径，探索 BIM 信息在勘察设计、建设管理和运营维护阶段的无损、高效传递，引导全铁路工程采用 BIM 技术，系统总结经验并形成示范效应，为 BIM 应用推广工作提供技术、管理和人才支撑。

2.2.2 铁路工程 BIM 标准介绍

1. 铁路工程实体结构分解指南

为规范铁路工程实体结构分解信息的分类、编码与组织，推动铁路工程建设管理信息化的应用发展，制定《铁路工程实体结构分解指南》（1.0 版）。铁路工程实体结构分解（EBS）是指采用系统分析方法将铁路工程对象系统按照专业系统分解成相互独立、相互联系的工程项目单元，作为工程项目管理的对象，满足管理的需求。通过 EBS 工程量分解，将标段划分为众多工点，以工点为基础编制工程量清单，由工程量清单编码取得对应定额，可快速得出全标段及相应工点的工程量及工程投资，使得铁路工程管理规范化、精细化成为可能。

本指南适用于铁路基本建设大中型项目，包含铁路基本建设项目的轨道、路基、桥涵、隧道、站场、环保、通信、信号、信息、自然灾害及异物侵限监测系统、电力、牵引变电、接触网、给水排水、机务、动车、车辆、综合工务维修、大临及过渡、迁改等工程。

本指南的主要内容为总则、铁路工程实体结构分解、附表（铁路工程实体结构分解表）三部分，该指南目录详见附录 2。

2. 铁路工程信息模型分类和编码标准

为规范铁路工程信息模型的分类、编码，实现铁路工程全生命周期信息的交换、共享，推动铁路工程信息模型的应用发展，制定《铁路工程信息模型分类和编码标准》（1.0 版）。

本标准适用于铁路工程全生命周期内各阶段信息模型的分类和编码，由总则、术语、信息模型分类、信息模型编码、附录 5 部分组成。主要技术内容包括铁路工程信息模型分类和铁路工程信息模型编码。目前，本标准暂未包括机务、车辆、机械、运维等专业领域的内容，铁路工具和产品也还不够全面，将在之后版本中进行补充和完善。该标准目录详见附录 3。

3. 铁路工程信息模型数据存储标准

在铁路 BIM 标准框架指导下，遵循工业基础类（IFC）4×1 版本编制原则，制定《铁路工程信息模型数据存储标准》（1.0 版）。

本标准遵循与 buildingSMART 组织已发布的 IFC 标准保持最大限度的兼容原则，适用于铁路工程 BIM 实施标准制定、BIM 软件研发和 BIM 应用研究，涵盖铁路工程线路、轨道、路基、桥梁、隧道、站场、路基排水、地质 8 个专业领域。该标准目录详见附录 4。

4. 铁路四电工程信息模型数据存储标准

根据铁路工程建设信息化总体方案的部署，以及中国铁路总公司建设管理信息化要求，在铁路 BIM 标准框架指导下，对 IFC 4x1 版本的基础上进行扩展，制定了《铁路四电工程信息模型数据存储标准》。

2015 年 12 月 29 日，中国铁路 BIM 联盟发布的《铁路工程信息模型数据存储标准》（1.0 版）涵盖了线路、轨道等 8 个铁路专用领域，但未包括铁路四电工程等专业领域的内容。2016 年 7 月 7 日，中国铁路 BIM 联盟通过了"关于发布铁路四电工程信息模型数据存储标准的决议"，通过静态拓展与动态拓展的方式实现对铁路四电工程领域概念的表达。本标准共涵盖和涉及铁路 4 个专业的 IFC 标准定义：铁路通信（包含通信、信息、防灾）、信号、电力变电、接触网。该标准目录详见附录 5。

5. 铁路工程信息模型表达标准

根据铁路工程建设信息化总体方案的部署以及中国铁路总公司建设管理信息化要求，在铁路 BIM 标准框架指导下，参照有关先进标准，在广泛调查研究及征求意见的基础上，制定了《铁路工程信息模型表达标准》（1.0 版）。

该标准适用于铁路工程设计和建造过程中铁路工程信息模型的建立、传递和使用，各专业之间的协同，工程设计各参与方的协作等过程，涵盖铁路工程设计和建造过程中的主要专业领域，包括：桥梁、隧道、路基、站场、轨道、线路、接触网、牵引变电、电力、通信、信号、信息、自然灾害及异物侵限监测、土地利用、景观、综合检测与维修、给水排水、机务、车辆、动车组、环保等 21 个专业领域。旨在规范铁路工程信息模型的表达，协调铁路工程各参与方识别铁路工程信息的方式，该标准目录详见附录 6。

6. 基于信息模型的铁路工程施工图设计文件编制办法

为落实《铁路信息化总体规划》关于"推进建设信息模型（BIM）技术铁路建设全生命周期管理应用"要求，规范采用 BIM 技术的铁路工程施工图文件组成和内容，使其达到所需的深度要求，并尽量减少因采用 BIM 技术增加的工作量，引导行业逐步使用信息模型替代传统二维图纸，制定《基于信息模型的铁路工程施工图设计文件编制办法》（1.0 版），该办法以《铁路建设项目预可行性研究、可行性研究和设计文件编制办法》TB 10504-2007 为基础，结合铁路 BIM 设计特点修编而成，适用于新建（改建）的客货共线铁路、客运专线铁路、货运专线铁路、城际铁路等大、中型建设项目。该办法目录详见附录 7。

与原编制办法相比，本办法主要改动如下。

1）总说明和各专业篇章由 4 部分组成：说明、附件、附图、附模；

2）总说明和各专业篇章中，说明部分中增加设计单元划分情况、模型设计的相关要求或统一规定等与模型相关的说明；

3）总说明和各专业篇章中，附件部分中增加设计单元目录、参考模型目录等与模型相关的附件，删除可由模型表达或替代的附件；

4）总说明和各专业篇章中，附图部分中删除一般可由信息模型表达和替代的附图；

5）总说明和各专业篇章中，增加附模部分，附模部分按照参考模型和设计单元模型组织，主要由模型说明、模型、模型附件、模型附图 4 部分组成。

7. 铁路工程信息模型交付精度标准

为确保铁路工程建设过程中，工程设计参与各方所交付的铁路工程信息模型几何精度和信息深度科学合理、满足实际工程需求，特制定《铁路工程信息模型交付精度标准》（1.0 版）。

本标准适用于铁路工程设计和建造过程中的站前站后主要专业，基于铁路工程信息模型在具体工作阶段下的数据建立、传递和解析，工程建设参与各方的协作，以及质量管理体系中的管控、交付等过程。共由 7 部分组成，其内容包括总则、术语、基本规定、模型精度规定、信息深度要求、几何精度要求、附录。

本标准的主要技术内容如下，其目录详见附录 8。

1）铁路工程信息模型精度的规定；

2）铁路工程信息模型信息深度的要求；

3）铁路工程信息模型几何精度的要求。

8. 面向铁路工程信息模型应用的地理信息交付标准

为规范铁路工程信息模型 GIS 相关内容的交付，实现铁路工程全生命周期信息在不同阶段间的共享、传递，推动铁路工程信息模型的建设、应用和发展，制定了《面向铁路工程信息模型应用的地理信息交付标准》（1.0 版）。

本标准依照《国家地理信息标准体系》和《中国铁路总公司信息化标准体系框架》的组织方式，引用地理信息领域相关国家标准，参考了有关国际标准和国外先进标准，适用于铁路工程勘察设计各专业，以及施工建造过程中需要 GIS 技术辅助决策和管理的相关部门。

本标准由 8 个部分组成，其内容包括总则、规范性引用文件、术语与定义、基本原则、交付的阶段和对象、交付的内容和形式、交付数据的精度和质量评价、交付内容的组织和管理。本标准的主要技术内容如下，该标准目录详见附录 9。

1）确定了铁路工程 GIS 数据交付的总体要求；

2）明确了 GIS 数据交付的阶段区间和主体对象；

3）统一了 GIS 数据交付的详细内容和具体形式；

4）规范了 GIS 数据的精度划分和质量评价方法；

5）约定了 GIS 数据的组织方案和管理办法。

9. 铁路工程 WBS 工项分解指南

根据铁路工程建设信息化总体方案的部署及中国铁路总公司建设管理信息化要求，在铁路 BIM 标准框架指导下，为适应中国铁路总公司及项目投资方建设管理信息化的需求，参考《铁路基本建设工程设计概（预）算编制办法》（2017 年版）以及铁路工程工程量清单计价指南等，在广泛调研基础上，编制了《铁路工程 WBS 工项分解指南》。

本指南适用于铁路建设大中型项目的初步设计和施工图设计阶段，包含铁路建设项目中涉及的站前站后主要专业，涉及迁改、线路、桥梁、隧道、站场、路基、轨道、接触网、牵引变电、电力、通信、信号、信息、自然灾害及异物侵限监测、土地利用、景观、机械、给水排水、机务车辆、环评等 20 个专业领域，建筑工程相关专业参照国标执行。本标准框架见附录 10。

本指南的主要内容：

1) 总则；

2) 铁路工程 WBS 工项分解原则；

3) 附表。

10. 铁路工程数量标准格式编制指南

为促进铁路 BIM 技术的广泛应用，加强铁路工程建设的信息化、标准化管理，参考《铁路基本建设工程设计概（预）算编制办法》TZJ 1001-2017、《公布〈铁路工程基本定额〉TZJ 2000-2017 等 14 项铁路工程造价标准》国铁科发〔2017〕33 号、《公路工程基本建设项目概算预算编制办法》JTG B06-2007 等，以及铁路工程工程量清单计价指南，制定了《铁路工程数量标准格式编制指南（试行）》。

本指南的工程数量标准格式表是初步设计、施工图设计阶段设计方向项目建设管理方交付的 BIM 设计产品之一，是项目概、预算的重要依据，采用新结构、新技术、新工艺、新设备的工程，可以按照本指南的编制原则，参照同类工程的附表编制并补充相应数量项。

本指南涉及迁改、线路、桥梁、隧道、站场、路基、轨道、接触网、牵引变电、电力、通信、信号、信息、自然灾害及异物侵限监测、土地利用、景观、机械、给水排水、机务车辆、环评等 20 个专业领域，建筑工程相关专业参照国标执行。本标准框架详见附录 11。

11. 铁路工程信息交换模板编制指南

为确保在铁路设计、施工阶段参建各方对后期运维管理阶段预留必要的信息，提升运维管理阶段设施设备管理水平和质量，特制定《铁路工程信息交换模板编制指南（试行）》。该指南主要定义了设计、施工到运维管理阶段中，站前站后主要专业所需信息的交换模板。

本指南包含前言、总则、属性集交换模板等三个部分，涉及桥梁、隧道、轨道、路基、站场、给水排水、通信、信号、信息、电力、牵引变电、接触网、环境保护、土地利用、机务、车辆、动车组、景观、自然灾害及异物侵限监测等专业。本指南目录详见附录 12。

2.2.3　铁路工程 BIM 标准发展规划

推进铁路 BIM 标准的研究应用是铁路 BIM 技术发展的核心，制定相关 BIM 标准不仅是铁路 BIM 研发的基础，也是铁路建设周期中信息充分共享的支撑。依据铁路 BIM 联盟发展规划，未来铁路行业内应根据 BIM 推进工作的需要，制定政策、建立措施、完善相关机制，尽可能地为建设各方提供支持和帮助。

基于目前验证成果，铁路 BIM 联盟初步总结经验，针对现有标准提出以下三点完善意见：

1）在《铁路工程信息模型数据存储标准》（1.0 版）中，完善对于铁路工程的类定义。

2）在《铁路工程信息模型分类和编码标准》（1.0 版）中，完善与中国铁路总公司物资编码的对接、构件（库）的定义。

3）相关交付精度要求，要对面向工程量应用和属性、属性集定义的完善。

结合 BIM 标准应用现状，联盟也进一步规划了未来标准的编制工作。于 2018 年 12 月底前，计划发布由设计和施工两部分内容组成的《实施标准》；2018 年下半年，启动《运维交付标准》的编制，规范运维交付相关机制；开展面向施工应用、运维需求的交付精度标准——LOD4.0、LOD5.0 级标准研究；开展 GIS 设计成果交付标准以及基于应用场景的 MVD（模型视图定义）标准研究。至 2023 年，基本完成铁路 BIM 标准技术、实施、传递编制工作，完成技术标准国标、行标编制工作，完成国际铁路 IFC 标准项目 PAS 发布，应用标准基本覆盖主要专业应用领域。

随着 BIM 技术在铁路项目建设中的应用，相关 BIM 标准的研究也会日趋成熟，建立中国铁路 BIM 标准体系并得到国际体系的认可，是铁路行业共同努力的方向。通过 BIM 技术形成的铁路行业统一标准的数字资产，必将会成为铁路行业的核心资产，为铁路行业带来巨大的价值。

第 3 章　铁路工程 BIM 软件解决方案

　　软件是支持 BIM 实施的核心，不同 BIM 软件应用的侧重点各有不同。本章主要对铁路工程 BIM 应用软件及相关硬件配置做出系统的介绍，重点以 Autodesk、Bentley、Dassault Systèmes 三家厂商的软件为例，介绍各软件在铁路工程建设中的应用功能，为读者在项目实际应用中提供选择依据。

3.1 铁路工程 BIM 软件概述

BIM 技术的应用离不开软件的支撑，选择一个合适的又有针对性的 BIM 软件，能够达到事半功倍的效果。在铁路工程中，以欧特克（Autodesk）、奔特力（Bentley）、达索（Dassault Systèmes）、Tekla 为代表的国外软件厂商依然在 BIM 软件领域占据绝对优势，他们均有各自的 BIM 系统平台及数据交换接口，并提出各自的解决方案。同时，近几年国内 BIM 软件厂商由建造、施工 BIM 软件向协同协作端软件发力，通过本地化产品和配套的技术服务支撑，取得了相当好的成绩，目前国内比较有实力的 BIM 研发企业主要有鲁班、广联达、鸿业等软件厂商。

3.2 铁路工程 BIM 软件分类

BIM 技术在铁路工程全生命周期各阶段要应用到不同类型的 BIM 软件，根据软件的应用功能，大致可分为以下几类，如表 3.2-1 所示。

1. BIM 建模软件

BIM 建模软件是 BIM 技术的基础，是 BIM 的核心。现阶段铁路工程中主要的 BIM 建模软件主要有 Autodesk、Bentley、Dassault Systèmes 以及 Tekla 四家厂商的系列软件。

2. BIM 协同设计平台

BIM 协同设计软件主要应用于不同专业的设计团队实现设计过程中的成品提交、校核、会签、互提等工作，并且对设计的成果进行有效版本的控制和管理，大幅提高设计效率。

3. BIM 分析软件

BIM 分析软件是基于 BIM 模型信息进行结构、机电等专业分析，并可以将结果反馈到建模软件中自动更新 BIM 模型。

4. BIM 可视化软件

BIM 可视化软件用于将 BIM 模型信息进行三维渲染和可视化表达。

5. BIM 算量软件

BIM 算量管理软件利用 BIM 模型提供的信息进行工程量统计和造价分析。它可根据工程施工计划动态提供造价管理需要的数据。

6. BIM 管理平台软件

BIM 管理平台是指由三维建模解决工程建筑设计领域的全新解决工具，BIM 管理平台是解决工程建设全生命周期中数字化、可视化、信息化的概念，通过标准、组织、平台实现的更高层次的 BIM 应用。

BIM 软件分类一览表（部分）　　　　　　　　　表 3.2-1

BIM 分类	产品名称	厂　商
核心建模软件 （各专业）	Revit Architecture	Autodesk
	Revit Structure	Autodesk
	MicroStation	Bentley

续表

BIM 分类	产品名称	厂　商
核心建模软件 （各专业）	AECOsim Building Designer	Bentley
	Substation	Bentley
	CATIA	Dassault Systèmes
	ArchiCAD	Graphisoft
	Tekla	Tekla
	ContextCapture（实景建模）	Bentley
	……	……
协同设计平台	ProjectWise	Bentley
	Vault	Autodesk
	Enovia	Dassault Systèmes
	……	……
BIM 分析软件	STAAD Pro	Bentley
	PKPM	PKPM
	……	……
BIM 算量软件	广联达 BIM 算量	广联达
	鲁班土建、钢筋	鲁班
	……	……
BIM 管理平台软件	iTWO 5D	RIB
	Navisworks	Autodesk
	鸿城平台	鸿业
	广联达 BIM5D	广联达
	……	……
BIM 可视化软件	LumenRT	Bentley
	……	……

下面将具体介绍铁路工程中主要的 BIM 软件解决方案及部分相关软件。

3.3　Autodesk 软件解决方案

3.3.1　整体介绍

Autodesk 经过 20 多年的发展，已经建立了包括图形平台、专业三维应用、协同作业等全方位的产品线。其中专业三维解决方案涵盖了机械设计、建筑设计、土木与基础设施设计、地理信息系统、数字媒体与娱乐等多个领域。尤其在基础设施工程建设领域，一个项目在整个生命周期中的全部阶段，从方案立项、规划、设计、施工，到运营维护和日常管理等，Autodesk 都有相应的三维产品为用户服务。工程建设软件集是一款完备的建筑信息模型（BIM）工具集，面向建筑设计、土木基础设施和施工行业，包含一系列丰富的软件和创新技术，可帮助用户对更高品质、更具可预测性的建筑和土木基础设施项目进行工程设计和施工。

以工程建设软件集为代表，Autodesk 公司所提供的众多先进 BIM 设计软件，已在工程建设各行各业得到了多年的成功应用。下面简单介绍几款主要软件平台的功能特点以及在铁路工程中的应用。

3.3.2 Civil 3D

Civil 3D 是 Autodesk 公司在基础设施行业的一款适用于勘察测绘、土方工程、道路交通、铁路、地下管网及场地规划等多个领域，一体化的智能参数化三维设计软件。软件基于 AutoCAD 平台开发，包含完整的 AutoCAD 功能，在此平台上增加了点、曲面、平面路线、纵断面、道路等三维带状工程模型设计、横断面与土方工程量、地下管网、场地地块等基础设施设计功能模块（图 3.3.2-1、图 3.3.2-2）。

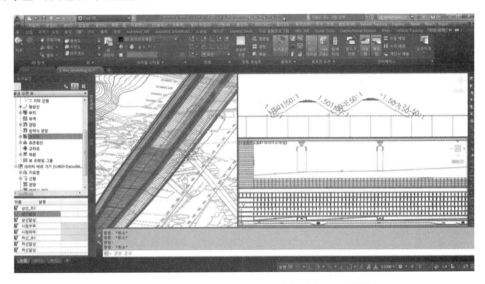

图 3.3.2-1　Civil 3D 铁路三维设计与纵断面、横断面

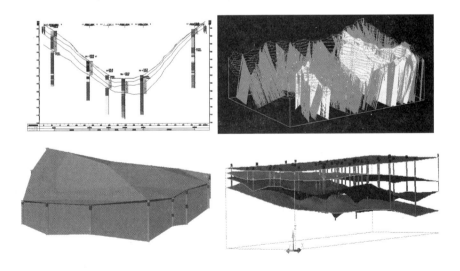

图 3.3.2-2　Civil 3D 三维地质设计与剖析

Civil 3D 在自动快速创建工程模型的同时，可以基于各专业定制的出图样式，自动创建各种平面、纵断面、横断面标注注释和统计表，且所有标注都可以随工程模型的变更而自动更新，极大地提高了设计效率和设计质量（图 3.3.2-3～图 3.3.2-5）。

图 3.3.2-3　Civil 3D 铁路路基设计

图 3.3.2-4　Civil 3D 轨道超高、道岔设计

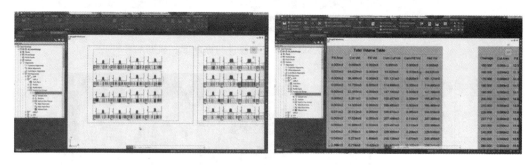

图 3.3.2-5　Civil 3D 横断面出图、土方量

3.3.3　Revit

1）用于车站、机房等建筑专业的三维参数化 BIM 设计软件，可以完成从概念设计、方案设计、初步设计、施工图设计及效果图和漫游制作全过程的三维参数化建筑设计。

2）Revit 的参数化构件设计功能，使得在创建建筑三维模型的同时，可以自动生成所有平面、立面、剖面、节点详图、构件统计表等各种施工图视图，并且所有视图之间保持双向关联修改，真正实现了"一处修改，处处更正"，提高了设计质量和设计效率。

3）该软件在国内顶级的民建和工业建筑设计院中已经得到了广泛认可，被大量应用于各种建筑施工图设计全过程。

4）Revit 结构模块：用于结构专业三维参数化 BIM 设计。其功能特点类同上述 Revit 平台及建筑模块。

5）Revit 机电模块：用于采暖通风、消防、给水排水、通号、电气等专业的三维参数化 BIM 设计。其功能特点类同上述 Revit 平台及建筑模块。

6）Robot Structural Analysis professional：适用广泛的结构有限元分析软件，可用于各种结果类型及结构材料的分析计算，集成包括中国在内的多国设计规范和截面库。Revit 的分析模型可以导入到 Robot 中分析计算，并可以将分析结果传回到 Revit 中自动修正结构物理模型（图 3.3.3-1）。

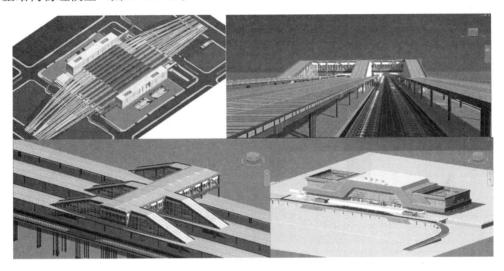

图 3.3.3-1 Revit 高铁站设计

7）Dynamo：基于可视化编程的设计工具，可在 Revit 平台上通过规则运算进行快速参数化设计，特别适用于对于复杂结构形体的构型，对于规则化构件的定位和批量建模，以及驱动 Revit 进行自动的属性定义和性能分析（图 3.3.3-2～图 3.3.3-6）。

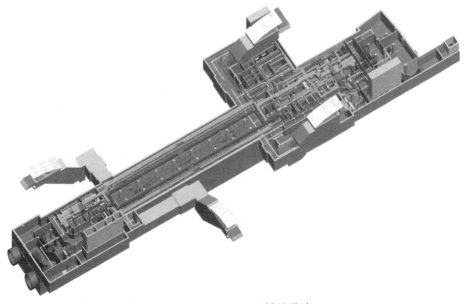

图 3.3.3-2 Revit 地铁站设计

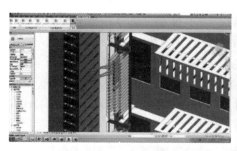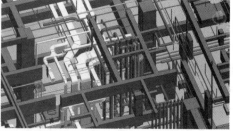

图 3.3.3-3　Revit 机电系统设计、信号机房设计

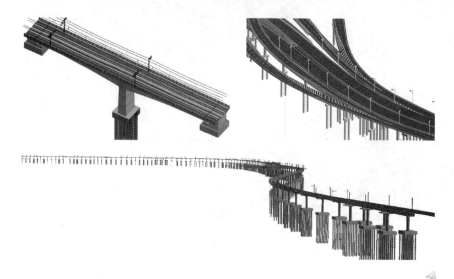

图 3.3.3-4　Revit 铁路桥梁设计

图 3.3.3-5　Revit 铁路隧道设计

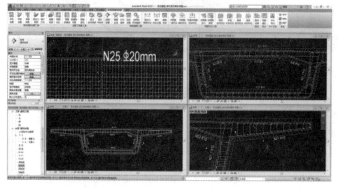

图 3.3.3-6　Revit 钢筋建模与出图

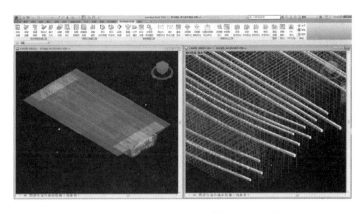

图 3.3.3-6　Revit 钢筋建模与出图（续）

3.3.4　InfraWorks

InfraWorks 是 Autodesk 公司推出的适用于与基础设施项目规划和方案阶段的全新设计解决方案。它为台式机、Web 和移动设备提供了突破性的三维建模和可视化技术。通过更加高效地管理大型基础设施模型和帮助加速设计流程，土木工程师和规划师可以帮助交付各种规模的项目。此外，用户还可以通过 InfraWorks 随时随地了解项目方案，从而与更广泛的受众进行交流。主要有如下几项功能：

1. 导入数据

InfraWorks 可以导入众多不同的数据格式，包括 GIS 数据、CAD 数据和 BIM 数据。同时，InfraWorks 也可以直接访问数据库，从数据库中导入项目所需的各类数据。

2. 绘制编辑要素

InfraWorks 提供了极其方便和快捷的基础设施要素绘制和编辑功能。使用 Infra-Works，您只需要简单地鼠标点击和拖拽即可快速创建逼真的三维数字模型，而编辑要素的方式也同绘制要素一样的便捷。可以在 InfraWorks 中绘制和编辑的要素道路、建筑、土地区域、铁路、树排、交叉路口、城市家具、管线、河流、树丛、道路隔离带、覆盖范围、管线接头、水域十四项内容。

3. 分析设计

完成方案设计之后，设计人员还可以使用 InfraWorks 对设计成果进行各种分析，以验证该设计的可行性。InfraWorks 中常用的分析功能有：主题分析（地形、要素和点云）、测距（点到点距离、路径距离、测距仪）、地形统计信息（面积、填挖体积）。

4. 管理方案

InfraWorks 可以在一个模型下创建多个不同的方案。通过鼠标点击切换，基础设施设计师和其他利益相关方可以在同一个真实的场景下直观地对比不同的方案选项，从而快速做出决策。

5. 数据导出

InfraWorks 的模型可以导出为 *.fbx、*.obj、*.dae 格式，并包含材质及纹理，供其他软件，如 3ds Max 使用。同时，以 *.imx 格式导出的模型可以被 AutoCAD Civil 3D 接受。

47

6. 云端协作

InfraWorks 可支持用户在云中更安全地集中发布、存储和管理大型模型。通过邀请团队成员，同时访问、下载和编辑共享模型并利用相同的数据审核多个项目方案，用户可以与多个利益相关方协作。InfraWorks 通过场景发布功能，可以将模型在桌面电脑、浏览器和 iPad 之间共享，并且可以进行对象级同步和版本控制。

7. 云端分析

InfraWorks 的云功能除了包括云端储存和协作之外，还能提供各类专业的分析。包括道路纵断面优化、交通模拟、直线桥梁分析等。目前，这些分析功能有些仅以预览形式免费提供，随着产品的发展将会逐渐正式成为 InfraWorks 的云端功能模块。

8. 模型生成器

在 InfraWorks 中创建现状场景有两种方式，相比手动创建，模型生成器是更快速高效的一种。使用模型生成器，您只需简单的几步操作，即可一键自动创建全球任意地区的真实场景模型，包括三维地形、卫星航片、道路、水域、建筑等。

9. 可视化演示

InfraWorks 提供了多种与可视化相关的功能，使设计师能够在真实场景中以令人震撼的可视化效果展示其设计方案（图 3.3.4-1～图 3.3.4-4）。

图 3.3.4-1　InfraWorks 铁路线路平纵设计

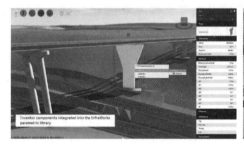

图 3.3.4-2　InfraWorks 铁路桥梁设计

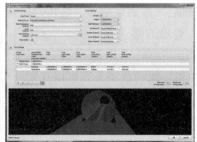

图 3.3.4-3　InfraWorks 铁路隧道设计

图 3.3.4-4 InfraWorks 流域分析与涵洞设计

3.3.5 Inventor

Inventor Professional 是 Autodesk 公司在制造业中应用的一款三维参数化机械零部件设计、应力分析与仿真及模具设计软件。可以进行三维机械零件设计、钣金设计、装配设计、布管设计、电缆与线束设计、工程图与 BOM 表、应力分析、运动仿真等专业设计内容。

Inventor 可以直接生成二维零部件工程图和物料清单（BOM），也可以导入 dwg 工程图快速创建零件模型。

Inventor 也可以导出为 dwg 格式，在与其配套使用的 AutoCAD Mechanical、AutoCAD Electriical 平台中进行二维机械和电气设计（图 3.3.5-1～图 3.3.5-5）。

图 3.3.5-1 Inventor 接触网支撑等设备建模

图 3.3.5-2 Inventor 隧道参数化建模

49

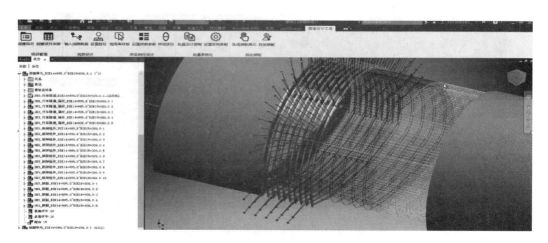

图 3.3.5-3　Inventor 隧道锚杆与支护

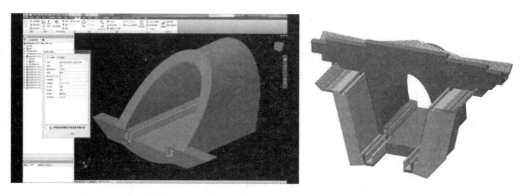

图 3.3.5-4　Inventor 定制隧道洞口

图 3.3.5-5　Inventor 桥梁参数化建模

3.3.6　Navisworks

Navisworks 是 Autodesk 公司的一款专用于多专业三维数据集成、实时漫游与渲染展示、碰撞检查与三维校审、施工进度和可建性模拟的设计软件。

Navisworks 可以读取目前各行业不同专业、多种格式的三维模型数据，创建总装 BIM 模型，然后即可进行全方位的项目漫游、渲染效果图设计。

Navisworks 可以在全专业三维模型之间进行碰撞冲突检查，进行测量和三维校审批注。

Navisworks 可以进行施工进度模拟和工程局部重点位置可建性模拟等设计，在提高设计质量和效率的同时，也可提升施工质量，保证工期（图 3.3.6-1）。

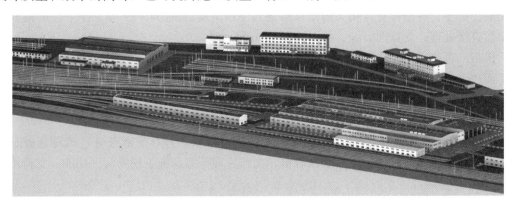

图 3.3.6-1　Navisworks 三维站场数据集成

3.3.7　BIM 360 系列

Autodesk BIM 360 系列产品是基于云技术和移动端的新一代全生命周期解决方案。服务于从设计，到施工准备阶段，再到施工现场应用，直至施工交付的完整全生命周期。通过 BIM 360 系列产品，用户可以将办公室及施工现场无缝地对接起来，打通 BIM 应用的"最后一公里"。

BIM 360 系列产品包含：BIM 360 Docs、BIM 360 Design、BIM 360 Glue、BIM 360 Layout、BIM 360 Plan、BIM 360 Field 以及 BIM 360 Ops。其产品功能定位如图 3.3.7-1 所示。

概念设计	详细设计	施工图	施工准备	现场施工	验收与交付
BIM 360 Docs					
BIM 360 Design					
	BIM 360 Glue				
			BIM 360 Layout		
			BIM 360 Plan		
			BIM 360 Field		
				BIM 360 Ops	

图 3.3.7-1　BIM 360 系列产品功能覆盖

Docs：云端的施工文档管理平台。可实现施工二维及三维文档的储存、浏览、共享和审阅。可对文档进行权限管理和版本管理。支持网页端和 iPad 移动端。

Design：云端的 BIM 设计协作的数据管理平台。可实现项目设计的模型协同，各专业通过云端互相提资和更新数据，并能够随时跟踪各专业文件的版本和协同引用的更新记录。

Glue：云端的模型协同管理平台。基于 BIM 模型进行项目管理，含基于模型的交互式交底、批注、碰撞检查，相关的结果可通过 Revit 及 Navisworks 等工作平台的桌面端登录后直接处理。支持网页端、桌面端和 iPad 移动端。

Plan：通过云和移动协作制定更可靠的工作计划，减少因生产过剩、库存积压和任务返工而产生的浪费。支持网页端和 iPad 移动端。

Layout：将 BIM 数据和全站仪结合实现自动工程放样和施工精度校核等应用。提供 iPad 移动端程序和桌面端 BIM 应用程序插件。

Field：云端现场综合管理平台。基于任务进行项目管理，发起任务、追踪任务、解决任务、任务总结与分析、质量验收表单、文档管理等综合施工现场管理功能，支持网页端和 iPad 移动端。

Ops：基于移动端和网页端的建筑运维解决方案。可从 BIM 360 Field 中直接获取项目竣工数据。

3.3.8　Vault

Vault 是一款设计协同管理平台，管理的对象是文档、人员权限、文档版本、提资及审批流程等。Vault 软件能够安全并且集中地整理、管理和跟踪项目数据，帮助团队创建和共享设计及工程设计项目信息。便捷的管理流程支持用户全面控制数据访问和安全性，并在多个领域之间协调基于团队的设计。工程设计工作组能够随时间的推移快速管理设计并跟踪变更，在不干扰现有设计工作流的情况下提高工作效率。同时，Vault 还可以直接实现全生命周期和修订控制流程，从而缩短设计周期，提高工程设计数据的质量（图 3.3.8-1）。

Vault 的主要功能特点如下：

1. 模型管理

1）集中式数据存储系统。

2）多种客户端集成：支持多种网络浏览器、CAD 插件、Office 附加模块等。

3）深度集成设计软件：支持与 AutoCAD、Civil 3D、Revit、Inventor、Navisworks 等设计软件集成。

4）模型预览：非技术人员在 Vault 平台中进行模型预览、查询、批注等。

5）权限与安全管理：基于角色、对象和状态的权限管理（图 3.3.8-1）。

2. 文档管理

1）图文档分类管理、预览、查询、上传。

2）数据批量导入（图 3.3.8-2）。

3. 团队协作

1）多站点异地同步：在企业内部捕捉项目信息，实现异地数据同步与协同设计。

2）项目报表：提供项目状态的及时反馈。

3）流程管理：企业设计流程定制、工作任务分配、工作流跟踪、任务提醒、工程变更管理。

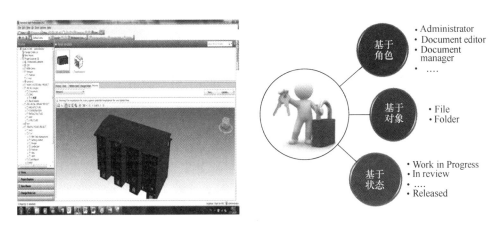

图 3.3.8-1　模型预览与权限管理

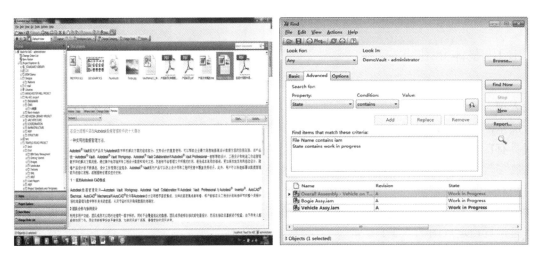

图 3.3.8-2　文档预览与查询

4）设计全生命周期管理：和企业业务系统集成，有序的修订版本管理、文件自动命名、与 Outlook 协同（图 3.3.8-3）。

4. 外部数据共享

解决方案 1：先利用 Vault 的功能将企业内部的设计信息，在公司内部进行数据共

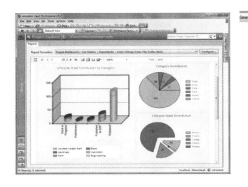
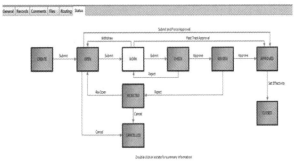

图 3.3.8-3　项目报表与流程管理

享，然后通过 Buzzsaw 云端同步和外协单位之间进行数据共享。

解决方案 2：直接将 Vault 服务器 IP 映射到 WAN 网络上，合作伙伴通过分配的账号及权限访问服务器分享数据，Vault 通过 Https 进行数据传输，以确保数据的安全性。

解决方案 3：通过 sharepoint 和 Vault 的集成和外界分享数据。

3.3.9　3ds Max

3ds Max 是一个全功能的 3D 建模、动画、渲染和视觉特效解决方案，广泛用于制作最畅销的游戏以及获奖的电影和视频内容。3ds Max 因其随时可以使用的基于模板的角色搭建系统、强大的建模和纹理制作工具包以及通过集成的 mental ray 软件提供的无限自由网络渲染而享誉世界。

3.4　Bentley 软件解决方案

3.4.1　整体介绍

Bentley 轨道交通解决方案为用户搭建一个通用的建模环境与数据环境，通用建模环境表现为平台层与应用层。平台层即 MicroStation 图形平台，所有的专业软件均在这个平台层基础之上。应用层即坐落在平台层基础之上的各专业软件。该架构既保证了该解决方案具有良好的专业应用性，又保证了专业间的数据兼容与流转。另外，MicroStation 良好的底层数据架构，可以保证该框架下，系统处理大体量数据及发挥硬件性能的能力。如果用户有定制开发需求，可以在应用层之上，再定制开发自有知识产权的工具，这些工具自动继承该框架的特点。该架构在各大工程公司和国际大型基础设施项目上均被证实运行良好且运行稳定（图 3.4.1-1）。

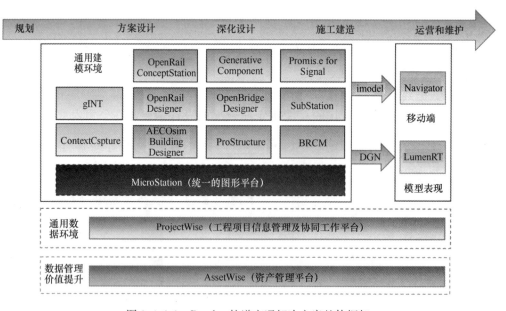

图 3.4.1-1　Bentley 轨道交通解决方案整体框架

Bentley 轨道交通解决方案具备足够的广度和深度：其广度体现在 Bentley 解决方案覆盖了轨道交通工程建设的全生命周期，涵盖了几乎所有专业各个阶段的主要流程，如出图、协作等；其深度体现在每个专业工具都可以触及详细设计的深度，因为每一个专业软件都经历了至少 10 年的应用与积累，有些软件在国外已经使用了近 30 年。如此时长的经历，可以保证各软件的专业基因与应用的捷径。轨道交通行业专业产品分布如表 3.4.1-1 所示。

轨道交通行业专业产品分布一览表　　　　　　　　　　表 3.4.1-1

序号	专业	产品	主要功能
1	线路	OpenRail Designer	路线、标注与出图
2	站场	OpenRail Designer	廊道、模板
3	轨道	OpenRail Designer	轨道超高、道岔、轨枕
4	地质	OpenRoads Designer	gINT civil tool 地质建模
5	路基	OpenRail Designer	廊道、模板
6	桥涵	OpenBridge Designer	桥梁建模及分析
7	隧道	OpenRail Designer	隧道廊道
8	电力	SubStation	变电设计与建模
9	接触网	OpenRail Designer	接触网模块
10	牵引变电	SubStation	变电设计与建模
11	通信	BRCM	电缆敷设
12	信号	Promis. e for signal	信号设计与建模
13	信息	Promis. e for signal	信号设计与建模
14	防灾	AECOsim Building Designer	建筑、结构、水暖电设计与建模
15	建筑	AECOsim Building Designer	建筑、结构、水暖电设计与建模
16	结构	AECOsim Building Designer	建筑、结构、水暖电设计与建模
17	暖通	AECOsim Building Designer	建筑、结构、水暖电设计与建模
18	车辆	MicroStation	CAD 图形平台
19	机务	MicroStation	CAD 图形平台
20	动车	MicroStation	CAD 图形平台
21	给水排水	AECOsim Building Designer	CAD 图形平台
22	环保	ProStructure	钢结构设计与建模
23	工经	MicroStation	CAD 图形平台
24	测绘	ContextCapture / OpenRoads Designer	实景建模/测量模块
25	电算	MicroStation	CAD 图形平台

3.4.2 ContextCapture

ContextCapture 可将照片自动生成详细三维模型。快速为各种类型的基础设施项目生成最大尺寸、最具挑战性的现状三维模型，还支持最精密复杂的航空相机系统和 UAV 采集系统。其功能如下：

1）集成地理参考数据；

2）执行自动空中三角测量/重建；

3）采用可扩展的计算能力；

4）生成二维和三维 GIS 模型；

5）生成三维 CAD 模型；

6）整合位置数据；

7）测量和分析模型数据；

8）发布和查看支持 Web 功能的模型（图 3.4.2-1，图 3.4.2-2）。

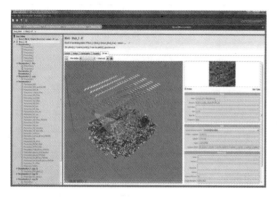

图 3.4.2-1　处理原始照片

图 3.4.2-2　生成三维实景模型

3.4.3　OpenRail ConceptStation

轨道交通概念与方案设计产品，利用公共地图资源、实景模型或者现有地形数据及软件自带的轨道、道岔、接触网、道床、路基、隧道、桥梁等模板，快速创建轨道交通方案。此外，该软件内嵌 LumenRT 模块，可对方案进行快速渲染与动画表现。该软件主要用于快速制定方案、汇报与展示。软件操作界面如图 3.4.3-1 所示，渲染效果如图 3.4.3-2 所示。

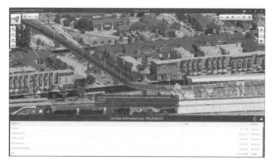

图 3.4.3-1　软件操作界面

图 3.4.3-2　渲染效果

3.4.4　OpenRail Designer

轨道交通最新深化设计软件，三维正向设计平台，国外铁路设计核心产品。集成了轨道交通设计的专业工具集，如路线工具、轨道超高工具、道岔工具、既有线路线性回归工具、路基工具、地模处理工具等，主要应用于测绘、线路、轨道、路基、隧道、站场等专业设计。软件操作界面如图 3.4.4-1 所示，多专业集成如图 3.4.4-2 所示。

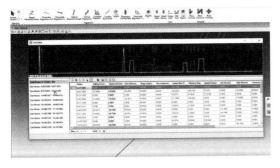 

图 3.4.4-1　软件操作界面　　　　　　　图 3.4.4-2　多专业集成

3.4.5　OpenRoads Designer

　　OpenRoads Designer 是 PowerCivil 的升级产品，基于 Microstation Connect Edition，支持 64 位系统。它是一款面向道路、轨道交通、桥隧、场地、雨水管道等基础设施设计的专业软件，也是土木行业的 BIM 平台（内嵌 MicroStation，可集成其他专业产品设计的模型），可为土木工程和交通运输基础设施项目的全生命周期提供支持。软件界面如图 3.4.5-1 所示。

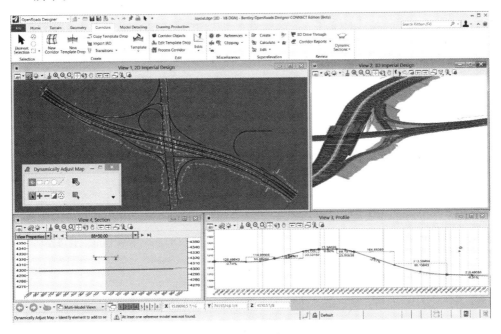

图 3.4.5-1　软件界面

3.4.6　AECOsim Building Designer

　　包含建筑、结构、电气及设备四个专业模块，应用于地铁车站及铁路站房的三维设计与建模（图 3.4.6-1）。

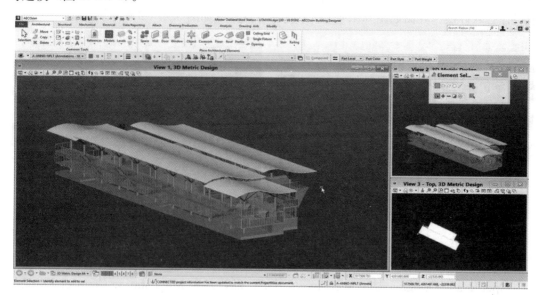

图 3.4.6-1 软件界面

3.4.7 OpenBridge Designer

OpenBridge Designer 内嵌多个国家设计规范，将桥梁 BIM 模型与有限元分析计算模型无缝对接，应用 OpenRail Designer 的线路数据，开展桥梁正向设计与结构分析工作（图 3.4.7-1，图 3.4.7-2）。

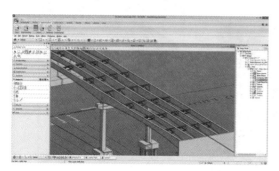

图 3.4.7-1 OpenBridge 设计与建模模块

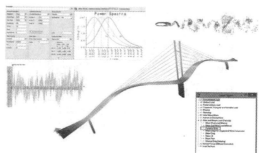

图 3.4.7-2 RM Bridge 分析模块

3.4.8 ProStructures

ProStructures 作为一款先进的详图软件，在实际中有着广泛的应用，ProStructure 有两个相对独立又高度集成的模块，ProConcrete 和 ProSteel，可以快速批量生成钢筋混凝土结构配筋和钢结构的精准详图设计和施工图，为项目的进度控制和造价控制提供了有力的支持。通过三维模型生成二维图纸，并生成详细的材料报表，提供加工级别的数据，直接进行钢筋加工（图 3.4.8-1，图 3.4.8-2）。

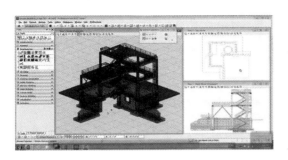
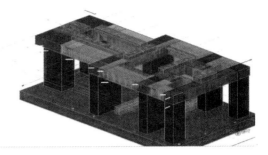

图 3.4.8-1 某钢结构模型　　　　　图 3.4.8-2 加拿大核电项目钢筋模型

3.4.9 ProjectWise

三维协同设计，要做好三方面内容：对工作内容集中进行存储；对工作环境集中进行管理；对工作流程集中进行控制（图 3.4.9-1）。

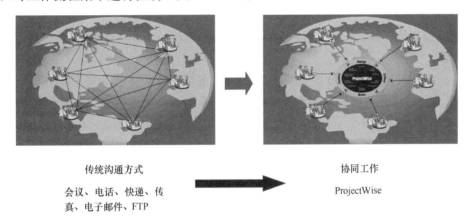

图 3.4.9-1 协同工作的原理

1. 对工作内容集中进行存储

Bentley ProjectWise 是管理文件存储位置和关联关系的平台。设计人员将设计内容之间建立好参考关系，然后存储在 PW 服务器上。这样，只要在局域网内或者连接互联网后，设计人员无论在什么地方，都可以通过连接 PW 服务器，读取、更改、提交设计内容，实现工作内容共享。同时，在内部设定好的参考关系之下，所创建的工作内容都会存储在一个明确的位置（图 3.4.9-2）。

2. 对工作环境集中进行管理

工作环境的管理是三维协同设计的核心部分，它确保在项目实施过程中，将一些设计的需求用同一套标准来完成，这是提高工作效率和工作质量的关键。工作环境的管理涉及文件目录的建立、CAD 标准的建立、单元库、样式库的建立等。工作环境的内容和标准建立好了之后，可以通过 PW 进行托管。这样设计人员在软件中选择好工作空间之后，所创建的设计内容都是在统一的工作环境之下，样式统一，标准一致。

3. 对工作流程集中进行控制

使用 ProjectWise 对设计内容进行管理，用户需要根据自身的习惯和专业间的配合流

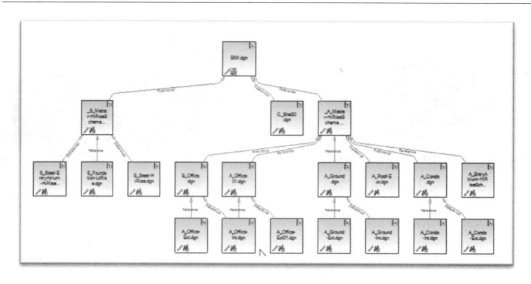

图 3.4.9-2　设计内容参考关系图

程，来建立协同工作的工作流程。规定用户的角色、权限、如何创建、修改、提交设计内容等。

最终，用户利用 ProjectWise 平台，改变传统的串行工作流程，多专业并行设计，在 ProjectWise 的管理之下，提高生产效率和设计质量。

3.4.10　LumenRT

在使用 bentley 专业软件完成建模工作后，可以将模型一键导入 LumenRT——一款强大的渲染及动画制作工具。它操作简单，易学易用，效果震撼，与 Bentley 解决方案无缝集成，只需一键导入，即可将设计或施工模型置于栩栩如生的环境中。无须借助第三方软件或团队，就可以做成效果逼真的动画，让方案被迅速地理解和消化。LumenRT 制作的场景效果如图 3.4.10-1 所示。

图 3.4.10-1　LumenRT 制作的场景

3.4.11　变电所设计模块 Bentley Substation

变电所专业可以利用 Substation 完成主接线设计，三维设备布置设计，三维导线设计，自动生成平断面图，自动进行材料标注、尺寸标注、安全范围标注，自动统计材料，生成安装图；可进行防雷设计，接地设计，带电距离校验；Substation 以数据库为核心，可完成二次原理设计，三维布置设计，可以实现二维符号和三维模型的数据共享和导航检索（图 3.4.11-1）。

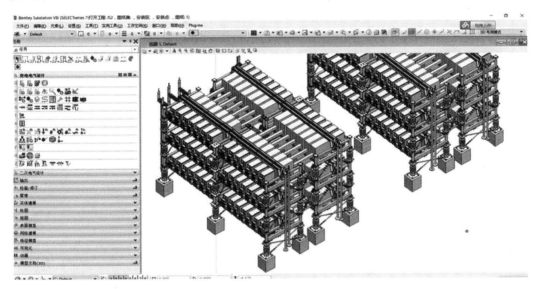

图 3.4.11-1　某变电站模型

3.4.12　信号设计模块 Promis. e for Signal

信号专业可以利用 Promis. e for signal 快速绘制二维信号原理图，完成轨道布置图、盘柜布置图设计；可自动生成报表，端子接线图；可完成信号机、转辙机布置，电气设备布置，控制室布置；可完成竖井、电缆通道布置，定义电缆路径，敷设电缆（图 3.4.12-1）。

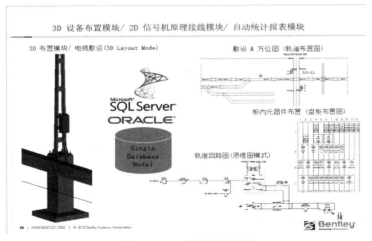

图 3.4.12-1　信号设计模块

3.4.13 通信设计模块 BRCM

通信专业可以利用 Bentley Raceway and Cable Management（BRCM）参数化布置桥架、电缆沟、埋管、母线桥、三维电缆布置；参数化布置支吊架、电气设备；可进行自动,强制电缆敷设；统计材料清单,带电缆长度和敷设路径的电缆清册；剖切桥架截面,统计桥架所含电缆信息以及电缆敷设二维图（图 3.4.13-1）。

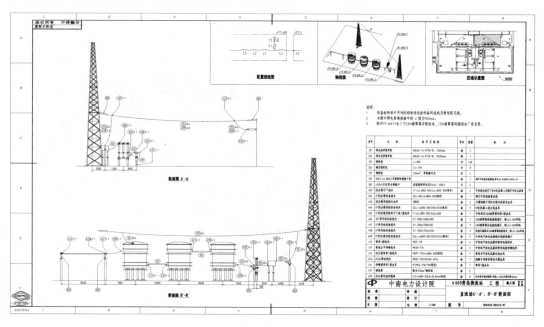

图 3.4.13-1 电气专业断面图

3.4.14 AssetWise

AssetWise 作为资产管理平台,可以更好地利用设计、施工和运维阶段的数据,从而发挥 BIM 在整个生命周期的最大价值。AssetWise 在整个生命周期发挥了以下三方面的核心作用：

1. 资产编码（Tag）管理

AssetWise 通过 Tag 管理实现资产数字化管理,Tag 相当于铁路构件的数字化标签,表达构件的基本功能和位置,养护过程就是使各个功能构件始终达到原始的设计标准的管理过程（图 3.4.14-1）。

2. 铁路模型与运维数据集成

AssetWise 为解决数据集成问题的应运而生,把存在于不同的业务数据（如 BIM 模型、项目管理数据、采购数据、检修数据等）进行对接和集成,把零散的数据形成支持决策的信息来源。

3. 实现统计分析报表

AssetWise 作为数据平台,提供了面向对象的查询语言 eQL,这是一种结构化的查询语言,在应用层面,用户只需了解数据对象的结构及数据之间的关系,就可以通过数据关

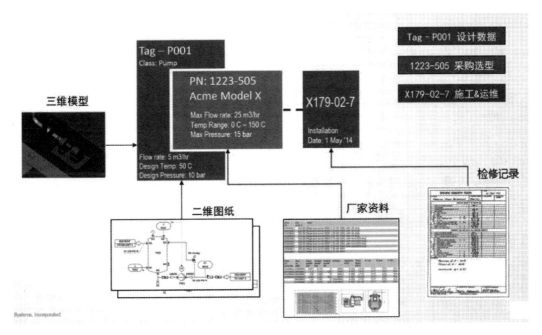

图 3.4.14-1　对象关联设计采购施工运维数据

系做查询检索，而不需要了解底层的库表结构，这极大地简化了数据的获取。

为了输出形式更为丰富的报表，AssetWise 提供了针对微软 SSRS 报表服务平台的接口 AssetWise SSRS Data Provider，通过该接口，用户可以定制各种形式的统计报表，实现对各种数据的监控和分析（图 3.4.14-2、图 3.4.14-3）。

物项报告

物项编号	SM1-RCS-MB-01	名称	Steam Generator 1
物项类型	立式、U型管、给水型	所属机组	
所属系统	反应堆冷却剂系统(Reactor Coolant System)	空间位置	11201 Steam Generator Compartment 1 APP
制造厂		设备型号	

主要设计参数

设计压力 (反应堆冷却侧)	2500 psia (17.257 MPa abs)	设计压力 (蒸汽侧)	1200 psia (8.274 MPa abs)	一次侧至二次侧的设计压差	1600 psi (11.032 MPa)
一次侧设计温度	650℉ (343.33℃)	二次侧设计温度	600℉ (315.56℃)	蒸汽发生器传输功率	1707.5 Mwt/台
总传热面积	123,538 ft2/台 (11477.06m²/台)	蒸汽接出口压力	836 psia (5.764 MPa abs)	蒸汽流量	7.49×106 1b/hr/台 (3397,406.85 Kg/hr/台)
最大夹带湿气	0.10 (重量百分比)	无载温度	557℉ (291.67 ℃)	给水温度	440℉ (226.67 ℃)
传热管数	10,025/台	传热管外径	0.688" (17.5mm)	传热管壁厚度	0.040" (1.0 mm)
传热管间距	0.980" (24.9mm)	传热管排列	三角形	总长度	884.26" (22.46m)
上筒体内径	210" (5334mm)	下筒体内径	165" (4191mm)	管板厚度	31.13" (790.702mm)
一次侧水容积	2077 ft3 (58.814 m³)	传热管内水容积	1489 ft3 (42.164 m³)	腔室内水容积	588 ft3 (16.605 m³)
二次侧给水容积	3646 ft3 (103.243 m³)	二次侧汽容积	5222 ft3 (147.871 m³)	二次侧水质量	175,758 lbm (79722.49 Kg)
设计的污垢因子	1.1×10.4 hr-7-ft2/BTU (1.939×10-5 m2℃/W)				

调试参数

调试压力		调试温度	

图 3.4.14-2　物项报告报表

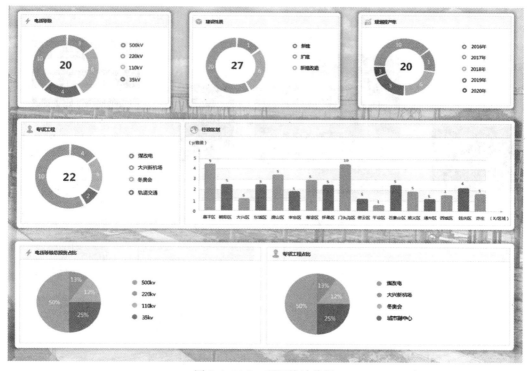

图 3.4.14-3　项目统计分析

3.5　Dassault Systèmes 软件解决方案

3.5.1　整体介绍

Dassault Systèmes 的 "3D 体验" 解决方案是以数据管理平台为核心，搭建集建模、仿真、协同、管理为一体的企业级三维可视化 BIM 项目管理平台，并能够与多个项目进度流程有机结合，从三维表现、碰撞检查、进度管理、成本控制、虚拟体验、培训运维等各方面综合服务于整体项目，并实现建筑全生命期的信息管理。

针对中国建筑行业的企业级 BIM 系统实施，我们建议把整个 BIM 全生命周期管理系统分成 "BIM 管理平台" 和 "BIM 应用工具" 两个层面：

BIM 管理平台选择 Dassault Systèmes 的 3D 体验/ENOVIA 平台进行统一的数据管理，形成涵盖多个项目的单一数据源，主要解决以下问题：

1）通过服务器端数据库实现 BIM 信息的统一管理，并通过网络平台共享给项目各方，实现在线协同作业；

2）建立 BIM 数据标准，实现不同软件工具之间的信息交换；

3）建立企业知识库，管理各种构件库、设计标准库、文档库等；

4）通过 API 与其他第三方系统实现集成。

BIM 应用工具可以不局限于某一厂商或某一产品。可以根据项目特点选择合适的工具软件，并通过制定 BIM 数据标准，确保各个工具软件之间的数据互通，并能统一到平台进行管理和共享。

对于土木市政工程、复杂造型建筑，以及关注设计建造一体化的项目，适合用 CATIA 进行设计；其他项目也可用第三方 BIM 软件设计，然后统一导入 3D 体验平台进行管理。

在项目施工之前，通过 DELMIA 进行施工仿真，编制和优化施工组织方案，并分享给施工团队。

可从 BIM 模型生成工程量统计清单，然后结合造价软件用于计算造价。

通过 ENOVIA 对工程项目进行管理，实时监控各项目的进度、成本和质量信息。

通过 Dassault Systèmes 的建筑全生命周期管理系统的实施，可以提供完善的参数化建模系统、基于 4D 仿真的施工组织方案优化工具、项目管理与协同平台，并最终推动建筑工程设计/制造一体化，打通全产业链，实现产业的现代化转型。

3.5.2 ENOVIA

大型建设项目越来越需要全球化的团队协作，并及时获取来自各方的信息。同时，随着运营维护质量和要求的提高，企业愈发希望借助 BIM 模型来优化项目全生命周期的成本与收益。为了帮助企业实现业务变革，进入可持续性发展通道，"3D 体验"系统中包含的 ENOVIA 系列应用模块，满足以下方面的企业需求：

1. 项目管理，包括项目经理角色（DPM）和项目成员角色（DPJ）

1）项目开始时，项目经理可以新建一个空白项目，也可以根据既有模板快速创建项目并设置人员角色/权限等。

2）项目创建后，项目经理可以建立 WBS 结构，制定资源计划及财务预算等，并把任务分配给各个项目成员。项目成员将从系统自动接受任务，并可随时把任务的完成情况汇报到系统。同时，系统自动生成项目监控图表板，供项目经理和相关负责人随时了解项目进展状况。

3）可以把项目任务与 BIM 对象关联起来，因此每个任务可从 BIM 模型中获取相关信息。

4）对于已在使用 Microsoft Project、Primavera P6 等系统的用户，ENOVIA 可以与这些系统进行双向集成。例如，项目经理可以在 Primavera 中制订初步的进度计划，然后导入 BIM 平台进行仿真验证和优化，最后再把优化之后的进度计划导出到 Primavera。

2. 文档与流程（RWA）

1）在项目空间和文件夹中对各种信息进行管理和共享，不仅是 BIM 模型，也包括 MS Office 文档、dwg 图档等各种文件。确保项目各方都能随时获取最新的工作信息。

2）可自定义文档创建、审阅、批准和分发的流程和权限。同时，可在系统中管理文档的历史版本和操作记录，实现信息管理的可追溯性。

3）专为 AutoCAD 开发的集成接口（DED）。可以在 AutoCAD 中直接访问 ENOVIA 以保存/打开 DWG 文件，并集成了访问权限、版本管理和检入/检出机制。

3. 模型校审（DER / DEY）

1）设计校审人员可以集成多种不同来源的 BIM 数据。对模型进行装配、浏览，并进行批注、测量以及动态 3D 截面、碰撞检查等。还可对新旧不同版本的对象进行 3D 可视化对比。

2）如果在模型校审中发现问题，可将问题分配给责任人并跟踪解决。责任人解决问题后，提交审核人员确认关闭问题。

4. 知识管理（CCM）

企业运营中往往产生大量的业务知识，这些知识是非常宝贵的无形资产。通过 ENOVIA 应用，可以建立企业知识库（包括构件库、标准库、风险库等），以便在不同的项目中重用和执行。

在丰富的模块之上，易于定制是 ENOVIA 的另一个重要特点。所有的数据结构和属性、业务流程以及用户界面，都可以用图形化的方式进行直观地定制和修改，无须任何编程。而且，定制完成无须重启应用服务器，就可以在系统中应用。因此，非常便利于企业在 ENOVIA 的基础上进行定制实施（图 3.5.2-1～图 3.5.2-3）。

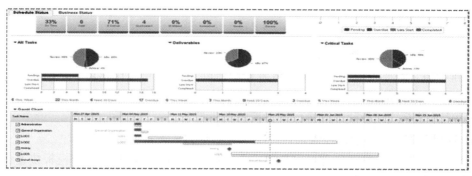

图 3.5.2-1　项目仪表盘

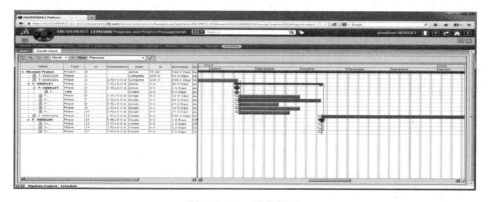

图 3.5.2-2　进度管理

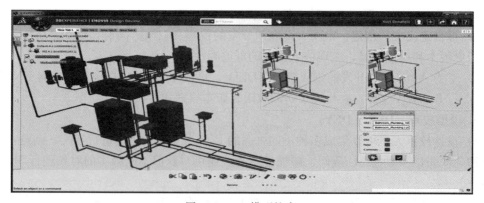

图 3.5.2-3　模型校审

3.5.3　CATIA

CATIA 是 Dassault Systèmes 的 CAD/CAE/CAM 一体化集成解决方案，现已整合到"3D 体验"平台。它覆盖了众多产品设计与制造领域，被广泛应用于航空航天、汽车制造、船舶、机械制造、消费品等诸多行业。在建筑工程行业，CATIA 常常被应用于复杂造型、超大体量的项目设计，其曲面建模功能及参数化能力，为设计师提供了丰富的设计手段，能够实现空间曲面造型、分析等多种设计功能，帮助设计师提高设计效率和质量。同时，CATIA 也非常适合于设计与制造加工集成的工业化项目。

与业内其他 BIM 软件相比，CATIA 的主要特点包括：

1. 从 LOD 100～LOD 400 的全流程

有很多 3D 和 BIM 软件只侧重于项目的某一阶段，例如概念设计阶段（LOD100）或者详细设计阶段（LOD300）。而 CATIA 不仅能从概念设计无缝过渡到详细设计，还可深入到面向加工制造级别的深化设计（LOD400），例如钢结构的节点设计、钣金设计等各种细节，设计成果可满足制造加工需求，并可输出到数控机床进行生产。

2. 强大的参数化建模技术

CATIA 具有强大的参数化设计能力，以及"骨架线＋模板"的设计方法学。设计师只需要通过骨架线定义模型的基本形态，再通过构件模板和逻辑关系来生成模型细节。一旦调整骨架线，所有构件的尺寸可自动重新计算生成，极大地提高效率。因此，CATIA 具有在整个项目生命周期内的强大修改能力，即使是在设计的最后阶段进行重大变更也能顺利进行。

3. 标准化、模块化的知识重用体系

在 CATIA 应用的前期，往往要建立一定数量的参数化模板库和逻辑脚本，用于把企业的专业知识固化下来。此后，在规模化的项目设计中，设计师只需要调用现成的模板和脚本，就可按照企业的设计规范和质量完成高速高效的设计。设计变更也能够快速进行。

4. 全生命周期的数据流程

借助于"3D 体验"平台的出色集成，CATIA 的数据能够直接在全生命周期下游各个模块中使用，例如施工仿真、数控加工、项目管理、计算分析等流程。此外，CATIA 也支持通过激光扫描数据获取现场的真实三维信息，并进行逆向工程分析。

5. 良好的二次扩展性

用户可在 CATIA 中定义各种参数化设计模板和脚本，从而进行智能化设计。同时，CATIA 提供多种二次开发方式，包括宏命令、Automation 方式（可通过 VBA 开发）、CAA 方式（可通过 C＋＋开发）等，可支持用户开发自动化设计功能。

针对建筑与土木工程行业，Dassault Systèmes 已经发布了面向不同专业的设计制造一体化解决方案，包括以下内容：

1. 建筑设计

面向高端、复杂的建筑立面及幕墙的设计和预制加工，Dassault Systèmes 提供 CATIA 的建筑设计专用版（ADL）。该模块包含的主要功能（表 3.5.3-1）：

建筑设计专用版（ADL）功能　　　　　　　　　图 3.5.3-1

应　用	功　　能	图　示
数字地形模型	支持大地测量坐标系 通过测量点或等高线，生成数字地形模型地形的纵/横断面 场地挖填和土方计算	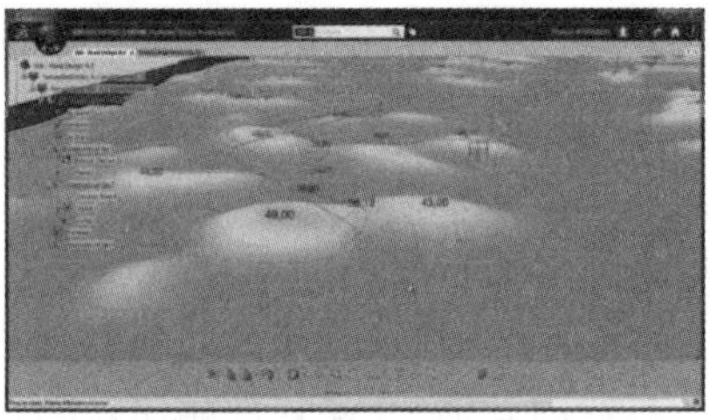
建筑方案设计 （BDP）	使用草图和体量，为建筑生成方案模型（LOD 100～LOD 200） 对建筑内部空间进行规划，并自动统计空间信息 使用方案模型，进行概念探讨和优化	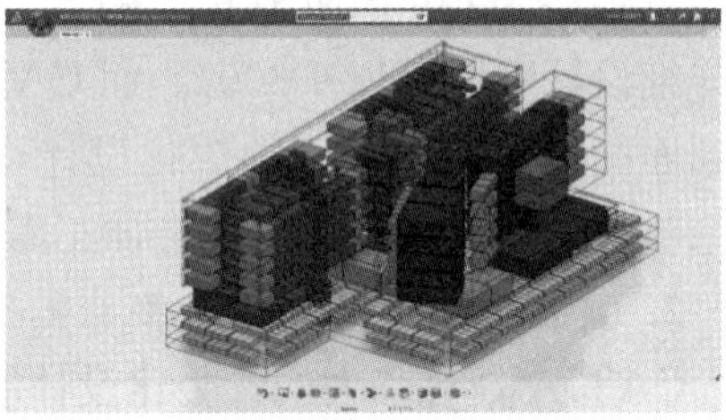
建筑详细设计	在方案模型的基础上，实现面向加工的深化设计（LOD 300～LOD 400） 包括多种 3D 曲面造型功能，设计复杂的建筑立面 专业的钣金模块，可用于金属幕墙设计	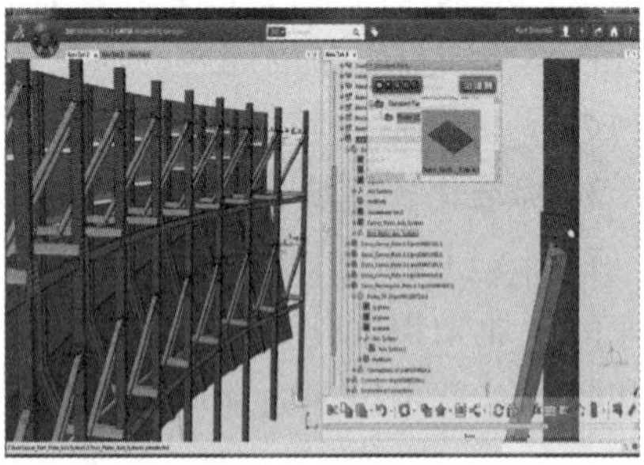
模型集成校审	基于 IFC 的 AEC 数据标准 通过 IFC 接口导入/导出 BIM 数据 3D 模型浏览及批注 模型碰撞检查	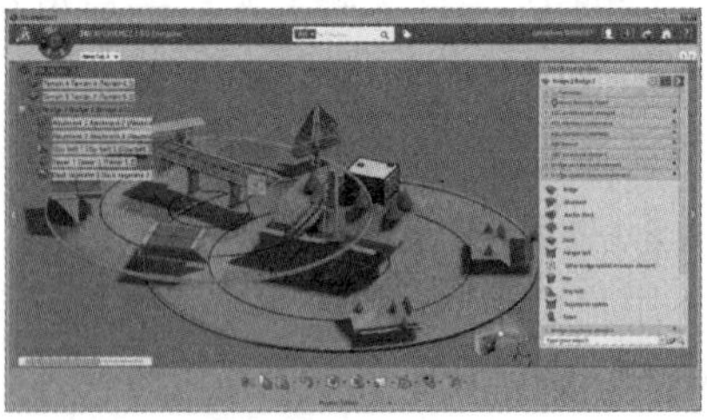

2. 结构设计

面向结构工程，Dassault Systèmes 提供专业的结构设计和预制加工解决方案，包括钢筋混凝土结构设计模块（STV）和钢结构设计模块（STR）。主要功能包括：

1）钢筋混凝土结构设计（STV）（表 3.5.3-2）：

钢筋混凝土结构设计功能 表 3.5.3-2

应用	功 能	图 示
数字地形模型	支持大地测量坐标系 通过测量点或等高线，生成数字地形模型 地形的纵/横断面 场地挖填和土方计算	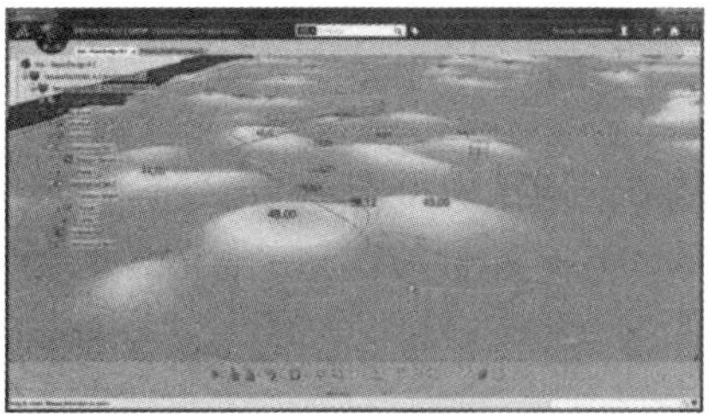
结构方案设计（BDS）	预定义的梁、柱、基础等结构构件模板，高效生成结构模型 可将结构模型导出到分析软件	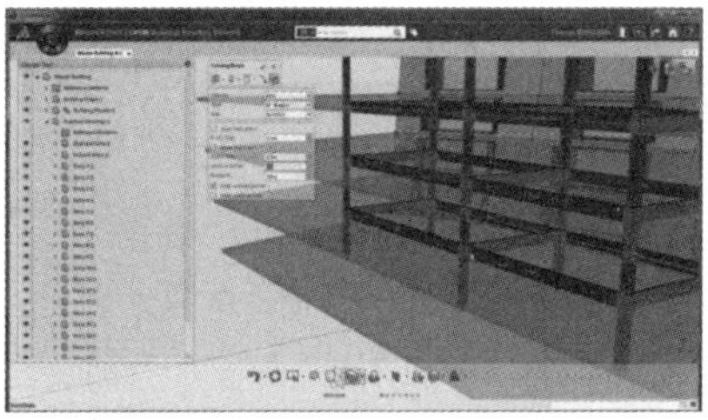
钢筋混凝土设计	在方案模型的基础上，实现面向加工的深化设计（LOD 300～LOD 400） 强大的 3D 钢筋设计功能 专业的钣金模块，可用于幕墙设计	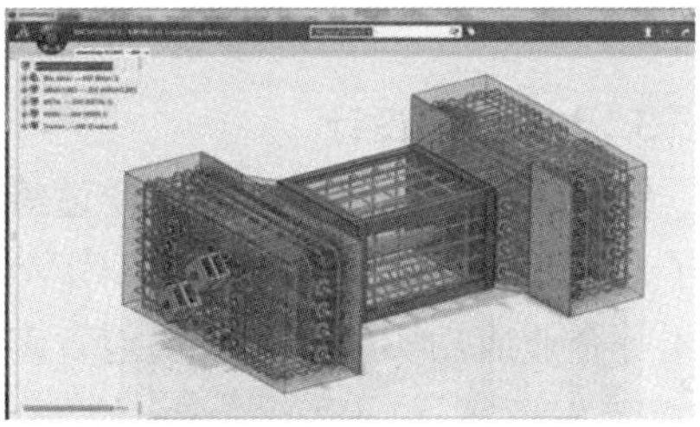
模型集成校审	基于 IFC 的 AEC 数据标准 通过 IFC 接口导入/导出 BIM 数据 3D 模型浏览及批注 模型碰撞检查	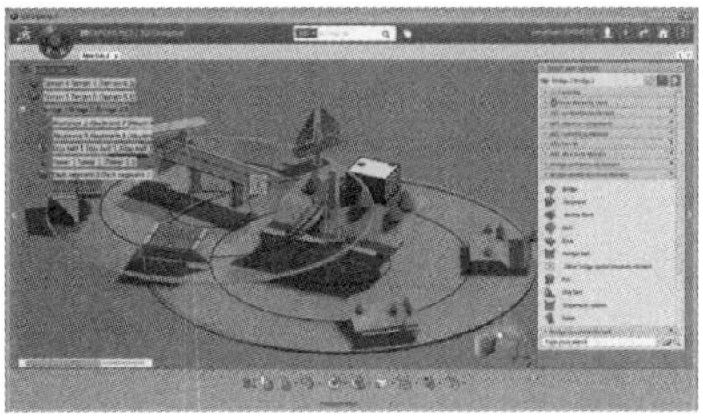

2）钢结构设计（STR）（表 3.5.3-3）：

钢结构设计功能 表 3.5.3-3

模块	功 能	图 示
钢结构概念设计（SFG）	快速建立钢结构的功能模型用于结构分析 对功能模型进行网格化，并可输出至多种计算软件	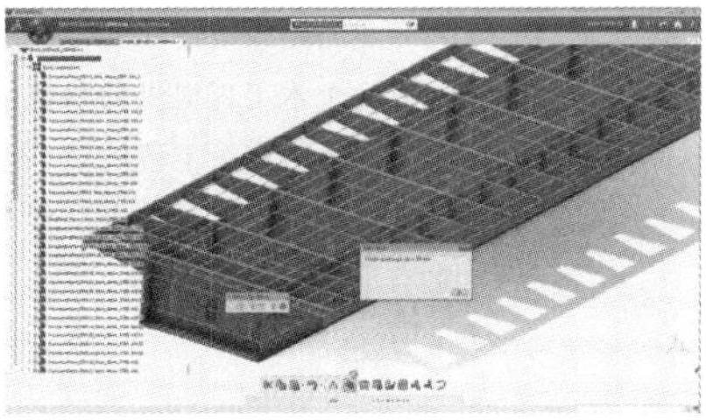

续表

模　块	功　能	图　示
钢结构详细设计（SDG）	用于精细化设计的实体模型，既可从功能模型转换而来，也可以独立创建 可输出钢结构制造图，也可直接应用于数控加工	
模型集成校审	3D 模型浏览及批注 模型碰撞检查	

3. 土木工程设计

针对道路、铁路、桥梁、隧道等大型土木工程行业，Dassault Systèmes 于 2015 年发布了 CATIA 土木工程专用版（CIV），并已在上海市政工程设计研究总院、中国铁路设计集团等企业成功实施。该模块包含多方面功能（表 3.5.3-4）：

土木工程设计功能
表 3.5.3-4

应　用	功　能	图　示
数字地形模型	支持大地测量坐标系 通过测量点或等高线，生成数字地形模型 地形的纵/横断面 场地挖填和土方计算	
土木工程建模	专业的路线设计功能，支持多种缓和曲线 专为土木工程提供的参数化建模工具，适合于桥梁、隧道等工程设计 上百种预定义的土木工程构件模板，并可增加自定义模板	

应 用	功 能	图 示
钢混构件设计	强大的 3D 钢筋设计功能	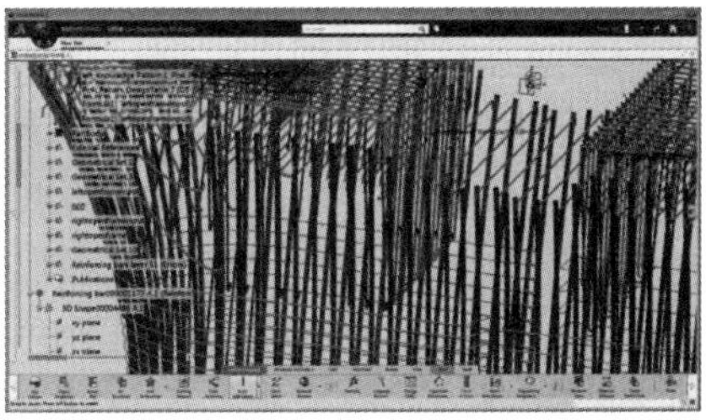
手绘草图	手绘 3D 电子草图（支持数字手写板）	
模型集成校审	3D 模型浏览及批注 模型碰撞检查	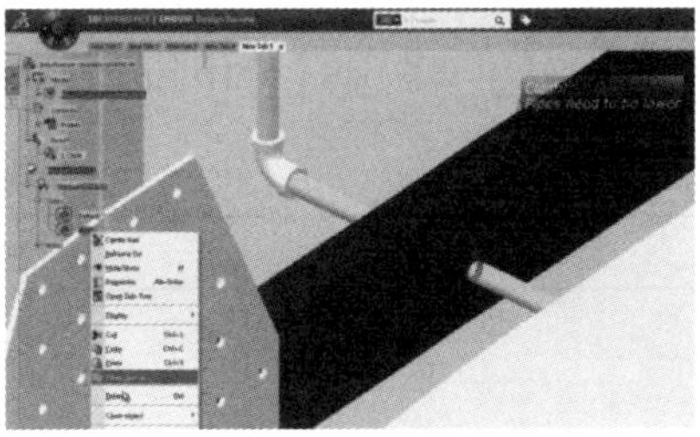

3.5.4 DELMIA

DELMIA 致力于复杂制造和施工过程的仿真以及相关的数据管理。在制造业，DEL-MIA 是最强大的 3D 数字化制造和生产线仿真解决方案。而在建筑工程行业，DELMIA 被用作建筑施工规划的虚拟仿真解决方案，具有帮助用户高效利用时间、优化施工、降低风险等诸多优点。

借助于"3D 体验"平台的集成数据环境和直观的 3D 场景，DELMIA 可以协助设计、施工、业主进行良好的沟通与分享。它具有以下优势：

1）直观的工作任务分解：可通过 3D 图形界面，把整个工程项目逐步分解成具体的施工任务，并定义任务之间的逻辑关系，以及为每个任务分配资源。

2）便捷的 4D 进度模拟：根据任务分解关系，自动生成甘特图；可调整任务起止时间，然后据此自动生成 4D 施工过程动画。

3）模拟设备运作过程：可轻松地定义机械设备的运作过程并生成动画；优化现场工程设备的使用效率，节省成本。

4）施工资源优化：根据施工计划，统计设备、材料等各种资源的使用效率，避免现场窝工造成浪费。

5）极具真实性的人机模拟：可模拟现场人员的各种动作，例如操作设备、现场安装等，以验证施工操作的可行性，确保人员安全，并优化工作效率。

6）与CATIA无缝衔接，省去数据转化工作及数据处理带来的数据损失。节约数据转换时间，也更便于跨部门间的沟通与协作。

尽管很多软件都可以进行一定程度上的施工仿真模拟，但真正能进行精细化仿真的软件并不多。我们可以把施工仿真分为不同的精细度，而企业可以根据项目中的具体情况提出不同的精细度仿真需求：简单的施工过程可能只需要做到工序级别，而复杂的施工过程可能需要工艺级别甚至人机交互级别的仿真。借助DELMIA平台，无论是工序级别的进度规划还是工艺级别的操作流程，都可以在虚拟环境下得以验证。

在施工项目前期，可以先在系统中创建WBS和进度计划，然后输出到DELMIA，并与CATIA创建的3D模型结合起来，进行施工过程的5D仿真模拟，并据此来优化施工流程。不仅要考虑时间因素，同时也要考虑相关的设备、人力等资源和相应的成本。通过模拟和比较多种不同的施工方案，可以选择最优方案来提高效益，避免浪费和返工。确认最佳的施工流程方案后，再将其发布给团队成员。在施工过程中，还可以根据现场反馈记录实际进度，并随之调整后续的工艺流程，再次到虚拟环境中验证和优化。3D方式记录的工艺工法，可以作为企业的知识沉淀，在未来的项目中快速重用。

在建筑工程行业，常用的DELMIA功能模块如表3.5.4-1所示。

常用的DELMIA功能模块 表3.5.4-1

模块	功 能	图 示
施工进度规划（PPL/PPM）	通过可视化方式，把模型根据施工工序进行分解。定义各个工序结点的时间进度和资源，并生成甘特图和4D模拟动画	
大型工程安装规划（MFM）	根据施工组织的需求，将设计模型的数据结构（EBOM）转化成施工数据结构（MBOM）	

续表

模　块	功　能	图　示
施工工艺仿真（MAE）	可精确模拟 3D 对象的运动方式，从而进行精细化的施工工艺仿真分析	
机器人仿真（RTS）	使 3D 机械模型（例如塔吊）能够自动进行运转，以模拟计划执行的活动，并且分析运作过程。 提供上千种预定义的设备模型	
人机工程（EWK）	使用具有活动能力的人体模型模拟工人操作过程，例如拾起物体、行走、操作设备等。用于评估人员操作效率和安全性	

3.5.5　SIMULIA

Dassault Systèmes SIMULIA 品牌（前身为 ABAQUS 公司）是世界知名的计算机仿真软件，创立于 1978 年，其主要业务为世界上最著名的非线性有限元分析软件 Abaqus 进行开发、维护及售后服务。2005 年 5 月，前 ABAQUS 软件公司与 Dassault Systèmes 合并，共同开发新一代的模拟真实世界的仿真技术平台 SIMULIA。

SIMULIA 不断吸取最新的分析理论和计算机技术，领导着全世界非线性有限元技术和仿真数据管理系统的发展，目前产品线包括统一有限元技术（Unified FEA）、多物理场分析技术（Multiphysics）和仿真生命周期管理平台（Simulation Lifecycle Management）三部分内容，而旗下最知名的主要产品 Abaqus 是国际上最先进的大型通用非线性有限元分析软件，被全球工业界广泛接受，并拥有世界最大的非线性力学用户群。

Abaqus 软件以其强大的非线性分析功能以及解决复杂科学和工程问题的能力，在结构工程领域得到广泛认可。土木领域是 Abaqus 软件的一个重要应用领域，目前 GeoCon-

sult、ISMES、T. Y. Lin 等世界知名的工程企业都是 Abaqus 软件的重要用户。在国内，
中国建筑科学研究院、上海现代建筑设计集团、中国铁路设计集团、中科院武汉岩土所、
上海市基础工程公司、核工业第二研究设计院等均采用 Abaqus 软件进行分析（图 3.5.5-1）。

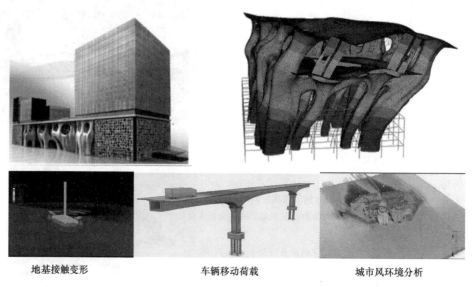

地基接触变形　　　　　　车辆移动荷载　　　　　　城市风环境分析

图 3.5.5-1　复杂结构的抗震分析（上海证大喜马拉雅中心）

3.6　其他 BIM 相关软件介绍

3.6.1　Tekla

Tekla 软件是芬兰 Tekla 公司开发的钢结构详图设计软件，通过先创建三维模型之后
自动生成钢结构详图和各种报表来达到方便视图的功能。由于在三维模型中操纵者很容易
发现构件之间的连接有无错误，而图纸与报表均以模型为准，所以有效地保证了钢结构详
图深化设计中构件之间的正确性。同时 Xsteel 自动生成的各种报表和接口文件（如数控
切割文件），可以服务（或在设备直接使用）于整个工程。Tekla 公司建立了创新性的信
息管理和实时协作，提供革新性和创造性的软件解决方案，产品行销 60 多个国家和地区，
在全世界拥有成千上万个用户。

3.6.2　鲁班

鲁班软件成立于 2001 年，一直致力于中国 BIM 技术的研发和推广，为建筑产业相关
企业提供基于 BIM 技术的数字化解决方案，为推动建筑行业进入智慧建造时代、加快建
设数字中国贡献力量。其中，包括基于 AutoCAD 图形平台开发的工程自动计算软件——
鲁班土建；基于国家规范和平法标准图集，采用 CAD 转化建模，绘图建模，辅以表格输
入等多种方式，解决造价工程师钢筋工程量问题的计算软件——鲁班钢筋；用于现场钢筋
下料的专业软件——鲁班下料；基于 AutoCAD 图形平台的三维钢结构算量软件——鲁班
钢构等一系列专注于建造阶段 BIM 技术项目级、企业级解决方案的研发和应用。

3.6.3　广联达

广联达 BIM 软件致力于提升建设工程信息化领域的 BIM 应用，以贯穿建造全生命周期的系统化 BIM 解决方案。既提供满足大型复杂项目的整体解决方案，也有基于广联达成熟的平台技术和 BIM 理念设计开发的多款应用软件：针对脚手架搭设、模板施工下料的设计软件——BIM 模架；为 BIM 工程师提供免费 Revit 族库下载、管理构件的平台——构件坞；以 BIM 平台为核心，集成全专业模型，并以集成模型为载体，关联施工过程中的进度、合同、成本、质量、安全、图纸、物料等信息，为项目提供数据支撑，实现有效决策和精细管理的平台软件——BIM5D；基于自主平台研发的三维算量软件——BIM 算量等一系列标准化软件以及免费的 BIM 浏览器和 BIM 审图软件，灵活专业地实现用户对于 BIM 应用需求、解决客户的实际业务问题。

3.6.4　鸿业

作为 BIM 领域软件开发的先行者，鸿业科技以 Revit 为平台，面向中国客户推出了完全适应中国本地化设计习惯及操作规范要求的 BIM 解决方案。解决方案基于 Revit 平台，涵盖了建筑、给水排水、暖通、电气的所有常用功能，包括基于 Revit 平台的快捷建模工具、丰富专业的本地化产品族库管理模块、符合本地化标准规范的专业计算分析模块、专业间协同提资信息识别与调用模块、统计表单生成模块、施工图软件接口等，并结合基于 AutoCAD 平台的鸿业系列施工图设计软件，向用户提供完整的施工图解决方案。

3.6.5　Midas

Midas 是针对土木结构，特别是分析预应力箱型桥梁、悬索桥、斜拉桥等特殊的桥梁结构形式，同时可以做非线性边界分析、水化热分析、材料非线性分析、静力弹塑性分析、动力弹塑性分析。相关产品有桥梁领域通用结构分析及设计系统的 Midas Civil；针对中国规范开发的桥涵结构通用设计平台 Midas Civil Designer；全部中文化的土木专用非线性及细部分析软件 Midas FEA；集建模、分析、设计和施工图绘制为一体的智能化桥梁解决方案 Midas SmartBDS 等。

3.6.6　ARCHICAD

GRARHISOFT ARCHICAD 基于全三维 BIM 信息模型，拥有快速强大的建筑立面、剖面、详图、设计文档以及工程量统计的自动生成功能，优化了建筑的建模和文档过程，使模型达到前所未有的详细程度。ARCHICAD 自始至终的 BIM 工作流程，使得模型可以一直使用到项目结束。

3.7　硬件配置方案详解

3.7.1　从硬件配置指标分析

BIM 主要基于三维的工作方式，其建筑模型文件大小从几十 MB 至上千 MB，故对于电脑硬件的计算能力和图形处理能力等，都提出了较高的要求。以下就 BIM 软件对电脑配置的要求做个简单的介绍：

1）CPU：中央处理器，推荐拥有二级或三级高速缓冲存储器的 CPU。CPU 在交互设计过程中承担更多关联运算，多核系统可提高 CPU 运行效率，尤其在同时运行多个程序时，提效更为显著，故随着模型复杂度的提升，通常认为，CPU 频率越高、核数越多越好。

2）内存：内存是与 CPU 沟通的桥梁，关系着一台电脑的运行速度。越复杂的项目所需要的内存就越大。故推荐采用 16g 或 16g 以上的内存。

3）显卡：显卡性能对模型表现和模型处理而言，至关重要。显卡要求支持 DirectX 9.0 和 Shader model 3.0 以上。越高端的显卡，其三维效果越逼真，图面切换越流畅。为此，应选用独立显卡（因集成显卡需占用系统内存），且显存容量不宜少于 2G。

4）硬盘：硬盘读写速度对软件系统也有影响，一般来说是越快越好，但其对软件工作表现的提升作用，初看没有前三者明显。故硬盘的重要性常被客户忽视。其实当设有虚拟内存并处理复杂模型时，硬盘的读写性能就显得十分重要了。

5）显示器：BIM 软件多视图对比效果，可在多个显示器上得以淋漓尽致地展现。故为避免多软件间切换繁琐，推荐采用双显示器或多显示器。显而易见，如不考虑成本因素，屏显尺寸越大、显示分辨率越高，配置就越理想。

3.7.2 从项目数据规模分析

除了满足对运行各种 BIM 软件的基本硬件配置要求外，还需要从 BIM 项目应用的角度来分析进行硬件的配置，包括项目大小、复杂程度等，例如一些特别大型或复杂的项目中，当 BIM 数据大幅增加时，硬件的运行速度便会下降。以下简单介绍一些需考虑的因素。

1）项目规模：项目规模越来越大，模型越复杂，三维可视图形数据的计算量就多。

2）项目复杂程度：异形构造造型越复杂，异形构件数量就越多。

3）构件间的几何关系：大项目设计文件中，构件之间的拾取、锁定、附着、标高约束等几何关系越多，当设计进行变更时，计算机搜寻关联构件，需要重新计算。

4）特效功能：阴影、真实材质交互编辑操作中，实时显示、缩放、平移、旋转视图。

5）其他方面：如打开的视图太多，并且单个项目文件过大等。

3.7.3 基于复杂 BIM 设计的配置分析与方案推荐

1. 设计工作站配置推荐（表 3.7.3-1）。

设计工作站配置推荐表　　　　　　　　　　　　　　　　　表 3.7.3-1

CPU	内存容量	硬盘	显卡	显示方案
4GHz～/4-6 核	16GB 以上	SSD	GTX1060 以上	多屏/4K 超高清

2. 渲染类工作站配置推荐（表 3.7.3-2）。

渲染类工作站配置推荐表 　　　　　　　　　　表 3.7.3-2

CPU	内存容量	硬盘	显卡	显示方案
14 核 3.0GHz～	32GB 以上	SSD	GX1080/QP2000 以上	多屏/4K 超高清

3. 服务器类工作站配置推荐（表 3.7.3-3）。

服务器类工作站配置推荐表 　　　　　　　　　　表 3.7.3-3

CPU	内存容量	网卡
4 核 4.5GHz 以上	32GB 以上	4KMB，超低延迟

第 4 章　铁路工程 BIM 项目实施策划

在 BIM 项目实施前，通过制定科学合理的实施方案，优化 BIM 工作开展的目标和方向，实现建设全生命周期的管控，保障铁路工程 BIM 项目的顺利实施。本章分别从 BIM 项目策划的作用、目标、实施模式、流程等方面对铁路工程如何进行项目策划做出具体介绍。首先对 BIM 项目实施策划进行整体概述，分析项目实施目标；其次对 BIM 项目实施模式与流程进行介绍，阐述铁路工程 BIM 项目中信息交换方式以及保障措施的制定；最后对 BIM 项目成果的交付进行综合说明。

4.1 BIM 策划概述

项目策划是一种具有建设性、逻辑性的思维过程，在此过程中，总的目的就是把所有可能影响决策的决定总结起来，遵循一定的方法或者规则，对未来即将发生的事情进行系统、周密的预测并制订科学的可行性方案。对未来起到一定的指导和控制作用，最终实现项目目标。

BIM 策划属于项目策划的一种，BIM 实施策划贯穿于整个建设项目实施的全生命周期。有了详细的 BIM 策划，能保证项目各方清楚地认识到在项目实施过程中各自所具备的责任和义务，项目团队根据已创建的 BIM 策划跟踪 BIM 应用进展。BIM 策划主要结合项目特点，基于 BIM 技术的使用，为工程带来效益。如从 BIM 模型中生成碰撞检查报告，提高设计图纸质量；通过模型完成施工模拟，降低施工风险等。

BIM 策划应该在建设项目开始前期制定，并描述整个建设周期的 BIM 应用整体构想，以及实现细节。全面的 BIM 策划应该包括 BIM 应用范围和目标、BIM 应用的详细流程、不同参与者之间的信息交换，以及 BIM 应用的实施基础条件等内容。

随着我国铁路的高速发展，大批铁路工程建设项目正在进行，因铁路项目具有投资大、工期长、技术复杂、行业组织架构庞大等特殊性，对设计、施工、运维等各方面的质量提出很高的要求，因此可以根据铁路建设和运维的特点，制定相应的铁路工程 BIM 策划，从建设工程的 BIM 应用目标、BIM 实施模式、BIM 应用流程、BIM 信息交换、BIM 资源配置、BIM 实施保证措施、BIM 工作总结等方面入手，分析难点、抓住重点，助力铁路工程建设和运维。

4.1.1 BIM 实施策划的作用

铁路工程建设投资规模大，协作关系复杂，应用 BIM 技术辅助完成铁路工程项目的建设必须遵循客观规律，按照铁路工程建设规划与流程制订科学的 BIM 策划方案。BIM 实施策划是铁路工程 BIM 项目获得实施期望效果的基础，也是辅助铁路工程科学决策和顺利建设的重要手段，提升铁路工程项目建设管理水平的强力抓手。

BIM 技术的核心是信息，通过 BIM 项目的实施策划可以将其所包含的信息最大化利用。运用 BIM 技术构建的铁路工程各专业三维模型，应包含基本信息和附属信息两部分内容，基本信息是对模型本身的特征及属性的描述，是模型元素本身所固有的，如地质条件、道路的几何特征、负荷容量等；而附属信息是包括与模型元素直接或间接相关联的除模型元素本身特性之外的各方面信息和资料，包括技术方面、经济方面、管理方面等。基于上述信息，通过 BIM 实施策划确定完整的利用方案，对不同专业中的各种信息进行分析和计算，如确定线网规模、日客运量、轨道线平均运距等，最终完成项目建设，使铁路工程 BIM 项目效益最大化。

除此之外，BIM 实施策划在推动 BIM 项目顺利实施、明确各方参与职责、提高 BIM 技术水平、构建项目实施标准化流程都起着一定作用。

1）团队清晰地理解在建设项目中应用的战略目标；

2）明确每个成员在项目中的角色和责任；

3）通过对项目成员在项目中业务实践的分析，设计出实施流程；

4）规划 BIM 实施所需资源，如软硬件配置、人员安排、组织架构等，确定培训、指导、保障措施，为整个项目顺利实施提供基础保障；

5）提供一个用于后续参与者的行为基准，为项目过程和目标提供基准；

6）对整个项目而言，减少执行中的未知成分，进而减少项目的全程风险而获得收益。

4.1.2　BIM 实施策划的依据

BIM 策划依据是开展后续工作的基础，依据不同的项目，BIM 策划的依据有所不同，但有很多一致性原则。BIM 策划依据需要参考项目实施的依据，大致可以按照国家层面、行业层面、项目层面三个方面进行细分，国家层面主要为国家政府部门出台的 BIM 系列标准；行业层面包括各省市出台的 BIM 指导意见、中国国家铁路集团公司（原中国铁路总公司）对项目的 BIM 实施意见，中国铁路 BIM 联盟已经发布的 BIM 系列标准等；项目层面包括与建设单位签订的实施合同、设计院提供的可研报告或图纸等前期资料，以及项目本身的要求等。以某 BIM 实施项目方案为例，BIM 实施策划的依据如下：

1. 国家层面

国家 BIM 标准

（1）《建筑信息模型应用统一标准》GB/T 51212—2016；

（2）《建筑信息模型分类和编码标准》GB/T 51269—2017；

（3）《建筑信息模型施工应用标准》GB/T 51235—2017。

2. 行业层面

1）铁路 BIM 联盟 BIM 标准

（1）《铁路工程实体结构分解指南（1.0 版）》；

（2）《铁路工程信息模型分类和编码标准（1.0 版）》；

（3）《铁路工程信息模型数据存储标准（1.0 版）》；

（4）《铁路四电工程信息模型数据存储标准（1.0 版）》；

（5）《铁路工程信息模型表达标准（1.0 版）》；

（6）《基于信息模型的铁路工程施工图设计文件编制办法（1.0 版）》；

（7）《铁路工程信息模型交付精度标准（1.0 版）》；

（8）《面向铁路工程信息模型应用的地理信息交付标准（1.0 版）》；

（9）《铁路工程 WBS 工项分解指南（试行）》；

（10）《铁路工程数量标准格式编制指南（试行）》；

（11）《铁路工程信息交换模板编制指南（试行）》。

2）设计标准及规范

（1）《铁路线路设计规范》TB 10098—2017；

（2）《铁路车站及枢纽设计规范》TB 10099—2017；

（3）《铁路轨道设计规范》TB 10082—2017；

（4）《铁路桥梁钢结构设计规范》TB 10091—2017；

（5）《铁路桥涵地基和基础设计规范》TB 10093—2017；

（6）《铁路特殊路基设计规范》TB 10035—2018；

（7）《铁路旅客车站设计规范》TB 10100—2018；

（8）其他铁路设计规范。

3）施工验收标准及规范

（1）《铁路路基工程施工质量验收标准》TB 10414—2018；

（2）《铁路桥涵工程施工质量验收标准》TB 10415—2018；

（3）《铁路隧道工程施工质量验收标准》TB 10417—2018；

（4）《铁路混凝土工程施工质量验收标准》TB 10424—2018；

（5）《铁路机务设备设计规范》TB 10004—2018；

（6）其他铁路施工验收规范。

3. 项目层面

1）与甲方签署的BIM服务合同相关要求；

2）项目特点及业主需求；

3）其他影响因素等。

4.1.3　BIM实施策划的流程

根据BIM实施策划依据，分析BIM应用对项目目标、组织、流程的影响，并将实施所需的支持落实到建设项目的整体策划中。BIM策划的制定和执行不是一个孤立的过程，要与工程施工的整体计划相结合；也不是由某个人或某个组织独立制定的，而是项目各参与单位合作的结果。各流程环环相扣，紧密衔接，服务于整个BIM实施策划过程。

通过梳理策划流程，可以保障项目策划方案的完整性和连贯性。策划的基本流程主要包括确定目标、组织架构、实施流程、信息交换、资源配置、实施保障和应用总结。前后具有一定的联系性，BIM实施策划流程如图4.1.3-1所示。

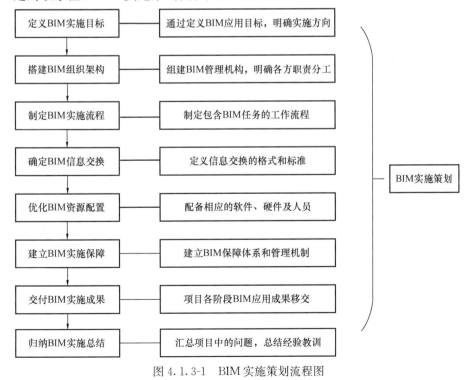

图4.1.3-1　BIM实施策划流程图

4.1.4 BIM 实施策划的内容

依据 BIM 实施策划流程，进一步规范 BIM 策划内容，保障项目策划方案的质量，具体如表 4.1.4-1 所示。

BIM 实施策划内容

表 4.1.4-1

序号	策划内容	具体描述
1	项目概述	项目概述包括项目建设内容、建设规模、投资总额、市场前景、经济效益、社会效益、地理位置、交通条件、气候环境、人文环境、施工条件、开竣工日期等内容
2	BIM 实施目标	BIM 实施目标是对 BIM 应用结果的主观设想，是一种主观意识形态，也是活动的预期目的，为活动指明方向。具有维系组织各个方面关系构成系统组织方向核心的作用
3	BIM 组织架构	BIM 实施目标的实现需要组织结构的支持，组织架构是在管理要求、管控定位、管理模式及业务特征等多因素影响下，在企业内部组织资源、搭建流程、开展业务、落实管理的基本要素
4	BIM 实施流程	通过在项目应用 BIM 技术和管理方法，在项目过程中把握工程的动态，解决多方沟通、协调问题，切实控制建设质量，减小工程风险
5	BIM 信息交换	确定信息交换的格式以及信息内容，其目的是为了保证 BIM 胜利实施所需要的过程之间关键的信息交换，确定信息交换要求 BIM 团队了解各实施 BIM 应用所需要的信息
6	BIM 资源配备	通过一定的方式把有限的资源合理分配到建设项目各个专业，以实现资源的最佳利用，即用最少的资源耗费，获取最佳的效益
7	BIM 保证措施	通过一定的制度、规章、方法、程序和机构等把保证活动加以系统化、标准化及制度化，形成一个有明确任务、职责、权限，相互协调、相互促进的质量管理的有机整体
8	BIM 成果交付	项目始终都非常关注交付成果。完成全部交付成果，就意味着覆盖了全部的项目范围，所有的项目活动、项目资源，都是为了有效完成这些交付成果而发生的，交付成果在很大程度上反映了项目目标的要求

4.2 BIM 实施目标

铁路工程作为一个繁杂庞大的动态系统，面临技术要求高、风险因素多、计划实施难度大等问题，确立有效的 BIM 实施目标是 BIM 技术在铁路工程项目成功应用的关键。BIM 实施目标的制定是整个项目策划流程的第一步，用于指导各参与单位的 BIM 实施方向，是后续制定更为详细的 BIM 实施流程的基础。

BIM 实施目标一般分为总体目标和阶段目标。BIM 总体目标是从铁路工程 BIM 项目自身要实现的目标与铁路工程 BIM 项目参与人员要实现的目标进行分析，如成本目标、质量目标、工期进度目标、环境保护目标、团队技能目标等；BIM 阶段目标主要从规划、设计、施工、运维四个阶段制定阶段性目标，并根据项目建设不同阶段的特点，制定对应的实施目标，如噪声分析、设计冲突检测、工程量统计等。

4.2.1 总体目标

铁路工程 BIM 项目的总体目标可从以下两方面制定：

1. 铁路工程 BIM 项目自身要实现的目标

铁路工程 BIM 实施目标的制定首先要满足项目建设的基本目标。以工程进度、质量、安全、成本、环保等基本管理目标为主线，制定 BIM 实施要求，确立 BIM 技术应用点及预期效益，如应用 BIM 技术进行进度跟踪、投资控制管理等，提高工程建设质量，提升项目信息化水平。

确定铁路工程 BIM 项目的基本目标之后，应根据工程项目特点与实际情况制定 BIM 协同目标，确定协同内容与深度。在铁路工程项目中，不同建设阶段、同一专业内部、不同专业之间、同一建设项目的不同设计单位等等，都可能面临着协同要求，BIM 协同管理可以更好地辅助 BIM 技术的应用，促进工程建设效率。

除此之外，还可结合铁路工程现阶段 BIM 应用情况，确定一系列研究目标，使 BIM 技术在铁路工程的建设中发挥最大效益。例如，对 BIM 成果应用的研究，探索 BIM 成果如何更好地服务于铁路工程建设中；对 BIM 交付成果的研究，制定满足各阶段生产需求的 BIM 模型交付精度、审核归档流程等要求。

2. 铁路工程 BIM 项目参与人员要实现的目标

对于项目管理人员，可从项目管理方法、流程及模式制定应用目标，总结 BIM 技术在项目中的应用，为同类项目提供参考，形成铁路行业新型管理模式。对于项目技术人员，制定技能提升目标，在项目实际应用中提高 BIM 技术水平。

4.2.2 阶段目标

铁路工程建设可分为预可研、可研阶段，初步设计、施工图设计阶段、施工阶段和运维阶段，不同阶段 BIM 应用目标各有不同。铁路工程 BIM 阶段目标也就是 BIM 在实际建设中的应用内容，需要综合考虑项目特点、需求、团队能力等因素来确定，用于辅助 BIM 项目的顺利实施，推进项目总体目标的实现。可从以下应用内容进行铁路工程 BIM 阶段目标的制定（表 4.2.2-1）。

铁路工程 BIM 应用内容 表 4.2.2-1

序号	应用目标	应用内容	应用阶段			
			预可研、可研阶段	初设、施工图设计阶段	施工阶段	运维阶段
1	线路分析	根据 GIS 数据，综合考虑地形、地质、水文、环境，以及空间方位和外观等因素，辅助整体选线，并进行系统的智能环境建模、三维地理环境建模。减小传统二维手绘生产效率低、设计周期长造成的线路设计质量低和施工进度滞后等问题	✓	—	—	—
2	方案比选	在预可研及可研阶段，建立 BIM 信息模型并对多个线路方案进行合理性、经济型的对比，选出最优方案，进行性能分析规避错误，减少浪费，在准确的信息上基础上进行深化调整、施工研讨、成本预估进而做出正确的决策	✓	✓	—	—

续表

序号	应用目标	应用内容	应用阶段			
			预可研、可研阶段	初设、施工图设计阶段	施工阶段	运维阶段
3	三维设计及出图	利用三维可视化设计软件，创建线路、地质、轨道、桥梁、隧道、站房等多个专业的 BIM 模型，实现多专业协同，多专业出图，将设计冲突和错误修正，最终获得更为精确的图纸。同时缩短了出图的时间周期	—	✓	—	—
4	设计审查	通过搭建各专业的信息模型，及时发现碰撞冲突，帮助设计人员提高管线综合设计能力和工作效率，排除施工环节中遇到的碰撞，提高施工效率，降低成本和减少工期延误，同时出具设计咨询报告优化设计方案，避免设计错误，提高设计质量	—	✓	—	—
5	限界检查	明确列车与沿线固定建筑物、设备之间的相互空间关系，综合考虑施工中的误差、沉降等综合因素避免限界超标的情况。通过 BIM 模型的可协调性，对各专业进行限界检查，提升设计效率	—	✓	—	—
6	性能化分析	将相关专业的信息模型导入性能化分析软件，进行受力、光照、人流等模型数据分析，根据相应的分析结果，判断设计方案的合理性，优化模型使用精度保证性能分析数据需求，提高后续阶段 BIM 应用	—	✓	—	—
7	工程量统计	根据 BIM 模型，对各种构件的快速统计分析，生成工程量，可用于前期设计过程中的成本预估算、不同设计方案建造成本的比较，对比筛选出具最具合理性的方案，在施工过程中实时比对实际工程成本控制施工过程中的不必要的成本浪费，在竣工验收时进行整体资金评估判定项目盈亏情况	—	✓	✓	—
8	阶段成果交付	设计阶段的成果应包含相应的几何信息和非几何信息的模型，同时还应包含相应的设计审核报告、可视化漫游视频等，设计阶段的 BIM 模型需满足施工过程中使用精度要求，能够指导施工，同时辅助优化施工方案及重难点分析模拟	—	✓	✓	—
9	征拆管理	将征地、建（构）筑物拆迁、绿化迁改、交通疏解等业务模块的基本信息输入到 BIM 模型中，分析其所带来的经济负荷，并分析整理出环境代价小、循环利用度高、经济成本低的征拆管理方案，降低新建项目与既有建筑物的矛盾分歧，提高资源利用效率	—	—	✓	—

序号	应用目标	应用内容	应用阶段			
			预可研、可研阶段	初设、施工图设计阶段	施工阶段	运维阶段
10	项目坐标定位	利用BIM技术解决传统铁路工程曲线超高段和道岔位置坐标定位的难点问题，轨道实时扫描和BIM模型对比分析，确保轨道平面位置在误差范围内，轨面标高与设计一致，过程中避免出现三角坑和反超高等问题，在精调过程中将轨道测量数据和BIM数据整合到软件平台中，分析计算理论坐标数据，通过比对得出校正调整值	—	—	—	—
11	场地布置	通过GIS+BIM，提前对厂区进行土方挖运路径排布，大型机械布置，临建区搭设等空间位置进行模拟排布，优化总平面图布置，避免临时建筑物与实际工程的空间冲突，减少因空间利用不合理导致二次搬运发生的费用，从而降低资源浪费，增强现场的协调性	—	—	✓	—
12	虚拟建造	利用BIM模型对实际建造施工过程进行模拟和预演，从而实现对施工过程的事前控制和过程中的动态管理，并通过利用包括虚拟现实技术、仿真技术、优化技术等关键虚拟建造技术形成虚拟建造管理体系。同时，BIM模型结合时间和成本信息，对整个线路的建造实现5D虚拟建造，反映整个项目的预建造过程进度和成本数据	—	—	✓	—
13	数字化加工	数字化是将不同类型的信息转变为可以度量的数字，将这些数字保存在适当的模型中，再将模型引入计算机进行处理的过程。数字化加工则是应用在已经建立的数字模型基础上，利用生产设备完成对产品的加工	—	—	✓	—
14	三维交底	借助工艺工法辅助APP、模拟视频等施工BIM可视化手段，实现施工现场的安全技术交底，解决传统平面施工技术交底不够直观、难以精确表达复杂结构部位、交底人与交底内容理解有偏差等问题，保证施工人员也能很快理解设计方案和施工方案，使施工目标顺利实现	—	—	✓	—
15	数据监测	将现场采集的路基压实系数数据、盾构监测数据、支护变形监测数据等接入BIM平台中与模型进行点位挂接，实施动态监测，对施工过程中可能出现的险情进行及时的预报，当发现有异常情况时立即采取必要的工程措施，将问题抑制在萌芽状态，以确保工程的安全施工	—	—	✓	—

续表

序号	应用目标	应用内容	应用阶段			
			预可研、可研阶段	初设、施工图设计阶段	施工阶段	运维阶段
16	进度管理	在 BIM 平台中对各工点的施工计划进行统筹管理，实时录入实际进度计划，形成动态对比纠偏，解决施工进度管理过程中信息化程度低、循环周期长、进度信息模糊和准确性不高等问题，并通过实时动态管理来维持进度计划工作的稳定性	—	—	✓	—
17	质量管理	通过应用 BIM 技术可以对整个项目进行质量巡检，通过移动端上传质量问题，然后将其导入建筑模型，将其与质量计划进行对比分析，及时分析原因，确定问题来源及严重性，并发起整改流程，采取措施处理整体提升项目质量水平	—	—	✓	—
18	安全管理	利用 BIM 施工管理平台可制定工点风险源清单，对风险源进行添加、修改、评审等操作，快速查看风险源巡查情况、问题记录以及统计结果，使管理人员实时掌握风险源状态，避免因管理不到位发现不及时而造成的安全事故。做到危险提前预防、提前告知、现场进行标识规范、安全施工	—	—	✓	—
19	成本管理	通过项目访问 BIM 协同管理平台，针对 BIM 模型进行工程量提取并统计，结合定额计价规则，完成算量计价工作，辅助进行工程概算、预算及竣工结算工作。在出现变更时，运用 BIM 技术进行变更前后造价对比，掌握项目的成本信息	—	—	✓	—
20	物资管理	基于无线射频识别电子标签（RFID）技术的物流管理系统，记录构件和设备的状态信息，能够对这些物体实现跟踪管理，以 BIM 模型作为数据来源，随着工程的进展及不同采购的需求及时出具清单明细，做到数据实时、统一、准确展示	—	—	✓	—
21	变更管理	通过不断维护变更模型，并上传至平台进行版本对比，并生成相关变更造价、进度信息，将传统变更管理的低效、周期长、成本高改造为高效、实时、成本低的动态控制，有效管理，并利用 BIM 技术优化因变更引起的施工方法、作业顺序和施工工艺的变化，降低因变更带来的成本增加	—	—	✓	—

续表

序号	应用目标	应用内容	应用阶段			
			预可研、可研阶段	初设、施工图设计阶段	施工阶段	运维阶段
22	资源管理	基于5D虚拟建造,生成月度人力资源配备表,合理配备人、材、机资源管理,基于BIM技术的动态化施工管理过程对现场信息进行及时的跟踪、采集与处理,在综合所有施工信息的基础上实现资源的合理管控,有序利用	—	—	✓	—
23	竣工交付	BIM竣工模型包括施工过程记录的信息,可真实反映设备状态、材料使用等与运营维护相关的文档和资料,实现包括隐蔽工程资料在内的竣工信息集成,将施工阶段的信息流转到运维阶段,实现全过程的数据共享,为运维管理提供信息基础	—	—	✓	✓
24	维护管理	基于BIM的运营维护管理系统可充分发挥空间定位和数据记录优势,合理制定维护计划,分配专人专项维护工作,加强铁路项目工程运营过程中风险控制,对一些重要设备还可以跟踪其维护工作的历史记录,以便对设备的适用状态提前作出判断	—	—	—	✓
25	资产管理	把各设备通过BIM、RFID等技术汇总到统一平台进行管理和控制,通过远程控制,可充分了解设备的运行状况,对资产进行的管理以提高相关资产的利用效率,减少资产的非必要损失,最终使资产保值增值,达到良性循环效果的管理过程	—	—	—	✓
26	空间管理	BIM可帮助管理团队记录铁路站房的空间使用情况,处理空间的变更请求,分析现有空间的使用情况,合理分配空间,确保空间资源的最大利用率,协调空间、设备以及服务等要素与使用部门的关系,以满足人员在建筑内部进行各项活动的需求	—	—	—	✓
27	能耗分析	通过BIM模型获取和分析站房的各项能耗信息,将实际记录的能耗与设计目标进行对比,进行铁路照明、新风量、热舒适性、空调消耗等监控与分析,确保整个铁路能耗符合节能标准,优化系统运转方案,为建筑用能提供更加高效、节能的使用方案	—	—	—	✓
28	灾害应急预案	采用BIM和灾害分析模拟软件,在灾害发生前可分析灾害发生原因,模拟灾害发生过程,制定避免灾害发生的措施,以及人员疏散、救援支持的应急预案;在灾害发生后可为灾害救援人员提供紧急状况地段的完整信息,有效提高突发状况应对措施及效率,降低事故发生造成的损失	—	—	—	✓

一般情况,铁路BIM实施会完全或部分应用上述目标,这需要策划者结合以上应用目标使用条件,以及项目特点及要求,确定不同项目的BIM策划方案。BIM应用目标的选择可由各参与单位在建设单位的组织下完成,实施团队应认真罗列所有可能BIM应用

内容，同时要注意其与 BIM 应用总体目标的关系。根据清晰的目标描述，进一步的工作是对应用进行评估与筛选，以确定各阶段 BIM 应用目标的责任方，并对每项 BIM 应用目标明确至少一个责任人。确定全部应用目标的同时，也就确定整个项目的 BIM 实施模式。

4.3　BIM 实施模式

无论国外还是国内工程项目，BIM 实施模式将直接影响 BIM 技术在预可研、可研阶段，初步设计与施工图设计阶段，施工阶段和运维阶段的实施效率和品质，根据项目特点及需求，选择与其相适应的实施模式，才能发挥 BIM 技术最大的效益和价值。目前，铁路工程行业在国内并没有统一的实施模式，经过广泛的项目调研，发现现行主要有四种 BIM 实施模式，第一是建设单位主导模式，第二是咨询单位主导模式，第三是设计单位主导模式，第四是施工单位主导模式，下面做详细介绍和分析。

4.3.1　建设单位主导的实施模式

建设单位在工程项目全生命周期管理中占主导地位，是联系工程项目各参与单位的中心，是工程项目的总负责方，是重要的责任主体，从建设项目预可研阶段一直贯穿到工程项目运营阶段，可以说是覆盖整个建设项目全生命周期。

建设单位作为主导方开展 BIM 技术应用，通过 BIM 平台汇总由不同阶段、不同专业的项目团队提供的相关工程信息，消除工程项目各参建单位之间的"信息孤岛"，确保各参建单位能够及时快速地获取并反馈各自所需的相关工程信息，建设单位利用 BIM 模型将汇总的各项工程信息进行整理和储存，便于在项目全过程中项目各相关利益方随时传递共享。

通过建设单位主导使用 BIM 技术，实现勘察设计、建设管理阶段的信息共享数据流，同时也为后期提交运营维护单位进行运维管理奠定重要基础。建设单位主要负责制定 BIM 工作目标并审核成果，委托咨询单位辅助完成项目 BIM 实施，如图 4.3.1-1 所示。

从项目全生命周期角度考虑，此模式下建设单位自始至终都是项目的参与者，了解并

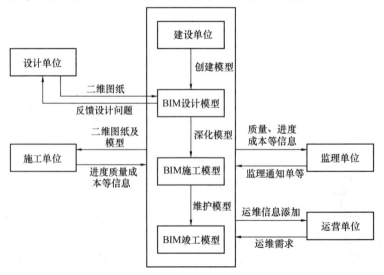

图 4.3.1-1　建设单位主导的实施模式

掌握项目从策划、设计、招标、施工、运营等各方面的信息，并且最终有利于项目运营期的高效运转。该模式的缺点是前期团队组建困难、软硬件购置成本高，对建设单位的经济、技术实力具有较高的要求，管理难度大。

4.3.2 咨询单位主导的实施模式

BIM 咨询单位的工作主要围绕具体编制工作和审核工作展开，BIM 咨询单位根据需要帮助建设企业自身目前不能完成的各类具体 BIM 任务，将实施工程中的 BIM 应用进行优化，提供性价比最高的服务。

咨询辅助模式，也是目前应用较为常见的一种模式，业主方分别同设计单位、BIM 咨询单位签订双务有偿合同，先由设计单位进行传统的二维图纸设计，而后交由 BIM 咨询单位进行三维建模，并开展一系列的功能应用分析，并将检测结果及时反馈给二维设计单位作设计修改，以减少后期因设计不良造成的工程变更和工程事故。同时，在施工阶段，BIM 咨询单位同施工、设备安装等单位进行协同合作，运用 BIM 信息平台进行各方信息的互用和交流。

通过引入咨询单位，为项目提供全过程的 BIM 设计、施工、运营管理服务，如实现设计精细化建模，解决设计过程中的差错漏碰等问题，以减少其造成的成本浪费，如图 4.3.2-1 所示。

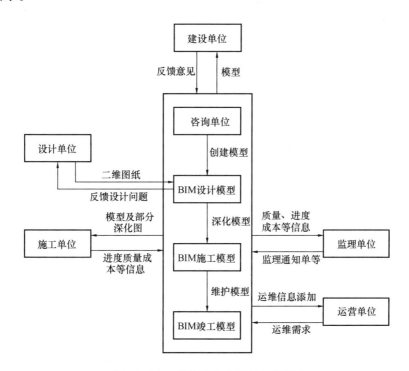

图 4.3.2-1 咨询单位主导的实施模式

这种模式需要建设单位择优选择较高专业水准的咨询单位，此模式的优势在于 BIM 咨询单位属于第三方，是较为独立的主体，因此 BIM 实施目标相对更为明确，立场较为中立，可以基于项目角度综合考虑，BIM 实施内容更容易覆盖项目的多个阶段。同时

BIM 咨询单位招标竞争较激烈，有利于合理化中标价。此模式的劣势是 BIM 咨询单位属于相对独立的一方，在实施过程中需要和各方深度配合，有些情况在特定领域较难完全融入项目各参与单位之间，从而影响实施进度或质量。这需要咨询服务委托方（建设单位）配合做好各方协调工作，保障 BIM 实施落地。

4.3.3 设计单位主导的实施模式

根据建筑工程项目应用需求及与建设单位合同中的 BIM 技术的相关约定，设计单位负责进行模型创建及模型信息维护，同时对之后的工程项目的各参与单位进行 BIM 技术指导，依靠 BIM 设计模型进行相关设计阶段的 BIM 应用，并根据应用情况对 BIM 设计模型进行维护修改，形成完善的 BIM 设计模型。

以设计单位为主导开展基于全项目全专业 BIM 设计，并进行 BIM 交付为主，从设计源头建立全项目 BIM 模型，通过方案设计、初步设计、施工图设计等不同阶段的 BIM 模型，实现多方案比选、参数化建模、二维出图、精确算量等功能，最终达到精细化设计、施工的目标。

在这种以设计单位为主导的 BIM 应用模式当中，BIM 信息传递是以设计单位为起点，各参建单位根据预先规划设定 BIM 信息共享权限，分别在自身工作范围内结合自身工作业务需求，从 BIM 数据库中获取所需的相关工程信息并将相关工程信息反馈回 BIM 模型便于 BIM 信息储存、管理、传导。由设计单位主导 BIM 技术应用在一定程度上加速推动 BIM 应用的发展，但是，目前大多数的设计单位还不具备直接进行三维设计的条件，主要是将二维图纸转换为三维模型，或者将二维翻模工作转包给其他单位，这样的建模方式有违于 BIM 设计理念。除非特殊要求，设计单位一般不会主动将 BIM 应用推广到整个项目过程，使得 BIM 技术在施工、运营阶段应用十分微弱（图 4.3.3-1）。

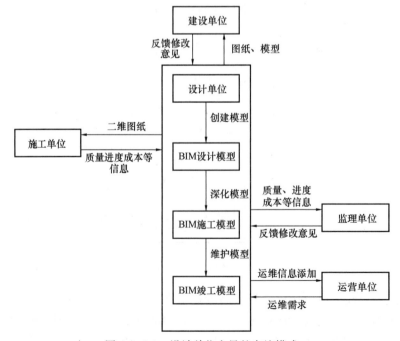

图 4.3.3-1 设计单位主导的实施模式

在这种模式下，优势是 BIM 咨询和设计均由一家公司完成，建设单位合同关系简单，合同管理较容易，组织协调工作量小，初期实施难度较低；缺点是对设计单位 BIM 技术要求较高，供建设单位择优选择的设计单位的范围较小，要求设计方需要有一定的施工经验来满足 BIM 实施成果的延伸性。此种模式下，BIM 模型服务阶段单一，不利于发挥 BIM 技术在工程项目全生命周期中的数据集成优势。

4.3.4 施工单位主导的实施模式

以施工单位为主导方开展 BIM 应用，其实质是施工单位根据自身应用或者建设单位要求，在自身工作范围内，建立 BIM 施工模型并对其进行数据维护。这里的 BIM 施工模型可以是施工单位根据设计单位提供的二维图纸结合自身需求独立创建，也可以是依据设计单位所提供的 BIM 设计模型进一步深化所得。施工单位根据工程项目实际情况和自身业务需求开展相应的 BIM 应用。随着施工阶段的不断深化，利用 BIM 技术不断整合施工阶段各 BIM 应用反馈相关数据信息，在施工单位完成建造过程时，建立 BIM 竣工模型。

施工单位利用 BIM 技术模拟实现在施工前对施工整个过程进行模拟，分析不同资源配置对工期的影响，综合成本、工期、材料等得出最优的建筑施工方案，从而减少因建筑过程中的错误造成的成本浪费。从应用价值来看，施工团队不应该简单地纠结于是否应用 BIM，而应该定义详细的应用范围、应用深度。施工团队在规划 BIM 应用时，应该有选择地确定 BIM 应用领域，并遵循"最大化效益，最小化成本和由此带来的影响"这一基本原则来制定详细计划（图 4.3.4-1）。

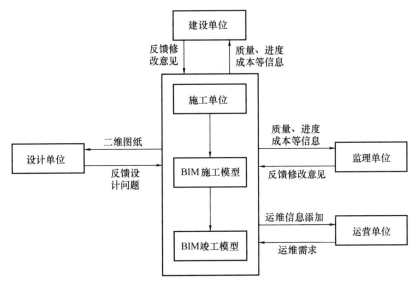

图 4.3.4-1 施工单位主导的实施模式

在施工单位主导模式下，施工单位多是出于自身业务需要开展 BIM 技术应用，因此，BIM 技术应用主要侧重项目施工阶段，关于整体设计方案优化的 BIM 咨询内容便来不及考虑，同时在工程施工阶段结束后，并不能继续发挥 BIM 模型后期应用价值。从全生命周期角度来看，此种模式 BIM 模型服务阶段单一，不利于发挥 BIM 技术在工程项目全生命周期中的数据集成优势。

每个项目可根据自身特点选择合适的实施模式。确定实施模式，才能确定组织架构，才能进行下一步的应用流程制定，本节重点介绍以咨询单位为主的 BIM 实施模式。

4.4　BIM 实施流程

明确组织管理的实施模式，定义各参与单位的组织关系，梳理应用逻辑，即确定 BIM 实施流程。BIM 实施流程需要与当前铁路建设流程保持一致，针对 BIM 实施主体的不同，选定符合项目要求的 BIM 实施流程。由于目前建设单位管理资源有限，咨询单位实施模式是参与单位最多、最复杂的模式，咨询单位的相应职责可合并到相应主导实施单位中。以下针对咨询单位辅助业主进行 BIM 管理工作的模式，做总体实施流程与分项流程详细说明。

4.4.1　总体流程

BIM 技术的总体实施流程贯穿于预可研到运维阶段，涉及各个参与单位。在预可研、可研阶段，由咨询单位制定整体的策划方案，其余单位制定相应的实施细则。根据各自的实施细则进行相应的工作计划和应用内容，完成可研、设计、施工、运维一体化管理。

BIM 实施总体流程如图 4.4.1-1 所示。

4.4.2　分项流程

总体流程描述整个项目中所有应用之间的顺序以及相应的信息输出情况，分项流程则进一步安排每个应用中的活动顺序，定义输入与输出的信息模块。

1. 预可研、可研阶段 BIM 实施流程

在预可研、可研阶段，BIM 咨询单位接收建设单位提供的资料并完成调研工作，制定 BIM 整体策划及实施方案，交付建设单位审核通过后，由设计单位完成前期方案阶段 BIM 成果，成果完成后交由咨询单位审核，审核通过后提交建设单位。

预可研、可研阶段 BIM 实施流程如图 4.4.2-1 所示。

2. 设计阶段 BIM 实施流程

项目启动后，由 BIM 咨询单位确定本阶段 BIM 建模标准及交付标准，由设计单位完成设计模型及图纸，咨询单位基于标准完成模型审查并提交设计单位模型审查报告，直至施工图模型及图纸完成。

设计阶段 BIM 实施流程如图 4.4.2-2 所示。

3. 施工阶段 BIM 实施流程

施工阶段在项目启动后，首先由 BIM 咨询单位确定施工阶段 BIM 建模及交付标准，施工单位依据标准，基于设计成果完成深化设计和其他施工模型建立。咨询单位针对施工成果进行审查，并提交模型审查报告，辅助施工单位完成符合要求的 BIM 模型。在施工单位成果提交符合要求的 BIM 模型后，进一步结合施工组织计划，基于 BIM 模型完成施工模拟等工作，在这个过程中，监理单位可结合 BIM 模型完成关于施工流程和施工工艺的审查工作，指导施工单位提交竣工模型。

施工阶段 BIM 实施流程如图 4.4.2-3 所示。

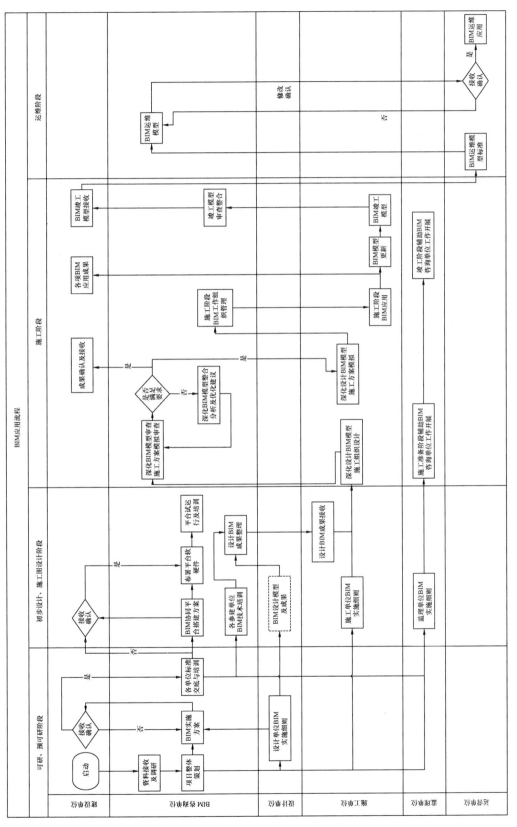

图 4.4.1-1 BIM 实施总体流程图

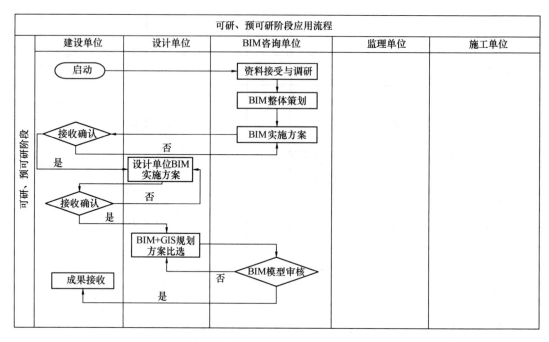

图 4.4.2-1　预可研、可研阶段 BIM 实施流程图

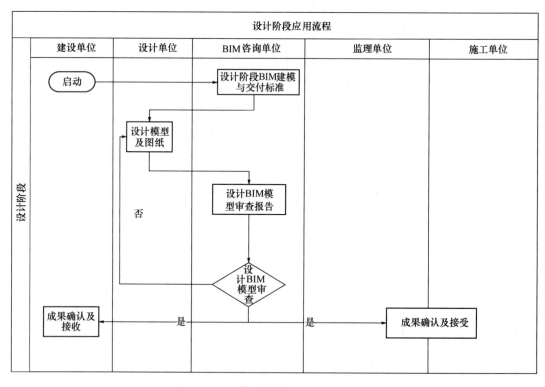

图 4.4.2-2　设计阶段 BIM 实施流程图

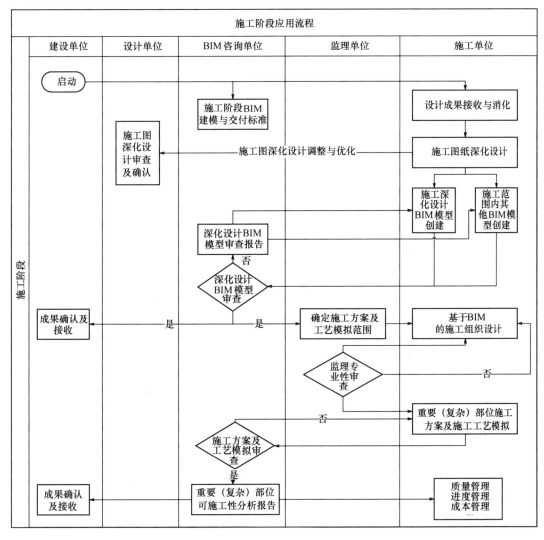

图 4.4.2-3　施工阶段 BIM 实施流程图

4. 运维阶段 BIM 实施流程

运维阶段在启动后，首先确定运维模型交付标准，由 BIM 咨询单位基于该标准在竣工模型基础上完成信息维护，最终提交给运营单位和建设单位进行审核，审核通过后由运营单位进行后续运维工作。

运维阶段 BIM 实施流程如图 4.4.2-4 所示。

从上述 BIM 实施流程图中不难看出，各参与单位之间的交接工作量巨大，交接的成果的形式也多样（例如模型、视频、文档等）。这在交接的同时，就有一个信息交换的过程，定义好信息交换，能提高整个项目的工作效率。

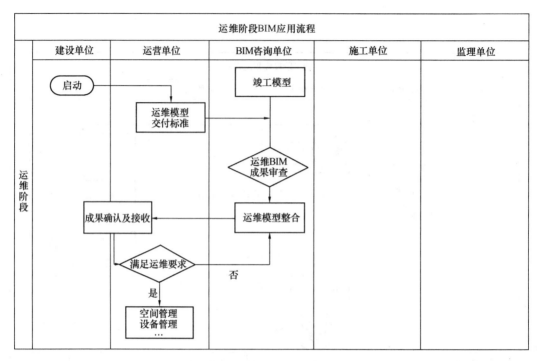

图 4.4.2-4　运维阶段 BIM 实施流程图

4.5　BIM 信息交换

让各实施单位（特别是信息创建方和信息接收方）了解信息交换内容，这对于 BIM 实施至关重要。应采用规范的方式，在项目的初期定义信息交换的内容和细度要求。下游 BIM 实施受上游 BIM 实施产生信息的影响，如果下游需要的信息在上游没有创建，则必须在本阶段补充。每个项目可以定义一张总的信息交换定义表，也可以根据需求按照责任方或分项 BIM 拆分成若干个，但应该保证各项信息交换需求的完整性、准确性。把这些不同项目参与单位和项目阶段联系起来的是基于建筑业法律法规和合同体系建立起来的业务流程，支持完成业务流程或业务活动的是各相关专业应用软件，连接不同业务流程之间和一个业务流程内不同任务或活动之间纽带的则是信息。

首先根据美国标准和技术研究院（National Institute of Standards and Technology，NIST）的研究，对建设项目的信息将从形式和格式两个维度进行如下分类。

4.5.1　信息交换形式

1. 非结构化形式（Unstructured Form）

非结构化形式信息的特点就是解释信息内容或者检查信息质量的唯一途径就是靠人工阅读，电脑没有办法自动理解和处理。目前以电子形式创建和管理的建设项目信息比例越来越大，包括合同、备忘录、成本预算、采购订单、图纸、校审记录、设计变更、施工计划等，这类信息大部分都没有一个正式的结构。虽然非结构化形式的信息也可以在多个软件产品之间兼容，但是从理论上来说，这类非结构化信息无法被机器真正地解释，信息的接收方必须安排人力来解释这些数据。

2. 结构化形式（Structured Form）

有些软件特别是 BIM 建模工具，创建结构化形式的信息，这类信息电脑可以直接解释。这个就是所谓 BIM 信息可计算性的意义。结构化形式信息的好处是可以提高生产效率、减少错误，我们可以直接使用电脑工具对这类信息进行管理、使用和检查。

如果我们的目标是在每一次信息提交给其他人员做进一步应用时消除接收方处理和解释信息的成本的话，那么就必须使用结构化信息。结构化信息是实现高度设计优化、供应链效率提高、下游运营维护应用不需要额外成本就能够使用设计施工过程收集的信息的关键。

4.5.2 信息交换格式

1. 专用格式（Proprietary Format）

由某个特定软件定义和拥有的数据格式就是一种专用格式，大部分软件使用专用格式信息。因为是某个软件的专用格式，因此任何时候软件厂商可以自行修改这个格式，如果这件事情发生，那么以原来格式存档的数据在新版本的软件中就不能使用。同时，软件厂商也可以停止输出某类数据格式软件的商业运作，这些情况都会引起相应专用数据格式的无法使用。

专用格式信息既可以是结构化形式也可以是非结构化形式的信息，例如 BIM 建模软件创建的就是专用格式的结构化形式信息。在同一个软件厂商的不同产品之间，专用格式的信息交换最快、最容易，也最可靠。使用专用格式支持设计、施工阶段发生的反复多次的数据交换是一种合适的选择，尤其是当这种信息交换需要双向进行的时候。

2. 标准格式（Standard Format）

标准格式有两类：一类叫"事实标准——Defact Standrds"，另一类称之为"法律标准——De jure Standards"。标准格式对于需要长期存档的任何数据来说都应该是首选的。

1）事实标准格式

事实标准是指由一个软件厂商研制并公开发行，然后取得其他厂商和产品支持的标准。其中一个最典型的事实标准例子就是 DXF，自从这个格式公布以后，任何人都可以编写软件访问用此格式存储的信息，任何用户机构都可以保证他们的信息可以被重新读取。

但 Autodesk 公司已经决定不再扩展 DXF 格式以包含其完整的产品数据结构，可以预计，读写 DXF 的商业软件将越来越少，而且 DXF 格式也不会扩展到 BIM 对象。

2）法律标准格式

法律标准是指由标准研发组织，例如国际标准化组织 ISO（International Organization for Standardization）、国际信息互用联盟 IAI（International Alliance for Interoperability）、开放地理空间协会 OGC（Open Geospatial Consortium）等维护的标准。

法律标准格式信息除了具备使用寿命长的优势以外，其依靠共识和投票的研发过程通常考虑众多机构的信息使用需求，因此法律标准格式具有更强的适应性和可用性，同时其特殊的研发过程也保证更多的机构有兴趣来使用这类标准。这样，一个软件厂商的单方面决定不会停止对这类标准的支持和扩展。法律标准的不足之处是共识研发过程的速度太慢，这已经成为 BIM 标准的一个特别问题。

上述不同形式和格式的信息在使用过程中，其格式决定信息可以保存、传递、使用的寿命，一般来说，标准格式比专用格式的寿命长；形式决定信息可重复利用的能力，当然结构化形式比非结构化形式的信息可重复利用的能力要强。

4.5.3　信息交换流程

BIM 信息交换流程确定了项目参与单位之间的信息交换行为，本阶段的重要任务是要为每一个信息交换的创建方和接收方确定项目交换的内容，主要工作流程如下。

1）定义 BIM 总体流程图中的每一个信息交换：两个参与单位之间的信息交换必须定义，使得所有参与单位都清楚随着建设项目工期的进展相应的 BIM 交付成果是什么。

2）选择模型元素分解结构（Model Element Breakdown Structure）：使得信息交换内容的定义标准化。

3）确定每一个信息交换的输入、输出信息要求：由模型接收者定义模型的文件类型，模型精度等。

4）确定需要创建的信息责任方：信息交换的每一个内容都必须确定负责创建的责任方，一般来说，信息创建方应该是信息交换时间点内最容易访问信息的项目参与单位。潜在责任方有设计师、承包商、设备供货商等。

5）比较输入和输出的内容：信息交换内容确定以后，项目团队对于输出信息（创建的信息）和输入信息（需求的信息）不一致的元素需要进行专门讨论，有以下两种可能的解决方案。

（1）输出方改变：改变输出信息精度，包括输入需要的信息。

（2）输入方改变：改变责任方，规定缺少的信息由实施该 BIM 应用的责任方自行创建。

4.5.4　BIM 信息交换标准

BIM 的建筑信息交换标准，目前主流公认的是国际性 BIM 标准的 IFC 标准、IFD 标准和 IDM 标准，此标准也是铁路工程 BIM 实施的依据，详见第 2 章，以下结合信息交换做详细介绍：

1. IFC 标准

Industry Foundation Classes（IFC），IFC 数据模型是一个公开标准，由 building SMART 开发用来帮助工程建设行业数据互用的基于数据模型面向对象的文件格式。IFC 标准是一个计算机可以处理的建筑数据表示和交换标准，用于建筑物整个生命周期内各方面的信息表达与交换的国际标准，BIM 软件可以基于 IFC 进行数据交换和共享。IFC 是一种开放性数据格式，作为信息的交换以及共享、使用于整个营建管理上，由该标准定义的门、窗、墙、灯具、家具等实质对象，以及空间、结构等一些抽象概念，以对象数据库的方式来处理数据内容，让所有参与单位在各阶段使用不同软件产生出的数据，能够相互流通、应用与整合。

2. IDM 标准

IDM，即信息交付手册，它用于定义需要交互什么数据。由上面的描述我们可知，IFC 可以（或者更准确地说 IFC 的目标是）满足工程建设行业所有项目类型、所有项目参与单位、所有软件产品的信息交换，是整个工程建设行业进行所有设施设计、施工、运营所需要的信息总成，而真正的信息交换是针对某个具体项目中的某一个或几个工作流程、某一个或几个项目参与单位、某一个或几个应用软件之间来进行的，既不需要也不可能每一个信息交换都把整个 IFC 所有的内容都搬出来，那么在每一个类似这样的信息交换动作，究竟需要 IFC 里面的哪些内容？这就是 IDM 要完成的事情。故，从事某一个具体项目，或某个具体工作的参与单位，则以 IDM 来定义各自工作所需要的信息交换内容，然后利用 IFC 标准格式来进行交换。

3. IFD 标准

International Framework for Dictionaries（IFD），也就是"国际字典框架"，它的作用是确定所交换的数据信息和你要的数据信息是同一个东西。由于全球的自然语言具有多样性和多义性，所以为了确保不同国家、地区、语言和文化背景的信息提供者，与信息的用户之间，对同样一个信息有完全一致的解读，我们需要一个大家都共同认可的数据标准，即 IFD。IFD 的作用是赋予 IFC 里面每一个信息一个唯一的标识码 GUID，这样可以使得 IFC 里面的每一个信息都有一个唯一的表示与之相连，这样的好处就是无论在什么背景情况下，只要 IFD 编码一样，所代表的信息就是一致的。因此，IFD 标准是 IFC 标准和 IDM 标准中最基础、最核心的单元（图 4.5.4-1）。

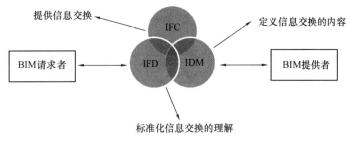

图 4.5.4-1　IFC/IDM/IFD 三者关系图

从 BIM 实施模式、实施流程到信息交互，基本是一套完整的组织工具。而完成 BIM 的实施目标，除了组织工具，还需要相应的资源配备和保障措施。

4.6　BIM 资源配置

实现项目 BIM 目标，提供合理化的资源配置，显得尤为重要。资源配置的范围包括实施软硬件配置、人员配置等内容，以下分别介绍项目 BIM 软件配置、项目 BIM 硬件配置和人员配置。

4.6.1　项目 BIM 软件配置

铁路工程 BIM 应用涉及的专业多，专业接口复杂，与地形地质关系密切，由于不同建模软件的格式不兼容，中间转换格式易丢失数据信息，一般情况会以一个公司的产品为主来进行应用。在项目策划阶段，需要针对 BIM 应用点进行软件配比，并完成软件配置表，以某铁路项目为例，拟选用的软件配置表如表 4.6.1-1 所示。

软件配置样表　　　　　　　　　　　　　　　　　　　表 4.6.1-1

类型	公司	软件产品	主要用途
BIM 建模软件	Bentley	OpenRail Designer	线路建模
	Bentley	AECOsim Building Designer	车站建模
	Bentley	OpenBridge Designer	桥梁建模
	Bentley	gINT Civil Tool	地质建模
	Bentley	Substation	变电建模
	Bentley	Raceway and Cable Management	通信建模
	Bentley	Promise for Signer	信号建模
展示类软件	Bentley	LumenRT	动画展示
办公软件	Microsoft	Office	文字处理、表格制作、幻灯片制作、简单数据库的处理等
	Adobe	Adobe Acrobat	阅读和编辑 PDF 格式文档
协同平台	自主开发	铁路工程 BIM 协同管理平台	设计、施工全过程协同管理

4.6.2　项目 BIM 硬件配置

铁路工程 BIM 工作的实施需要配置足够的服务器、建模、展示和移动应用需求，硬件配置主要考虑与软件的匹配性，从能满足市场上主流的 BIM 软件应用考虑，铁路工程项目硬件配置包括以下几个部分，本节基于某铁路工程项目，列举详细配置方案，如表 4.6.2-1 所示。

某项目硬件配置方案　　　　　　　　　　　　　　　　　　表 4.6.2-1

硬件名称	数量（台）	型号	配置
设计服务器	4	HP DL380	详细配置如下
应用服务器	4	HP DL580	详细配置如下
存储设备	1	NETAPP	详细配置如下
BIM 图形工作站	8	DELL XPS8920-R19N8	详细配置如下
BIM 移动工作站	2	ThinkPad P60s	详细配置如下
个人移动终端	10	Apple iPad	详细配置如下

1. 应用/设计服务器

应用服务器参考配置为惠普（HP）DL580 机架式服务器主机，用于平台架设、协同设计等。具体配置如表 4.6.2-2 所示。

BIM 应用服务器配置表　　　　　　　　　　　　　　　　表 4.6.2-2

主要配件	具体参数
操作系统	Windows Server 2016 64 位（根据具体 CPU 核心数授权）

续表

主要配件	具体参数
CPU 类型	Intel Xeon 8 核心 CPU 或更高
内存	256GB ECC 内存
显卡	Navidia Tesla M60 显卡
硬盘	2TB 以上 使用 SSD Raid（推荐 Raid 10）作为本地存储，或使用 IPSAN 设备 I/O 块≤16KB，队列深度 32 时，随机 IOPS≥70000，延迟时间≤1ms
网卡	10Gbps 链接万兆交换机
软件	MS SQL Server 2016 标准版 4 核心以上不限用户连接数

2. 图形工作站

图形工作站参考配置为戴尔（DELL）XPS8920-R19N8 台式电脑整机，用于模型创建、浏览与 BIM 应用操作。具体配置如表 4.6.2-3 所示。

BIM 图形工作站配置表 表 4.6.2-3

主要配件	具体参数
操作系统	Windows7 Professional x64 版本或更高版本
CPU 类型	i7-7700
内存	16GB
显卡	GTX1060 6G 独显
USB 接口	6 个 USB3.0
硬盘	256G 固态硬盘＋2TB 磁盘
其他配件	带滚轮的双键光电鼠标
屏幕大小	24 寸显示器
远程管理	能够实现 USB 端口的有效管理；可以及时更新操作系统；安全补丁及业务系统的安装及升级；能够提供完善的报表和系统日志

3. 移动工作站配置

移动工作站为项目各参建单位自用，用于模型浏览、修改及现场协调会等，具体配置如表 4.6.2-4 所示。

BIM 移动工作站配置表 表 4.6.2-4

主要配件	具体参数
CPU 类型	酷睿 i7-4900MQ
内存	16GB DDR3 1600MHzSDRAM 内存
显卡	2GB 独立显存
USB 接口	4 个 USB3.0
硬盘	512G
屏幕大小	17.3 LED
远程管理	能够实现 USB 端口的有效管理；可以及时更新操作系统；安全补丁及业务系统的安装及升级；能够提供完善的报表和系统日志

4. 个人移动终端配置

个人移动终端参考配置为平板电脑，主要用于轻量化模型浏览及现场应用。具体配置如表 4.6.2-5 所示。

BIM 个人移动终端配置表

表 4.6.2-5

主要设备	具体参数
系统	IOS9，Android8.0 版本或更高版本
CPU	四核 CPU、主频 2.0GHz
运行内存	2GB
存储空间	128GB
屏幕	9.7 英寸；屏幕分辨率：2048X1536 屏幕描述：电容式触摸屏，多点式触摸屏；指取设备：触摸屏
网络连接	WLAN 版
电池	电池类型：聚合物锂电池 续航能力：不小于 8h

4.6.3　BIM 人员配置

铁路工程涉及专业较多，协调工作量较大，建议可以分为 BIM 管理人员和 BIM 技术应用人员。按其规模大小、难易程度、应用深度可适当增加项目人员。下图为某铁路项目的各单位人员配置。

建设单位的组织架构相对复杂，相应的管理部门也比较多。因此，配备基本以 BIM 管理人员为主。由 BIM 项目负责人及 BIM 技术负责人和各部门组成 BIM 管理团队，对设计、咨询、施工、监理、运维单位 BIM 负责人进行统一管理。其人员架构如图 4.6.3-1。

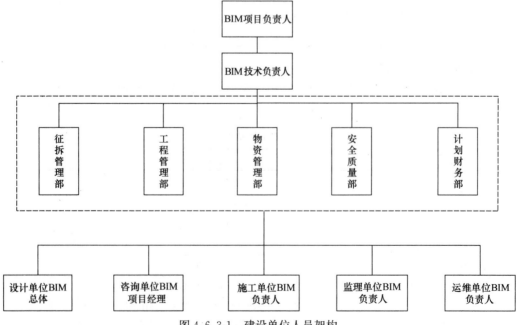

图 4.6.3-1　建设单位人员架构

咨询单位在 BIM 实施中既要辅助业主对设计、施工、监理单位进行 BIM 管理工作，还要解决设计、施工、监理单位在 BIM 实施过程中存在的问题，因此匹配工作量所需人员也需要多一些。其人员架构如图 4.6.3-2。

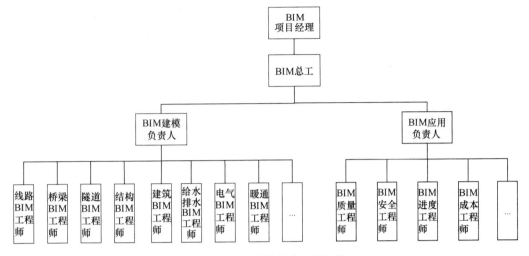

图 4.6.3-2 咨询单位人员架构

设计单位主要是完成设计阶段的 BIM 应用，它要求配备各专业的设计人员。同时，设计单位还要根据内部质量管理体系，完成内部的专审和院审，出具合格的设计模型及报告等。其人员架构如图 4.6.3-3 所示。

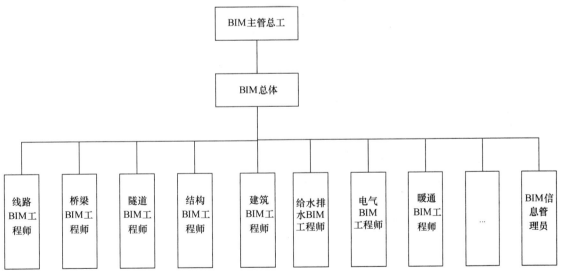

图 4.6.3-3 设计单位人员架构

在施工阶段，施工单位主要是利用 BIM 技术对工程质量、成本、材料等方面进行动态管理和对比分析，需要工程部、机电部、预算部等部门在 BIM 项目负责人（一般是项目经理兼任）领导下组成 BIM 实施团队。其人员架构如图 4.6.3-4 所示。

从以上架构可以看出，无论是哪个参建单位，都需要设定 BIM 项目负责人作为整体

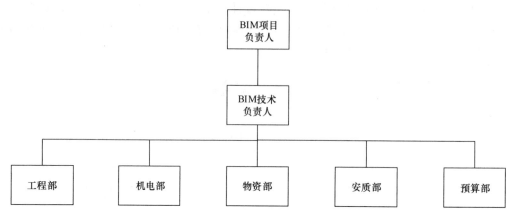

图 4.6.3-4　施工单位人员架构

统筹管理。铁路涉及专业/部门多，因此每个专业或部门都需要设置专业/部门 BIM 实施人员。当然，每个项目都有自身的建设特点和管理需求，可根据具体情况选定合理的人员配备架构。

4.7　BIM 实施保障措施

如果说资源配置是 BIM 项目成功的"硬保障"，那么相应的实施保障措施就是 BIM 项目的"软保障"，两者将资源与过程结合，根据项目特点选用若干体系要素加以组合，共同保障 BIM 项目的顺利实施，保障措施，以过程管理方法进行的系统管理，涵盖了全过程的策划、实施、监控、纠正与改进活动的要求。

4.7.1　建立系统运行保障体系

建立系统运行保障体系主要包括组建系统人员配置、编制 BIM 系统运行工作计划、建立系统运行例会制度和建立系统运行检查机制等方面。保障 BIM 项目在整个实施阶段中能够高效准确运行，以实现项目目标。

1. 组建系统人员配置保障体系

根据项目 BIM 人员配置，将实施人员按组分工，各司其职。为确保保障体系有效地服务于 BIM 实施工作，分别组建 BIM 系统领导小组和 BIM 系统执行小组。BIM 系统执行小组依据项目要求完成整个项目的 BIM 具体实施工作，BIM 系统领导小组负责决策项目实施中出现的问题，协调各专业工作；其次，根据确定的 BIM 实施模式，参考 BIM 实施专业，设置各单位对接人员，提供项目现场实际情况信息，保证 BIM 实施无误；同时，除 BIM 系统执行小组成员外，各单位还应选派固定的专业人员参与到 BIM 工作中，在因故需要更换执行人员时，保证工作交接顺利。

2. 编制 BIM 系统运行工作计划

编制 BIM 系统运行工作计划主要分为项目总计划和各专业分项计划。总计划应依据项目 BIM 实施要求和工期安排，编制 BIM 应用计划，经审核无误后，正式开展 BIM 工作；分项计划应充分结合各专业特点，将 BIM 应用于不同专业的工作中，比如针对各专业编制的碰撞检测计划，需要检测修改后重新提交计划。同时，需要建立系统运行过程中文档交互准则，确定文件夹结构、格式、权限、命名规则等问题，统一 BIM 项目实施过程中产生的文件，便于归档、查询。

3. 建立系统运行例会制度

每周组织各参建单位进行 BIM 相关工作的汇报交流并做好会议记录，会上各参建单位就现阶段 BIM 相关工作的进展情况及所遇到的问题进行汇报与交流，以便于各参建单位了解项目 BIM 实施情况，及时解决各参建单位在 BIM 实施过程中所遇到的难题；同时，积极组织和督促各参建单位相关模型的创建与 BIM 成果的提交，制定下一步工作计划，提高各参建单位 BIM 工作效率与质量。

4. 建立系统运行检查机制

在 BIM 项目的实施过程中，设定检查周期，了解 BIM 系统执行的真实情况、过程控制情况和变更修改情况，对各参建单位使用的 BIM 模型和软件进行有效性检查，确保模型和工作同步进行。

4.7.2 建立模型维护与应用保障体系

模型维护与应用保障体系的建立工作主要包括建立模型应用机制、确定模型应用计划和实施全过程规划等方面，保障模型从创建到应用全过程的信息无损化传递。

1. 建立模型维护与应用机制

模型是 BIM 项目实施的基础，在项目实施过程中，需要结合实际情况更新和深化 BIM 模型，实现"图模合一，模实合一"，并按要求提交 BIM 应用成果：管线碰撞报告、进度模拟情况、二维出图、材料明细表等，同时，还应提交真实的构件、设备信息，确保后续阶段可以充分利用 BIM 成果，使 BIM 效益最大化。

2. 确定 BIM 模型应用计划

根据施工进度和深化设计及时更新和集成 BIM 模型，指导后续施工，对设计成果和施工情况进行分析，一旦发现错、漏、碰、撞等情况，需要提供详细报告，并形成相应的解决方案，及时协调解决问题。同时，可将管理平台与 BIM 模型结合，实现管理施工现场，确保项目信息有效传递。

3. 实施全过程规划

BIM 实施应贯穿于项目全生命周期，为了保证 BIM 应用效果，需要对实施过程进行规划。首先，要确定项目实施流程，确保各项任务按计划顺利进行；其次，确保各单位成员明确各自相应的任务和要求；最后，要对整个项目实施时间进度进行规划，在此基础上进一步确定每个阶段的时间进度，以保障项目按期完成。

4.8 BIM 成果交付

在策划阶段，需要明确 BIM 成果交付内容，同时此部分也是实施合同的重要组成部分，BIM 应用的交付成果包括模型及相关文档。其中模型包括具有符合要求的几何信息和非几何信息，文档包括从策划阶段到竣工验收规定的全部过程资料。铁路工程各阶段交付成果清单如表 4.8-1 所示，内容详见各章节成果交付。

各阶段交付成果清单

表 4.8-1

阶段		服务内容		预期成果	成果格式说明
BIM实施策划阶段	1.1	成立项目管理部	1.1.1	项目部组织架构表	doc/pdf
			1.1.2	项目成员联系单	doc/pdf
	1.2	制定 BIM 实施计划	1.2.1	BIM 方案实施计划书 申请业主审批意见书	doc/pdf
	1.3	软硬件部署	1.3.1	设备清单	doc/pdf
			1.3.2	软件清单及教程	doc/pdf
			1.3.3	其他相关资料	—
	1.4	项目启动会	1.4.1	会议纪要	doc/pdf
可研、预可研阶段	2.1	线路分析	2.1.1	依据场地状况进行三维建模周边地形地貌、建筑环境建模等，直观表示场景要素，并导出动画	dgn/rvt /nwd /mp4
	2.2	方案比选	2.2.1	方案比选报告	doc
			2.2.2	最终方案模型	doc
初步设计、施工图设计阶段	3.1	环境调查资料检查	3.1.1	三维环境 BIM 模型	dgn/rvt/nwd
			3.1.2	检查分析报告	
			3.1.3	最终检查结果	doc/pdf
			3.1.4	调整意见	
	3.2	设计阶段初步设计 BIM 模型	3.2.1	轨道 BIM 模型	dgn/rvt/nwd
			3.2.2	路基 BIM 模型	dgn/rvt/nwd
			3.2.3	桥涵 BIM 模型	dgn/rvt/nwd
			3.2.4	隧道 BIM 模型	dgn/rvt/nwd
			3.2.5	站场 BIM 模型	dgn/rvt/nwd
			3.2.6	四电 BIM 模型	dgn/rvt/nwd
			3.2.7	站房 BIM 模型	dgn/rvt/nwd
			3.2.8	总装 BIM 模型	dgn/rvt/nwd
	3.3	性能化分析	3.3.1	性能化分析报告	doc
	3.4	设计阶段施工图 BIM 模型	3.4.1	轨道 BIM 模型	dgn/rvt/nwd
			3.4.2	路基 BIM 模型	dgn/rvt/nwd
			3.4.3	桥涵 BIM 模型	dgn/rvt/nwd
			3.4.4	隧道 BIM 模型	dgn/rvt/nwd
			3.4.5	站场 BIM 模型	dgn/rvt/nwd
			3.4.6	四电 BIM 模型	dgn/rvt/nwd
			3.4.7	站房 BIM 模型	dgn/rvt/nwd
			3.4.8	总装 BIM 模型	dgn/rvt/nwd
	3.5	设计审查	3.5.1	设计检查报告	doc
	3.6	三维管线综合	3.6.1	管综优化报告	doc

续表

阶段		服务内容		预期成果	成果格式说明
施工准备阶段	4.1	模型深化及综合优化	4.1.1	轨道 BIM 模型	dgn/rvt/nwd
			4.1.2	路基 BIM 模型	dgn/rvt/nwd
			4.1.3	桥涵 BIM 模型	dgn/rvt/nwd
			4.1.4	隧道 BIM 模型	dgn/rvt/nwd
			4.1.5	站场 BIM 模型	dgn/rvt/nwd
			4.1.6	四电 BIM 模型	dgn/rvt/nwd
			4.1.7	站房 BIM 模型	dgn/rvt/nwd
			4.1.8	总装 BIM 模型	dgn/rvt/nwd
			4.1.9	模型优化报告	doc
	4.2	碰撞检查及管线综合	4.2.1	净空检查报告	doc
			4.2.2	碰撞检查报告	doc
			4.2.3	消防疏散检查报告	doc
			4.2.4	无障碍通道检查报告	doc
			4.2.5	设备通道检查报告	doc
			4.2.6	装修效果模拟视频	mp4
			4.2.7	环境漫游视频	mp4
			4.2.8	三维管线综合分析报告	doc
			4.2.9	管线重新排布报告	doc
			4.2.10	运输路径检查模型	dgn/rvt/nwd
			4.2.11	运输路径视频等	mp4
			4.2.12	大型设备运输路径检查报告	doc
	4.3	三维动态工程筹划与指导	4.3.1	三维可视化指导模型	dgn/rvt/nwd
			4.3.2	室内精装 BIM 模型	dgn/rvt/nwd
			4.3.3	精装配合协调报告	doc
			4.3.4	设备安装 BIM 模型	dgn/rvt/nwd
			4.3.5	设备安装配合协调报告	doc
			4.3.6	计划进度模拟模型	dgn/rvt/nwd
			4.3.7	计划进度模拟动画	mp4

续表

阶段	服务内容		预期成果		成果格式说明
施工阶段	5.1	施工指导模型	5.1.1	轨道 BIM 模型	dgn/rvt/nwd
			5.1.2	路基 BIM 模型	dgn/rvt/nwd
			5.1.3	桥涵 BIM 模型	dgn/rvt/nwd
			5.1.4	隧道 BIM 模型	dgn/rvt/nwd
			5.1.5	站场 BIM 模型	dgn/rvt/nwd
			5.1.6	四电 BIM 模型	dgn/rvt/nwd
			5.1.7	站房 BIM 模型	dgn/rvt/nwd
			5.1.8	总装 BIM 模型	dgn/rvt/nwd
	5.2	关键工序模拟	5.2.1	关键工序模型	dgn/rvt/nwd
			5.2.2	工序模拟动画	mp4
	5.3	二维码物料管理	5.3.1	信息化物料跟踪管理系统	—
			5.3.2	二维码电子数据	jpg
			5.3.3	物料管理文档	doc
			5.3.4	物料清单	doc
	5.4	工程量统计与核对	5.4.1	工程量统计报告（包含物资清单，清单需按业主要求编制、建立）	xls/doc
			5.4.2	工程量核对报告（包含物资清单，清单需按业主要求编制、建立）	xls/doc
	5.5	现场管理应用	5.5.1	管理文档	xls/doc
			5.5.2	实际进度模型	dgn/rvt/nwd
			5.5.3	实际进度与计划进度对比视频	mp4
			5.5.4	实际进度与计划进度对比文档	xls/doc/mmp
			5.5.5	分部分项质量管理文档	xls/doc
			5.5.6	安全管理文档	xls/doc
竣工及运维阶段	6.1	竣工模型移交	6.1.1	轨道 BIM 模型	dgn/rvt/nwd
			6.1.2	路基 BIM 模型	dgn/rvt/nwd
			6.1.3	桥涵 BIM 模型	dgn/rvt/nwd
			6.1.4	隧道 BIM 模型	dgn/rvt/nwd
			6.1.5	站场 BIM 模型	dgn/rvt/nwd
			6.1.6	四电 BIM 模型	dgn/rvt/nwd
			6.1.7	站房 BIM 模型	dgn/rvt/nwd
			6.1.8	总装 BIM 模型	dgn/rvt/nwd
	6.2	竣工结算及结算审计配合	6.2.1	竣工结算及结算审计配合报告（包含物资清单，清单需按业主要求编制、建立）	xls/doc
	6.3	运维阶段模型维护	6.3.1	运维模型数据维护	—
			6.3.2	资产信息编码（依据业主提供的资产编码标准录入）	—

第5章 铁路工程规划阶段 BIM 应用

在铁路工程建设规划阶段，需要按照相关规定，结合大量真实可靠的基础数据，对拟建项目进行研究，为项目决策提供科学依据，在铁路建设项目前期工作中有着重要的意义。本章主要介绍铁路工程建设规划的预可行性研究与可行性研究阶段的工作内容，并对 BIM 在这些阶段内的应用进行说明。

5.1 概述

一般我们将建筑全生命周期划分为四个阶段，即规划阶段、设计阶段、施工阶段、运营阶段。依据《中国铁路总公司铁路建设管理办法》（铁总建设〔2015〕78 号），我国铁路建设必须严格按照国家规定的建设程序执行，铁路工程项目必须按照立项决策、勘察设计、工程实施和竣工验收的基本程序组织建设，各阶段工作要达到规定的要求和深度。其中的立项决策阶段即为规划阶段，本阶段主要依据中长期铁路网和铁路建设规划，对拟建项目进行预可行性研究，编制项目建议书；根据批准的项目建议书，在初测基础上进行可行性研究，编制可行性研究报告。项目建议书和可行性研究报告按规定报批。

5.2 预可行性研究阶段 BIM 应用

5.2.1 预可行性研究阶段的主要工作内容

预可行性研究阶段主要是论证项目建设的必要性、可能性，需要完成预可行性研究文件（项目建议书）。预可行性研究文件是项目立项的依据，根据国家批准的铁路中长期规划，充分利用国家和行业资料，经社会、经济和运量调查，现场踏勘后编制。其内容和深度主要包括：客货运量预测，系统研究项目在路网及综合交通运输体系中的作用和对社会经济发展的作用，提出线路起讫点和线路建设与走向方案（改建铁路应对其运能与运量不相适应的薄弱环节拟定改建的初步方案，铁路枢纽应结合总图规划拟定研究年度的建设方案，铁路特大桥应结合线路方案初拟桥址方案和桥式方案）；提出铁路主要技术标准、各项主要技术设备设计原则的初步意见和主要工程内容；对相关工程、外部环境、土地利用、协作条件做初步分析；提出主要工程数量、建设工期、投资预估算及资金筹措设想；初步进行经济评价；从宏观上分析对自然和社会环境的影响；论证项目建设的必要性和可能性。

5.2.2 预可行性研究阶段 BIM 应用

在预可研阶段，主要通过应用 BIM+GIS 技术，结合调研得到的各项数据信息，如低分辨率数字高程模型、遥感影像图、电子地图、环境专题数据、土地利用图、线路通道周边等相关地理要素和城市人口、经济信息等数据，在 GIS 平台上建立数据模型，统一组织管理，进行预可行性研究分析。

地理信息系统（Geographic Information System，GIS）是一种特定的空间信息系统，能查询和分析建筑物所处的地理相关环境信息，对环境进行预测与模拟。BIM 注重项目本身"内环境"，GIS 则负责项目周围"外环境"，两者结合可以为工程设计、施工发挥更大的作用。与其他建筑物相比，铁路是一种线状结构，地理空间跨度大，在选线时利用三维 GIS 平台的三维模拟、最优路径分析、吸引区空间分析等功能，为线路起讫点、走向以及设站方案决策提供辅助技术。同时，将 BIM 模型导入 GIS 平台，可以模拟项目建设后对周边经济、环境的影响，为论证项目建设的必要性和可能性提供技术支持与直观的可视化展示。

5.3 可行性研究阶段 BIM 应用

5.3.1 可行性研究阶段的主要工作内容

可行性研究阶段主要是论证项目建设技术、经济的可行性，根据国家批准的铁路中长期规划或项目建议书，进行社会、经济和运量调查，综合考虑运输能力和运输质量，从技术、经济、环保、节能、土地利用等方面进行全面深入的论证，并出具可行性研究文件，作为项目决策的依据。其内容和深度主要包括：落实各研究年度的客货运量；解决铁路主要技术标准、线路方案、接轨点方案和主要技术设备的设计原则（改建铁路应解决改建方案、分期扩能方案、增建二线的第二线线位方案以及重大施工过渡方案，铁路枢纽应解决主要站段方案和规模、枢纽内线路方案及其铁路主要技术标准、重大施工过渡方案，铁路特大桥应解决桥址方案、初步拟定桥式方案）；提出建设及运营管理体制的建议；提出满足项目用地预审要求的土地利用资料；提出主要工程数量、主要设备概数、主要材料概数、拆迁概数、用地概数、施工组织方案、建设工期、投资估算、资金筹措方案；深入进行财务评价和国民经济评价；阐明对环境与水土保持的影响和防治的初步方案以及节约能源的措施，论证建设项目的可行性。

可行性研究的工程数量和投资估算要有较高的准确度，环境保护、水土保持和土地利用的设计工作，应达到规定的深度。

可行性研究阶段需要完成选址规划、社会稳定风险评估、土地预审、环境影响评估、水土保持方案评估、节能评估、地质灾害危险性评估、压占矿产资源评估、地震安全性评估、防洪影响评价、文物评估等前置性要件的审批。

5.3.2 测绘

1. 测绘的主要工作内容及简要流程

在铁路工程可行性研究阶段测绘的主要工作内容包括：平面控制测量、高程控制测量、导线测量、地形图测量、线路选线测量（控制横断面测量）、控制高程（净空）测量、重要建筑物（区域）边界测量、线路调查测量等内容。其中地形图一般为 1:2000 比例尺，沿规划线路中线左右侧 300~400m 呈带状，重要桥、隧、站房等工点及重大不良地质段根据专业需要选用 1:500~1:2000 比例尺。

可研阶段地形图测绘是测绘专业的主要工作内容之一。地形图测绘一般采用航测手段实施，包含测绘航空摄影、外控测量（基于 cors 站或平面高程控制网测量）、空三加密、恢复立体编制矢量地形图、外业调绘及内业编辑地形图、质量检查及成果提交等步骤；随着三维激光点云技术的发展，现在机载 Lidar 以及地面三维激光扫描仪逐渐开始应用在铁路地形图测绘中，可以直接获取具有三维坐标的点云数据，通过坐标转换、去噪、过滤以及分类提取不含构筑物及植被的地面点数据，为铁路工程提供地形数据。

2. BIM 在测绘专业的应用

在可行性研究阶段，测绘专业主要提供平面、高程及各种控制测量成果以及沿线带状地形图矢量文件，以应用三维 GIS 居多。随着 BIM 技术和三维 GIS 技术的发展，铁路工程测绘专业已不再局限于利用矢量地形图叠加各种专题数据进行二维平面设计的方式，基于虚拟地理环境的三维线路设计已成为铁路工程研究的方向。

基于虚拟地理环境的三维线路研究可从两个方面进行：一方面，将测绘生产的矢量地形数据或地形点云数据与正射影像图结合，生成反映现实地理环境的三维地形模型；另一方面，将收集到的规划资料、交通资料、接轨资料、重要构筑物分布资料、矿产分布资料、用地类资料、管线分布资料、军事设施资料、环保资料等专题数据进行处理，经过数字化、符号化、格式化转换以及坐标转化等整理过程，导入三维 GIS 平台统一组织管理。最终，结合 BIM 模型并利用三维图形显示、渲染以及虚拟现实技术将其在电子终端可视化呈现，对铁路方案研究进行全方位互动性的直观展示，并通过 GIS 的缓冲区分析、叠加分析等功能统计相关指标，对线路方案的合理性进行评判和优化。

首先，基于三维 GIS 平台的数字高程模型、遥感影像图数据，参考具体项目设计规范指标参数（如坡度、转弯半径、视距等），通过在三维场景中选择线路起点和终点，自动生成线路走廊带及可行性线路方案，初步限定一个合理范围（图 5.3.2-1）。

图 5.3.2-1 铁路沿线走廊带

然后，将 BIM 模型与高精度的数字高程模型、遥感影像图数据，并结合走廊带途经范围内的城市信息、不良地质、敏感地物、管网分布、穿跨越等专题地理信息数据结合，利用 GIS 分析功能，筛选出可供参考的可行性线路，提供最佳设计路径分析，为后续详细设计研究奠定基础（图 5.3.2-2）。

测绘专业与周边的地理环境要素息息相关，三维 GIS 平台可以将多源异构的地理信息数据整合到统一平台，直观展示沿线宏观地理环境信息。将带有构件微观信息的 BIM 与 GIS 结合，能最大限度地发挥 BIM 的价值，也能让三维 GIS 从宏观走向微观，从室外走向室内，实现精细化、一体化管理。同时，基于 BIM＋GIS 的可视化技术可以将传统二维施工蓝图进行三维方案展示，避免信息遮盖和丢失，在生产效率、配合沟通、方案优化等方面都有一定的促进作用。BIM＋GIS 的可视化平台，整合了各类资源和模型并能实现实时互动，随时直观查询项目的各类信息数据，依托此技术方案模拟及汇报将更加直观高效及可靠（图 5.3.2-3）。

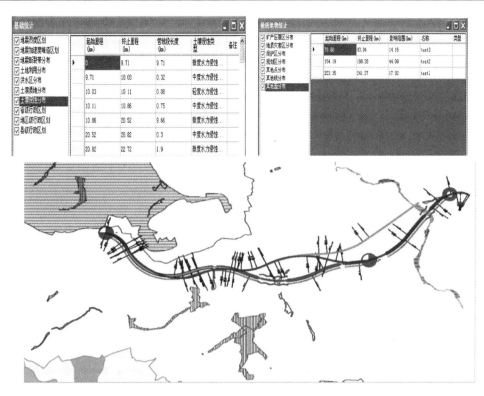

图 5.3.2-2　可行性研究阶段专题地理信息数据结合

图 5.3.2-3　方案模拟展示

5.3.3　线路方案研究

1. 线路走向方案分析的主要工作内容及简要流程

铁路选线设计是一项涉及面很广、政策性很强的综合性工作，是认识自然和改造自然的创造性劳动。线路走向的选择，在一般情况下，新建铁路干线的走向已经在铁路中长期规划中有了初步的轮廓，勘测设计过程中结合线路意义及其在路网中的作用、政治经济控制点、客货流方向、主要技术标准、自然条件等因素，分阶段采用逐步接近的方案，综合比选落实。在可行性研究过程中，一般通过现场调查收集必要的地形、地质资料、经济资料等，并征求沿线省、市、地区及有关方面的意见，在小比例尺的图上进行大范围的线路多方案研究，在众多可能方案中进行系统性的方案筛选和优化，通过采用定性分析与定量分析相结合的方式，通过对线路长度、展线系数、运行对数、输送能力、工程投资、运营费用等多项指标的分析对照，根据优缺点评判逐渐淘汰掉那些相对较差的方案，确定大的线路走向方案，之后在大比例尺地形图上进一步优化落实走向方案的可行性，如线路走向方案变化较大再返回小比例尺图上多方案比选，多次反复研究，直至确定推荐线路方案。

2. BIM 在线路方案分析方面的应用

BIM 技术是以 3D 数字地形模型为基础，以三维平、立、剖视图联动设计方式，取代了传统的单视图线条式设计，以"所见即所得"的形式，把三维的设计思考变成可见的立体实物，提供真正的三维方案可视化设计环境。利用 BIM 模型，通过虚拟现实技术对方案进行全方位互动性的直观展现，推敲方案的合理性，提供在 4D 虚拟仿真环境中展示方案的方法与流程。前期研究阶段，通过工程测量、勘探以及调查收集资料等手段获取工程设计相关的信息，如路网规划、地方规划、地质、环境敏感点、重大拆迁等信息，在此基础上运用 BIM 与三维 GIS 相结合的方式实现线路的三维选线，找出最合理的一个或几个线路走向方案，供相关方决策（图 5.3.3-1）。

图 5.3.3-1　线路三维选线多方案比选示意图

利用 BIM 技术，将二维数据整合到三维模型中并进行展示，可视化技术在铁路行业中作用非常大，传统设计图纸只是将构筑物信息在图纸上以二维的方式进行表达，相比较三维方案展示方式存在信息遮盖和丢失，因此在方案汇报过程以及方案实施过程中往往存在偏离设计意图的现象。BIM 技术不仅有三维可视化优势，而且通过时间轴驱动，将各类资源和模型实时互动，随时直观查询各类信息数据，依托此技术方案模拟及汇报将更加直观、高效及可靠。对于线路方案在三维集成环境下的线路铺设方式以及实施条件研究也会更加便利，也可以快速计算研究的相关方案的工程数量和总投资，便于方案决策。涉及地形地貌、地质、环境、交通等相关地理位置信息，均可"图形化、位置化"，减少实地踏勘工作量，提高设计人员整合资料的工作效率（图 5.3.3-2～图 5.3.3-4）。

在铁路线路设计方案中，诸如车站站型方案、重要桥渡的桥位、桥式、桥跨方案、机车交路方案、牵引供电方案等其他方案也可以通过 BIM 模型来评估设计方案的优缺点，通过数据对比和模拟分析，预测项目在不同环境和各种不确定因素作用下的建设成本、建设质量，从而确定推荐方案。

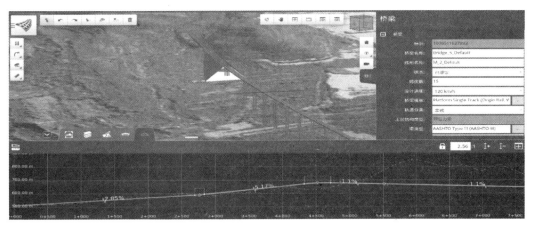

图 5.3.3-2 线路三维选线平纵断面设计示意图

类别	代码	项	数量	单位	比率	成本
土方	CO-102	钢轨路堑	500742.33	m³	29.43	$14,736,847
土方	CO-103	钢轨路堤	230418.88	m³	39.24	$9,041,637
结构	CO-008	桥面板	4815.06	m³	1237.07	$5,956,570
结构	CO-009	梁 - 混凝土	4252.82	m³	846.41	$3,599,627
结构	CO-010	桥墩帽	1447.59	m³	1237.07	$1,790,770
结构	CO-011	桥梁桩	203.88	m³	1237.07	$252,215
结构	CO-012	桥梁柱	6124.34	m³	1237.07	$7,576,243
结构	CO-013	基础	2055.12	m³	1237.07	$2,542,332
结构	CO-014	支座	534	ea	1150	$614,100
结构	CO-020	翼墙	10.72	m³	1237.07	$13,263
结构	CO-023	箱形涵洞	31.39	m³	0	$0
结构	CO-024	隧道长度	3109.26	m	0	$0
结构	CO-025	隧道体积	277413.17	m³	0	$0
排水				%	8.11	$1,928,435
电气				%	1	$237,785
杂项				%	20.5	$4,874,589
流量控制				%	3.42	$813,224
环境				%	6.57	$1,562,246
签名和标记				%	2.15	$511,237
钢轨	CO-022	钢轨	95157.47	m	25	$2,378,937
钢轨	CO-021	道砟	158943.55	m³	145	$23,046,815
钢轨	CO-101	轨枕	61847	ea	20	$1,236,940
钢轨	CO-112	道岔	2	ea	500	$1,000

图 5.3.3-3 线路方案比选投资匡算表

图 5.3.3-4 线路三维选线效果图

5.3.4　征地拆迁统计

1. 征地拆迁分析的主要工作内容及简要流程

根据中国国家铁路集团有限公司（原中国铁路总公司）2017 年 7 月发布的《进一步加强铁路建设项目征地拆迁工作和费用管理的指导意见》（铁总计统〔2017〕177 号文），可研阶段，设计单位要认真调查落实征拆数量及道路、管线、沟渠和"三电"等建筑物改移方案。对沿线地震台、雷达站、机场、坑道等国防、军事、气象、航空设施，应全面加强调查其位置、规模、等级、限界以及各项防护标准，避免实施阶段增加相关间接补偿费用。建设单位应会同地方政府完成重点建筑物和企事业单位，及立交、改移道路等迁改项目框架协议签订。按照国家和沿线省区的征拆规定和标准，合理计算征拆补偿费用纳入项目投资估算。

2. BIM 在征地拆迁分析方面的应用

目前征地拆迁数量计算，主要通过航测图和现场补充测量将线路两侧各类建筑物上图，勘测设计过程中，通过图中量取拆迁建筑的个数、面积等数据，进行征地拆迁分析，效率较低。在征地拆迁分析中，将收集到的铁路沿线基础测绘、城市规划、国土地籍等各类专题数据按照地类进行划分整理后，转换成 GIS 数据，与正射影像图、土地利用图等各种外业测绘调查数据一同导入 GIS 平台，通过 GIS 分析功能提取拆迁红线范围内的房屋数量、征地面积等征拆数量；同时结合 BIM 模型以及倾斜摄影模型，直观展示道路、管线、沟渠和"三电"等建筑物周边地理环境信息以及其空间位置，为改移方案对比、制定以及评价提供技术支持，实现计算结果实时、动态、直观的要求。利用 BIM+GIS 的可视化展示与空间分析功能，还可实时动态计算各类方案征地拆迁指标并在 GIS 平台中以色块或指定方式展示结果。

5.3.5　地质选线

1. 地质选线的主要工作内容及简要流程

在铁路工程可行性研究阶段，地质选线的主要工作内容是根据遥感图像地质解译、工程地质调绘、物探等方法，针对沿线工程地质条件对线路走向提出合理建议。地质工作应立足于"科学研究作先导，先进勘察技术为手段，常规调查与综合勘探是基础"的勘察设计理念，充分借鉴类似地质环境的科研成果和勘察设计、施工经验，并结合经验积累，针对不同的地形、地貌及构造特征划分地质单元，采取针对性的综合勘察技术，查明全线地质条件，降低工程地质风险。当地形地质条件特别复杂、线路方案比选范围较大时，宜在初测前增加"加深地质工作"。简要流程为首先收集各类地质基础信息，如区域地质资料、矿权信息等，然后进行遥感判释、无人机调查、地质调绘、钻探、静力触探、简易勘探、物探、取样试验以及原位测试等多种勘探手段，开展综合勘察，初步查明沿线地形地貌、地层岩性、地质构造、水文地质特征等条件，初步查明各类不良地质和特殊岩土的成因、类型、性质、范围及分布规律，以及对线路的危害程度，初步查明控制和影响线路方案重大工程的地质条件，为工程位置选择和设计提供地质资料，提出合理地绕避重大不良地质的方案，无法绕避时提出通过的方式和部位，并进行相应的评估工作。

2. BIM 在地质选线方面的应用

铁路选线是铁路工程建设的关键，特别是在地质条件复杂、特殊地质及不良地质较为发育地区，可能存在滑坡、泥石流、崩塌、滑塌、岩堆、顺层、岩溶、采空区、软弱地基、不稳定边坡、活动断层、断层破碎带等，工程地质条件是铁路选线的重要影响因素之一。工程地质选线作为标准选线及地形选线的实时参考，为环保选线、安全选线奠定坚实基础。做好工程地质选线，不仅对提高勘察设计质量，还对施工的顺利进行以及后期运营维护都具有非常重要的意义。

地质工作可以指导线路位置、走向，对工程的设置位置、形式提出意见，与之对应的地质信息可通过点、线、面模型在 BIM 平台进行展示，并附加相应的地质属性信息。如矿权（探矿权、采矿权）信息通过拐点坐标信息，以点、线方式表达矿区边界信息，而矿产类型、矿区归属单位等信息则以属性的方式表达在平台上。对于不良地质，如滑坡、泥石流等可采用边界、滑动方向，滑坡区域等采用点、线、面的形式进行表达，如图 5.3.5-1 所示，在 BIM 平台中表示的洪积扇范围。而对不良地质的具体分类及地质参数等信息，则宜在属性信息中进行表达。这些地质信息加入平台以后（图 5.3.5-2），与 GIS 信息以及线路标准等融合在一起，作为平台选线的重要依据及参考。

图 5.3.5-1 铁路沿线不良地质图

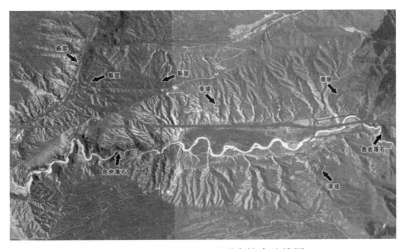

图 5.3.5-2 BIM＋GIS 平台综合选线图

117

在进行地质适宜性分析时，BIM 技术主要应用于地质遥感判释、综合选线、工程地质调绘、物探、工程勘探等。

遥感是宏观研究地质现象的手段，利用 BIM 三维可视化的特点，可以清晰、直观地判断区域断裂构造、不良地质分布、岩性变化等，显著提升地质遥感判释的准确度。

在充分利用、分析、研究沿线的航片及地质解译资料的基础上，根据沿线地形地貌和地质条件，结合线路方案和工程设置，采用远观近察，由面至点，点面结合代表性剖面测绘的工作方法开展工程地质调绘，工程地质调绘中，利用外业一体化平板电脑、手机等设备，实现调绘资料与平台的实时同步。

物探是利用物理学的原理、方法和专门的仪器，测试并综合分析天然或人工物理场的分布特征，探测地质体或地质构造形态的勘探方法，其方法包括电法勘探、弹性波勘探、重力勘探、磁法勘探、放射性勘探、测井等，物探探测的数据经过解译后上传至 BIM 应用平台，与遥感解译、工程地质调绘等资料进行综合对比分析，实现多种手段勘察资料的可视化展示，更加直观高效地实现综合勘探，资料利用及分析效率得到更有效地提升。

工程勘探必须建立在工程地质调绘的基础上，对每个勘探点，都有明确的目的与要求，勘探点要遵守有关安全规定，并注意保护农田，勘探主要指槽探、挖探、钻探等。勘探及原位测试数据统一上传至 BIM 平台，实现勘察资料的统一管理和利用，多元资料的融合运用，有效提升综合勘察效果。如图 5.3.5-3 所示为某山体地质模型数据。

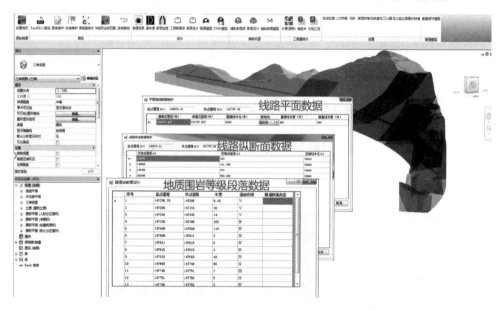

图 5.3.5-3　某山体地质模型数据

在地形地质复杂的地区进行铁路勘察设计，要自始至终地贯彻地质选线的原则，为方案比选提供可靠的地质依据，不断优化线路工程地质条件和技术条件。

可行性研究阶段地质交付的主要成果为，地质构造及其影响性文件、水文地质信息、矿区范围及类型、不良地质范围及类型、特殊岩土范围及类型、重点设计单元三维地质模型。

BIM 技术的数据存储与传输作用，使得各类地质信息能够应用于项目的全生命周期。

BIM+GIS平台使得GIS提供的专业空间查询分析能力及宏观地理环境基础深度挖掘了BIM价值。

5.3.6 环保选线分析

1. 环保选线分析主要工作内容及简要流程

树立和践行"绿水青山就是金山银山"的理念，在铁路工程建设前期阶段环保选线即通过多方案比选采用对环境敏感区综合影响最小的方案，达到减少工程实施对环境的影响目的，无法避让时做到：严禁穿越自然保护区核心区和缓冲区，必须避让湿地公园生态保育区和生态恢复区，严禁穿越世界文化和自然遗产地核心区、风景名胜区核心区，必须避让一级饮用水源地，选线过程中可充分考虑与既有公路或铁路共线位穿越敏感区，根据地形地势优先选用桥梁或隧道通过，将工程实施的环境影响程度降至最低。并采取设置声屏障、隔声窗等降噪措施及减振措施，进一步缓解铁路对沿线居民的噪声、振动影响。

2. BIM 在环保选线分析方面的应用

将前期规划各阶段的环境敏感点信息以及收集到的环保资料等专题数据进行处理，导入三维 GIS 平台统一组织管理，也可通过点、线、面模型在 BIM+GIS 平台进行展示，并附加相应的环保敏感点属性信息，如环境敏感点范围信息通过拐点坐标信息反映其边界信息，以点、线的方式表达，而环境敏感点类型、保护区级别、归属单位等信息则以属性的方式表达在平台上。这些环境敏感点信息加入平台以后，与 GIS 信息以及线路标准等融合在一起，进行选线方案比较时，可根据线位与环境敏感区的关系对不同的设计方案进行对比和评价，作为平台选线的重要依据及参考，实现环保选线。可行性研究阶段环保交付的主要成果为环境敏感区（自然保护区、风景名胜区、世界文化和自然遗产地、饮用水水源保护区、森林公园、地质公园、湿地公园、水产种质资源保护区、文物保护区等）范围图及保护区类型、级别信息。

3. BIM 在环境影响评估、水土保持方案评估、节能评估编制中的应用

利用 BIM 技术可视化表达、可仿真模拟、信息集成及协同管理等特性，可对环境影响评价、水土保持工程设计、节能评估进行全方位、全要素、全过程管控，可以解决水土保持报告编制多专业协同难度大、施工组织方案设计优化等组织及技术难题。在环境影响评价过程中利用 BIM+GIS 技术可以对沿线环境敏感区进行"图形化、位置化、信息化"，减少实地踏勘工作量，提高涉及人员整合资料的工作效率，结合噪声、振动预测等相关专业软件支持，更能模拟相应影响，进一步准确设计相应的环保措施。对于节能评估报告的编制，可从 BIM 模型中更为直观地详细获取相关设计工艺及设备信息，提升了工作效率，实现智慧设计研究。

第6章 铁路工程设计阶段 BIM 应用

　　以 BIM 模型为核心理念的信息表达是铁路工程设计技术转型的重要途径，会对工程建设企业生产及管理效率的提升形成新的驱动力，辅助优化设计流程、提高设计质量、使设计意图更加明确，开展 BIM 技术应用将是铁路行业未来发展的必然趋势。目前 BIM 在国内铁路行业应用场合侧重于三维建模及成果展示，尚处于初级阶段。本章选取铁路工程设计过程中主要相关专业，从三维设计出图、设计审核、工程量统计、成果可视化展示等方面分别进行 BIM 应用内容介绍，为 BIM 的顺利实施提供参考。

6.1 概述

6.1.1 勘察阶段

在铁路工程定测阶段测绘的主要工作内容包括：平面控制测量复测、高程控制测量（或复测）、核补地形、中线测量（交点放线、中桩高程）、线路定线控制测量、线路调查测量等内容。

在定测阶段利用三维地形模型为 BIM 设计提供依据。若地形发生变化，应对可研阶段形成的三维地形模型将进行相应的修改。如图 6.1.1-1 所示。

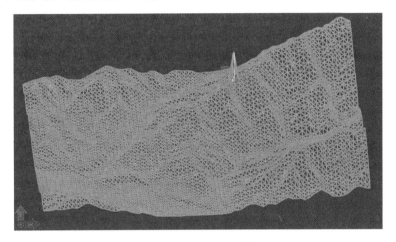

图 6.1.1-1　BIM 地形模型

如果地形变化大，需要对原始地形数据进行替换，重新生成新的地形模型。

在保证三维地形模型有较好的现势性和精度的情况下，设计专业可以基于三维地形模型的高程信息、地形信息进行地质地层面设计、路基设计、桥梁设计、隧道洞口设计等工作。

地质勘探工作在定测阶段一般以钻探以及相应的原位测试和工程试验为主，并配以必要的物探工作。岩溶地区、人为坑洞、给水水源、场地剪切波速、隧道围岩弹性波试验以及为配合判明断裂构造、破碎带、滑动面、软弱层、基岩埋藏界面、岩层界面划分等，均可采用物探方法。有条件开展静力触探的地区，可以静力触探为主，钻探为辅。

BIM 技术在地质专业工程勘察阶段的应用可分为三个部分，包括资料整合、数据分析以及三维可视化展示。勘察过程中的原始资料包括区域地质资料、矿产报告、水文报告等地质基础信息，以及后续进行的地质调绘、勘探、物探、试验等地质勘察信息，这些信息种类多样、形式各异，应用 BIM 技术将信息合理分类并有机整合成数据库，使数据可以有序无损地传递。基于 BIM 技术所提供的存储、处理数据信息的平台，可以有效提高标准化工作的效率和质量，统一的数据存储格式为 BIM 地质三维建模提供基础。

利用勘察数据，即可进行地质三维可视化建模，在进行地质三维建模前需要根据地层分层情况制定相应的颜色、材质标准，以使整个项目的颜色及材质统一。《铁路工程信息模型表达标准》在铁路工程模型渲染中并未涉及地质颜色及材质，因此目前还需要自行制定企业标准。示例如图 6.1.1-2 所示。

序号	编号	项目（时代成因岩性状态）	几何信息	颜色（RGB）
1.2.2	04-00 01 02 02	第四系全新统（世）冲积层黏土硬塑	厚度	234, 212, 138
1.2.27	04-00 01 02 27	第四系全新统（世）冲积层细圆砾土稍密	厚度	191, 137, 71
1.2.37	04-00 01 02 37	第四系全新统（世）冲积层卵石土中密	厚度	188, 97, 78
3.2	04-00 03 02	下（早）白垩统（世）熔结角砾凝灰岩强风化	厚度	220, 221, 152
3.3	04-00 03 03	下（早）白垩统（世）熔结角砾凝灰岩弱风化	厚度	208, 211, 139
3.3	04-00 03 03	下（早）白垩统（世）角砾岩强风化	厚度	201, 231, 122
3.3	04-00 03 03	下（早）白垩统（世）角砾岩弱风化	厚度	189, 241, 34
4.1	04-00 04 01	上（晚）侏罗统（世）砾岩强风化	厚度	226, 231, 225
4.2	04-00 04 02	上（晚）侏罗统（世）凝灰岩全风化	厚度	206, 229, 227
4.3	04-00 04 03	上（晚）侏罗统（世）凝灰岩强风化	厚度	170, 213, 220
4.4	04-00 04 04	上（晚）侏罗统（世）凝灰岩弱风化	厚度	181, 207, 216
4.5	04-00 04 05	上（晚）侏罗统（世）玄武岩强风化	厚度	212, 234, 223
4.6	04-00 04 06	上（晚）侏罗统（世）黑曜岩强风化	厚度	198, 234, 228
5.1	04-00 05 01	中侏罗统（世）砂质泥岩全风化	厚度	150, 224, 205
5.2	04-00 05 02	中侏罗统（世）砂质泥岩强风化	厚度	128, 213, 192
5.3	04-00 05 03	中侏罗统（世）砂质泥岩弱风化	厚度	135, 217, 212
5.4	04-00 05 04	中侏罗统（世）泥质砂岩全风化	厚度	122, 213, 126
5.5	04-00 05 05	中侏罗统（世）泥质砂岩强风化	厚度	136, 194, 138

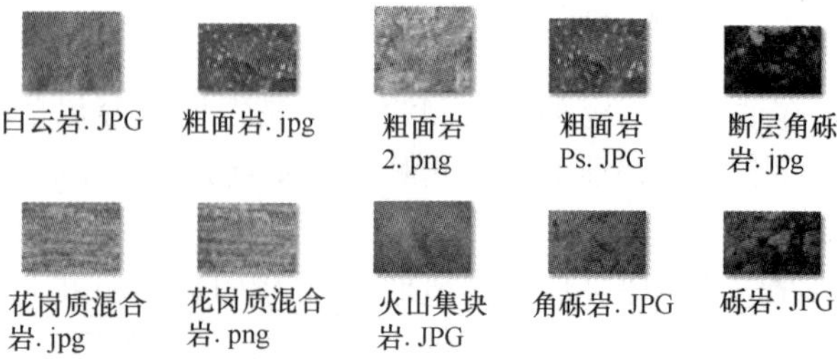

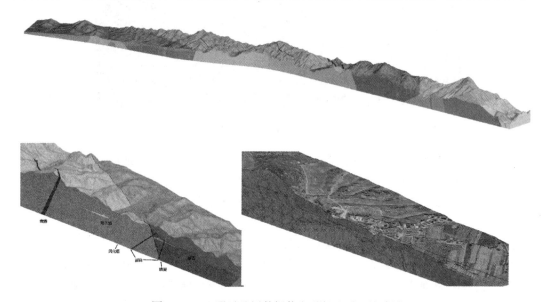

图 6.1.1-2　铁路工程模型渲染样例

目前地质三维建模主要有三种方法：

第一种是通过地层数据信息生成地层分界面，再由网格逐层切分形成三维地质体，这种方法建模准确度相对较高，对三维地层的平面范围、纵向深度控制相对准确，但是工作周期较长、操作难度较大，主要适用于山区或地层较为简单的地质情况（图 6.1.1-3）。

图 6.1.1-3　通过地层数据信息进行地质三维建模

第二种是由钻孔剖面连线向两侧拉伸生成三维地质体，这种方法避免了大量切割网格的过程，从根本上规避了困难工作，易于掌握、出错率低、建模速度快，但是缺少三维平面控制、平面精度较低，主要适用于地形平坦、地层较为复杂的地质建模（图 6.1.1-4）。

第三种方法是通过勘探孔实现各点之间的位置关系及地层关系，围合逐层形成地质体，这种方法适合于简单地形复杂勘探孔的场地地质建模（图 6.1.1-5）。

根据土层和岩层的岩土参数不同，分别制作属性表。并将属性参数赋予相应的地质体。属性信息表如图 6.1.1-6 所示。

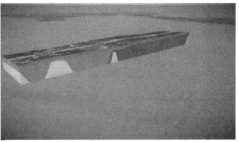

图 6.1.1-4　由钻孔剖面连线向两侧拉伸进行地质三维建模

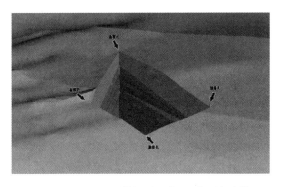

图 6.1.1-5　通过勘探孔进行地质三维建模

IFD编码	12102 01060
地层岩性	硬塑新黄土
地质成因	pl+dl
地质时代	Q3
岩土参数/基本承载力 σ0	150
岩土参数/内摩擦角 φ	22.6
岩土参数/黏聚力 c	57.1
岩土参数/施工等级	Ⅱ
岩土参数/压缩模量 Es0.1-0.2	11.56

图 6.1.1-6　属性信息表

　　实践表明，利用 BIM 软件将工程勘察成果可视化，实现上部建筑与其地下空间工程地质信息的三维融合具有可操作性。

　　地质是 BIM 正向设计的基础专业，承担着为路基、桥梁、隧道、站场、房建等全部专业提供地质资料的任务。因此在 BIM 正向设计中快速形成地质模型，并在生成模型的同时自动赋予地质属性信息，并同步到协同平台是非常重要的。路基、桥梁、隧道、站场、房建等专业通过协同平台可直接获取需要的文件及地质模型信息，并从中快速提取所需位置的地质数据，地质三维模型不仅能进行点位地质信息的快速提取，同时根据地质模型可进行任意剖面的地质剖切，形成符合规范要求的二维地质剖面图件，同时还可根据地质模型获取场地地块的小范围地质模型，通过应用 BIM 正向设计实现各专业与地质专业的无缝衔接，实现各专业协同工作。

　　路基工程勘察应结合实际情况采用现场踏勘、野外调查、资料收集、断面测绘、内业计算、资料整理以及报告编写等综合勘察分析的工作方法。对于重大不良地质、特殊岩土、特殊条件以及高填深挖、陡坡路基等复杂路基工点，结合 BIM 实现快速计算工程量，概算方案投资，实现线路方案优化比选。路基支挡加固应贯彻国家技术、经济政策，按照全面规划、远期与近期结合，统筹兼顾的原则，认真进行调查研究和选定方案，并通过 BIM 技术进行用地分析、结构研究等。

传统站场的二维勘察工作中，主要是根据航遥专业外业测量成果，进行横断面的制作，表现形式单一，地形起伏的状况主要靠专业技术人员分析，不同专业之间沟通容易产生误解，造成偏差，从而导致勘察工作周期长，任务重。通过 BIM 三维软件，将地形进行处理后，站场专业可以快速进行三维方案设计，方案的整体把控性更合理，减少由于设计不周而造成的勘察质量问题，大大提高了站场专业的勘察效率，以及项目的整体质量。

6.1.2 设计阶段

铁路工程勘察设计阶段，涵盖初步设计（定测）→施工图设计（补充定测）两个阶段。

初步设计主要是在可行性研究阶段和定测勘察的基础上，对站前站后各专业进行深度设计，是对项目投资进行更为准确的投资概算。设计形成的成果，由上级部门进行审查，在初步设计内容基础上，批复初步设计。

施工图设计是在前期所有资料的基础上，结合初步设计成果，满足施工需求的前提下对工点及总图进行的深化设计。如果初步设计审查有调整，还需进行补充定测工作，补充定测是在定测基础上，针对初步设计的调整进行详细勘察。整个设计流程紧密衔接，后一阶段始终要承接上一阶段的工作内容进行深化与完善。

在铁路工程设计阶段，BIM 模型承担了整个建设过程最原始数据的输出作用，为施工、运维阶段的 BIM 应用提供统一的设计数据。在设计初期通过经调专业提供的辐射范围内经济概况、货运量、客运量以及行车专业提供的行车组织等内容作为技术指标展开工作。本章针对设计阶段 BIM 技术应用，通过不同专业在三维设计及出图、设计审核、工程量统计、成果可视化展示、阶段成果交付等方面进行阐述。如图 6.1.2-1 所示，为设计阶段流程图。

近些年，正向 BIM 设计逐步被各大设计单位采纳并应用到了真实项目的设计当中，目前摒弃了原有 CAD 二维制图到用 BIM 三维翻模的高成本模式，并且取得了非常大的社会和经济效益。

正向 BIM 设计，作为 BIM 设计的未来，正逐步被各大设计单位采纳并在一些工程项目中使用。而正向 BIM 设计也分为三种不同程序的设计手段，首先"先建立模型，后出二维图纸"正向设计，这种方式可保证图纸与模型一致化。其次"全专业协同设计 BIM 应用"正向设计，这种方式可提高专业间的协调度，减少专业间的交互问题。最后"装备式无死角"正向设计，是通过提高模型设计精细度与工厂化结合，为整个工程节省造价成本而得到的高效设计，这也是 BIM 正向设计的最终目的。

构件库的建设，对 BIM 设计起到关键性的作用，各设计单位根据构件库的积累，可在后续项目中调取使用，大量节省设计周期。而目前市面上建模软件繁杂，应考虑建设基

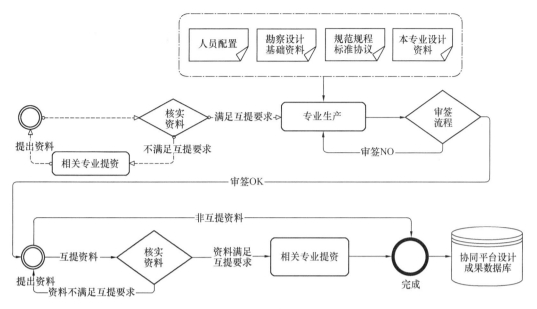

图 6.1.2-1 设计阶段流程图

于 IFC 标准的 BIM 构件库。首先根据不同专业的特点，研究、分析不同专业所需的构件资源，选择相应的数据标准。再对构件进行分类管理，在录入构件库时要建立有效的审核与入库规定。最终对构件库存储、版本更新、权限分配、检索、显示等内容进行管理。

变更影响工程造价，增加较多投资额，会对整个工程施工进度计划安排产生影响，甚至会引发合同纠纷，对工程项目的顺利实施造成不利影响。

在传统设计下由于铁路工程专业较多，工程较为复杂，导致变更管理效率较低，程序复杂，迭代后不易展现变更内容等问题，通过 BIM 技术进行变更管理可实现模型可视化、变更内容对比等。通过建设项目文档管理系统，可基于 IFC 标准进行数据管理、数据交换。

6.2 线路专业设计阶段 BIM 应用

6.2.1 概述

铁路线路设计需要考虑的因素较多，随着计算机辅助设计手段的不断提升，线路设计的准确性与合理性也在不断提高。当前二维线路设计在行业设计中占据绝大多数，依靠相对模块化、流程化的平面、纵断面、横断面设计功能软件可以实现既有作业模式下的铁路选线设计，进行基本信息收集，方案分析优化以及标准化出图出表。铁路线路的设计受设计师对地理环境的分析结果影响显著，因此和其他工程设计相比，其对地理环境的依赖性更为明显。

在传统的计算机辅助选线方法中，设计师通常是将勘测的外业数据生成数字地图，凭借自身的经验和专业知识，在数字成果图中利用 CAD 人为选定几个备选方案，经过反复论证比较最终选择相对合理的推荐方案。该过程在权衡各个影响因素时主要取决于设计者以及专家的经验和技巧，过程评价指标单一、方案更新代价高、决策周期长，设计师劳动强度大，且 CAD 设计方式不具备空间数据的管理、查询和分析能力，不能高效辅助设计师进行方案的决策。随着科学技术不断进步，借助 BIM 技术三维可视化的特性，集成影响方案的多源异构数据管理，使得基于 BIM 的铁路选线成为可能，基于 BIM 技术的应用，在确定线路走向时，各影响因素的权衡将更加科学，决策更加方便、简单。

线路专业在对设计方案进行 BIM 参数化建模之后，满足下序专业工点设计，主要提交下序专业三维线路中线（含二线），改移道路三维中线（含非机动车道）及相关横断面设置情况。

随着国内高速铁路、客运专线和城际铁路的飞速发展，对铁路的设计速度、安全性、旅客乘坐舒适度等提出了更高的要求。

在铁路设计过程中，根据铁路设计时速、曲线半径、缓长等因素，计算低速列车应设超高和高速列车应设超高，然后根据运营实际确定的标准，计算曲线实设超高，以满足列车安全度、舒适度等要求，这是一项复杂而又严谨的工作。能够运用计算机计算更加科学合理地设计曲线实设超高，同时简化和规范计算过程，以促进生产效率和铁路设计质量的提高。

根据铁路速度目标值及轨道类型罗列对应的欠超高允许值、过超高允许值、欠过超高之和允许值等参数；读取线路曲线半径及缓长等参数，根据以上参数计算科学合理的曲线实设超高，使三维设计中的横断面设计更加合理、精确（图 6.2.1-1）。

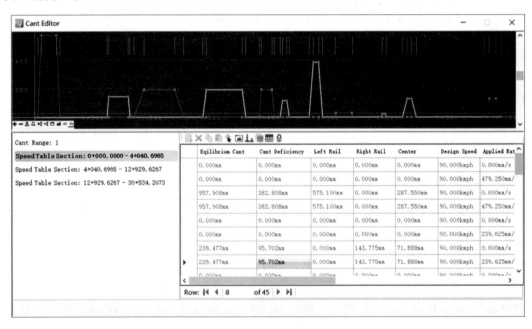

图 6.2.1-1　曲线实设超高图

6.2.2　三维设计及出图

参数化建模是把模型的所有属性都包含在模型的单元中，而参数化的核心思想在于"关联"，所有关联起来的属性和参数，在提取模型单元的同时，可以方便地提取出来，便于交互和管理。对于线路专业，参数化建模可以把线路的平面几何参数和纵断面几何参数，同时反映在三维线路模型中。线路的出图工作，可以直接在三维模型中选取需要出图的里程段落，并且可以平纵自动同步出图。所以，BIM 参数化建模三维出图方式较平面、纵断面分开出图方式，效率显著提高，更便于设计校核。

参数化建模应包括以下三个方面的内容：

1）建立控制参数及草图设计；

2）建立三维模型；

3）信息附加。

而线路参数化设计体现在：

根据线路设计规范对线路技术参数的要求，线路平面设计的交点、曲线半径、缓和曲线、夹直线等几何参数，能够更加直观地在三维模型中选取，线路周边地形特征更加清晰，线路平面径路选择更加简单、合理，线路方案显示也更加鲜明、生动（图 6.2.2-1）。

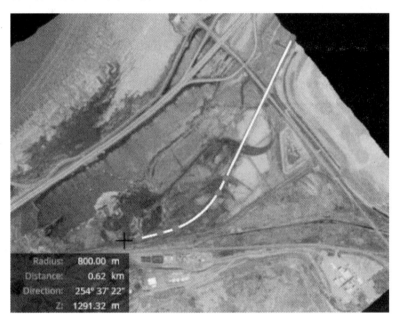

图 6.2.2-1　线路参数化平面设计示意图

在线路纵断面设计中，空间交叉位置设计时利用限高模型的实时警示约束关系，能够更加直观地显示交叉道路的空间位置，实现纵断面坡度演算（图 6.2.2-2）。

根据线路设计速度和地形信息，可以自动计算线路外轨超高值，并自动调整横断面倾角，方便路基、轨道、桥梁专业进行下一步设计工作（图 6.2.2-3）。

根据线路交叉道路的位置关系，进行参数化改移道路设计中。应用辅助线解决路基填挖起坡位置不同时横断面无法自动过渡的问题，实现填挖方使用同一横断面模板库，利用 Bentley PowerCivil 部件编辑器功能定制廊道横断面，并通过辅助线将变化的地形与放坡条件约束链接，配套修改参数便可实现横断面形式的协同变化，大大减少了廊道模型后期手动修改工作量。

设计图纸是设计工作的主要成果，线路专业的设计图纸，主要包括：线路方案缩图，

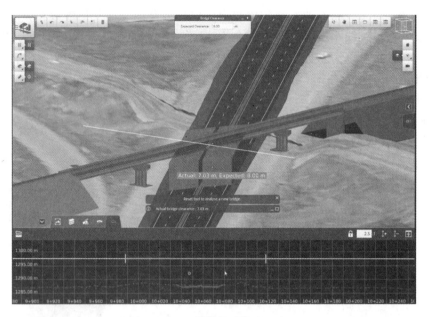

图 6.2.2-2　线路断面设计示意图

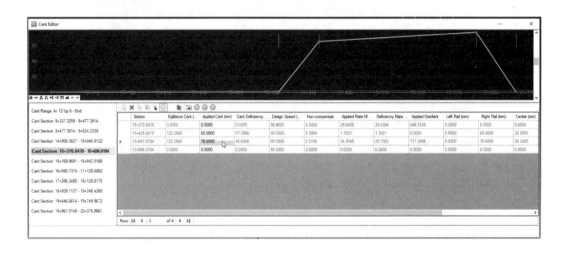

图 6.2.2-3　线路外轨超高计算示意图

线路局部示意图，线路不同比例的平面图和纵断面图。由于不同的图纸需求不同，图纸比例一般也不相同。由于二维设计平面、纵断面分开出图，不能实现平、纵对照关系，且图纸比例不同，往往需要大量纸面表达定制性工作。而采用 BIM 参数化三维建模，可以根据需要实时调整出图范围，调整重点表达内容，并能自动实现平、纵同步出图，同时具备单专业二维出图的功能以适应汇报、签审或者施工需求，利用三维模型线路平面出图将根据要求自动划分出图图框，各划分区段平、纵设计同步出图，直观体现线路空间位置，能够实现横断面按照间隔里程，自动出图等功能，减少了大量绘制横断面的繁琐工作（图 6.2.2-4～图 6.2.2-7）。

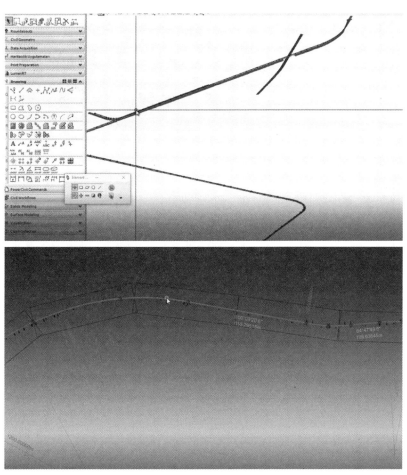

图 6.2.2-4 线路平面出图图框示意图

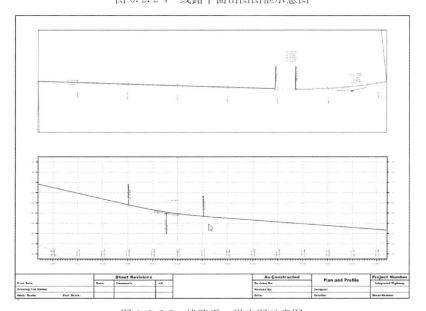

图 6.2.2-5 线路平、纵出图示意图

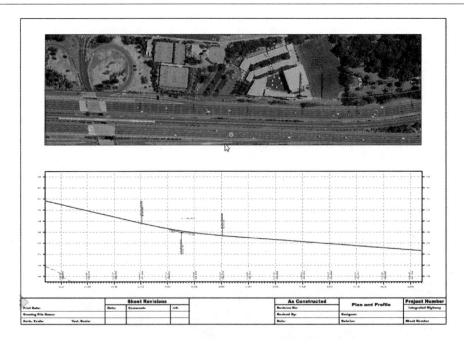

图 6.2.2-6　线路地形平、纵出图示意图

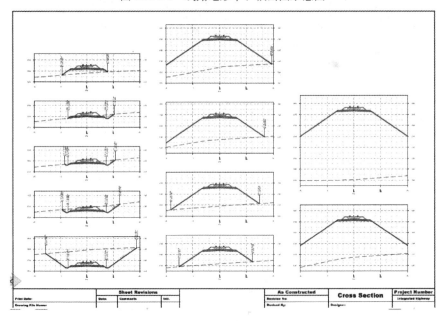

图 6.2.2-7　线路横断面出图示意图

6.2.3　设计审核

　　线路工程作为其余专业开始设计的依据，在设计前期的工作内容主要是进行线路比选与推敲。可通过 BIM 技术对整体线位进行审查，也可通过三维模型对改移道路等进行审核。BIM 在线路专业设计签审中的应用内容及级别应主要包含如表 6.2.3-1 所示的内容。

设计审核主要内容　　　　　　　　　　　　　表 6.2.3-1

顺序	项目名称	负责内容	设计	复核	专业审核（审定）	院审核（审定）	总体审核（审定）	集团审定
	（一）原则、方案							
1	变更曾经公司审定过的方案及设计原则	审查内容见可行性研究						
2	线路设计原则	（1）设计原则符合任务书，审批意见、总体设计原则及有关规范、规定的要求，采用新技术、新结构、新工艺、新材料、新设备的意见			△			
		（2）审查设计原则编制符合规定，无漏项，技术标准选用合理，依据充分，采用新技术、新结构、新工艺、新材料、新设备选用合理				△		
		（3）与有关专业协调一致，审定线路设计原则					△	
	（二）设计、图表、资料							
1	线路平面设计	（1）线路平面位置正确，符合自然条件，曲线半径及缓和曲线长度夹直线长度选用正确，符合规范要求，图式、图例符合规定，各项数据准确、齐全，图纸整洁清晰	△	△				
		（2）设计合理，平面与纵断面配合适宜，满足有关专业要求			△			
		（3）设计符合规范及有关规定，线路走向合理、符合自然与纵断面配合适宜				△		
		（4）与有关专业协调一致，符合审查意见与院审定的主要技术标准					△	
		（5）审定平面图						△
2	线路纵断面设计（含既有线改建）	（1）坡度设计经济、合理、正确，符合自然，与平面配合适宜，图式、图例符合规定，各项数据准确、齐全	△	△				
		（2）设计合理，平面、纵断面配合适宜，二线位置选择及线间距布置合理，满足有关专业要求			△			
		（3）设计符合规范及有关规定				△		
		（4）坡度设计符合自然、经济合理、车站、大桥、隧道等重点工程设计论据充分				△		
		（5）专业间协调一致，符合审查意见及公司审定的主要技术标准					△	
		（6）审定线路纵断面						△

续表

顺序	项目名称	负责内容	设计	复核	专业审核（审定）	院审核（审定）	总体审核（审定）	集团审定
3	施工过渡工程平纵断面设计	（1）设计正确、合理，平、纵断面设计协调，数字无误，图纸符合规定	△	△				
		（2）过渡方案切实可行，便于施工、运营			△			
		（3）符合规范及有关规定，审定专业方案					△	
4	改移道路及平（立）交道设计	（1）设计正确合理、平、纵断面设计协调，数字无误，图纸采用图式符合规定	△	△				
		（2）符合协议要求，选用标准正确合理			△			
		（3）符合规范及有关规定，审定设计图纸					△	
5	轨道设计	（1）轨道采用类型正确，计算方法及各项数据准确，无漏项	△	△				
		（2）符合可行性研究审批意见设计原则及规范			△			
6	新型轨下基础设计	（1）采用标准正确，计算方法可靠，各项数据准确，说明交代清楚	△	△				
		（2）图纸符合规定，设计正确，符合实际			△			
		（3）审定设计，符合可行性研究审批意见设计原则及规范规定，技术可行、设计合理				△		
7	石碴线平纵断面设计	（1）设计正确合理，图纸采用图式、符号符合规定，数字正确	△	△				
		（2）平面出岔地点正确，平剖面设计经济、合理			△			
		（3）采用标准，符合规范及有关规定，审定石碴线平、纵断面图					△	
8	既有线放大纵断面图（仅绘制厘米格纸底图）	（1）坡度设计经济合理，图纸符合规定，各项数据准确、齐全	△	△				
		（2）设计合理、平面、纵断面配合适宜，满足有关专业要求			△			
		（3）设计符合规程、规范及有关规定，方便施工，便于运营					△	
		（4）审定放大纵断面图					△	
9	线路平面、纵断面缩图	（1）图纸清晰美观，布局紧凑合理，内容齐全、数据正确	△	△				
		（2）符合图式、图例规定，无漏项			△			
		（3）推荐方案及各主要比较方案绘制齐全、正确					△	

顺序	项目名称	负责内容	设计	复核	专业审核（审定）	院审核（审定）	总体审核（审定）	集团审定
10	线路平面布置示意图(增二线)	(1) 内容齐全、标示清楚、正确	△	△				
		(2) 符合规定			△			
11	线路地理位置图	(1) 图纸清晰、美观、布置合理	△	△				
		(2) 符合规定，内容正确			△			
12	各种附表及协议纪要	(1) 资料齐全，数字无误，图表一致，无矛盾	△	△				
		(2) 内容齐全，符合规定			△			
	（三）设计说明书							
1	总说明书素材	(1) 资料齐全，数字正确无误，并与专册说明书一致			△			
		(2) 素材内容符合已审定的设计原则和主要技术标准，符合总说明书的要求，交待清楚，全面复核				△		
		(3) 审定是否满足编制总说明书要求					△	
2	专册说明书	(1) 符合文件组成与内容编制规定，无矛盾无漏项书写端正，文辞简练，通顺、层次分明、论述透彻、附图、附表符合规定			△			
		(2) 说明书内容及附图、附表齐全，符合文件编制规定，设计方案论据充足，文待清楚，文理通顺，全面复核				△		
		(3) 符合总体设计原则，各专业间相关问题协调一致，文件分发单位和份数符合有关规定					△	
		(4) 设计原则方案符合已审查的内容					△	
		(5) 审定主要技术标准及采用方案						△
	（四）工程项目数量汇总	(1) 按提供下序资料内容对各工程项目数量汇总，数量汇总正确，不漏项，不重列	△	△				
		(2) 工程数量汇总表项目齐全、数量正确，符合投资概算编制要求			△			
		(3) 审定各工程数量汇总表，项目齐全、数量正确，符合投资概算编制要求				△		

6.2.4　工程量统计

　　线路沿线的征地、拆迁、改移道路工程量统计，与工程预算密切相关，影响线路方案的最终确定，且征地、拆迁、改移道路工程量统计过程较为繁琐，需要结合现场调查和线路地形平面图得出。利用 BIM 技术，能够直观地反映出线路沿线的征地、拆迁、改移道路情况，还可以快速完成工程量统计，大幅减轻统计人员工作量。特别是在前期线路方案比选中，能够直观反映出不同线路方案与重要控制点的位置关系，以及不同方案沿线的征地、拆迁、改移道路工程量和工点的对应出处，较传统二维线路设计方法，采用 BIM 技术优势较为明显（图 6.2.4-1，图 6.2.4-2）。

图 6.2.4-1　线路周边拆迁统计示意图

图 6.2.4-2　工程量明细表

6.2.5　成果可视化展示

随着地理信息系统技术以及数字摄影测量技术的不断完善和革新，设计师已经可以获得较为精确的三维数字地形和三维虚拟地形环境，还可使线路走向设计的选择越来越多元化，同时在 BIM 技术下的沿线布置铁路构筑物实体，可以将实体选线的形式表现得更加淋漓尽致，即直接将铁路线路的路基、地质状况、桥梁、涵洞和隧道、交叉道路等构筑物布置在三维数字地形上，同时将控制线路走向的各个因素诸如工程、环境、社会等边界条件展示在决策者眼前。在整个可视化的方案中，针对线路构建的可视化模型所涉及的隧道区域，桥梁、路基等部位，需要经过组合才能获得完整的铁路方案。而三维中心线叠加了纵断面与平面的线路形态，使得线路中心线在包含里程信息的前提下，有着更为丰富的三维空间表达，包括平面曲线要素和纵断面坡段要素（图 6.2.5-1，图 6.2.5-2）。

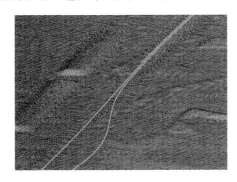 

图 6.2.5-1　线路中心线三维展示

图 6.2.5-2　线路改移道路三维展示

6.2.6　阶段交付成果

参照《基于信息模型的铁路工程施工图设计文件编制办法》进行线路工程的交付，除了必要的工程数量表及工程说明之外，需要按设计单元提交参考模型和设计单元模型，设计单元模型包含设计单元说明、设计单元模型、设计单元附件、设计单元附图。

6.3　轨道专业设计阶段 BIM 应用

6.3.1　概述

铁路轨道设计根据铁路等级、设计速度、线下工程条件、环境条件等，经过技术经济论证，对轨道结构进行选型设计，对无缝线路、无砟轨道等进行结构设计，同时考虑专业内部及与各相关专业的接口设计。传统设计手段采用说明书结合二维图纸表达设计方案的方法，钢轨、扣件、轨枕、道岔、有砟轨道等基本可采用相应的规范或通用图，针对具体工程的设计则需对无砟轨道结构、无缝线路布置、道床地段、部分接口内容等进行设计图表达。伴随着设计行业进入计算机辅助设计阶段，轨道设计也实现了甩掉图板的梦想，对缩短设计周期、提高设计质量、优化设计方案、提高生产效率起到了一定的作用。

随着科学技术的不断进步，轨道设计也同整个设计行业一样在不断向前发展。虚拟现实技术、数字摄影测量技术、BIM 技术辅助设计的广泛应用，使得基于三维虚拟地形环境的数字铁路设计成为可能，轨道设计也随之进入新阶段，由二维设计向三维甚至多维设计发展，由计算机辅助设计向人工智能设计发展，逐步形成一套铁路轨道设计系统。BIM 技术引入铁路轨道设计可有效提高轨道设计方案的表达和传递，三维设计带来的立体直观效果可有效促进设计方案的交流探讨，提高沟通效率，提高设计审核流程中对差错漏碰的识别等，加快设计方案的优化，结合协同的三维设计，有效提高轨道专业内部及外部的接口设计的效率和质量（图 6.3.1-1）。

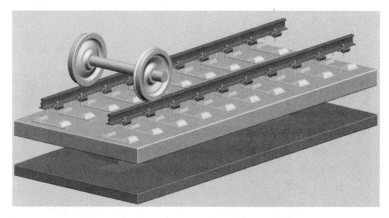

图 6.3.1-1　轨道模型

6.3.2　三维设计及出图

轨道的参数化是以构件、线型布置的方式进行延伸性设置，目前应用主要体现在扣件轨枕布置和道床设计上，扣件轨枕布置可结合共享的族库或构件库利用参数化布置快速实现不同工程类型的调整和设计；道床断面的设计上，利用参数化尺寸，结合相关专业接口资料，快速实现差异化断面设计（图 6.3.2-1，表 6.3.2-1）。

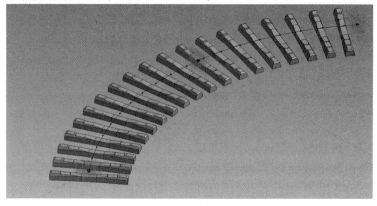

图 6.3.2-1　轨道参数化建模

轨道构件库   表 6.3.2-1

名称	图示	附非几何属性
钢轨	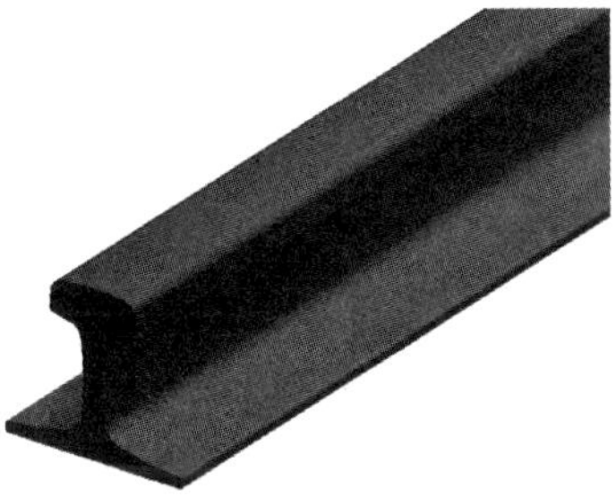	钢轨类型及名称、材质信息、引用标准信息、供货来源信息、定额信息、施工过程信息、无缝线路信息
扣件		扣件类型及名称、技术标准信息、各零部件材质信息、供货来源信息、定额信息、施工过程信息
轨枕	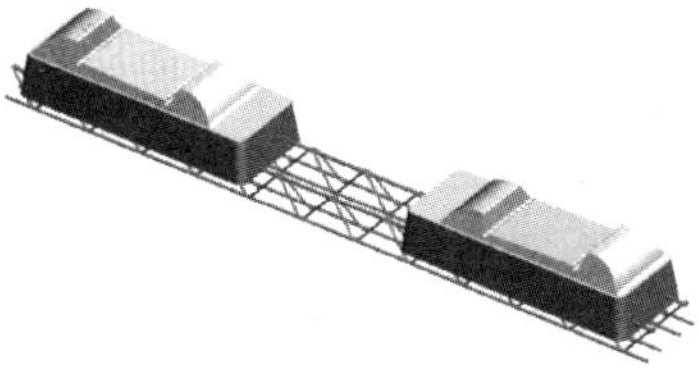	轨枕类型及名称、技术标准信息、混凝土材质信息、钢筋材质信息、预埋件材质信息、供货来源信息、定额信息
道床板		类型及名称、技术标准信息、混凝土材质信息、钢筋材质信息、预埋件材质信息、供货来源信息、定额信息
单开道岔	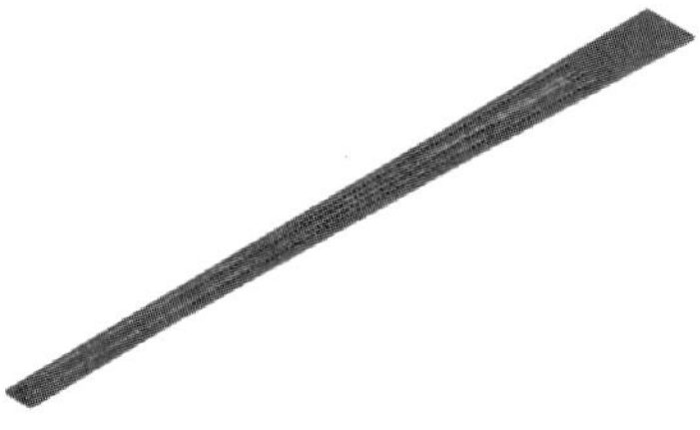	类型及名称、技术标准信息、混凝土材质信息、钢筋材质信息、预埋件材质信息、供货来源信息、定额信息、无缝线路信息

6.3.3　设计审核

轨道工程构造复杂，各专业交叉多，设计中难免会有误差。在 CAD 时代，设计企业将所有图纸打印成硫酸图，然后各专业将图纸叠在一起进行对比分析。利用 BIM 技术后，通过搭建各专业 BIM 模型，设计师能够在虚拟三维环境下，快速发现设计中碰撞冲突，从而大幅提高工作效率和质量，可及时排除施工中可能遇到的碰撞冲突，显著减少由此产生的变更申请单，大大提高施工现场作业效率，降低了因施工协调造成的成本增长和工期延误。

6.3.4　工程量统计

在传统工程造价阶段，专业工程师通过 CAD 图纸信息，按照清单计价规则，通过人工方式将工程数量计算出来，这种方式耗时、费力还容易产生遗漏或错误。而通过 BIM 技术可根据建立的模型从模型体积、数量、长度等角度提取出相对应的工程数量，再根据清单计价的规则软件自动统计清单量，生成相对应的清单库对应的子目编码，软件初步处理对应的关系，软件完成绝大部分的算量和计价工作，剩下的小部分由工程造价人员去调整完成，这样可与扣件轨枕、道床、枕布等清单所对应。

6.3.5　成果可视化展示

轨道的可视化工序展示，主要可辅助路基、信号等专业做协同参考，也可进行实景展示、模拟体验，给参建各方带来直观效果。可视化方案展示在轨道设计交底过程中能更有效且高效地传递设计方案，保证工程最大限度地实现设计意图，有效控制工程质量；深化后的设计模型可不断集成汇总各类轨道工程信息，方便工程成果的移交，对工程养护维修及智能化运营都将提供良好的平台和工作节点，实现对工程全生命周期的管理（图 6.3.5-1～图 6.3.5-3）。

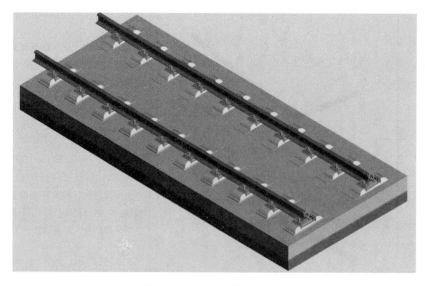

图 6.3.5-1　轨道模型展示 1

图 6.3.5-2 轨道模型展示 2

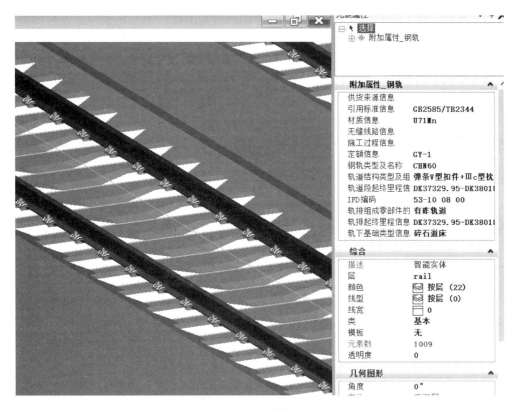

图 6.3.5-3 轨道模型展示 3

6.3.6 阶段交付成果

轨道专业不同阶段交付成果按《基于信息模型的铁路工程施工图设计文件编制办法》执行，专业交付成果需要满足设计阶段的精度要求。

依据《基于信息模型的铁路工程施工图设计文件编制办法》，轨道专业的交付，除了必要的工程数量表及工程说明之外，需要按设计单元提交参考模型和设计单元模型，设计单元模型包含设计单元说明、设计单元模型、设计单元附件、设计单元附图。

6.4 路基设计阶段 BIM 应用

6.4.1 概述

路基（earth structure）是填筑形成的承受并传递轨道重力及列车动力作用的土工结构物，是轨道的基础，是保证列车运行的重要建筑物，其工程的可实施性和造价将对铁路的设计和施工产生重大影响。目前，铁路路基的设计有一套完整的二维辅助设计软件，可以大大提高设计效率，设计成果均采用二维图形的表达方式，主要包括横断面图、剖面图、平面图等，一些附属工程则在设计说明中通过文字表述。但随着铁路的发展与变化，复杂形式的设计越来越多，二维图纸已经逐渐不能完全表达如此复杂的三维铁路，导致设计表达不明确，施工成果无法完全体现设计意图等问题出现。

在初步设计阶段应用 BIM 技术，可以对路基的填挖形式、用地范围、工程投资、环境影响等问题进行更加细致的规划，并快速形成不同方案的可视化成果，便于对重大问题进行选择和决策。施工图设计阶段将依据前期工作进一步深化设计，运用 BIM 技术可以减少传统设计方法中出现的设计表达不清晰，设计不合理的问题，如加强对路基支挡结构的里程控制，完善路桥、路隧等过渡段设计，优化路基排水，精细化特殊结构设计等。另外，BIM 协同平台对于增进专业之间的沟通，提高设计的可施工性和建成后的可运行性起到重要作用。

6.4.2 三维设计及出图

路基工程由若干个结构物组成，一般可以分为土石方填料、排水沟渠、支挡结构等，具体如表 6.4.2-1 所示，对路基进行三维设计时需要考虑其组成的各类结构物。

路基工程分项内容　　　　　　　　　　　　　　　表 6.4.2-1

	项目	内容
路基	土石方工程	基床、基床以下填筑、挖方体、过渡段等
	支挡工程	抗滑桩、桩板挡土墙、锚杆挡土墙、锚定板挡土墙、加筋土挡土墙、土钉墙、框架梁、预应力锚索、重力式挡土墙、衡重式挡土墙、悬臂式挡土墙、扶壁式挡土墙、桩基托梁挡土墙、坞式挡土墙（U 型槽）、其他挡土墙、挡风墙、托梁、承压板（挡土板）等
	地基处理	基底垫层、地面压实体、堆载预压、真空预压、注浆（体）、强夯置换桩、碎石桩、挤密桩、柱锤冲扩桩、搅拌桩、旋喷桩、CFG 桩、钻孔灌柱桩、桩帽、筏板、水泥（混凝土）置换桩、打入桩（管桩）、塑料排水板、砂桩（井）、其他桩、夯碾体（强夯及碾压）、桩板结构、桩筏结构、地下洞穴处理等
	边坡防护工程	护墙、脚墙、墁石基础、骨架护坡、六棱砖护坡、空心砖护坡、边坡土工格栅、坡面嵌补护坡、主动防护网（柔性）、被动防护网、绿色防护护坡、护肩、基床土工织物、喷混植生护坡、植草窗护坡、卵石方格护坡等
	排水工程	侧沟、排水沟、堑顶截水沟、平台截水沟、急流槽、盲沟、支撑渗沟、集水井、检查井、围堰、挡水埝、改河（渠）改水等
	检测系统设施	桩中检测钢管、测力计、位移观测桩、沉降观测板、测斜仪（管）、多点位移计等
	专业接口工程	牵引变电所场坪、分区所场坪、电缆沟槽、电缆井、综合接地、接触网立柱基础、隔离栅栏等

　　常见的路基三维设计软件有 Autodesk 的 Civil3D、Bentley 的 PowerCivil、Dassault Sysèmes 的 Catia 等软件，这些软件都是通过一定规则组合路基工程的各类结构物实现三维建模。

　　路基建模不同于单纯的结构建模，其中既存在与地形面有交集的填筑构造，也存在大量标准结构物。其中，与地面相交的结构物受地形影响形态各异、变化多端，会造成路基的填挖形式发生变化，具有不确定性的特点。因此，可以把路基的三维设计分为规则几何体和不规则几何体，例如路面填料、排水沟、挡墙等就是规则几何体，因为不管其结构形式如何变化，计算机都可以通过控制几何参数形成三维结构物，也可以建立构件库来存储常用的构件类型；基底填料、边坡等受控于地形的为不规则几何体，其与地形面相交的部分很难完全实现参数化控制。往往不规则几何体的形态、位置会影响规则几何体的构建，因此在路基参数化建模时，不规则几何结构物的构建尤为重要。

　　在进行路基设计前需要根据路基构件制定相应的颜色、材质标准，以使整个项目的颜色及材质统一。模型材质和颜色参照《铁路工程信息模型表达标准》。如图 6.4.2-1 所示。

材质名称		材质库			
		图像/贴图	颜色		
			R	G	B
道砟			171	165	154
路基填筑	级配碎石		124	112	99
	A组填料		194	184	159
	B组填料		200	195	176
	C组填料		204	153	102

图 6.4.2-1　路基设计模型材质和颜色

　　通过 BIM 模型生成符合既有技术规范的图纸，也可直接形成三维 PDF 文件。对模型进行轻量化处理，用于移动或便携设备，在施工过程中可直接浏览查看。还能够实现横断面按照间隔里程，自动出图等功能，减少了大量繁琐的横断面绘制的工作。

6.4.3　设计审核

　　与其他专业类似，在以往路基工程的设计审核中，设计企业将所有图纸打印成硫酸图，然后各专业将图纸叠在一起进行对比分析。而利用 BIM 技术后，通过搭建各专业 BIM 模型，设计师能够在虚拟的三维环境下，快捷发现设计中碰撞冲突，从而大幅提高工作效率和质量，可及时排除施工中可能遇到的碰撞冲突，显著减少由此产生的变更申请单，提高施工现场作业效率，降低因施工协调带来的成本增加和工期延误。完成的设计单元根据送审流程，在协同设计平台上实现校核、专业审核、审定等流程，并在协同平台上实现校审信息的传递，以及设计修改工作。

6.4.4　工程量统计

工程量是设计工作的归口，在 BIM 模型设计完成后，可以通过模型的几何信息（面积、体积）计算得到，因此模型精度会直接影响工程量统计的精细程度。在参数化建模前期就应规划好工程量统计的精度要求，以便选择相对应的 BIM 建模精度。例如，统计混凝土的数量时，应先调取 BIM 模型中具有混凝土这个材料"标签"结构物，通过其几何信息来统计工程量，因此要求在建模过程中对不同材料的模型添加不同的"标签"。

6.4.5　成果可视化展示

路基模型可视化展示为我们提供了一种直观有效的方法，它将复杂的路基结构及其数据信息直观地展现出来，并支持对结果的浏览、标识等（图 6.4.5-1，图 6.4.5-2）。

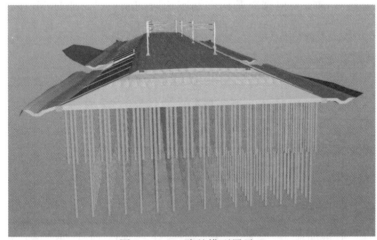

图 6.4.5-1　路基模型展示 1

图 6.4.5-2　路基模型展示 2

6.4.6　阶段交付成果

各专业不同阶段交付成果按《基于信息模型的铁路工程施工图设计文件编制办法》执

行，专业交付成果需要满足设计阶段的精度要求。

《基于信息模型的铁路工程施工图设计文件编制办法》关于路基专业的交付，除了必要的工程数量表及工程说明之外，需要按设计单元提交参考模型和设计单元模型，设计单元模型包含设计单元说明、设计单元模型、设计单元附件、设计单元附图。

6.5 桥涵设计阶段 BIM 应用

6.5.1 概述

桥涵工程在铁路中占比较大，应用 BIM 技术对整个桥涵工程意义重大。

铁路桥涵工程设计阶段分为预可研、可研、初步设计和施工图设计等几个阶段，每个阶段的设计范围和设计深度各不相同，从预可研阶段逐步深化至施工图设计阶段，以达到设计成果能够满足指导施工的精度要求。各个设计阶段对应的 BIM 技术的应用侧重点、应用深度和精度也不相同，对于预可研、可研阶段其主要任务为方案比选和工程量统计，基于 BIM 技术的线路、地形、地质等三维可视化成果可以快速地实现桥涵的布置设计并进行工程量统计，完成预可研、可研阶段设计任务。对于初步设计阶段，应采用 BIM 技术对特殊工点进行较详细的设计，主要任务为确定推荐方案、进行方案对比、对重大工点进行较为详细的设计以及进行工程量统计。根据《铁路工程信息模型交付精度标准》要求，初步设计精度对应的 BIM 设计精度为 LOD3.0，这要求桥涵 BIM 模型包括基本常用的构件，如桥梁 BIM 模型中包含桩基、承台、桥墩、桥台、垫石、支座块、盖梁、梁、特殊结构、桥面附属等。对于施工图阶段，应对设计方案进行全面细致的设计，根据《铁路工程信息模型交付精度标准》要求，施工图设计精度对应的 BIM 设计精度为 LOD3.5 级，大到墩台小到钢筋螺栓等构件均需要在模型中创建，并利用 BIM 设计软件的出图功能输出满足施工要求的二维施工图。

此外，为了使铁路桥涵设计方案更加准确、各构件更加精准，应结合铁路桥涵结构特点对铁路桥涵模型进行参数化设计，对于常用的标准梁、桥面附属等构件创建参数化单元库，方便在不同项目中应用（图 6.5.1-1，图 6.5.1-2）。

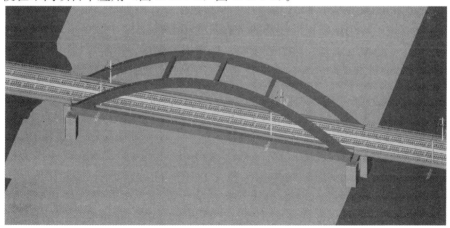

图 6.5.1-1　某型 LOD3.0 精度简支系杆拱桥

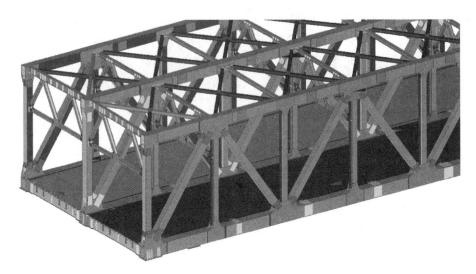

图 6.5.1-2　某钢桁梁 LOD3.5 精度 BIM 模型局部

在 BIM 协同设计平台上对桥涵工程进行协同设计，需要上序专业，如线路、地质、站场等专业提资，将设计资料传递到桥涵专业，桥涵专业队提资成果进行检验并返回意见，在获得满足要求的设计资料后进行本专业内部桥涵工程设计，完成设计后输出相应的设计成果，并按要求向下序专业提资。

利用 BIM 的参数化设计技术实现涵洞参数化建模。满足涵洞形状和位置变化的要求。涵洞主要构件包括涵节、基础、加固桩、翼墙、帽石、附属构件等。利用各构件的相对位置关系确定几何约束关系实现涵洞构件的自动组装；通过提取构件属性信息完成工程量统计；利用 BIM 软件出图功能实现涵洞二维设计图纸的输出，提高涵洞设计效率。

6.5.2　三维设计及出图

传统的二维设计输出成果为 CAD 图纸，若桥梁中某块板件尺寸发生变化，则需要依次修改该板件相关的所有图纸的尺寸，并对工程量进行重新统计，这种反复的工作耗费了设计院大量的人力资源。BIM 技术的一大优点即可以进行参数化设计，利用 BIM 软件自带的参数化设计功能或者基于 BIM 软件开发的参数化设计模型可以很好地解决上述问题，通过修改板件参数，自动更新板件涉及的所有图纸和工程量。

铁路桥梁中像桩基、承台、重力式桥墩、标准梁、钢桥、拱桥等均可以进行参数化设计，通过修改 BIM 模型中的参数信息，自动更新 BIM 模型输出的二维设计图纸，以减少工程师改图工作量。

在创建参数化模型的过程中要处理好几何模型约束关系，不能过约束也不能欠约束，应保证参数的变化获得的模型唯一有效。现有的 BIM 软件均有参数化设计功能，有的软件甚至自带专业的参数化构件库，软件的优点各有不同。例如 Tekla 软件作为钢结构设计的传统软件，不仅可以完成钢结构的参数化建模而且可以输出二维图纸。MicroStation CONNECT Edition、CATIA 软件也具有参数化功能，也有设计院基于此软件进行满足自身设计需求的参数化设计开发，取得了良好的效果。例如 Revit 软件自带了大量建筑行业的参数化库，国内外众多建筑公司基于 Revit 平台开发的建筑行业设计专业软件极大地促进了 Revit 软件在建筑行业领域的应用。如图 6.5.2-1 所示，为某型标准梁参数化截面。

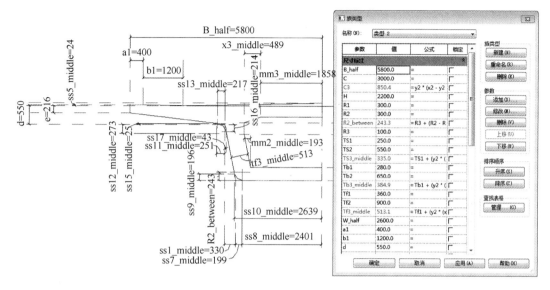

图 6.5.2-1　参数化截面

传统的二维设计图纸目前都是通过 CAD 软件绘制的，尤其铁路桥梁构件需要通过大量的平面图、立面图、剖面图等来表达。且 CAD 的图纸因缺少直观的三维立体展示，需要绘制不同部位的断面、剖面图来交代想要表达的内容，这给工程师增加了很大的出图工作量。有些复杂的平立面关系以及复杂结构的节点连接关系会导致投影绘图难度的增加，甚至无法准确表达设计思想，从而导致施工过程中出现图纸理解错误的问题。

由于 BIM 模型是基于整个结构物参数化的信息模型，包含了图纸的所有几何信息，因此，由 BIM 模型可以直接得到平面图、立面图、剖面图、轴侧图、节点详图、说明文字和详细工程数量列表等内容，对于导出图补充适当的标注，进行适当的调整即可达到出图要求。同时因为 BIM 模型是三维参数化的信息模型，所有视图信息同步，如需修改设计模型，则各视图都会随之更新，摆脱传统二维图纸一旦进行设计修改，则各相关视图都需分别修改绘制的弊端。

BIM 三维出图区别于二维图纸的另一优点是，BIM 可以整合各专业模型，实现多专业协同，多专业出图，将设计冲突和错误修正，最终获得更为精确的图纸。同时也大大缩短了设计师出图的时间周期，改善我国铁路工程行业施工图纸普遍滞后的现象。

6.5.3　设计审核

桥涵工程设计成果通常都需要进行审核，审核的主要工作内容即对图纸进行差、错、漏、碰检查。通常工程师凭借经验和想象能力理解图纸中工程师的设计意图，分析出图纸中不足之处；但是对于特殊工点结构，如桥梁构造的复杂程度超出工程师理解能力，便无法对局部构造的合理性进行核实。BIM 技术很好地解决了上述问题，通过建立桥涵 BIM

模型，对其进行碰撞检查可以获得精准的碰撞检查报告，并对工程量进行统计分析，进而
形成完整的基于 BIM 技术的桥梁设计咨询报告。

在建立 BIM 模型过程中将发现的设计问题诸如平面详图不一致、标注不明、结构错
位、建筑结构不一致等进行归纳与分类，形成设计咨询报告反馈给铁路桥涵项目各参与单
位。设计师可以根据设计咨询报告有针对性地对各专业、各视图图纸进行设计优化。特别
是铁路桥梁中预制构件，一旦传统二维设计图纸出现问题会直接影响与之构件的质量和使
用，势必造成施工进度的滞后与材料成本的浪费。通过基于 BIM 技术的设计咨询报告，
提高设计质量，保证铁路桥梁工程质量，并节约了成本。

6.5.4　工程量统计

传统二维 CAD 设计手段通常难以对铁路桥梁工程量做出精确统计，尤其是复杂异形
构件难以进行准确的工程量计算，如顶帽、双曲线托盘、连续梁节块、不规则散水坡、吊
杆横梁、张拉齿块、曲面钢板件等。通过 BIM 技术可以很好地解决工程量统计的问题，
对设计图纸给出的工程量进行复核。值得一提的是 BIM 技术甚至可以计算混凝土构件扣
除其内普通钢筋体积的准确的混凝土用量。

通常 BIM 软件均自带工程算量功能，在建模过程中各构件选择不同的材料属性，软
件内部根据材料形成相应的工程数量表格。若发现与图纸工程量存在误差，则及时与设计
单位沟通，修正数量，避免不必要的成本损失。同时利用 BIM 技术进行工程量统计作为
精细化控制结构用材数量的重要依据。精细化控制对于铁路桥梁工程方面的意义尤为重
要，例如连续梁上节段内钢筋非常密集，预应力孔道所占的比重大，包括纵向，横向，竖
向预应力的张拉槽口，所占据的体积非常可观。通过传统手段对工程量进行统计和报量时
如果体积计算不准确，就会造成混凝土材料的严重浪费，而通过 BIM 技术可以准确地获
得扣除管道及钢筋体积的混凝土真实方量。

通过 BIM 技术参数化功能创建铁路桥梁的各构件模型，设计人员可以基于三维模型
进行工程量统计，当构件尺寸出现变化，构件的工程数量自动更新，无须像二维设计一样
进行繁重的图纸修改工程数量。如图 6.5.4-1 所示，为某铁路标准梁 BIM 工程量统计表。

传统二维 CAD 设计手段通常难以对铁路桥梁工程量做出精确统计，尤其是复杂异形
构件难以进行准确的工程量计算，如顶帽、双曲线托盘、连续梁节块、不规则散水坡、吊
杆横梁、张拉齿块、曲面钢板件等。通过 BIM 技术可以很好地解决工程量统计的问题，
对设计图纸给出的工程量进行复核。值得一提的是 BIM 技术甚至可以计算混凝土构件扣
除其内普通钢筋体积的准确的混凝土用量。

通常 BIM 软件均自带工程算量功能，在建模过程中各构件选择不同的材料属性，软
件内部根据材料形成相应的工程数量表格。如与图纸工程量存在误差，则及时与设计单位
沟通，修正数量，避免不必要的成本损失。同时利用 BIM 技术进行工程量统计作为精细
化控制结构用材数量的重要依据。精细化控制对于铁路桥梁工程方面的意义尤为重要，例
如连续梁上节段内钢筋非常密集，预应力孔道所占的比重大，包括纵向，横向，竖向预应
力的张拉槽口，所占据的体积非常可观。如果通过传统手段对工程量进行统计和报量时如
果体积计算不准确，就会造成混凝土材料的严重浪费，而通过 BIM 技术可准确的获得扣
除管道及钢筋体积的混凝土真实方量。

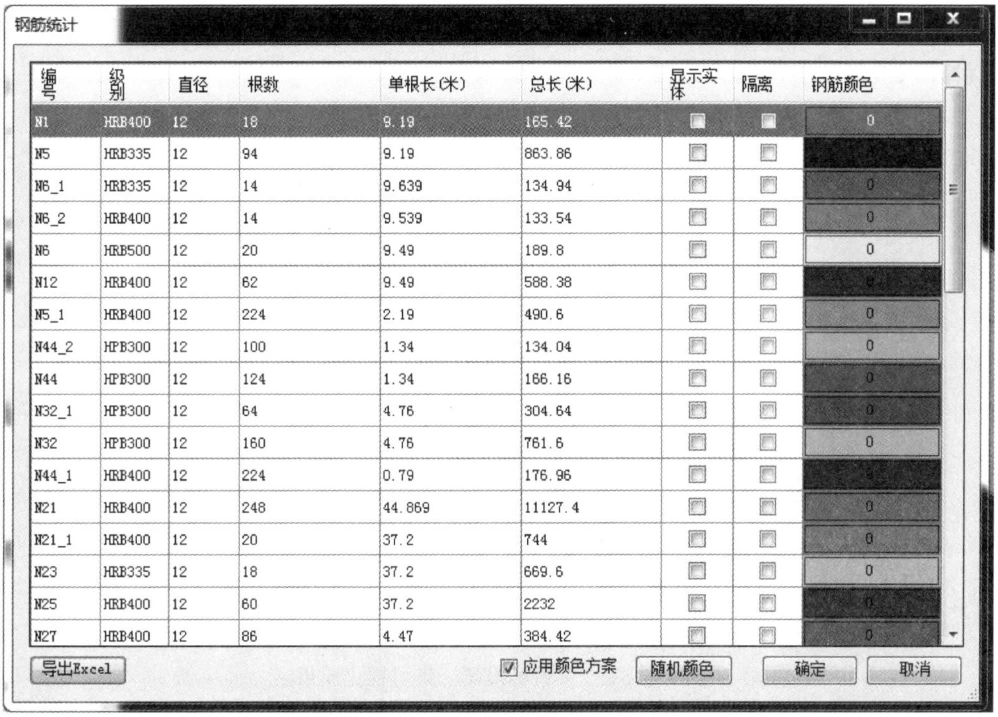

编号	级别	直径	根数	单根长(米)	总长(米)	显示实体	隔离	钢筋颜色
N1	HRB400	12	18	9.19	165.42			0
N5	HRB335	12	94	9.19	863.86			
N6_1	HRB335	12	14	9.639	134.94			0
N6_2	HRB400	12	14	9.539	133.54			0
N6	HRB500	12	20	9.49	189.8			0
N12	HRB400	12	62	9.49	588.38			
N5_1	HRB400	12	224	2.19	490.6			0
N44_2	HPB300	12	100	1.34	134.04			0
N44	HPB300	12	124	1.34	166.16			0
N32_1	HPB300	12	64	4.76	304.64			0
N32	HPB300	12	160	4.76	761.6			0
N44_1	HRB400	12	224	0.79	176.96			
N21	HRB400	12	248	44.869	11127.4			0
N21_1	HRB400	12	20	37.2	744			0
N23	HRB335	12	18	37.2	669.6			0
N25	HRB400	12	60	37.2	2232			
N27	HRB400	12	86	4.47	384.42			0

图 6.5.4-1 某型标准梁工程量

通过 BIM 技术参数化功能创建铁路桥梁的各构件模型，设计人员可以基于三维模型进行工程量统计，当构件尺寸出现变化，构件的工程数量自动更新，无须像二维设计一样进行繁重的图纸修改工程数量。

6.5.5 成果可视化展示

BIM 技术的最大优点之一即为可视化，通过 BIM 模型可以将桥梁按模型精度的要求虚拟显示于工程师面前，基于 BIM 的可视化可以有效改善沟通方式，提高项目的观赏度及工程师的阅读能力，增加桥梁结构整体的真实性及使用者的体验感，为工程师在设计过程中提供辅助决策手段。

现在通过 BIM 技术，将桥梁模型进行细化及深化之后，配合相关软件可以进行贴近现实的模拟演示，模型之中不但添加了构件信息，还可以进行 360 度旋转以及细部放大等观赏方式。让项目各方可以对桥梁整体及细节都有所了解，再配合 VR 等技术可以实现虚拟现实的演示，增加业主或相关人员的真实体验感。

碰撞检查相对以往的传统二维 CAD 工作模式往往需要设计人员对着多张图纸进行套叠一一排查，不但费时费力，还对核查人员的工作能力、经验以及空间想象力有很高的要求，经常是花费了大量精力还是一大堆的错漏碰缺，随着我国桥梁建设水平的提高，出现了更大跨度、更复杂的桥梁结构，利用二维图纸叠加再通过设计人员想象力对施工图进行错漏碰缺检查已经成为不可能完成的任务。现在可以通过 BIM 技术，运用相关 BIM 软件对所建立的桥梁信息化模型进行可视化的碰撞检查，可以在碰撞检查模拟中查看净高、钢筋之间的软硬碰撞，预埋件与结构之间的碰撞，自动生成碰撞报表，优化构件排布方案，指导施工人员进行正确高效的工作，进行施工交底、施工模拟，提高施工质量，同时也提高了设计人员与业主沟通的能力（图 6.5.5-1）。

图 6.5.5-1　某些标准梁三维可视化成果

6.5.6　阶段交付成果

BIM 设计的主要成果附加模型信息的设计模型，各个不同的设计阶段 BIM 交付成果的广度和深度各不相同，详细参考《铁路工程信息模型交付精度标准》和《基于信息模型的铁路工程施工图设计文件编制办法》等相关规定。

6.6　隧道设计阶段 BIM 应用

6.6.1　隧道 BIM 应用概述

我国是多山之国，据统计，山地、丘陵约占国土面积的 2/3，作为铁路工程，因为各种因素的限制，修建隧道是保护自然环境，安全性最高的解决手段。同时隧道作为铁路工程建设中的重点和难点，并在很多工程中是控制工期的重点工程，因此提高铁路工程设计质量，提高设计效率成为设计单位一直都在探索研究的课题。

随着 BIM 技术在建筑行业的发展与普及，铁路工程也逐渐开始将 BIM 技术应用于设计阶段中。在隧道设计中，根据设计阶段确定不同的模型精度，制定模型分解计划，确定上下序资料提交流程，根据地质、航遥提供的信息设计隧道断面，并沿线路生成隧道模型，并对模型进行信息、IFD 编码等属性的附加，使用 BIM 技术可以对复杂结构进行直观的展示，如隧道洞门结构及涉及的放坡、开挖等在二维设计图纸中很难精确表示的结构，在三维模型中都能很好地表示出来，并且通过模型上附加的信息能够直接接收到不能直观通过模型反映的信息，如材料、性能等。碰撞检测作为 BIM 的一大优势也广为人们所熟知，通过碰撞检测可以减少设计过程中的错误和减少变更设计工作量，优化工程设计，提高设计质量。隧道环控专业属于站后机电专业，工作内容主要是为满足车站及隧道内列车、相关设备、人员等散热除湿的处理要求，提供舒适的人工环境，同时通过防烟、排烟及事故通风系统，为人员的疏散和救援提供必要条件。BIM 平台中的构件库是一个包含了非几何属性和相关图形表示的图元组，在环控设计中建立包含大量管线、设备、阀门附件等环控信息的构件库是其重要工作内容之一。BIM 技术可视化的特点使得环控专业的设计内容更加直接明了，能更直观地展示给协作专业与业主，能更清晰地反映设计师的设计意图。在复杂铁路隧道工程中运用 BIM 技术设计能很好地提高环控设计工作的质量，对于环控工程师而言可以减少配合施工工作量；在施工方面可以提高效率，减少返工、节约成本。BIM 的可视化功能集成多维信息，精确地储存了环控工程中的设备及管线的属性及空间信息，可以模拟施工组织方案，为后期施工安全管理提供有力的技术支持。在精准的 BIM 模型中结合运行维护软件的使用，可以在物业运行期间提供机电系统的工作状态，为工程的运行维护提供便捷的支持。通过 BIM 技术的协同设计平台，增强了各专业间的沟通，保证专业间互提资料的实时更新，对于提高设计效率，减少设计错误起到重要作用。随着 BIM 技术在铁路行业中相关规范的完善和发展，在之后的隧道设计中，运用 BIM 技术进行的三维设计必将占据更加重要的地位。

6.6.2 三维设计及出图

目前对于大部分设计单位来说设计阶段的 BIM 应用还停留在二维设计辅助的阶段，因此还是以翻模为主，设计人员根据既有的二维设计成果创建 BIM 模型，反向检验设计成果。在此基础上进行了基于 BIM 技术的参数化建模研究，通过参数化建模提高现阶段设计效率，为 BIM 未来正向设计的发展趋势打下基础。

对于隧道设计，根据不同的围岩级别；判断是否为加强段、洞口段，建立不同断面，当设计出现调整时，工作量成倍增加。使用参数化建模，建立整个系统的逻辑性和关联性，使模型能够通过修改参数生成不同断面，大大提高设计效率；对于辅助洞室、检查井、踏步等结构通过建立构件库设置间距布置，简化设计流程。

对于隧道环控设计，为提高构件的利用效率和信息模型的精细度，以及为后期的施工、物料采买甚至是后期运维做准备，构件需采用参数化设计。

隧道专业参数化建模过程：

1）首先建立标准断面，在软件例如 Microstation 中绘制出标准断面，根据断面的设计原则建立断面内部构件间的二维约束，在约束关系中设定"变量"、"变化"，使断面形成参数化模型（图 6.6.2-1）。

2）根据适用的围岩等级不同，通过调整参数，直接形成不同围岩等级的断面形式（图 6.6.2-2）。

3）根据地质模型确定的围岩等级设定隧道衬砌里程，通过修改变量 L（衬砌长度变量）与衬砌断面类型形成隧道模型（图 6.6.2-3）。

4）模型信息附加

作为 BIM 模型中的重要一环，信息对于 BIM 模型的应用起着至关重要的作用，除了模型建立完成后通过模型本身自带的几何信息外，还有一部分非几何信息需要我们手动将

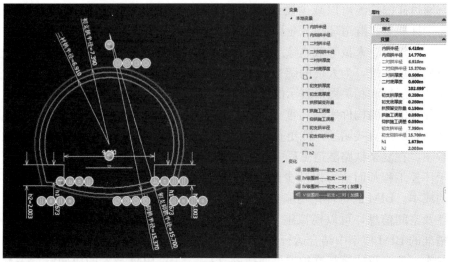

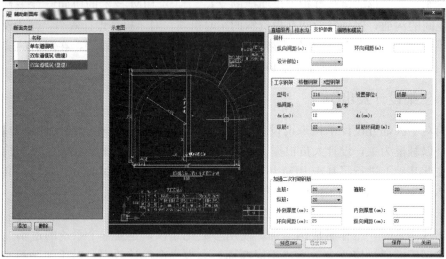

图 6.6.2-1　建立断面参数化模型

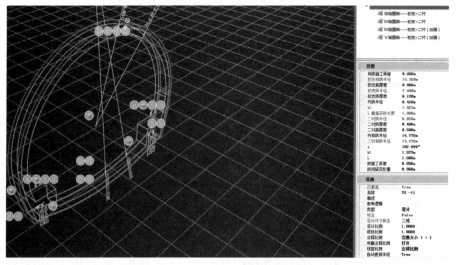

图 6.6.2-2　建立不同围岩等级下的隧道

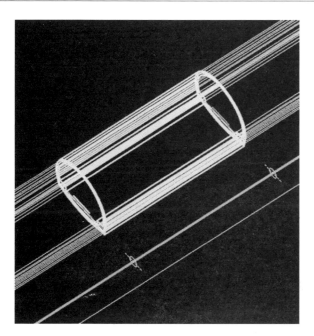

图 6.6.2-3　生成隧道模型

它们附加到模型上。隧道专业需要附加的信息参考《铁路工程信息模型交付精度标准》中对于隧道模型非几何信息、IFD 编码的要求来进行附加。

隧道环控专业参数化构件库：

隧道环控专业构件属性如表 6.6.2-1 所示，BIM 模型除应包括几何尺寸、空间位置、分类信息、编码信息、关键属性、关键参数等，对于模型、构件、属性建立统一的分类命名规则。

隧道环控专业主要构件及属性　　　　　　　　　　表 6.6.2-1

名称	图示	附非几何属性
轴流风机		风机类型、是否变频、额定电压、额定电流、额定功率、额定转速、额定风量、风机全压、噪声、重量、生产厂家、设备型号
各类风阀		公称直径、公称压力、防火等级、阀门类型、连接方式、传动方式、阀体材质、重量、生产厂家、设备型号

名称	图示	附非几何属性
多联机室内机	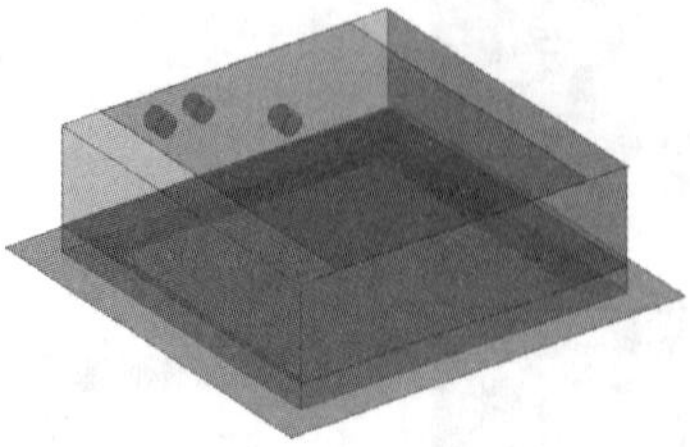	是否变频、额定风量、额定功率、额定容量、工作压力、水量、噪声、重量、生产厂家、设备型号
多联机室外机	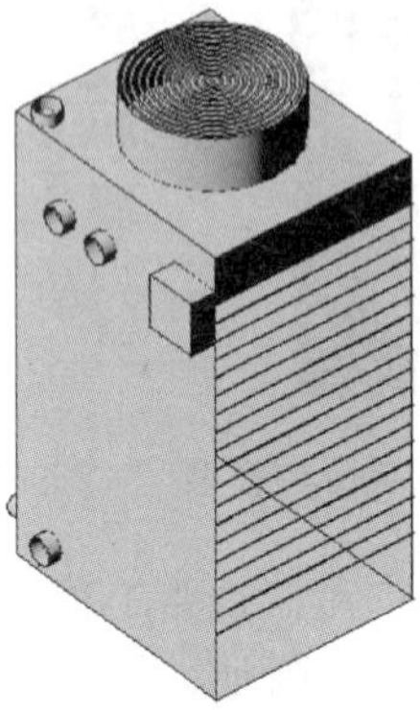	是否变频、额定风量、额定功率、额定容量、工作压力、水量、噪声、重量、生产厂家、设备型号
机房专用空调室内机		匹数、是否变频、额定容量、额定功率、风扇风量、冷媒、重量、生产厂家、设备型号
机房专用空调室外机	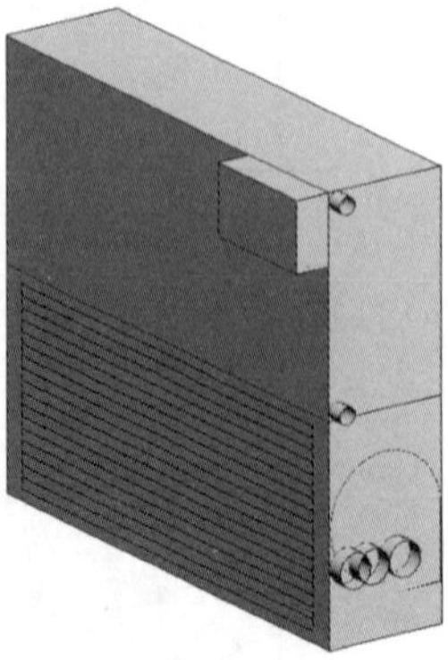	匹数、是否变频、额定容量、额定功率、风扇风量、冷媒、重量、生产厂家、设备型号

名称	图示	附非几何属性
射流风机	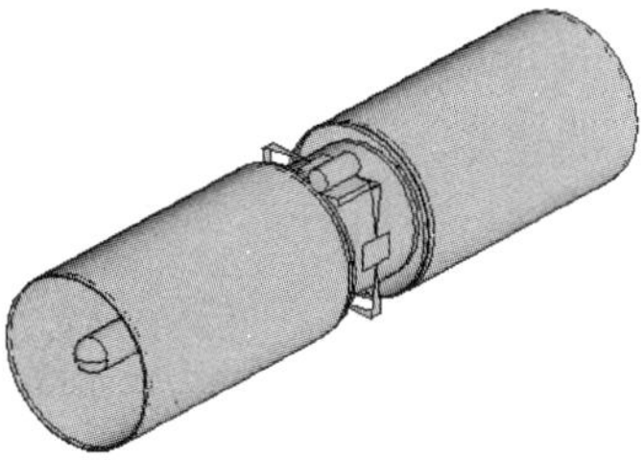	风机类型、是否变频、额定电压、额定电流、额定功率、额定转速、额定风量、风机全压、噪声、重量、生产厂家、设备型号
消声器	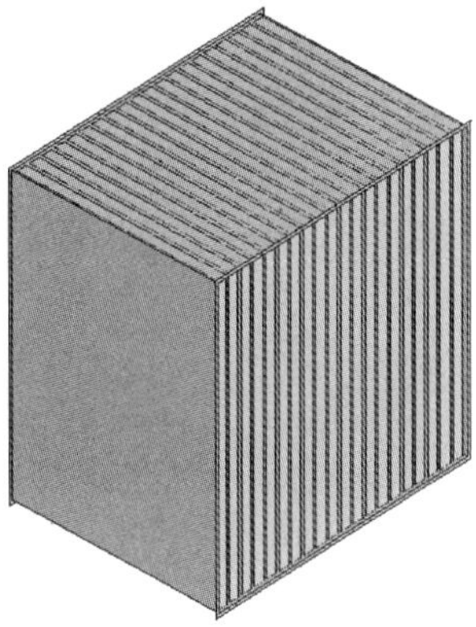	消声器类型、消声量、压力损失、噪声、重量、生产厂家、设备型号

目前，BIM 模型作为二维设计的辅助设计手段，使用 BIM 模型进行二维出图是目前设计单位的一大研究方向，作为隧道专业，通过参数化断面建立的模型建立完成后，通过调整参数形成不同围岩等级、加强段、出口段等断面，相比二维设计不同断面需要手动重新绘制简便了不少。对于检查井等需要平、立、剖三视图来进行表达的结构，使用三维模型进行出图，选取不同的剖切面对结构进行剖切，形成三视图，相比于二维设计结构修改时需要将三视图全部修改一遍，三维模型通过剖切形成的三视图只需要把模型修改后三视图便修改完成。

隧道环控专业设计通过 3D 可视化环境分区，分部位确定各种管路管线的标高和走向，成功解决碰撞问题，最后可直接利用 BIM 模型导出施工图，提高了图纸质量。BIM 模型可以任意剖切形成对应的二维图纸。极大地提高了设计效率和准确度。除了传统的二维图纸，BIM 可以生成 3D 视角的 PDF 文件，对模型进行轻量化处理，可应用于便携设备上，在施工过程中，利用创建的三维模型与业主或施工单位及时沟通，尽早发现错误，避免让错误进入现场，造成代价高昂的现场设计返工，同时还可大幅度缩短建筑设备及管道系统的施工周期。

6.6.3 设计审核

隧道模型在建立完成后，需要对模型及附加属性进行审核，并进行碰撞检测，形成审核意见及碰撞检测报告，由于三维模型包含的附加信息较多，这些附加信息也将作为审核中的一部分，因此通过三维模型形成的设计咨询报告所包含的信息也更加全面，使隧道设计更加合理，提高设计质量，减少设计变更。

BIM 技术可视化的特点使得隧道工程专业的设计内容更加直接明了，能更直观地展示给协作专业与业主，能很清晰地反映设计师的设计意图。同时含有丰富的工程信息的模型能够表达更多信息，通过 BIM 咨询报告的这个过程，让设计师在设计的过程当中更加严谨，使设计图纸更加精准，从而减少甚至消除设计错误。

通过三维模型结合模拟软件，进一步验证隧道设计合理及合规性，也是目前隧道设计审核一向重要工作，如图 6.6.3-1 和 6.6.3-2 所示，隧道洞口洪水淹没分析，通过汇水分析及水位分析，更好优化设计方案。

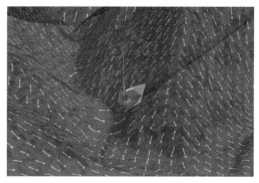 

图 6.6.3-1　某隧道基于坡度计算汇水方向　　　图 6.6.3-2　某隧道模拟隧道洞口附近百年水位

6.6.4　工程量统计

隧道专业实现工程量统计的方式分为两种，一种是根据模型精度要求，可以从模型中提取的工程数量。在建立模型时，不同部位构件通过图层或者 IFD 编码进行区分，方便在需要提取某个工程数量时能够快速选取全部构件，在选取到需要获取数量的构件后，可通过模型的几何信息如长度、面积、体积等来进行数量计算。第二种方式是通过参数化建模中形成的不同断面形式，将单量进行统计，在根据不同断面敷设的长度来进行工程量计算。使用第二种方法可以统计出第一种方法里因模型精度问题没有进行建模的构件的工程数量。

BIM 模型是一个包含工程信息的数据库，可以真实地提供造价管理需要的工程量信息，借助这些信息，隧道工程设计人员可以通过计算机快速对各种构件进行统计分析，大大减少了繁琐的人工操作和潜在错误，易于实现工程量信息与设计方案的完全一致。通过 BIM 获得的准确工程量可以用于前期设计过程中的成本估算、在业主预算范围内进行不同设计方案的探索或者不同设计方案建造成本的比较，以及施工开始前的工程量预算和施工完成后的工程量决算。

6.6.5　成果可视化展示

隧道 BIM 的出现使得设计师不仅拥有了三维可视化的设计工具，更重要的是通过工具的提升，使设计师能使用三维的思考方式来完成设计，通过可视化可以使设计人员对设计内容有直观的了解，在设计复杂结构时通过三维模型可以避免二维设计上通过平、立、剖三视图表达理解的错误，并且在不同结构组合时，能够轻松发现在二维设计中各专业分开画图时难以发现的错误。通过可视化降低了设计阶段出现错误的可能行，减少了变更设计的出现。另外使用软件例如 LumenRT 对模型进行渲染时，在需要进行展示的位置创建关键视角便可形成整体的漫游动画，可以进行隧道、地下车站内部模型漫游展示，对隧道、车站情况进行更加直观的展示。或者通过建立地质模型，制作分步开挖等施工工法的演示动画，指导施工。如图 6.6.5-1 所示为地下车站内部模型漫游展示。在隧道环控专业的模型中，由于整个过程都是可视化的，其结果不仅可以用作效果图的展示及报表的生成，更重要的是，可以使项目设计、建造、运营过程中的沟通、讨论、决策都在可视化的状态下进行。对于环控专业，可以在虚拟的三维环境下发现设计中的碰撞冲突，从而大大提高了管线综合的设计能力和工作效率。这不仅能及时排除项目施工环节中可能遇到的碰撞冲突，显著减少由此产生的变更申请单，更大幅提高了施工现场的生产效率，降低了由于施工协调造成的成本增长和工期延误（图 6.6.5-2，图 6.6.5-3）。

图 6.6.5-1　车站内部模型漫游

图 6.6.5-2　隧道内部模型漫游

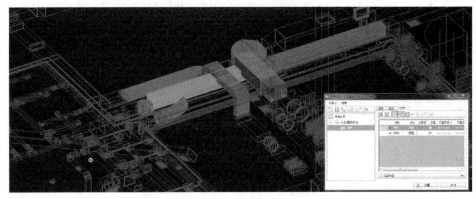

图 6.6.5-3　碰撞检测界面

6.6.6　阶段交付成果

在设计工作完成后要提交设计说明文件、附加信息后的 BIM 模型文件、模型附带的 IFD 编码表，对于不同的设计阶段，模型精度的要求各不相同，应参照《铁路工程信息模型交付精度标准》附录 A 铁路工程信息模型精度中的表 A-3 隧道模型精度中的要求来提交模型。

6.7　站场设计阶段 BIM 应用

6.7.1　站场 BIM 应用概述

铁路站场工程主要指线路上供铁路列车停靠的区段范围，用以办理各种铁路运输业务。近年来，国内铁路建设正在探索二维转三维的技术道路，目前哈大客专、兰新高铁等工程皆取得了诸多成功经验。但在铁路站场设计工作中，专业繁多，分工较细，站前专业、站后专业接口多，影响因素复杂，精度要求高，协作性强，传统 CAD 二维设计思路越来越无法满足铁路站场工程技术的发展。

站场 BIM 软件常用到的例如 PowerCivil，LumenRT，MicroStation 等软件，目前已基本能够满足设计需求，但对于细节及工程算量方面，还需进行本地化功能开发。

目前铁路站场 BIM 工作仍处于起步阶段，后续需要大量人力、物力，满足其长远发展的需求。目前站场 BIM 很多成果是被动 BIM 化，真正实现正向设计流程还有很多需要深入研究的工作。

本章节将针对铁路站场工程 BIM 技术的参数化建模、工程量统计、三维展示、三维出图、协同设计、构件库等内容进行论述、探讨。

6.7.2　三维设计及出图

设计一个完整的铁路车站模型建立需涉及几十个不同专业，根据工作流程，主要可以分为站前专业和站后专业。站场专业通常归于站前专业，但实际车站设计工作中，站场专业基本与所有专业都存在交集。站场专业在某一设计阶段的 BIM 模型建立大致可分为 4 个阶段：

1. 几何模型绘制

首先根据线路正线模型，以轨顶标高为控制因素，用例如 Powercivil 绘制站线线位的平纵模型，根据线位模型进行铺轨，其中道岔的设计需要用到例如 RailTrack 软件。在航遥专业及地质专业提供的地形、地质模型基础上用例如 Powercivil 建立车站的路基模型，路基模型根据不同设计阶段，横向坡度、排水设备等标准不同，但路基表层、底层、本体等基本模型组件需要完整搭建。其余各种附属设备的几何模型主要用例如 MicroStation 完成。

2. 属性信息赋予

目前，例如 Bentley 软件平台下的 V8 系列软件对属性添加功能支持很差，需要完成几何模型绘制后，在例如 MicroStation CONNECT 软件中进行各类属性的添加工作。

3. 多专业模型协同拼装

在各专业模型建立完成后，需要进行模型拼装、碰撞检查，拼装检查这个过程需要多次修改、反复完善，相比传统设计方法，对各专业设计的精度要求更高。通过拼装检查，可以最大程度地提高设计的可行性、合理性，通过设计阶段将工程项目的成本进行有效控制。

4. 站场三维出图

站场三维出图格式多样化，除了例如 dgn、dwg、dwf 等绘图软件常用格式外，目前众多 PDF 软件对含有三维内容的 PDF 文件都支持良好，通过 BIM 技术规范，可以非常方便地进行三维出图及传递。

6.7.3 设计审核

站场 BIM 设计审核工作，目前缺乏能够熟练使用 BIM 软件、精通 BIM 软件工作机理的站场设计人员，站场工程的设计图纸审核涉及专业较多，根据已有站场 BIM 设计流程及审核经历，涉及的站场上序专业主要有：

1. 线路专业

1）线路平、纵断面（dwg/dgn）；

2）线路立交道表（文本）；

3）防护涵交叉资料（文本）；

4）防护栅栏衔接处的形式、标准（文本）；

5）采石场年产量及地形图（文本、dwg/dgn）；

6）对比选方案提供经济技术比选资料（文本）。

2. 经济专业

1）对比选方案提供经济技术比选资料（文本）；

2）客车对数，车站、货场及专用线到发运量，集装箱运量或分箱型的办理箱数，货物品类、车站最高聚集人数，大站、中间站台的最大一次下车人数；

3）提出客车开行方式的初步意见；

4）牲畜装车设备设计中提出大小牲畜头数。

3. 行车专业

1）对比选方案提供经济技术比选资料（文本）；

2）列流图、客车底组数、装卸车数、作业量、编组站编组号（图片、文本）；

3）车站交接方式（文本）；

4）集装箱场站工艺流程要求；

5）检算及设计中提供机车有关资料。

4. 桥梁专业

1）桥涵位置、类型、孔跨等有关资料（文本、dwg/dgn）；

2）配合签订协议，提供改沟流量。流量为 $20m^3/s$ 及以上时，由桥涵提出改移沟渠的线型、断面、坡度设计原则、方案要求（文本、dwg/dgn）；

3）新建、改建铁路引起的站场范围内公路改移设计中提供立交桥涵结构设计（文本、dwg/dgn）；

4）客运车站范围无障碍流线设计和无障碍总体设计中设计资料（文本、dwg/dgn）；

5）配合签订灌溉渠协议，负责灌溉渠穿越站场股道的桥涵设计（文本）；

6）对比选方案提供经济技术比选资料（文本）。

5. 测绘专业

测绘相关资料（dwg/dgn/文本）。

6. 路基专业

1）路基边坡、防护等资料。提出防护建议（文本、dwg/dgn）；

2）配合进行电缆槽、排水沟结构计算、检算；

3）改沟渠设计的特殊路基设计资料（文本、dwg/dgn）；

4）引道挡墙，封闭式路堑设计资料（文本、dwg/dgn）；

5）铺轨基地地基处理设计（文本、dwg/dgn）。

7. 轨道专业

1）提供新型轨下基础设计（文本、dwg/dgn）；

2）提供正线轨道标准及轨道高度，进行无缝线路（文本、dwg/dgn）；

3）三维轨道 BIM 模型（dgn）。

8. 机务车辆专业

1）对比选方案提供经济技术比选资料，提出机、辆设备分布意见（文本）；

2）机务、车辆布置草图及设计说明（文本、dwg/dgn）；

3）管线设计资料（文本、dwg/dgn）；

4）提供红外线测轴温设备的位置、路基加宽平台尺寸和要求（文本）；

5）提出是否设客车技术整备所的站名以及整备所股道数量、长度等要求，并与行车专业洽商确定客车配属（文本、dwg/dgn）；

6）提供机务段股道电话范围的资料（文本）。

9. 机械专业

1）对比选方案提供经济技术比选资料（文本）；

2）提供机械布置草图及设计说明（文本/dwg/dgn）；

3）调速机具性能，各调速方案的机械设备费用（文本）；

4）管线设计资料（dwg/dgn/文本）；

5）走形机械类型、数量、尺寸及走行轨间距（dwg/dgn/文本）；

6) 龙门架装卸机械的设置位置及其垂直压力（dwg/dgn/文本）；

7) 货场内储煤池工艺布置要求（文本）；

8) 装卸机具选型及生产工艺流程（文本）。

10. 隧道专业

1) 隧道口布置形式（dwg/dgn/文本）；

2) 隧道起止里程信息（文本）；

3) 改沟、渠、河位置配合设计；

4) 配合站场进行土石方调配设计，提供隧道弃渣资料（文本）；

5) 配合地下站总体性布局设计（dwg/dgn/文本）。

11. 环保专业

1) 环保对土石方调配、用地设计的要求（文本）；

2) 配合环保引起的拆迁设计（文本）。

12. 给水排水专业

1) 管线设计资料（dwg/dgn/文本）；

2) 负责机械排水设计（dwg/dgn/文本）；

3) 城镇雨水涵排水要求（文本）。

13. 电力专业

1) 段管线要求，施工过渡要求（文本）；

2) 管线设计资料（dwg/dgn/文本）；

3) 提出电缆槽的位置、断面尺寸、形式及其他技术要求（文本）；

4) 无障碍设计资料（dwg/dgn/文本）；

5) 提供道岔表示器电源（文本）；

6) 灯桥、灯塔位置与要求（dwg/dgn/文本）。

14. 信号专业

1) 驼峰设计中各调速方案的操纵控制设备费用比较，驼峰轨道绝缘节分布及插短轨要求（文本）；

2) 管线设计资料（dwg/dgn/文本）；

3) 配合划分连锁区（文本）；

4) 反馈铁路电化区段安装高柱出站色灯信号机位置及线间距离意见（文本）；

5) 防护栅栏接地装置设计方案及要求（文本）。

15. 供变电专业

牵引变电所、开闭所、分区所及 AT 所平面位置要求和岔线、围墙、道路要求（文本）；

16. 供电段专业

供电段总平面布置位置及岔线、道路要求（dwg/dgn/文本）。

17. 通信信息专业

1) 管线设计资料（dwg/dgn/文本）；

2) 电缆槽的位置、断面尺寸、形式及其他技术要求（dwg/dgn/文本）；

3) 无障碍设计资料（dwg/dgn/文本）。

18. 接触网专业

1) 对站场工区位置及岔线要求，预留电化股道接触网要求（文本）；

2) 驼峰管沟平面、断面、坡度、高程荷载等要求（dwg/dgn/文本）；

3) 管线设计资料（dwg/dgn/文本）；

4) 提出距离接触网带电体 5m 范围内的金属物的接地设计要求（文本）。

19. 工经专业

1) 对比选方案提供经济技术比选资料（文本）；

2) 配合研究施工过渡方案（dwg/dgn/文本）；

3) 提供铺轨基地的选址、规模及工艺（dwg/dgn/文本）；

4) 提供概（预）算项目格式要求（文本）。

20. 房建专业

1) 配合高架、半地下站总体性布局设计（dwg/dgn/文本）；

2) 配合地下站总体性布局设计（dwg/dgn/文本）；

3) 提供场所设计资料，提出道路设计要求（dwg/dgn/文本）；

4) 无障碍设计资料（dwg/dgn/文本）；

5) 管线设计资料（dwg/dgn/文本）。

6.7.4　工程量统计

BIM 软件的工程量统计功能在站场工程中应用相对较薄弱，尚未实现在站场工程全专业应用。目前可以用 PowerCivil 生成路基工程数量，用 ProStructure 生成钢结构数量等，其余仍以手工查看计算的方式为主，效率低下。针对工程数量统计问题，需要专业软件根据自身需求进行二次开发或结合其他软件进行才能达到理想效果。

6.7.5　成果可视化展示

车站基础模型搭建完成后，通过 LumenRT 软件将基础模型文件进行实景渲染，可以添加乘客、绿化、汽车等诸多模型，并可以加入时间、季节、光影等不同自然环境特效，最终形成三维动画站场 BIM 三维模型渲染效果如图 6.7.5-1 所示。

图 6.7.5-1　站场 BIM 三维模型渲染效果图

6.7.6　阶段交付成果

根据国内设计习惯，站场设计通常分为五个阶段：方案研究、预可行性研究、可行性研究、初步设计、施工图。各阶段成果根据《铁路工程信息模型交付精度标准》及《建筑工程设计信息模型交付标准》等标准进行交付。

铁路站场 BIM 交付内容可以大致分为以下内容：

1）铁路站场 BIM 设计说明（文本）；
2）铁路站场 BIM 枢纽总布置图及说明（文本/dwg/dgn）；
3）铁路站场 BIM 车站模型及说明（文本/dwg/dgn）；
4）铁路站场客货运设备能力检算。

6.8　电气化设计阶段 BIM 应用

6.8.1　电气化 BIM 应用概述

电气化工程包含牵引供电系统、牵引变电、接触网等内容。传统的二维设计不够直观形象，缺乏三维设计的整体性和全局性，也无法承载更多非图形化信息，容易导致设计过程中"差、错、漏、碰"的问题。采用 BIM 设计，可让设计人员直接在三维场景中设计，有了表达全部几何参数和设计构想的可能，使整体设计过程能够在三维模型中分析与研究，能够更好地完善其设计理念。

目前，国内接触网设计主要基于 Autodesk 公司的 AutoCAD 平台，以二维设计为主。在此平台下，各铁路设计院均开发了相关插件以提高工程设计效率，接触网平面以图形符号表达实际模型，图纸存在直观性差、信息深度不足的缺陷，不能很好地表达与各专业间的接口配合情况，施工过程中易出现相互冲突的问题。此外，在一些特殊区段如车站咽喉区、隧道口等位置，由于二维图纸局限性，一些细节的安装问题难以发现，因此将 BIM 设计技术引入接触网设计领域十分必要。利用 BIM 技术的可视化特性，可实现设计碰撞检测、限界检测、管综优化、接触网腕臂及吊弦预配、工程量计算、三维会审等，通过设计方案的优化，减少后期的变更。

6.8.2　三维设计及出图

在 3D 建模软件中，通常具有三维模型转化成二维工程图的功能，也具有强大的标注功能，亦可在三维模型转化为二维图后，在二维图纸中进行详细的标注。

BIM 模型实现了变电所平、立面布置图的快速辅助出图，使设计人员能够将更多的时间和精力放在设计方案优化上，极大地提高了设计效率。

参数化建模提供了常规 3D 模型无法实现的灵活性。参数化建模使复杂元素易于编辑，而无须手动重建。例如，在 MicroStation 中可以使用两种类型的参数化建模技术：基于约束的建模和基于历史的建模。

基于约束的建模在 MicroStation 中，模型存储的不仅是最终的几何图形。它存储设计规则，这些规则控制几何图形更改时将发生的情况。这些规则被描述为约束。

　　基于历史的建模参数化建模工具记录每个操作的输入设置和几何图形。这些操作称为元素的"特征"。通过保留这些信息，参数化元素不仅捕获最终的几何形状，还能捕获整个设计过程。定义参数元素的这组特征通常被称为"特征树"。在使用布尔工具的情况下，特征树充当具有分支的建模过程的完整时间线。将特征树保留在参数化元素中的真正功能是通过修改树中的任何特征并重新生成几何图形来编辑元素。由于每个特征通常由一组参数定义，因此改变这些参数可以生成元素的不同版本。例如，通过保存 H 型钢柱底座法兰的创建过程，可以调整 H 型钢柱柱脚螺栓孔间距、数量可以生成不同型号的 H 型钢柱柱底法兰（图 6.8.2-1）。

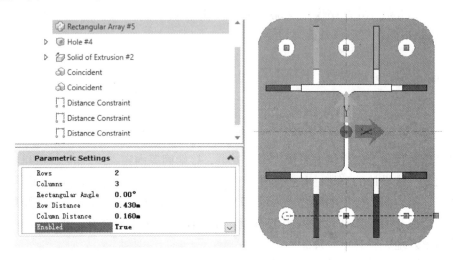

图 6.8.2-1　接触网参数化建模 1

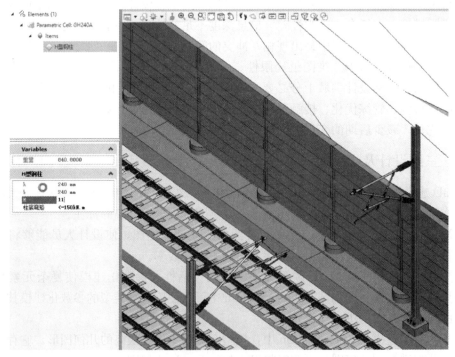

图 6.8.2-2　接触网参数化建模 2

模型创建后，可根据设计需求创建剖面视图或局部视图，视图之间具有相互关联性，便于多视角表达。此外，根据装配结构或空间布置，通过软件可自动统计工程图内零部件的工程数量，生成工程数量表。在工程图中进行相关标注即可设置打印选项，打印出图。

6.8.3 设计审核

BIM 设计能够快速检查设计方案中存在的问题，及时优化设计方案，提高设计质量。在传统的二维设计当中，因为二维设计没有直观的表达效果，在一定程度上带来了图纸信息模糊、缺失、误差，甚至部分差错的问题。而这些问题都要在施工过程中才能被发现，给工程造成许多损失及浪费。

在模型建造的过程中，利用三维模型直观性可视化的优点设计师很容易发现设计过程中的错误以及与其他专业之间的碰撞和各构件之间的空间位置问题等。在三维模型建立过程中优化设计方案，减少设计变更。

模型建立后，开展碰撞检测，发现碰撞点审查确认后进行三维模型的修改并保留完整的碰撞检测报告和修改记录。碰撞检测是通过 BIM 软件中面向对象设计的功能，在掌握构件的空间几何尺寸后，通过约定的标准及计算，发挥计算机对庞大数据的处理能力实现直观的碰撞点反应。应用过程中的碰撞大致有：实体碰撞、延伸碰撞、功能性阻碍等。

6.8.4 工程量统计

通过创建报表的形式来统计工程数量，报表是一种以表格形式从 dgn 文件中提取和显示数据的方法。例如，如果要知道模型中存在多少高度大于 8m 的支柱，可以根据支柱类型创建报告，按高度 ">=" 8 进行筛选。报表可以作为表格放置，也可以导出到 Excel 工作簿或 . CSV 文件。要生成报表，需要在 "报表" 对话框中先创建报表定义（图 6.8.4-1）。

支柱号	类型	平腕臂长度	斜腕臂长度	腕臂支撑长度	参考图
T1	L型	1884	1964	482	203-06
T2	L型	1884	1964	581	203-07
T3	L型	1884	1964	581	203-05
T4	L型	1884	1964	482	203-08
T5	L型	1884	1964	482	203-06
T6	L型	1884	1964	581	203-07
T7	L型	1884	1964	581	203-05
T8	L型	1884	1964	482	203-08
T9	L型	1884	1964	482	203-06
T10	L型	1884	1964	581	203-07
T11	L型	1884	1964	581	203-05
T12	L型	1884	1964	482	203-08
T13	L型	1884	1964	482	203-06
T14	L型	1884	1964	581	203-07

Total Results: 362

Drag a column header and drop it here to group by that column

图 6.8.4-1 工程量统计报表

6.8.5　成果可视化展示

三维模型的建立有助于设计人员、施工人员、建设单位直观地认识变电所的实物效果。设计人员能够及时发现设计中的不足，提前进行对变电所空间安排、建筑功能的修改。

变电所内设备类型多种多样，接线形式复杂。传统的二维图纸不能直观地呈现设备间的连接关系，造成遗漏和差错。利用 BIM 技术实现变电所设备模型的可视化，极大程度的避免出现设计误差（图 6.8.5-1）。

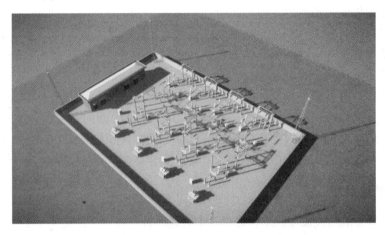

图 6.8.5-1　变电所模型展示

传统的接触网设计以二维设计为基础，接触网平面布置图，接触网腕臂安装、下锚安装、附加导线、设备安装等均为二维设计。接触网系统的成果即为一张张的平面图，使用相对简化、专业性的图形符号代替很难表达的空间预感、辅助决策，读懂平面图需要极高的专业知识储备和设计施工经验。采用二维设计表达庞大复杂的接触网系统工程信息本身并不符合人类的认知和思维习惯，专业人士也会因为表达繁杂而出现设计纰漏。施工人员在施工时，也不易提早发现设计中存在的问题。BIM 设计完全解决了这个问题，接触网三维模型包含了真实的模型信息，设计人员所做即所见，与现场 1∶1 比例呈现，有助于前期设计构想和后期设计更改等，在施工前就能看到施工完成后的接触网系统全貌。

例如，在 MicroStation 平台下可以直观的进行查看，优化设计、施工方案（图 6.8.5-2，图 6.8.5-3）。

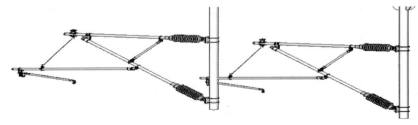

图 6.8.5-2　反定位管与相邻吊柱冲突

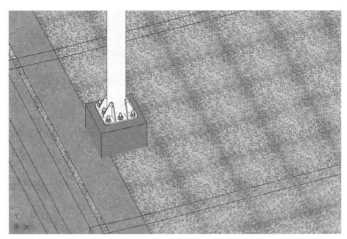

图 6.8.5-3 接触网基础与路基电缆槽冲突

6.8.6 阶段交付成果

1）对模型情况的必要说明（模型几何精度、信息深度、模型精度等）；
2）模型结构组织表（用于对参考模型内部的模型层级结构进行描述）；
3）模型工程数量表；
4）图纸目录（参考模型需要附图时附）；
5）模型附图（必要时，基于模型补充二维视图）。

6.9 车辆、动车专业设计阶段 BIM 应用

6.9.1 车辆、动车 BIM 应用概述

铁路工程设计中，车辆、动车需要停放、运用设备及检修，因此需在设计阶段考虑相关设施。车辆专业主要涉及车辆段、客整所、列检所、站修所等，包括其段所内的设备、设施设计；动车专业主要涉及动车段、动车所、存车场等，包括其段所内的设备、设施。车辆、动车专业需根据上序专业的提资，计算车辆、动车的段所规模，布置段所的总平面布置，设计段所各个车间的工艺布置，其中工艺布置也包含工艺设备的安装等，绘制设计图纸、罗列设备清单。因此，为了使段所的设计更加准确，工艺更加合理，设备安装更加精准，设备模型更加参数化，使用 BIM 技术志在必行。

以往，车辆、动车专业的图纸主要以 CAD 的二维设计为主，然而 CAD 二维设计方式缺乏立体直观的效果，难以达到设计的立体效果，因而很难评估，非常容易产生设备、管线等干涉问题，造成工程施工的变更和施工损耗。随着科学技术的不断进步，利用 BIM 技术辅助设计，基于三维场段模型，安装车辆、动车的工艺设备、设施，解决了上述干涉问题，减少了变更，大大提高了设计、施工效率。

6.9.2 三维设计及出图

通过 BIM 软件的三维设计，高精度的三维设备模型，每个构件的详细信息以及各个

构件之间的配合关系一目了然。通过查看模型不同角度，以及在任意位置进行剖切，能够直观地了解具体构件。而且在二维图纸的输出上更为便捷，可以多角度多剖面出图。从BIM 模型可以直接得到任意位置平、立、剖、详图以及说明文字和详细列表等，还有任意角度的透视图。

同时利用三维出图的优点，即各专业在协同平台上协同作业，三维模型更新后，相关专业可以直接在平台上查看更新模型并进行检查，这大大提高了出图效率，减少反复修改的现状（图 6.9.2-1）。

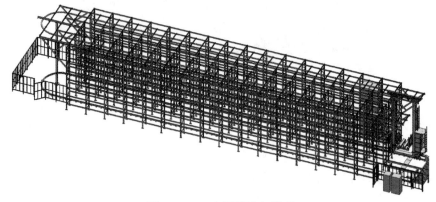

图 6.9.2-1　车辆段设备模型

6.9.3　设计审核

传统的车辆、动车设计过程，二维设计缺少足够的可视化效果和专业间的协调性，在各专业的交叉设计中，容易出现偏差，例如段所的管线综合，在过去需绘制管线综合图，对各专业的管线进行排布，但各专业管线错综复杂，不够直观，很容易出现设计错误。

在建立 BIM 模型过程中发现设计问题及图纸问题，将问题进行归纳分类说明，形成设计咨询报告，反馈给段所各参与单位。设计师可以根据设计咨询报告有针对性地对各专业、各视图图纸进行设计优化。及时解决设计、施工中碰到的问题，极大减少变更，提高施工作业的效率。

6.9.4　工程量统计

利用 BIM 设计，可以对设备模型进行数量提取，形成设备明细表，同时也可以形成车辆、动车设备清单和投资计列清单。但是，现阶段由于设备构件库无法包含所有设备，且部分设备在传统二维图中不示意，因此 BIM 设计中提取的数量清单必然缺失一部分设备，现阶段暂不能把 BIM 提取内容作为车辆、动车专业设备模型清单。待构件库完备后，再逐步完善采用 BIM 技术进行工程量统计。

6.9.5　成果可视化展示

车辆、动车专业主要涉及运用设备及检修设备，所涉及的设备数量较大、设备种类较多，设备几何尺寸复杂，且无通用性。在过去的 CAD 二维图纸设计中，一般均以设备简图画到建筑的平面图中，设备的安装及设备基础的定位需要不同平面及剖面的尺寸来定位，很容易造成遗漏。特别是段所内的管线综合，在二维图上时很难检查出，造成设计错误。因此利用三维实体模型可以直观多角度地查看设计成果，不同专业的设计人员能够更为迅速和明确地获得反馈效果，方便调整修改设计方案。车辆、动车专业实施 BIM 的重要目的就是要提前消除隐患、空间预感、辅助决策。

车辆、动车专业的设备以非标为主，因此设备的外形尺寸及非几何属性，需设备厂家来提供，通过三维建模、非几何属性的赋值，按照建模精度准确建立设备模型。将 BIM 模型应用到方案设计的可视化交流探讨中，设备模型应用到建筑的三维模型中，更加直观地展示，易于观察理解、便于交流，有效提高沟通效率。以下为车辆、动车专业的设备三维展示（图 6.9.5-1）。

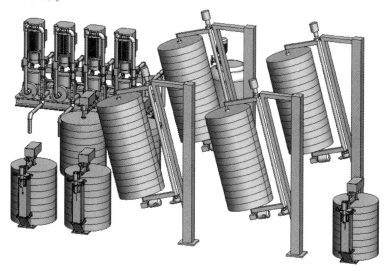

图 6.9.5-1 动车所设备模型

6.9.6 阶段交付成果

车辆、动车工程参照《基于信息模型的铁路工程施工图设计文件编制办法》关于其专业的交付，除了必要的工程数量表及工程说明之外，需要按设计单元提交参考模型和设计单元模型，设计单元模型包含设计单元说明、设计单元模型、设计单元附件、设计单元附图。

6.10 给水排水工程设计阶段 BIM 应用

6.10.1 给水排水 BIM 应用概述

在铁路行业，传统二维室外给水排水管线综合设计存在效率不高、设计质量不易把控等问题，而 BIM 技术以其独特的技术优势，通过建立行业标准、规范工作流程，给铁路行业设计带来重大变革，从根本上解决传统设计存在的问题。

在铁路工程设计中，各专业的设计工作在总体设计原则的指导下独立完成，但各专业的设计内容均表达在二维图纸中，在实际沟通中很难发现具体问题。由总体专业将各专业图纸汇总后，通过绘制若干横断面、节点详图后再发现问题并调整标高，又影响下游管线标高，出现新的碰撞，设计效率低下。施工现场的问题更加具体，特别是运营多年的车站，既有管线错综复杂，徒增施工配合工作量，造成站场场坪的多次开挖与返工，不但浪费工程资源，还对工程进度造成很大影响。

结合实际工作进行分析，传统二维管线综合设计存在以下缺陷：

1）传统管线综合设计依赖于数个横断面图与节点图去表达管线间的平面与竖向位置关系，再多的图纸也无法将所有管线直观地表达清楚，特别是在管线位置调整时，会出现解决一处碰撞却出现更多碰撞的"连锁反应"。

2）传统管线综合设计过程中，各专业的组织协调也是项目的重要难题。由于管线涉及专业较多，需要通过很多管线协调会议，对接二维图纸现场解决，存在设计反复变更多次、工作效率较低等问题。

3）各专业均有各自不同的平台，沟通不及时、不顺畅。在设计过程中，变更设计难以避免，一个专业更改的内容可能会造成相关专业大的变更。铁路中小车站数量多、位置分散，当上序暖通专业的某几个车站房屋的室内给水排水管道接口位置或管道的管径发生变化时，分车站各房屋类型将纸质资料下序文件重新提交，技术人员需要分别打开各车站、各房屋的图纸，按照提交资料在 CAD 图纸上核实后重新计算修改。这种模式往往存在反复变更，在工程设计中非常普遍，在人力、时间上造成浪费，影响设计效率。

4）设计意图难以通过图纸明确表现。给水排水管线设计图纸上标明管线的走向，管道、管径、埋深等信息，但在具体的实施过程中，施工技术员在复杂的现场情况下对二维设计图纸和文字说明的理解完全取决于施工人员的水平和经验，对于管线碰撞交叉解决方案一般都在现场解决，设计意图得不到合理实现。

5）设计成果难以在运维过程中有效利用。铁路车站设计建造完成后，会多次养护维修，在此过程中，埋设在地下的管线很难通过二维图纸表述清楚，给后续改造设计带来困难，也为养护维修增加了难度。

因此在铁路车站给水排水设计中应用 BIM 技术，将虚拟的三维模型信息共享到统一平台，各专业通过需求在平台上直观提取所需内容，最终实现协同设计。BIM 技术的应用不仅能够方便地进行碰撞检查，生成解决方案，在施工前解决相关问题，还有助于在复杂地形中进行污水处理站的选址和方案设计，并能通过建造模型指导施工和运营。

6.10.2　三维设计及出图

通过给水排水工程各系统设计人员对 BIM 软件的应用，完成三维出图，内容包括内外水不同系统三维模型的建立二维、三维设计校验，编码标准验证。通过 Project Wise 建立设计协同工作管理平台，贯穿于项目设计过程中的信息以三维模型为载体进行集中、有效的管理，让项目各系统的设计人员，能够在一个集中统一的环境下工作，随时获取所需的项目信息。在充分利用设计软件的基础上，实现给水排水工程各系统之间信息沟通顺畅、实时统一，使各系统设计工作的数据文件一致、设计工作衔接协同有序，节省工作时间，提高工作效率，确保设计工作合理、有序、高效地完成。建模具体工作内容如下：

1. 内水部分

给水排水专业设计任务主要分为三部分：给水工程、排水工程、消防工程。

模型建立：对于内水部分，首先依据系统种类进行系统分类。对每一类系统，依据设计图纸利用构件库进行建模，最后拼装形成完整的管道模型。对于铁路站房，首先对站房进行系统划分，之后利用构件库，依照设计图纸建立每类系统的给水排水模型，最后进行各区域拼装，形成全站房模型。

2. 外水部分

给水排水专业外水部分的设计任务主要分为三部分：室外给水工程、室外排水工程、室外消防工程。

模型建立：根据内水提资及站场部分，建立本专业系统模型；建模前应确定各系统关系标高，以免后期本专业内部关系碰撞。外水专业在 BIM 建模时，根据站场和内水专业的提资，核查本专业各管线标高位置是否合理。尤其应该注意存在坡度变化的排水管线，核查其是否与给水管道发生碰撞。下游排水管线标高的变化容易引起上游关系发生碰撞，应格外注意（图 6.10.2-1，图 6.10.2-2）。

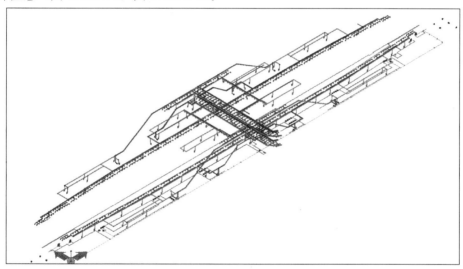

图 6.10.2-1 八达岭站（内水部分）给水排水模型轴测图

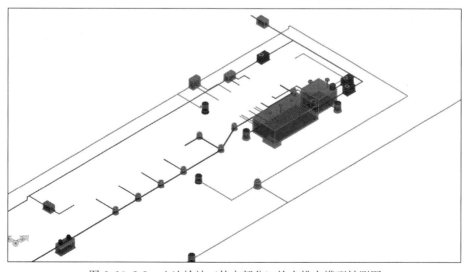

图 6.10.2-2 八达岭站（外水部分）给水排水模型轴测图

6.10.3　设计审核

BIM 技术的应用可以真实地反映工程，避免不必要的差错漏碰，以及和其他专业接口中可能存在的问题。形成专业的设计咨询报告，主要分析各专业间管线碰撞情况。可将碰撞点分成以下几类：管线和结构模型的碰撞、本专业类别管线间的碰撞、不同专业类别管线的碰撞。

1. 管线和结构模型的碰撞

管线穿墙板现象，在实际工程中，由于工程需要，可能会出现穿板现象，结构专业应为给水排水专业预留管线口，若结构专业的墙板并没有管线的预留洞口，这种情况的产生，可能是由于两专业之间沟通不够，给水排水专业和结构之间互相提资不准确。

管道在转点处与墙柱发生碰撞，出现这种问题的原因可能为在二维施工图中，不能准确观察管线位置，图纸中出现细小位置的偏差，导致管线与墙柱发生碰撞。

水管与墙柱发生碰撞，出现这种问题的原因可能是由于布管位置不合理所导致的，这种错误的发生，需要大幅度调整管线的位置。

2. 本专业管线间的碰撞

由于给水排水专业在设计自己的管线过程中会进行检查，避免自己专业管线的碰撞，所以此类碰撞点较少。

3. 不同专业管线间的碰撞

造成不同专业管线间的碰撞的原因在于各专业之间在设计过程中没有进行良好地沟通，这也是目前管网设计中存在的最大问题，这种问题的存在使施工工程中的变更量大大增加。

在识别项目碰撞后，需要进行管线综合，确定管线优化方案，制定适应本项目的优化原则，如管线与风管交叉现象严重，应在保证层高的前提下调整水管；若管线与电管产生碰撞，根据水管让电管原则，应适当调整水管位。

6.10.4　工程量统计

通过已建好的模型进行工程量提取，首先要完成模型各构件属性赋值工作。然后即可得到如给水排水管道长度、阀门阀件数量、基础混凝土量等的具体数量。下一步可根据已生成的工程数量与工经专业估算、预算、概算进行挂接。生成材料统计表等各种报表，为工程施工及运营维护提供数据支持。

6.10.5　成果可视化展示

设计成果可视化：线、面、块已成为过去式，直接使用构件或族来进行设计表达是BIM 技术的一大优势，设计成果即为直观的三维立体模型，可快速地为设计师传达设计理念，方便各个参与方进行直观有效地沟通。同时也较为直观地观察出管线尺寸大小与分布情况。

BIM 模型一旦搭建好，平面、立面、剖面图纸即可导出，除此之外，综合管线图纸，综合结构留洞图以及改进的方案和错误报告等也能导出，给水排水模型的尺寸、大小、安装位置等信息可以直接导出到图纸，可以说 BIM 技术所带来的优势是空前的（图 6.10.5-1，图 6.10.5-2）。

图 6.10.5-1 清河站站台区域外水模型总装轴测图

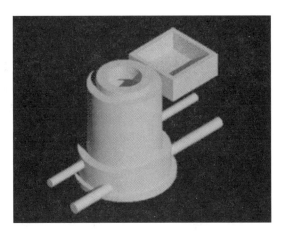

图 6.10.5-2 客车上水栓 BIM 模型

3D 模型建立完成时，若要去做细部的修改以及设定，系统将能够直接从任何视角切出其 2D 的图面提供给使用者做更为细致的修改。三维可视化功能再加上时间维度，可以进行虚拟施工。随时随地直观快速地将施工计划与实际进展进行对比，同时进行有效协同，施工方、监理方，甚至非工程行业出身的非专业人士都对工程项目的各种问题和情况了如指掌。这样通过 BIM 技术结合施工方案、施工模拟和现场视频监测，大大减少建筑质量问题、安全问题等。

6.10.6 阶段交付成果

给水排水专业根据《基于信息模型的铁路工程施工图设计文件编制办法》关于给水排水专业的交付，除了必要的工程数量表及工程说明之外，需要按设计单元提交参考模型和设计单元模型，设计单元模型包含设计单元说明、设计单元模型、设计单元附件、设计单元附图。

6.11 通信工程设计阶段 BIM 应用

6.11.1 通信 BIM 应用概述

BIM 技术是一种应用于工程设计建造管理的信息化工具，通过信息模型整合各专业的信息，使得项目能够从策划到设计，再从设计到施工的整个周期过程中各专业之间的信息能够进行高效地传递和交流。使不同专业的设计人员和施工人员对各种建筑信息做出正确的理解和有效的应对，以此来提高生产效率、节约成本和缩短工期。

6.11.2 三维设计及出图

传统二维设计通信专业的成果为一张张的二维 CAD 图纸，使用相对简化专业的专业符号来代表实际的设备，因此要想全面了解并读懂图纸所表达的设计意图需要一定的专业知识储备和设计施工经验。采用二维图纸表达复杂的通信系统工程信息，本身并不符合人类的认知和思维习惯，专业人士也会因为表达繁杂而出现设计上的纰漏。通过 BIM 技术的设计，可以解决此类问题，真实呈现现场情况（图 6.11.2-1）。

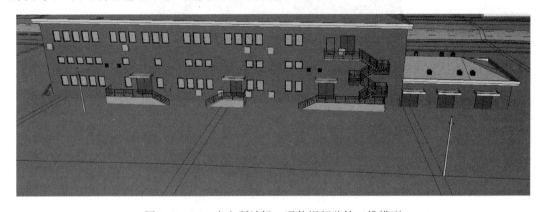

图 6.11.2-1 变电所站场、通信视频监控三维模型

三维出图，主要是指基于三维可视化模型的二维图纸的输出，由于目前铁路四电专业尚无统一的三维交付标准，因此就图纸而言，可以通过 BIM 模型生成符合技术规范的图纸，作为基本的交付依据。BIM 设计方便在任何角度、剖面进行二维出图，既可以出具后续施工需要的平面布置图、设备安装图，在数据相对详细的情况下，甚至可以输出设备厂家的生产用图。而且这些通过 BIM 模型输出的二维图纸还可以根据三维模型的改动自动完成关联的变更，做出相应的调整，生成变更后的施工图，很大程度上节省了设计师出图的时间以及变更所导致的出图滞后等问题。

6.11.3 设计审核

在传统的二维设计当中，因为二维设计没有比较直观的成果，在一定程度上带来了图纸信息模糊、缺失、误差等问题。而这些问题都要在施工过程才能被发现，造成工程成本的增加和资源的浪费。

利用 BIM 技术建造出通信三维可视化模型，三维模型直观表示、易于观察的特点，使设计者很容易发现设计本身的错误、与其他专业之间的碰撞问题和各构件之间的空间位置问题等。根据发现的问题再进行各专业图纸深化，提高设计效率，使设计图纸更加精准，从而减少设计错误。如利用 Substation 软件可以进行变电安全距离校验和防雷检测，快速检查设计方案中存在的问题，及时优化设计方案，提高设计质量。

6.11.4　工程量统计

项目建设的核心是工程量经济管理和工程造价的控制，而此核心任务的首要工作在于快速、准确地统计工程量。在通信系统工程设计工作中，涉及的材料、设备数量极其繁杂，同时工程量统计工作具有任务量大、费时、繁琐、要求严谨等特点，给相关工作人员带来了极大的困扰。

通过 BIM 技术建造出的通信模型，设计师们可以容易且清晰地基于三维模型进行工程量统计，以此免除手工计算工程量的误差影响，使结果更为精确，降低统计工作的出错率。

6.11.5　成果可视化展示

在铁路通信专业的工程设计当中，不仅要考虑自己专业的设计，还要考虑其他专业的设计。通信系统图纸设计时，不仅要考虑本专业设备的安装位置，还要考虑和电力等专业设备的相对位置，从而进行综合考虑。通信专业对房建专业依赖性很高，通信的设备大部分都需要在房建图纸确定后再进行布置，然而由于项目进度的要求，往往房建图纸还未确定，通信专业就要开始出图，因此经常出现由于上序房建专业的变更造成通信专业返工的现象，费时费力还浪费资源，而且由于二维设计缺乏直观的效果，难免造成遗漏和差错。通过 BIM 技术的应用，通信专业可实时与上序专业进行高效的信息交流，提高设计效率（图 6.11.5-1）。

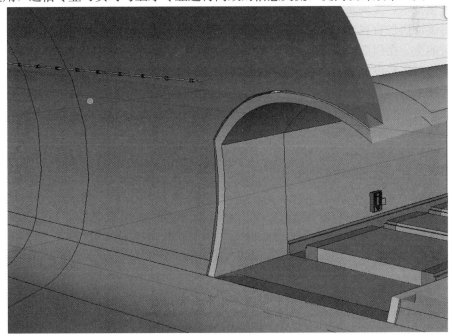

图 6.11.5-1　隧道及隧道洞室三维实体方案模拟

6.11.6　阶段交付成果

通信专业根据《基于信息模型的铁路工程施工图设计文件编制办法》关于通信专业的交付，除了必要的工程数量表及工程说明之外，需要按设计单元提交参考模型和设计单元模型，设计单元模型包含设计单元说明、设计单元模型、设计单元附件、设计单元附图。

6.12　信号设计阶段 BIM 应用

6.12.1　信号 BIM 应用概述

随着计算机辅助设计（CAD）技术的发展，铁路信号工程设计早已淘汰了人工图板的设计方式，我国各大铁路设计院均已全面采用 CAD 制图软件进行工程设计。并且，基于成熟的 CAD 二次开发技术，在铁路信号工程设计领域，目前已有不少专业辅助设计软件，大幅降低了设计者的劳动强度，提高了生产效率，缩短生产周期，提高生产质量。

从人工图板到 CAD，完成了设计手段的革新，利用计算机图形技术，实现传统手工绘图的工作，基本沿用了二维平面设计的思路。铁路信号设计受相关专业设计方案影响较大，目前采用的二维平面设计需要反复与站场、线路、桥梁、隧道等多个专业进行方案确认，容易出现"错、漏、碰、缺"等问题。

BIM 技术不仅是对设计手段的革新，更是对设计理念的革新。BIM 设计注重于"信息"，包括信息分类编码、信息交换、信息的集成与提取、信息的可视化表达等，各类可视化的模型、图表，都是信息的不同视角下的可视化表达。随着信息化技术的快速发展，BIM 技术在工程设计领域的应用日渐成熟，将 BIM 技术引入铁路信号工程设计领域，可利用信息化技术，实现多专业间的协同设计，减少专业间信息孤岛；实现三维可视化设计，使得设计更加直观形象，增强设计的整体性和全局性，承载更多非图形化信息；实现设计成果的全生命周期共享。

铁路信号工程设计核心内容包括车站联锁工程设计和区间闭塞工程设计，当然，随着铁路信号技术快速发展，目前铁路信号设计已经有更丰富的内容，但几乎都是以联锁和闭塞为基础。因此，这里主要讨论车站联锁设计和区间闭塞设计，其主要涉及内容分别如图 6.12.1-1 和图 6.12.1-2 所示。

在以往的设计体系中，如图 6.12.1-1 和图 6.12.1-2 中所示的各子设计内容基本是相互独立进行设计，其间涉及的相互联系、制约关系，往往需要各子内容设计之间进行反复协调。

这些传统设计体系中的相互联系、相互制约的矛盾即是 BIM 技术应用的切入点。对以上各设计子内容分别建立相应的信息模型，并建立其相互之间信息（数据）传递的流程，将其相互之间的关联、制约关系规则化、参数化，以实现各信息模型之间的制约联动关系。

如图 6.12.1-2 所示的区间闭塞工程设计为例，采用 BIM 技术，首先将行车专业提供的区间信号布点数据进行结构化处理（结构化处理是为了便于计算机识别和处理），并将桥梁、隧道、分相、轨道类型等制约轨道电路长度的因素及其模式也进行结构化处理，以

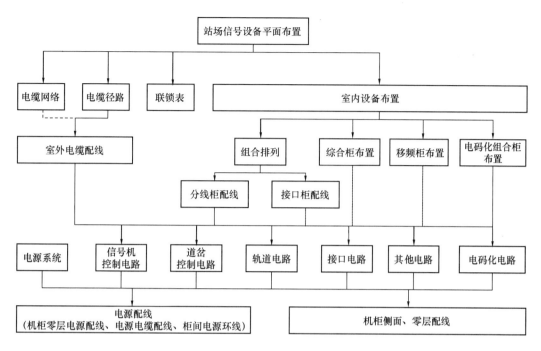

图 6.12.1-1 联锁工程设计主要内容示意

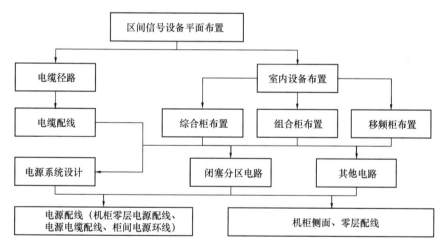

图 6.12.1-2 区间闭塞工程设计主要内容示意

此为基础，可通过程序或开发相关软件实现由行车布点到轨道电路分割、信号设备布置的自动处理。同时，在信号设备布置的同时，可自动记录设备类型，并形成设备间的相互关联，从而可根据设备类型确定其室内设备、相应的控制电路等，通过设备间相互关联，如电缆连接关系，可自动快速地完成电缆径路和电缆配线。当行车布点改变时，仅需调整基础数据，后续的设计内容可实现快速、自动地联动更新。

不难看出，BIM 技术应用的关键在于数据的结构化处理，包括基本的输入数据、制约关系、设计规则（规范）的结构化、规则化处理。总的来说，若将铁路工程设计各专业之间的相互关联、制约的关系也进行结构化、规则化处理，规定好各专业间信息模型的数据交换规则、格式，则可实现专业间的设计联动，实现高效的设计协同。

6.12.2　三维设计及出图

　　三维设计主要是利用相关的三维设计软件，以可视化、所见即所得的形式进行信号设备的布置、属性关联等设计。对铁路信号专业而言，三维设计一般有两种方式，一是手动逐个设备进行布放等设计，二是采用参数化形式进行批量布放等设计。前者效率较低，适合于个性化、特殊情况的设计场景，如既有设计修改等；后者效率较高，适合于具有共性的、规则化的设计场景，例如区间信号的批量布放等。就信号正向设计而言，以下主要讨论参数化设计。

　　参数化建模使用参数（特性数值）来确定图元（模型）的行为并定义模型组件之间的约束关系。通过修改特性参数可方便快速地修改设计模型。根据参数类型的不同，参数化建模可以分为实例参数化和类型参数化。

　　实例参数化中，特性参数代表的是设计对象的附加属性，不同特性参数取值表明不同的模型属性，例如信号机名称，对于不同的信号机模型赋予不同的名称，以示区别。

　　类型参数化中，特性参数代表的是模型的约束关系，通过改变参数可变更模型的形状、大小等。

　　对于铁路信号工程设计而言，主要是通过对不同信号设备布放位置、连接关系、控制电路等的设计实现相应的系统功能，信号设备本身的样式、尺寸等几何信息，并非设计的关键因素，通常仅用于考虑侵限、遮挡、碰撞等。因此，铁路信号设计不必也不应该过多地关注于设备的类型参数化建模，可根据实际情况适当运用于信号设备构件单元的建模；主要利用实例化参数建模方式，实现信号设备的批量布放等设计。

　　以区间自动闭塞设计为例，区间自动闭塞主要涉及区间通过信号机（信号标志牌）、轨道电路调谐区标志牌、轨道电路设备、应答器、电缆箱盒等几类有限的信号设备。区间信号设备的布放，即可通过参数化方式实现批量布放和实例化。具体的，首先编制区间信号设备的实例化信息（可通过开发相关的软件，根据行车资料、桥梁、隧道等分布情况自动生成），即包含里程、名称、类型等实例化参数的模型清单，再由相应的参数化软件（通常需要二次开发）导入清单，根据模型清单自动布放（实例化）模型。

　　三维出图通常是指通过对工程模型进行可视化展示、协调、模拟、优化以后，采用软件的剖切、自动标注等手段，自动生成相关图纸，如经过碰撞检查和设计修改消除错误后的综合管线图、设备平立剖图、碰撞检查侦错报告即建议改进方案等。

　　在信号工程设计中，施工图纸通常是采用示意图（如设备布放、电路原理）与关联关系图表（如电缆径路、配线）等图纸的方式进行表达，通常不能由三维模型经过剖切、标注而直接得到，但可借助信息化技术，通过相关软件（如 Bentley 公司的 Microstation 平台等）的二次开发，实现由三维模型生成相关的二维图纸的功能。以自动闭塞区间信号设备布放为例，可通过软件开发基于设备空间位置、逻辑连接等约束关系的设备布放的功能，从而实现三维设计与二维图纸设计的联动和三维设计的自动出图。

6.12.3　设计审核

　　在传统的二维设计模式中，信号设备布放的空间关系难以表达，从而导致设计过程中存在的侵限、遮挡、碰撞等问题难以被及时发现，可能会给工程带来重大的损失以及浪费，甚至可能会返工重做。

采用 BIM 技术实现三维实体建模后，设备的空间关系可直观表达，有利于在设计阶段及时发现有关设计错误、图纸表达错误及专业间设备空间冲突等问题。通过审核报告方式，将发现的问题与错误反馈给相关的设计人员。设计人员根据设计咨询报告的反馈情况，对设计内容进行优化，从而减少乃至消除设计错误。

6.12.4 工程量统计

工程造价控制是铁路信号工程设计的重要环节，其核心在于快速、准确地统计工程设计的工程量。

铁路信号工程设计涉及多个子系统，影响工程造价的不仅包括设备数量及单价，还包括了设备安装、建筑等工程费用，工程量统计的工作量大、过程繁琐。

采用 BIM 技术设计，在参数化模型构建时，将相关设备信息（包括设备安装、建筑等相关信息和计算关系等）附加到设备模型中，通过软件可快速提取相关设备信息，计算相关的工程数量。使得工程量统计更加快捷、准确。

6.12.5 成果可视化展示

目前，铁路信号工程设计所交付的信号设备布置图中，主要采用设备二维图符与坐标（里程）的形式表达信号设备类型与位置，无法表达信号设备的空间关系，无法发现潜在的侵限、遮挡、碰撞等问题。

采用 BIM 技术，一方面可建立信号设备的精确三维模型，另一方面可在站前专业对站场、轨道、桥梁、隧道、路基、建筑等的三维模型基础上布放信号相关设备，从而直观地观察到或通过软件测量得到信号设备的空间布放情况，避免侵限、遮挡、碰撞等问题，发现站前专业设计上的不合理，向相关专业提出修改意见。

6.12.6 阶段交付成果

应用 BIM 技术进行设计，理论上最终所得应该是一个完整的信息模型，在该信息模型基础上，通过对信息按需提取、二次处理，可得到不同形式的信息表达。

同样以区间信号设计为例，在完整的信号工程设计信息模型基础上，提取区间信号设备类型、位置、连接信息等，通过三维软件可完成区间信号的三维模型布放，通过 CAD 平面绘图软件可完成区间信号平面布置图、电缆径路及配线图等相关示意图。

因此，理论上仅需提交完整的信息模型作为阶段交付成果。但在实际操作中，尚存在以下几方面的问题。一是铁路信号设计的信息模型目前尚未有标准可循，现阶段很难评价信息模型的完整性；二是如何从模型中提取相关信息，并进一步处理以得到某一特定视角的信息表达，需要完善专业的 IDM（即 Information Delivery Mannul，信息交付手册）以规定各种信息交付内容，还需要有针对不同需求开发的专业软件，以处理交付的信息；三是铁路信号领域是一个快速发展的领域，信号技术的更新越来越快，相应的交付需求也是在不断地变化。

基于上述原因，目前，很难实现通过交付信息模型以满足各种需求。但 BIM 设计应该具有"向前"兼容的特点，一方面传统信号设计能表达的内容、需交付的内容，BIM 设计也能表达、交付；另一方面，BIM 设计成果可表达更多传统设计不能表达的内容，可交付的内容也比传统设计更丰富。至于具体要以何种形式、交付何种内容，应视具体项目、业主、施工单位、运维单位需求而定，应当在项目设计，乃至规划之初制定好相应的设计交付手册，以规定设计交付的内容、形式、精度等。

6.13　信息设计阶段 BIM 应用

6.13.1　信息 BIM 应用概述

目前随着我国高速铁路的飞速发展，铁路行业各系统的集成程度逐渐提高。信息数据不断增大，在传统二维设计中，工作量在不断增加。运用 BIM 技术可以有效提升设计质量，提高多专业协同设计效率，减少设计过程中的错误，从而减少返工率。而且设计单位在审查、设计交底的时候可以利用 BIM 模型进行交底，利用三维模型直观、信息丰富的特点，可以更方便、直观地向审查专家、业主、施工单位介绍设计意图。

6.13.2　三维设计及出图

在 BIM 设计中，有两种三维出图方式，第一种是先完成 CAD 图纸，再根据 CAD 图纸进行建模，通过 BIM 模型检验设计中的问题，将所发现的问题提交给专业工程师后商讨出解决方案，同时对 CAD 图纸及模型进行修改后，再由 BIM 模型剖切所需图纸，通过自动生成和部分手动添加完成符合国家标准的二维图纸。第二种是由 BIM 模型进行设计，将模型建立完成后再由 BIM 模型剖切出所需图纸，通过自动生成和部分手动添加完成符合国家标准的二维图纸。但是相关系统图及一些表格化文件无法进行三维出图，需采用图纸及表格形式表达（图 6.13.2-1）。

图 6.13.2-1　进站口客票设备模型

6.13.3　设计审核

在传统的二维设计当中，因为二维设计没有比较直观的效果，无法以立体的形式呈现，经常与给水排水、电力、暖通等专业发生管线、桥架碰撞等问题。通过 BIM 技术可以直观地将碰撞点体现出来，不仅可检查桥架是否合理，还可检查信息走向是否准确。

6.13.4 工程量统计

通过 BIM 技术建造出专业模型，设计人员可以基于三维模型进行工程量统计，摆脱人为工程量计算的主观因素影响，更为客观准确。对于变更设计，可将变更内容关联到模型，对模型进行微调，即可迅速反应工程量的变化，也可直接采用设计数据进行可视化展示，省去传统可视化过程重新建立模型的时间和成本，降低错误率等。

6.13.5 成果可视化展示

在铁路"四电"工程设计当中，不单要考虑本专业的设计，还需要结合考虑与其他专业设计之间的配合。例如，"四电"中信息专业的显示大屏，不仅要考虑显示大屏的屏幕尺寸和设置位置，还要考虑是否美观、建筑结构是否满足承重要求、对静态标识等专业设备是否有遮挡等。根据目前的设计手段，设计师普遍用 CAD 进行二维图纸的设计，再进行局部效果图展示，无法全方位对设计情况进行阐述，为后续施工过程带来了不可预知的隐患。而通过 BIM 技术，可将模型进行漫游展示，达到身临其境的效果（图 6.13.5-1）。

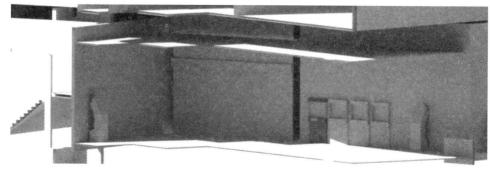

图 6.13.5-1 信息模型展示

6.13.6 阶段交付成果

信息专业根据《基于信息模型的铁路工程施工图设计文件编制办法》关于信息专业的交付，除了必要的工程数量表及工程说明之外，需要按设计单元提交参考模型和设计单元模型，设计单元模型包含设计单元说明、设计单元模型、设计单元附件、设计单元附图。

6.14 电力设计阶段 BIM 应用

6.14.1 电力 BIM 应用概述

电力专业属于铁路站后"四电"工程专业，几乎所有的运营技术装备都离不开电力供应，保证可靠的电力供应对于铁路运营至关重要。

1. BIM 技术与二维 CAD 应用的区别

传统设计方法以二维 CAD 图纸为载体，主要以颜色、图层和线形等抽象信息来表达，用于设计人员之间、设计方和业主方之间、设计方和施工方之间、施工方和业主方之间的交流。由于这些交流主要以二维图纸和文字形式进行，因此很容易造成各方人员之间的理解出现偏差，导致出现"错误、遗漏、碰撞、缺失"的情况。BIM 技术以三维数字技术为基础，在建筑模型中集成了各种相关信息。在规划、设计、施工及运营等各阶段，建筑物都是以三维状态形式存在。通过建立三维模型，可以很直观地进行"错误、遗漏、碰撞、缺失"检查，同时方便各专业人员之间可视化进行交流。

2. BIM 技术在电力专业相关工程中的应用优势

BIM 技术在电力工程中的应用优势主要包括以下几个方面：

1）可视化

可视化的运用在电力工程中的作用是非常大的，例如各专业施工图纸通常只是各个构件或设备的信息在图纸上采用线条方式绘制，但是其真正的构造形式就需要各参与人员去自行想象。BIM 技术提供了可视化的方式，让参与人员将以往的二维线条图形建造三维立体图形展示出来，使得项目设计过程中的交流沟通都在可视化的状态下进行。

2）优化性

BIM 模型提供了电力工程中建筑物实际存在的信息，包括几何、物理等信息，还提供了建筑物变化以后的实际状况。在工程项目复杂程度较高时，以参与人员本身的能力可能无法掌握所有的信息，需要借助一定的科学技术和设备。BIM 技术提供了对复杂工程项目进行优化的一种手段。

3）协调性

协调性是电力工程中的重点应用，不管是施工方、业主方还是设计方，都需要做好协调及相互配合的工作。在设计时，往往由于各专业设计师之间的沟通不到位，而出现各专业之间的碰撞问题。应用 BIM 技术的协调性可以帮助解决这类问题，BIM 模型可在建筑物建造前解决各专业的碰撞问题。

BIM 技术在电力工程中的应用，可以实现项目需求与 BIM 特点的结合。通过在项目的不同阶段（从施工到运营维护等方面），对 BIM 技术的不同需求进行整合，就可实现 BIM 技术应用的完美衔接。BIM 的全生命周期理念是一个分享有关某个设施信息，为该设施从概念开始的全生命周期的所有决策提供可靠依据的工作过程。BIM 技术在电力工程中的应用，不仅可以为后续的运行维护工作向更加智能化的方向发展打下基础，也会对整个行业 BIM 技术的可持续发展产生积极影响。

6.14.2　三维设计及出图

由于电力专业是站后专业，需要各上序专业把模型建好后才能开展工作。在项目的初期阶段，结构、电力专业介入还较少，主要是建筑专业根据方案的 CAD 图纸构建初步的三维模型，以此为基础直接开展施工图协同设计工作。

目前由于电力专业在计算上还没有开发出更为完善的计算系统，电力专业出图较为困难。但是电力模型族库较完善，遇到特有族类型也可由 BIM 研究中心制作。传统 CAD 工作模式中，电力设计没有三维高程信息，所有设计均基于二维空间，所以前期工作量较少，后期问题逐渐暴露；基于 BIM 技术的三维空间设计，前期需要进行周全考虑，工作量较大，而通过碰撞检查，后续调整锐减。工作模式的革新与前期工作量的增加对电力设计师是不小的挑战。

在水、暖、电三个专业中，出于电脑硬件与碰撞检查要求考虑，电气专业模型只包括占用空间较大的桥架与配电箱，电线、灯具及插座等末端均未构建，故这部分图纸输出也未涉及。通过三维管线综合优化，电力模型趋于稳定，但目前电力图纸表达与国标存在一些出入，加上电力符号族缺失较多，所以三维电力图纸输出的深度与广度均不成熟，后续有待逐步完善。

6.14.3 设计审核

运用 BIM 技术可将二维设计中无法体现的内容进行实体化展示，对电力灯具摆放、机箱位置等可以进行方案合理性检查，也可通过各专业协同，从而发现相关错误，并进行提前修改。

6.14.4 工程量统计

目前三维软件接口对国内很多软件开发商是不开放的，因此在用三维软件实现工程量计算后，如何将三维软件导出的工程量导入计价软件，实现工程造价计算，成为解决BIM 技术在电力工程造价行业应用的又一关键性问题。三维软件本身具有工程量计算、统计的功能，但是由于其是由国外公司基于其本国的设计规则进行研发的，因此其内嵌的计算规则只适用于其本国的工程量统计规则，与我国定额工程量计算规则之间存在很大差距，导致不能直接利用软件对工程项目进行工程量的提取。

利用三维软件实现对工程造价的计算，主要难点集中在三维软件中缺乏电气设备族库，导致利用现有三维软件进行设计及工程量计算可实施性较差。由于在三维软件中，电气设备工程量的提取是对模型族库参数的提取，因此丰富的参数化电气设备族库的构建成为基于 BIM 技术的电力工程算量的基础。

6.14.5 成果可视化展示

电力专业通过三维建模，可对整个项目的照明、机柜摆放、线路走向进行有效展示，甚至可进行光照模拟分析等。通过可视化方式，在方案设计、效果模拟过程中对设计整体进行优化提升。但对于电力设计中无法表达的信息，还需由二维图纸及表格形式进行挂接。如图 6.14.5-1 所示，为京张某隧道的隧道照明渲染后的效果图。

图 6.14.5-1　电力模型展示

6.14.6 阶段交付成果

电力专业根据《基于信息模型的铁路工程施工图设计文件编制办法》关于电力专业的

交付，除了必要的工程数量表及工程说明之外，需要按设计单元提交的参考模型和设计单元模型，设计单元模型包含设计单元说明、设计单元模型、设计单元附件、设计单元附图。

6.15　房屋建筑设计阶段 BIM 应用

6.15.1　房屋建筑 BIM 应用概述

在设计阶段，通过 BIM 技术与站房设计结合，可在站房体量关系、布置合理性、方案效果等方面方便快捷地完成设计，使站房概念设计和方案设计更为直观、简洁。传统条件下，站房概念设计基本上是依靠建筑师设想出站房平面和立面体型，通过借助幻灯片等二维方式表述自己的设计概念，并不能直观表述建筑师的设想，使相关方较难理解其设计概念的内涵。

在传统的二维状态下进行设计，图纸中图元本身没有构件属性，都是一些点、线、面。项目业主、造价咨询单位要从各自的角度对设计方案进行经济上的测算和优化，需要造价咨询单位将二维图纸重新建模，建立算量模型，花费大量的时间和人力。同时设计方案修改后，造价单位需要重新按照二维图纸进行模型修改，导致不能及时准确地测算项目成本。而对于大空间、不同造型的站房而言，建筑师、结构师都很难理解到各个构件在空间上的位置和变化，设备工程师、四电工程师及站房相关专业工程师更难在大空间站房内进行设备、管线的准确定位和布置。因而，建筑、结构与设备、管线位置关系出现矛盾，影响了设计图纸的质量。

在 BIM 条件下，设计软件导出 BIM 数据，造价单位用 BIM 条件下的三维算量软件平台，按照不同专业导入需要的 BIM 数据；可迅速地实现建筑模型在算量软件中的建立，及时准确地计算出工程量，并测算出项目成本；设计方案修改后，重新导入依附于新设计方案的 BIM 数据，可直接得出修改后的测算成本。

BIM 在传统建筑工程中拥有了一定的基础，并配合有相对成熟的标准规范，但在铁路相关规范中，生产生活房屋及站房等又是相对空白的一部分。与常规民建工程不同，一条铁路工程配有大量的生产生活房屋、站房、四电房屋等，大批量的铁路单体房屋在铁路工程中有着不一样的含义。利用 BIM 技术可以清晰真实地还原每一个单体的位置、地质条件，以及真实的构架。

而在开展 BIM 设计前，建筑师需要根据项目特点，对整个项目进行模型实体分解、整理上下序专业梳理、人员职务划分等工作，建模深度级别确认，协同平台管理建设。除此之外还需要工艺专业提供对于建筑的定员、房屋需求、设置位置、用地限界、洪水位数据等需求信息，这些信息可通过文字、表格形式提交。在建模过程中除了几何模型外还需添加非几何属性、IFD 等信息，所建模型需同时在协同平台中更新。

而在铁路工程勘察设计 BIM 应用中，结构专业属于建筑站后专业的一员。结构连接到建筑专业提供的设计条件后，根据地质信息和布局需求进行结构计算，再将计算后的模型构件信息还原至 BIM 协同设计平台，供有需求的专业导入自己模型做校核，借此完成协同设计（图 6.15.1-1）。

图 6.15.1-1　某车站模型

BIM 技术在暖通设计中的应用主要体现在以下几个方面：采暖系统、空调系统、通风系统、防排烟系统、给水排水系统、消防系统等，其中消防系统还分自喷系统、消火栓系统，气体灭火系统等。由于水暖设计系统种类复杂、管线繁多、占据空间较大、与上下序专业交流密切的特点，在水暖设计中，常用 BIM 技术的协同功能进行正向设计。在BIM 正向设计中，利用协同平台接收上序专业信息，并向下序专业传递提资，根据制定原则，配电系统、设备尺寸、重量等各项参数将自动发生变化，避免二维设计中的手动修改带来的修改不全，表达不清，或者漏提资带来的错误，此协同功能，大大提高设计的效率及图纸的准确率。在采暖，空调通风系统中，可以预先根据规范要求，合理布置设备，并利用该模型进行模拟温度场，风速场等。在给水排水系统中，可以利用模型进行水力计算，以满足每个用水构件水量充足。在碰撞检查中，首先进行水暖专业内部的碰撞检测，然后与四电专业、建筑结构专业进行碰撞检查，可以细化到每个管件并将其排布到合理合规的位置，这些碰撞检查，都是传统二维绘图中无法实现的。

对于电扶梯而言，在设计过程中需要根据建筑结构相关要求来确定其具体尺寸规格，并提供预留预埋条件。施工过程中的解决方案，往往受限于现场情况而被动变更。BIM设计将二维图纸中不容易发现的问题及疏漏以三维的形式展现出来，提前规避和解决问题，节省时间和成本。

在二维图纸设计中，建筑、结构及设备相对独立，容易因为图纸的表达不清晰或者图纸的更改而产生对接错误。而在 BIM 设计中，将建筑、结构和设备整合到一个空间中，设备模型能够直观地验证设备尺寸及构件是否合格，设计接口是否准确，避免在施工时设备安装不到位的情况，同时也能避免与其他构筑物发生碰撞的情况。BIM 软件的参数化建模能够高效地完成模型，并更加便捷准确地输出二维图纸。

6.15.2　三维设计及出图

由于房屋建筑工程多为站房工程，其内部空间复杂，涉及专业较多，往往需要大量平、剖面图纸来对细节进行表达。在传统设计中，二维平面图纸作为设计成果，采用相对简化、专业性的图形符号来代表实际的构件，使得相关人员需要极高的专业知识储备和设计施工经验才能全面了解并读懂平面图所表达的设计意图，所做工作量巨大，沟通成本大大增加，在与多专业的配合中会带来大量方案调整、平面修改、管线综合等工作。

　　通过 BIM 技术，可根据任意需求对三维模型进行剖切，准确得到包含信息的平面图、剖面图和立面图，再通过自动添加所需具体标注、索引做法，最终得到符合规范的施工图纸。如若进行设计修改，只需对模型进行调整，无须再对图纸进行二次修改即可得到调整后的图纸，大大缩短设计者的出图时间及设计周期。在 BIM 平台中，可以相对直观地理解各构件的真实形象，管路的走向，提高了施工效率。同时，各专业在同一工作空间下进行设计，能够及时有效地解决协同问题，优化设计工作。

　　BIM 技术下的参数化建模对于铁路工程设计有着重要意义。要想实现参数化建模，首先需要确定参数化设计的单位构件，例如梁、板、柱的截面定义，基础类型，以及一些标准化的钢构件和需要工厂根据设计需求自行加工的钢构件。参数化建模可以通过对参数的把控，使多个构件之间存在联动关系，改变一个参数的同时，多个参数同时改变，缩短了大量的设计时间。

　　在铁路工程设计中，BIM 还未完成真正意义上的正向设计阶段，市面上相对流行的 BIM 软件，更多的作用还是提供了三维模型的展示，非几何信息的连带以及方便与各专业之间的碰撞检查和整体组装，并且在出图深度、出图标准等方面，国家还尚未有明令要求。

6.15.3　设计审核

　　保证工程质量，越来越成为每一个设计师最先考虑的问题，很多建筑物，无论是变更、修改，亦或者更严重的损坏等问题，设计的严谨性在其中均有着举足轻重的影响。在传统的二维图纸设计中，各专业相对独立，无法表达建筑物三维空间效果，容易引发设计失误，在施工中造成返工及浪费。

　　利用 BIM 技术建造铁路房屋建筑工程三维可视化模型，在模型建造过程中，可直接发现二维设计中不易察觉的问题，如建筑平面图与详图尺寸规格不一致；安装接口无法对应；梁板碰撞等，设计师可根据这些问题对设计成果修改、优化，在施工正式实施前排除问题，提升设计质量，节省工期。通过各个专业间、不同构筑物间的碰撞检查，直观展现碰撞位置及碰撞原因，减少设计审核中大量的数学计算工作，提高设计审核效率和质量。

6.15.4　工程量统计

　　工程量的统计在传统的二维设计中是一项较为繁琐的工作，需要对房屋建筑工程各专业、不同材质墙体、不同装饰装修、各种构件等内容进行逐个统计，数量巨大且内容繁琐，工作量重复又容易造成遗漏，这给统计工程量的工作人员带来了极大的困扰。通过 BIM 技术，设计人员可以基于三维模型进行工程量统计，摆脱人为工程量计算的主观因素影响，使结果更为客观准确。同时，在变更设计中可通过变更内容与模型的关联性，快速准确地得出工程量。

　　传统的结构专业工程量数据统计，是从二维图纸中直接提取工程数量，耗时较长，造价师需要把握每一个构件的细节，且易受到很多人为因素的影响，造成数据上的误差，出现遗漏、错误等现象。在一些复杂异形结构的统计中，连续的不规则结构，也给造价师们带来了种种难度，常规的方法很难计算，即使计算出结果，也无法保证其精度。然而 BIM 技术可以很精确地统计出每一个我们想要的截面信息，只需要造价师提供一个统计思路，由计算机完成大量数据的统计问题。

通过 BIM 三维设计，我们可以很直观地得到构件数量、构件参数，并可与一些统计软件完成计算统计，也可以人为地编译出我们想要的任何数据信息。例如，在 Bentley 平台下展现出的截面信息及添加的非几何信息（图 6.15.4-1）。

图 6.15.4-1 属性信息

基于 BIM 设计，可以对设备模型进行数量提取，形成设备明细表。以电扶梯为例，能够实现数量提取工作，形成更为准确的电扶梯设备清单和投资列清单。但由于现阶段 BIM 设计中不能包含全部设备模型，暂不能直接把 BIM 提取内容作为机械专业设备模型清单，仍需进行人为判断、修改。

6.15.5 成果可视化展示

基于 BIM 技术的可视化设计，能够将建筑师与设计人员带入一个更加宽阔的空间，加入 Z 轴之后，将平面图纸转变为 3D 模型。对于设计师而言，由于空间想象力不足而无法表达的设计理念，通过 BIM 技术能够得以实现，满足了设计人员的想象力，并且可以完善因为 2D 表现力不足疏漏的地方，借助 BIM 可视化模型可以让设计人员提高准确率及工作效率，更好地提高项目品质。

通过 BIM 可视化的碰撞检查可以对建筑物中的专业与专业之间进行软碰撞及硬碰撞的核查，而且 BIM 软件还可以自动生成检测报告，通过该报告，设计方可以校对设计中的缺陷及遗漏，施工方可以依此为施工依据，该项工程可以大幅减少设计变更，施工返工，减少成本的浪费（图 6.15.5-1）。

结构专业通过 BIM 技术可以直接展示出所完成的设计模型，通过即时对模型路径浏览从而直接对模型进行操作，如剖切、放大、缩小等动作，可直接展示出模型从整体到细部的每一个关键点。如图 6.15.5-2 和图 6.15.5-3 所示，为整体模型以及细部模型，其更为直观地展示出构件的搭接关系。

BIM 在机械专业的应用主要分为 5 个系统，采暖系统、空调系统、通风系统、给水排水系统、消防系统。具体应用如下：

图 6.15.5-1　室内漫游展示

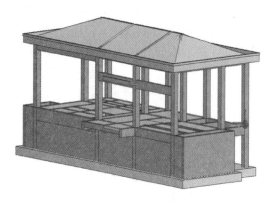
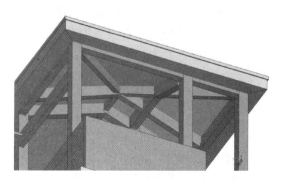

图 6.15.5-2　结构模型　　　　　　　　图 6.15.5-3　结构细部模型

1. 采暖系统

应用 MicroStation 软件进行采暖设备的布置，绘制采暖管线模型，运用软件进行采暖负荷计算，水利平衡计算。二维原理图上的设备参数和三维布置图的参数实时共享，并可以相互导航。直观地反映出管道的走向系统（图 6.15.5-4）。

2. 空调系统

应用上述软件进行空调室内机、室外机的布置，并上传平台确定室外机基础的位置及其荷载，管道大致标高，减少与结构的碰撞。结合建筑装修形式确定室内机的形式、高度。直观地反映出管道的走向、系统（图 6.15.5-5）。

3. 通风系统

由于通风系统管件较大，管线布置容易出现许多碰撞问题，利用 MicroStation 软件

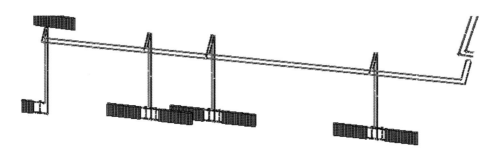

图 6.15.5-4　采暖系统模型

进行设计时可以很好地规避此类问题，更加合理地安排管道高度（图 6.15.5-6）。

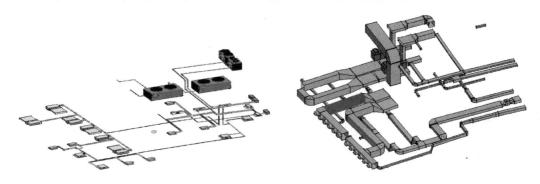

图 6.15.5-5　空调系统模型　　　　　　　图 6.15.5-6　通风系统模型

4. 给水排水系统

应用上述软件进行给水排水管线的布置，并上传平台确定水箱等设备基础的位置及其荷载，例如利用 MicroStation 与建筑的卫生间建模，可以更加系统地完成每个卫生间内部的布置，从而节省大样图与系统图的绘制，通过三维展示可以一目了然。

5. 消防系统

例如，利用 MicroStation 可以更好地布置消防泵房、水箱间的管线排布。

机械二维图纸是通过设计方案的对接或者变更，以及通过对接不同平面及剖面的尺寸，来确定设计的准确性，因此容易造成遗漏。三维实体模型可以直观多角度地去查看设计结果，不同专业的设计人员能够更为迅速和明确地获得反馈效果，方便调整修改设计方案。

三维模型的属性设置还能够提供电扶梯设备的非几何信息。对于项目参与方而言，几何信息与非几何信息的结合，更够准确阐述设计方案，便于沟通交流（图 6.15.5-7）。

6.15.6　阶段交付成果

在最终交付时，除需交付 BIM 模型外，还需同时交付 IFD 编码表、设计说明等内容。其中模型中每个构件需包含非几何属性及 IFD 编码。根据不同精度需求，模型所涉及内容也不相同。因目前铁路暂无房建类专业 BIM 标准，模型命名规则、信息模型精度等内容参照《建筑工程设计信息模型交付标准》。

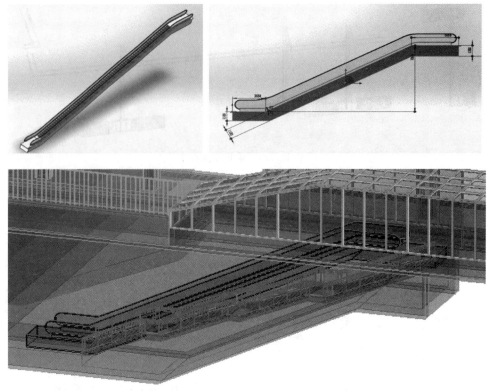

图 6.15.5-7　电扶梯模型

6.16　环境保护设计阶段 BIM 应用

6.16.1　环境保护 BIM 应用概述

随着我国铁路建设规模的发展，列车运行速度的不断提高，铁路噪声的污染备受关注。声屏障作为一种有效、经济的降噪手段，在铁路噪声治理工程中大量采用。合理开展铁路 BIM 设计工作，可以充分发挥其技术指导的作用，能够精细地展示声屏障的结构形式，提升声屏障的直观性。采用 BIM 技术的声屏障设计能够直观清晰地表达声屏障设施与桥梁、路基等设施的详细状况，与传统二维设计相比更加直观、精确，对声屏障的进一步优化设计意义重大。同时 BIM 设计可以真实地反映工程，避免不必要的差错，以及和其他专业接口中可能存在的问题。尤其是在与其他专业，如桥梁、路基、接触网等专业配合接口时，原来的二维 CAD 成果只能展示本专业的设计内容，不能清晰表达与各专业间的详细配合，在现场施工过程中易出现碰撞冲突情况，造成返工和损失。而 BIM 技术可将工程信息内容利用三维模型进行立体直观地表达，利用多专业协同设计平台，实时展现各专业的设计内容，可快速、清晰地发现各专业间的碰撞冲突问题，为专业间的协同配合、设计更改提供极大的便利，同时减少施工过程中的返工和损失。此外，统一铁路声屏障工程 IFC 标准对 BIM 模型数据存储格式、语义扩展方式、数据访问方法、一致性测试进行规范，对实现 BIM 模型属性的加载及工程算量提供标准，可以系统地将声屏障分类，便于管理。

6.16.2 三维设计及出图

1. 搭建不同类型的单个声屏障模型

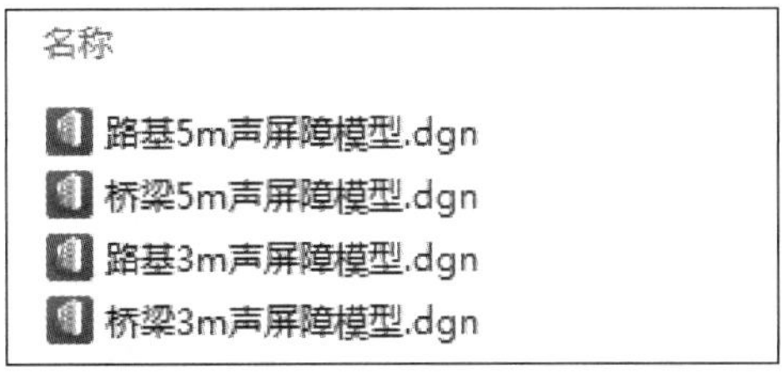

首先要搭建出各种类型声屏障的单个模型，例如金属/非金属－3m/5m 声屏障模型，保存为模板，如图 6.16.2-1 所示，为后期搭建不同段落声屏障模型提供基础模型。单个

名称

路基5m声屏障模型.dgn
桥梁5m声屏障模型.dgn
路基3m声屏障模型.dgn
桥梁3m声屏障模型.dgn

图 6.16.2-1　环保专业声屏障单个模型清单

模型的建立需要根据不同声屏障的设计结构分楼层建立。根据声屏障结构图纸在楼层选择器中将各层标高设置好，楼层的标高代表图形绘制的起始高度，并在不同的楼层高度下绘制出声屏障模型的各个结构图形。单个模型建立好之后可以逐个或组合复制，完成沿线所有声屏障模型的搭建。

2. 搭建具体段落声屏障模型

根据前期专业工作内容梳理的清单，下载需搭建模型段落的路基模型。选择相应的声屏障类型并另存为具体段落名称，参考路基模型及里程模型，先在顶视图视角下根据声屏障具体段落的平面位置图将声屏障模型通过复制、移动及旋转将声屏障搭建在相应的设计里程内。每次复制的声屏障模型应尽量短些，以保证旋转后的模型能够尽可能地与路基模型相应曲线弧度相吻合。之后在左/右或前/后视图下，将整个声屏障模型分成适当段落，移动、旋转将声屏障水平高度与路基模型相应高度匹配上，每次移动、旋转的声屏障模型也要尽量短些。

环保专业主要参考路基及桥梁模型来确定搭建位置，若参考模型较为复杂、细节丰富，参考时建议关闭无用部分，以路基为例，使用按元素关闭图层，只留下路肩部分，如图 6.16.2-2 所示，这样可以更加清晰准确地确定声屏障模型的搭建位置。

在整个三维模型出图过程中，参与建模的设计人员应对声屏障的通用做法有正确地理解，对其结构形式有充分地认识，对细节安装形态等有详尽地了解。最好由以往从事过铁路声屏障工程设计且有一定现场施配经验的人员作为负责人或审核人员。

6.16.3 设计审核

BIM 设计与传统二维设计相比更加直观、精确，对声屏障的进一步优化设计意义重大。通过利用 BIM 技术建造出铁路三维可视化模型，在模型建造的过程当中我们会发现设计本身的设计错误以及图纸本身的表达错误等，以及各专业之间的碰撞问题和各构件之间的空间位置问题等。以设计咨询报告的方式将这些问题和错误表达在纸质文件上反馈给各相关设计人员。设计师们根据这些问题的反馈进行各专业图纸的深化，使设计图纸更加精准，从而减少甚至消除设计错误，大幅提高工作效率和质量。同时可及时排除施工中可能遇到的碰撞冲突，显著减少由此产生的变更申请单，更大大提高施工现场作业效率，降低了因施工协调造成的成本增长和工期延误。

6.16.4 工程量统计

通过已建好的模型进行工程量提取，首先要完成模型各构件属性赋值工作。即可得到如声屏障板材面积、钢立柱根数、基础混凝土钢筋等的具体数量。下一步可根据已生成的

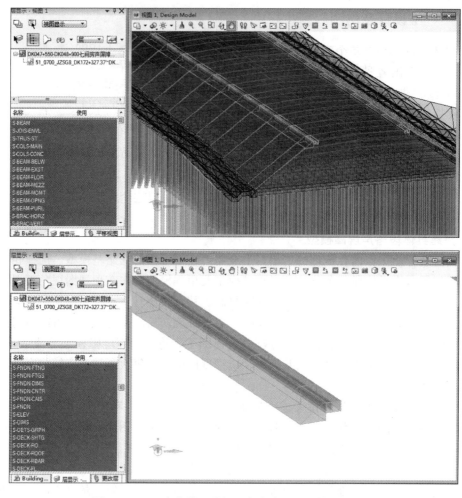

图 6.16.2-2　参考模型关闭无参考关系图层前后对比图

工程数量与工经专业估算、预算、概算进行挂接。结合目前的二维设计，以及铁路概算软件中工程相应的单项概算，将满足编制定额的要求和精度的模型里导出的工程数量

工程或费用项目名称	单位
3. 路基声屏障	平方米
路基声屏障立柱安装　立柱250×…	根
单元板安装　复合吸声板	10m2
路基声屏障立柱桩基成孔　钻孔	10m
桩基混凝土浇筑　泵送	10m3
声屏障底梁混凝土浇筑　泵送	10m3
混凝土搅拌站-泵送普通混凝土C30	10m3
混凝土搅拌运送车≤6m3　装卸	10m3
混凝土搅拌运送车≤6m3　运1km	10m3
钻(挖)孔桩钢筋制安　钢筋笼制安	t
声屏障底梁钢筋制安　底梁钢筋制安	t

图 6.16.4-1　铁路概预算软件中有关声屏障工程的单项概算

与概预算定额相结合，完成工程的概预算工作。

以路基声屏障为例，通过三维模型可以得到声屏障的总面积、单元板的材质、面积、立柱桩基的长度、桩基混凝土标号、等级、体积、钢筋笼重量、底梁钢筋重量等，分析确认后便可以直接输入铁路概算软件（图 6.16.4-1）。

经与工程经济专业沟通，下阶段 BIM 设计的工作可以研究把定额信息直接附加到模型中，这样可以进一步简化工作流程，提高准确性。

6.16.5 成果可视化展示

环保专业 BIM 工作主要为建立降噪工程中的直立式声屏障模型（图 6.16.5-1～图 6.16.5-4）。

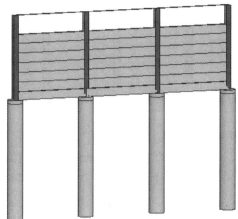

图 6.16.5-1 轨面以上 3m 高路基声屏障模型

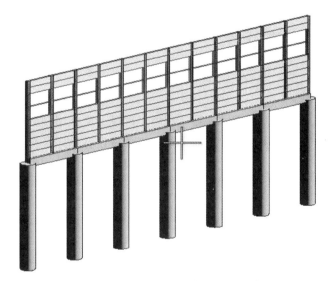

图 6.16.5-2 轨面以上 5m 高路基声屏障模型

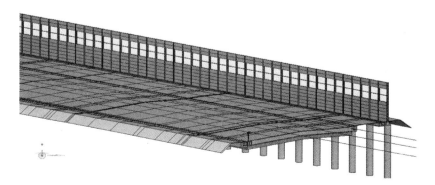

图 6.16.5-3 路基声屏障模型与路基模型拼装后示意图

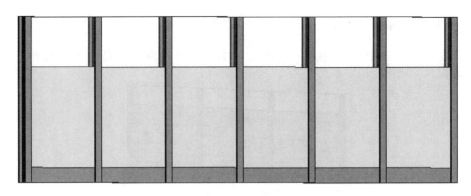

图 6.16.5-4　桥梁声屏障模型

通过三维模型的建立，可以清晰地看到声屏障包含的不同高度以及不同板材形式。路基直立式声屏障采用直立的悬臂钢立柱插板式结构，分为轨面以上高度 3m 和 5m 两种，采用声屏障吸声板材＋通透材料形式，基础部分为钻孔桩。桥梁直立式声屏障采用直立的悬臂钢立柱插板式结构，轨面以上高度 3m 和 5m 两种，采用声屏障吸声板材＋通透材料形式，基础位于桥梁遮板上。

模型完成后上传 PW 协同平台由总装专业进行总装，完成后声屏障设置位置、与线路关系等一目了然，如遇碰撞问题可及时发现，使设计工作更为直观便利，成果准确率高。

6.16.6　阶段交付成果

电力专业根据《基于信息模型的铁路工程施工图设计文件编制办法》关于电力专业的交付，除了必要的工程数量表及工程说明之外，需要按设计单元提交参考模型和设计单元模型，设计单元模型包含设计单元说明、设计单元模型、设计单元附件、设计单元附图。

6.17　概预算专业设计阶段 BIM 应用

6.17.1　概预算 BIM 应用概述

1. 概预算主要工作内容及流程

在科学确定标准规模、优化方案和工程措施基础上，强化精打细算意识，准确把握工程数量，加强工程用料、人工、机械价格调查，合理确定有关取费标准，优化细化施组方案，严格投资过程控制。

1）设计策划：设计开展前，应进行设计策划，策划工作包含技术质量、生产组织和进度控制。

2）设计输入：包括铁路项目预可研、可研和设计文件编制办法、铁路工程投资编制办法、铁路工程定额、铁路货物运价规则、上阶段审查意见、勘察资料、上序资料等。

3）编制投资概预算

（1）确定概预算编制原则和编写概预算基础资料

本阶段根据外业勘测资料、概预算编制办法规定编写概预算基础资料。

（2）编制概预算

专册负责人对设计人员进行有关设计要求的交底、提出需要重点关注和解决的问题、加强指导和检查，保持与相关专业、主管处总、项目总体等的沟通环节。

在充分了解和掌握设计方案、各专业设计意图的基础上，对各专业提交工程数量进行审核。

（3）进行概预算编制，并进行有关分析工作。

4）设计输出

按《铁路基本建设项目预可行性研究、可行性研究和设计文件编制办法》规定的文件组成内容编写概预算成果文件。

2. 投资概预算在 BIM 方面的应用

根据目前铁路投资编制技术手段发展现状，概预算编制本身并不直接涉及 BIM 方面的应用。概预算编制与 BIM 的关系主要存在概预算编制所使用的工程数量可以从 BIM 设计成果中提取。存在的问题主要是由于目前 BIM 发展成熟程度、相关计算机硬件软件的性能限制等，BIM 设计成果还远达不到能够直接提取编制概预算用的工程数量的程度或水平。根本原因在于概预算编制所需要的工程数量需要满足现行铁路定额的要求，这一点目前 BIM 设计水平很难达到。

未来 BIM 发展成熟程度、相关计算机硬件软件的性能限制等技术瓶颈解除后，可以通过将铁路投资编制程序与 BIM 设计程序对接的方式，最终实现工程数量及投资编制的完全一体化或自动化。

6.17.2　施工组织 BIM 应用

1. 施工组织 BIM 应用概述

施工组织设计是指导项目建设的纲领性文件，是项目建设管理的重要依据，应用 BIM 技术对提高施工组织的合理性、准确性和效率意义重大。

设计阶段施工组织设计主要是指导性和宏观性的，BIM 在设计阶段施工组织设计中的应用主要是在大型临时工程的设计上。铁路施工组织设计对应预可行性研究、可行性研究及初步设计等设计阶段分别为概略施工组织方案意见、施工组织方案意见、施工组织设计意见。每个阶段的施工组织设计深度各不相同，从概略施工组织方案意见随着设计阶段的加深逐步深化至施工组织设计意见，以达到设计成果能够满足宏观控制和指导施工的要求。各个设计阶段对应的 BIM 技术的应用侧重点、应用深度和精度也不相同，对于概略施工组织方案意见、施工组织方案意见其主要任务为方案比选和大临工程量统计。对于施工组织设计意见，重点大型临时设施，如铺轨基地、制存梁场、制存板场等应采用 BIM 技术进行较详细的设计，主要任务为确定推荐重点大临工程方案、进行方案对比、对重点大临工程进行较详细设计以及进行工程量统计。

此外，为了使铁路重点大临工程设计方案更加准确、各构件更加精准，应结合铁路重点大临工程结构特点对铁路重点大临工程模型进行参数化设计，对于常用的标准规模的重点大临工程及其附属等构件创建参数化单元库，方便在不同项目中应用。

在 BIM 协同设计平台上对重点大临工程进行协同设计，需要工经专业将设计要求及相关基础资料提供桥涵、站场、轨道等专业，各专业在获得满足要求的设计资料后进行重点大临工程设计，完成设计后输出相应的设计成果，并按要求向下序专业提资。

2. 三维设计及出图

传统的二维设计输出成果为 CAD 图纸，由于 BIM 模型是基于整个结构物参数化的信息模型，包含了图纸的所有几何信息，因此，由 BIM 模型可以直接得到平面图、立面图、剖面图、等轴侧图、节点详图、说明文字和详细工程数量列表等内容，对导出图补充适当的标注，进行适当的调整即可达到出图要求。同时因为 BIM 模型是三维参数化的信息模型，所有视图信息同步，如需修改设计模型，则各视图都会随之更新，摆脱传统二维图纸一旦进行设计修改，则各相关视图都需修改绘制的弊端。

3. 设计审核

重点大临工程设计成果需要进行审核，通过建立重点大临工程 BIM 模型，对其进行碰撞检查可以获得精准的碰撞检查报告，并对工程量进行统计分析，进而形成完整的基于 BIM 技术的重点大临工程设计。

4. 阶段交付成果

BIM 设计的主要成果为附加模型信息的设计模型，不同的设计阶段 BIM 交付成果的广度和深度各不相同，详细参考《铁路工程信息模型交付精度标准》和《基于信息模型的铁路工程施工图设计文件编制办法》等相关规定。

第7章 铁路工程施工阶段 BIM 应用

铁路工程的大规模建设对工程的施工水平提出了更严格的要求，BIM 技术的应用显著提升了建筑施工水平及企业竞争力，整体效率得以优化。本章结合铁路工程实体结构分解（EBS）以及铁路工程工项分解（WBS）相关要求，按照路基工程、桥涵工程、隧道工程、轨道工程、站场工程、四电工程、站房工程进行分述，从建设流程的角度出发，阐述目前国内 BIM 技术在铁路工程施工阶段的工作流程及应用。

7.1　概述

7.1.1　施工建设流程

铁路工程建设施工阶段，大致可以分为施工准备、工程施工、工程验收交付三部分内容。

1. 施工准备阶段

建设单位组织编制指导性施工组织设计，组织施工图咨询单位完成施工图审核，并报铁路总公司或铁路局集团审查批复；组织完成施工单位、监理单位招标；组织设计进行技术交底、设计交桩；组织征地、拆迁及甲供材料的采购；按照铁总计统〔2015〕252 号文要求逐项落实工程项目开工条件，下达开工令并上报铁路总公司核备。各项开工条件全部满足后，经建设单位审批通过后可正式开工。

2. 工程施工阶段

以项目中永久性工程第一次破土动工日期作为正式开工日期。该阶段是项目管理的重要阶段。在此阶段，在建设单位的组织协调下，施工单位作为具体工程的实施主体，按照批准的施工图和施工组织设计，投入人、料、机等资源，将铁路工程从图纸中的线条转变为工程实体；设计单位按照工程实际情况开展地质核查、设计交底、变更设计等配合工作，监理单位受建设单位委托对施工中的工程质量、安全、进度、投资、合同、信息、组织协调等工作进行监理。铁路总公司计划单位负责下达年度投资计划，财务部门拨付建设资金，鉴定中心负责各项变更的审查批复，建设过程中的其他相关单位各自履行部门职能，如对安全质量进行监管、监督资金的使用情况，各部门共同合作，保障施工任务有序高效地进行。

3. 工程验收交付阶段

作为工程建设过程的最后一环，是投资成果转入生产或使用的标志，铁路工程按批准的设计文件全部竣工或分期、分段完成后，依照《铁路建设项目竣工验收交接办法》（铁建设〔2008〕23 号）、《高速铁路竣工验收办法》（铁建设〔2012〕107 号）中的相关规定，进行验收工作。目前，我国铁路主要干线运营工作由中国铁路总公司和下属铁路局集团负责，铁路建设单位需要向铁路局集团签订委托运营协议，并组成、移交固定资产和竣工资料。

7.1.2　施工阶段 BIM 应用点

在工程施工阶段，利用 BIM 技术开展面向施工阶段的模型深化设计、项目坐标定位、施工模拟，施工进度管理、成本管理、资源管理、安全质量管理以及变更管理，实现工程项目精细化管理，直至项目竣工交付完成。

1. 模型深化设计

深化设计在整个项目中处于衔接设计与施工阶段的中间环节，基于设计阶段的模型成果结合施工现场的实际情况，对各个专业模型成果进行深化，以便于施工方利用模型开展施工方案、施工顺序讨论，直观发现施工中可能产生的问题并提前解决，为施工阶段的整体统筹和施工方案的确定提供了良好的技术保障。

2. 项目坐标定位

进入施工阶段后，各专业需要一系列项目坐标定位工作，如斜拉索桥梁工程拉索三维定位、牵引供电系统供电站工程定位、站场及站房的定位等。

近年来随着无人机倾斜摄影技术、BIM+GIS技术的出现为铁路行业提供了从微观到宏观统一管控的可能，其强大的数据获取、数据综合、地理信息、空间分析能力等，为处理具有时空特征的铁路信息提供了新的手段。

倾斜摄影技术是指由一定倾斜角的航摄像机所获取的影像，在测量飞行平台上搭载不同功能的传感器，同时从垂直、倾斜等不同角度采集各类数据，获取地面物体更为完整精确的数据信息。对于铁路工程地域广、建设跨度大、精度要求高的特点，采用倾斜摄影技术，可辅助铁路工程的项目坐标定位。

BIM+GIS技术是利用BIM技术整合工程建筑物本身的信息，利用GIS技术整合工程外部环境的信息，将BIM技术与GIS技术进行融合，既能辅助线性工程长距离定位，也能辅助施工单位完成项目坐标定位及场地布置。

3. 施工模拟

施工过程模拟是施工阶段BIM技术应用的重要部分。在深化设计完成后，基于BIM技术对工程项目的整个施工过程、重要施工环节或施工节点工艺进行模拟，从而制定科学有效的施工方案，以保证项目施工的顺利进行。

技术交底是技术管理的内容之一，在施工方案比选、技术培训过程中，利用投影、大屏幕、移动终端等展示开展动画式技术交底，使施工人员直观、充分地了解施工结构以及施工工序，让各参与方快速获取信息并进行分析，提前发现施工过程中存在的问题和风险，改善了传统施工方案制定缺乏指导性等问题，提高了信息传递的速度与准确性，为施工阶段的进度管理、成本管理、资源管理及质量安全等方面的施工过程管理提供了良好的技术保障。

4. 进度管理

进度管理是铁路建设项目管理的重要组成部分之一，基于BIM技术的进度管理是将3D模型关联时间维度形成4D模型，进行施工进度的模拟。可以分为两个部分，首先是验证施工单位编制的进度计划的合理性。施工单位在完成实施性施工组织设计的初步编制后，将BIM模型与进度计划集成，对编制的项目进度计划进行模拟验证，对项目工作面的分配、交叉以及工序搭接之间的合理性进行分析并进行优化，得出项目的最终的进度计划。其次是在施工过程中结合计划进度实施数据检查实际进度是否存在偏差，分析原因，及时解决存在问题，调整项目进度计划，以满足整体时间节点要求。施工人员更加直观审视整个施工管理过程及理解施工方案要求，减少因信息传达错误而给施工过程带来不必要的问题，不仅提高了施工质量，更加快了施工进度。

5. 成本管理

成本管理是工程施工阶段的核心指标之一，其依托于工程量与工程计价两项基本工作。工程的成本目标与进度目标密切相关。3D模型关联时间维度完成4D模型，可以实现施工进度管理，在此基础上再关联算量计价，形成BIM 5D模型，辅助工程成本管理。基于BIM技术的成本管理具有保证造价信息的实时性、准确性、完整性的特点，主要包含两方面内容：

1) 施工单位利用 BIM 5D 模型，将成本相关数据的时间、空间、工序维度相关联，准确、高效地完成模型中所有构件的计算，并结合 BIM 数据库中的人工、材料、机械等价格信息分析任意部位、任何时间段的工程造价，快速地制定项目的进度计划、资金计划等，合理调配资源，有效指导实际发生的施工成本，做到精细化掌管施工项目。

2) 由于 BIM 技术在数据存储、调用上具有高效性，可以对海量的造价信息进行存储、积累，进而实现对项目数据的共享，节约了工作时间，提升了工作效率。在此基础上可以使项目各个管理线快速、准确地获取工程造价数据，使得项目各个参与方能够在同一个造价平台上进行造价管理和成本控制，开展验工计价、计量支付工作，提高成本的综合管控能力。

6. 资源管理

资源管理是基于 BIM 5D 模型，将工程工项分解或施工流水段、时间段的工程量及施工人力、材料、机械消耗量和预算成本，进行工程量计划完成、资源计划平衡和方案造价优化的模拟等工作。

利用 BIM 技术，基于 BIM 5D 模型根据实施性施工组织快速计算出不同阶段的人力、材料、机械设备和资金等资源需用量计划，在此基础上，工程管理人员可以通过形象的 4D 模型合理安排施工进度，结合模型进行施工流水段划分和调整，组织施工队伍连续或交叉作业，使工序衔接合理紧密，实现工期优化和劳动力材料需求量均衡。

7. 质量安全管理

质量、安全管理是施工管理中的核心内容。从检测、分析、处理到验收等多个环节，BIM 技术在质量管理中发挥着愈来愈显著的价值。

施工单位利用建立的信息模型进行虚拟施工，一是对项目的施工顺序、施工组织进行模拟和展示，如大体积混凝土浇筑控制、预埋管线位置、大型构件吊装顺序等，同时找出施工过程中可能出现质量控制的关键点，优化施工工艺，减少施工变更；二是通过动画式技术交底、培训，现场施工人员直观学习、掌握施工工艺和质量控制要点，提高施工队伍的整体水平，从而提高工程质量；三是施工过程中，工作人员及时把工程质量问题、发生的部位、时间、处理情况等信息与 BIM 模型相关联，相关工作人员可以实时跟踪问题处理落实情况，实现质量的动态过程控制和闭环管理，避免工程质量隐患带入下一道工序；四是将 BIM 模型与原材料、检验批以及拌和站、试验室数据等关联，让每一个部位的工程质量具有可追溯性信息；五是 BIM 模型数据与数控机床对接，钢桁构件等厂制原材料，提高制造精度，减少拼装误差，并便于对构件在生产、存储、运输、施工、运维全过程管理。

目前，在施工过程中，安全管理存在诸多的技术难题。在现有条件下，对危险源进行动态管理的难度极大，通过 BIM 技术，对施工现场所有的生产要素及其状态进行创建和控制，同时结合施工模拟分析结果，安全管理人员能够在施工开始前就实现危险源的全面、精密识别和评价，进而能够对施工过程中的各类危险源进行动态管理。例如，在模型中可以清楚地看见临边洞口及多作业交叉危险区域，可提前对临边洞口做好安全防护。在安全交底时，让每个项目管理人员及施工人员基于 BIM 模型对于危险区域做到心中有数，提前防患，并实时对整个施工现场的危险区域做到动态更新，实现动态安全控制。结合 BIM 模型和物联网技术，与视频监控、进出场人员感应数据关联，实现工程施工阶段的安全管理。

8. 变更管理

变更设计是技术管理的内容之一，变更管理贯穿于工程实施的全过程，也是编制竣工图、编制施工结算的重要依据，在施工过程中，建筑信息模型随设计变更而及时更新，利用 BIM 技术对工程变更进行有效管理，降低了业主、设计、施工三方的沟通成本，主要包括几个方面内容。

1）利用 BIM 模型可以准确及时地进行变更工程量的统计。当发生设计变更时，施工单位按照变更图纸直接对 BIM 5D 模型进行修改，系统将会自动统计变更后的工程量，保证了工程量的准确性及合理性。

2）BIM 5D 集成了模型、进度、成本信息，当发生变更时，施工单位依据调整后的模型，及时调整人材机的分配并采取相应的措施，将进度及成本变化控制在可控范围内。例如，线路改线涉及全新的地形地貌和地质环境，利用 BIM 技术对土方工程量进行重新测算，规划调整相应的土方挖填方案、人力及机械设备的组织计划，对路基工程实现有效管理和动态控制，为变更签证提供了有力保障。

7.1.3 参建各方 BIM 应用任务

标准化管理是科学有序推进铁路建设的基本方法，实现项目建设目标的科学管理体系，机械化、专业化、工厂化、信息化是标准化管理的四大支撑手段。信息技术的进步和"互联网＋"战略的进一步提出，使"智慧工地"应运而生，它围绕施工过程管理，以 BIM 模型为数据载体，建立互联协同、智能生产、科学管理的施工项目信息化生态圈，顺应了时代和社会发展的需求，体现了建筑行业的创新变革。住房城乡建设部发布的"十二五""十三五"建筑业信息化发展纲要中，BIM 技术已作为建筑业信息化的应用核心。

1. 建设单位

建设单位是项目管理的核心枢纽，应结合项目特点和项目管理目标决策 BIM 技术应用范围、应用阶段、应用深度等。例如，全线应用或选取某一段落、某些单点工程等，是否项目前期即采用 BIM 技术设计，是否将 BIM 交付铁路局集团运维等。如设计阶段已采用 BIM 技术进行设计的项目，可以有效接续，利用设计阶段的 BIM 成果，进行全生命周期的 BIM 应用。非 BIM 技术设计的项目，在开工准备阶段，建设单位可根据创优规划、重难点复杂工程创新规划等和项目管理目标，考虑基于 BIM 技术的信息化管理平台建设，并委托具有实力的 BIM 研发单位进行部署，购置相关硬件设施和软件，组织开展人员培训，做好实施管理。

2. 施工单位

施工单位是工程实施阶段 BIM 技术应用的具体实施者，应立足于培养 BIM 应用人才、提高施工队伍整体水平、实施智慧建造、向精细化管理要效益的战略高度，积极推行 BIM 技术应用。在开工准备阶段，可以应用 BIM 技术建立施工场地布置模型、施工进出场道路的规划、临水临电的模型搭建、施工资源的配备等；在施工阶段，对重点施工方案、关键工序工法，完成施工全过程的施工模拟，开展可视化技术交底及培训，结合现场实际需求不断进行 BIM 模型更新与维护，提高施工班组执行效率和施工安全、工程质量控制水平，动态调整实施性施工组织设计，均衡分配资源，在精细化管理中创造效益。

3. 设计单位

设计单位是铁路建设项目的数据源头，在设计阶段应用 BIM 技术直观开展多专业协同设计，进行碰撞检测，合理优化选线方案。在施工阶段，设计单位提供的施工图应结合现场具体工作条件，如施工组织安排、工作面划分等深入优化及完善，在设计深度及细度上优化 BIM 模型，确保设计合理，各专业接口衔接顺畅，将工程质量、安全隐患消除在设计源头，为工程施工阶段奠定良好的实施基础。

4. 监理单位

监理单位是铁路建设单位在现场的延伸，代表建设单位实施"三控三管一协调"，即质量控制、进度控制、投资控制、安全管理、合同管理、信息管理、协调现场工作关系。在施工阶段，监理单位应配备具有 BIM 知识的专业工程师，跟进和督促施工单位实施 BIM 技术，落实过程模型维护、进度数据填报、安全质量问题整改和闭环、检验批验收等工作。

由于 BIM 建模、构建平台需要一定的时间，因此在铁路工程建设项目中开展 BIM 技术应用需要尽早决策、适时实施，避免错过时机，降低 BIM 技术应用价值。

7.1.4　分解结构体系

工程分解结构（Engineering Breakdown Structure，简称 EBS）与工作分解结构（Work Breakdown Structure，简称 WBS）是目前国际上最具代表性的两种分解结构体系。

1. EBS 专业划分

工程分解结构（EBS）是在工程系统功能分析的基础上，按照功能、专业将工程系统分解为工程子系统，形成树状结构，符合工程系统的特点，具有系统性，适合工程管理。在铁路工程中应用 BIM 技术，利用 EBS 分解规定的编码来表示 BIM 建模中各类细部构件，可以达到编码规则、继承有效、逻辑明确等目的。

铁路工程实体结构分解根据铁路线长、专业多、建设规模大、技术标准高、建设速度快等特点，采用线性分类法原则，以《工程量清单计价指南》为基础，结合《施工质量验收标准》，从投资和质量两个维度对工程实体进行拆分，形成适合铁路项目管理的合理单元。从设计、施工、管理、运维的角度对工程实体结构进行梳理，形成统一的工程实体分解结构，提高了结构分解的颗粒度及准确性，满足工程设计、建设、施工、运维管理的需求。

铁路施工管理的最小单位是工点，EBS 对工点按照工程实体的进一步细分，有效地把设计的信息和意图传递到施工中。EBS 作为工程实体的载体，与工程进度进行挂接，并赋予各个分项相应价格和具体的数量，实现工程量清单与施工质量验收编码的统一性，是施工精细化管理的基础。

2. WBS 专业划分

工作分解结构（WBS）是将项目可交付成果和项目工作分解成较小的、更易于管理的组成部分的过程。在建筑工程领域，WBS 用于工程项目全范围内的分解和定义各层次的工作，用以指导施工。

铁路建设是一项复杂的系统工程，涉及面广，参与单位多，影响安全质量及工期的因素多，在铁路建设管理过程中有效利用 WBS 工具，对保证铁路工程质量和施工安全，促进铁路技术进步，控制工程投资发挥重要作用。为满足项目管理的需求，铁路工程采用线分法对铁路工程进行 WBS 工项分解，以铁路工程的专业领域为主线，按设计单元进行分解组织，各站前专业与站后专业严格按照施工组织设计完成施工任务，进行沟通、协调，保障进度计划的衔接，对于接口作业项目统一组织进行。

施工阶段的 WBS 分解一般是按施工技术和施工方案的要求，按施工部位和施工工序等元素划分，例如桩基础、承台、桥墩台、梁部结构等施工工序。将 BIM 工程资源与模型构件和 WBS 工作的数据关系模型关联，可以方便快捷地实现项目进度计划、资源需求、成本预算、风险管理计划和采购计划等编制，从而为项目的精细化动态管理提供技术可行的管理手段。

7.1.5 成果交付

施工阶段的 BIM 成果交付是基于建筑信息模型深化设计基础上的可供交付的成果，如各专业信息模型、基于信息模型形成的各类视图、分析表格、说明文档、辅助多媒体等。大致可分为施工过程交付和竣工交付。

施工过程交付是将施工过程中模型、施工模拟、报告、工程量清单等内容，提供给各参与方，便于各参与方优化施工模拟方案及不同专业间的综合协调。施工阶段模型是在深化设计模型 LOD3.5 的深度基础上将模型深化到 LOD4.0 等级。信息内容包括详细的模型实体，最终确定模型尺寸，能够根据该模型进行构件的加工制造，构件除包括几何尺寸、材质、产品信息外，还应附加模型的施工信息，包括生产、运输、安装等方面。

竣工交付包括竣工模型及整理施工过程中的相关 BIM 成果。此部分成果可为业主后期运维的开展提供完善的信息数据，为竣工的相关图纸及表单文本等交付物提供联动依据。竣工模型是在施工阶段模型 LOD4.0 的深度基础上将模型深化到 LOD5.0 等级，信息内容除最终确定的模型尺寸外，还包括工艺设备的技术参数，产品说明书/运行操作手册、保养及维修手册、售后信息等。

1. 模型表达要求

依据《铁路工程信息模型交付精度标准》（1.0 版）中的相关要求和铁路工程项目相关实施文件，交付符合精度要求的 BIM 模型，该模型应包含项目全生命周期或部分阶段的几何信息和非几何信息。关于铁路工程信息模型的交付精度要求详见本书第 2 章。以桥梁工程为例，桥梁各模型单元（部分）对应的几何信息和非几何信息规定如表 7.1.5-1 所示，在交付精度为 LOD3.5 时，对应的桥梁模型几何精度规定如表 7.1.5-2 所示。

桥梁模型中信息深度（部分） 表 7.1.5-1

编号	项目	几何信息	非几何信息	IFD 号编码
	桥梁	桥梁长度、桥梁跨度、定位信息	桥梁名称、桥梁结构形式、孔跨布置形式、材料种类及强度等级	53-12 00 00
1	下部结构	定位信息	下部结构形式、材料种类及强度等级	53-12 20 00

续表

编号	项目	几何信息	非几何信息	IFD 号编码
1.1	基础	基础埋置深度、基础尺寸、定位信息	基础类型名称	53-12 20 20
1.1.1	明挖基础	层数、长度、宽度、厚度	混凝土强度等级、施工工艺	53-12 20 20 10
1.1.2	承台/地系梁	承台形状、承台横向尺寸、承台纵向尺寸、承台高度	类型名称、混凝土强度等级、施工工艺	53-12 20 20 20 10
1.1.3	桩基础	直径、长度、间距、定位信息	混凝土强度等级、施工工艺	53-12 20 20 20
1.1.4	沉井基础	长度、宽度、分节、定位信息	混凝土强度等级、施工工艺	53-12 20 20 30
1.1.5	挖井基础	长度、宽度、深度、定位信息	长度、宽度、分节、定位信息	53-12 20 20 40

LOD3.5 桥梁模型几何精度　　　　　　　　　　　表 7.1.5-2

建模内容	几何精度要求
桥位场地基本信息	宜用简单几何形体表达项目周边场地中的铁路、地铁、道路、航运、航空、建筑、农田、水利设施等公共基础设施
桥墩/桥台	应按照需求输入桥墩/桥台的几何信息，建模几何精度宜为 1mm 应反映泄水坡、倒角、开槽等细节构造 墩/台应按照墩/身的定位基线建模 墩在高程方向的插入基点一般设置在顶帽顶
基础	应按照需求输入基础的几何信息，建模几何精度宜为 1mm 应具有编号、里程等信息
支座	使用块体简化表达 应具有支座型号、几何尺寸、限位方向、定位等信息
伸缩缝	使用块体简化表达 应具有长度、宽度、定位等信息
梁	应按照需求输入梁的几何信息，建模几何精度宜为 1mm 作为一个整体对象，对于不同类型的梁，应可选择梁的具体组成构件，例如分片梁、湿接缝、杆、节点、板等
拱	应按照需求输入拱的几何信息，建模几何精度宜为 1mm 应可选择拱的组成构件 应具有拱的线型方程等信息

2. 交付成果要求

在项目竣工后，按照策划阶段制定的相应标准，进行项目最终的成果交付，总体归纳为三部分，即文档资料、模型资料、虚拟仿真资料等。交付成果清单如表 7.1.5-3 所示。

交付成果清单 表 7.1.5-3

成果类别	序号	交付成果资料	成果格式	过程交付	竣工交付
文档资料	1	项目 BIM 实施方案	doc/pdf	▲	▲
	2	项目建筑信息模型建模指导意见	doc/pdf	▲	▲
	3	项目建筑信息模型交付标准	doc/pdf	▲	▲
	4	项目建筑信息模型应用技术标准	doc/pdf	▲	▲
	5	项目建筑信息模型族创建标准	doc/pdf	▲	▲
	6	项目设施设备分类与编码标准	doc/pdf	▲	▲
	7	会议纪要	doc/pdf	▲	▲
	8	二维码物料管理（二维码电子数据、物料管理文档）	doc/pdf	△	▲
	9	碰撞检查报告	doc/pdf	▲	▲
	10	管线综合分析报告	doc/pdf	▲	▲
	11	进度管理分析报告	doc/pdf	△	▲
	12	质量管理分析报告	doc/pdf	△	▲
	13	成本管理分析报告	doc/pdf	△	▲
	14	设计变更资料	doc/pdf	▲	▲
	15	场布方案文档、设备清单文档、施工技术交底文档	doc/pdf	▲	▲
	......				
模型资料	1	深化设计模型	dgn/rvt/nwd	▲	▲
	2	场地布置模型	dgn/rvt/nwd	▲	▲
	3	关键节点模型	dgn/rvt/nwd	▲	▲
	4	施工防护模型	dgn/rvt/nwd	▲	▲
	5	竣工模型	dgn/rvt/nwd	—	▲
	......				
虚拟仿真资料	1	施工方案模拟	mp4/avi	△	▲
	2	施工场地布置模拟	mp4/avi	△	▲
	3	施工设备模拟	mp4/avi	△	▲
	4	施工进度模拟	mp4/avi	▲	▲
	5	施工工艺模拟	mp4/avi	△	▲
	6	施工节点验收可视化视频展示	mp4/avi	△	▲
	7	关键工序模拟	mp4/avi	▲	▲
	8	场地漫游	mp4/avi	△	▲
	9	天窗模拟	mp4/avi	△	▲
	......				

注：表中"▲"表示应具备信息，"△"表示宜具备信息，"—"表示不具备的信息。

7.2　铁路工程施工组织设计

7.2.1　概述

铁路工程施工组织设计是铁路建设项目的重要文件，它反映了在施工生产方面的组织与技术的全面安排，是指导项目建设的纲领性文件，一经批准，即作为项目建设管理的重要依据。

施工组织设计按阶段不同分为概略施工组织方案意见、施工组织方案意见、施工组织设计意见、指导性施工组织设计和实施性施工组织设计（表 7.2.1-1）。

施工组织设计分类表　　　　　　　　　　　　　　表 7.2.1-1

编制阶段		内容名称
决策阶段	预可行性研究	概略施工组织方案意见
	可行性研究	施工组织方案意见
设计阶段	初步设计	施工组织设计意见
	施工图设计	指导性施工组织设计
实施阶段		实施性施工组织设计

决策阶段重点研究施工组织方案，提出工期安排意见，满足技术可行和经济合理的要求；设计阶段重点围绕各技术方案进行全面深化和优化设计；实施阶段重点对各种要素进行详细安排、有序组织、全面落实。

7.2.2　施工组织设计的主要内容

1. 施工方案

包括施工区段的划分、施工方法的确定、施工装备的选择、施工顺序安排以及流水施工的组织等。

2. 施工进度计划

包括总工期安排、关键线路安排、主要阶段工期安排及专业工期安排、各工程接口关系等。

3. 施工现场布置

包括各项临时工程的设置规模、方案、位置和布局等。

4. 资源配置

包括材料设备采购供应方案、分年度主要材料设备采购供应计划、关键施工装备的数量及进场计划、劳动力计划、投资计划等。

5. 管理措施

包括标准化管理措施、质量管理措施、安全管理措施、工期控制措施、投资控制措施、环境保护措施、水土保持措施、职业健康安全保障措施、路基桥梁沉降控制及观测措施、预警机制和应急预案、信息化管理措施等。

施工组织设计中施工进度计划、施工方案、施工现场布置、资源配置方案等各项要素间相互影响、相互制约，其相互关系见图 7.2.2-1（实线表示决定作用，虚线表示制约作用），而管理措施在机制、制度和手段等方面发挥关键的保障作用。

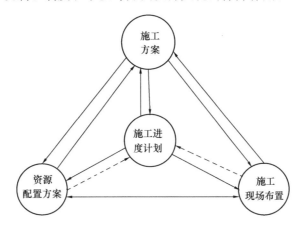

图 7.2.2-1　施工组织设计主要内容相互关系

7.2.3　基于 BIM 技术的施工组织设计

为满足项目管理的需求，以铁路工程的专业领域为主线，按设计单元，采用线分法进行 WBS 工项分解，以 BIM 构件为载体，赋予工程量、综合单价、时间轴、资源配置等非几何属性信息，形成包含全部工程内容的 BIM 模型。

基于 BIM 技术可视化、模拟性等特点，对铁路建设项目进行施工组织设计，围绕关键线路对重难点工程的工序进行详细地拆解，按照时间轴直观地展示施工组织和进度计划方案以及经济成本和资源曲线等内容，为施工组织方案的选择提供可靠的数据支持，同时在施工过程中对工程实时信息进行录入比对，快速分析偏离结果，实现对铁路建设工程实施情况的动态管理。

7.2.4　施工组织方案比选

基于 BIM 技术可视化的特点，在 BIM 模型中对施工区段划分，可以直观了解各区段内以及交界位置上各个专业工程的特点、数量、难易程度，多维度判断施工区段划分的合理性、针对性、可行性。

以 BIM 构件为载体，对施工区段、作业方式、时间范围、前后序工程等信息进行整合，结合平衡作业的原则，既要考虑任务的饱满性，又要避免频繁转移交叉作业，根据设备、人员、材料的循环周期及进场方法，施工队伍的安排，工期的安排，区段内工程数量的分布情况，有针对地制定实施组织方案，保障整个建设工程顺利完成。

在 BIM 模型中进行施工组织方案的模拟，对前后序工程进行挂接，当出现工序交叉，共用作业面等情况出现时，进行预警，辅助判断施工组织方案的可行性并进行优化。

7.2.5　控制性工程及接口工程

铁路建设工程中的控制性工程和重难点工程的施工关系到施工区段甚至整个项目的施工进度，基于 BIM 模型研究整个施工区段的工程情况，掌握工程量、工点分布、构筑物结构类型，从中找出控制性工程、重难点工程进行分析，制定出详细可行的施工组织方案。

铁路建设工程专业多、体量大，涉及的接口工程也相对繁杂，往往涉及多个施工区段和专业，基于 BIM 模型对各施工区段以及各专业之间的接口工程进行标记并制定有针对性的施工组织方案。

利用 BIM 技术对工程量大、技术要求高、施工难度大的控制性工程、重难点工程以及接口工程的施工组织方案进行模拟、分析、优化，最终确立合理、可行的专项施工组织方案，保障铁路建设工程顺利实施。

7.2.6　施工进度计划

进度计划是施工组织的重中之重，关系到整个铁路建设工程的工期。合理的计划可以帮助项目顺利实施，不合理的计划或是不按照计划实施可能会对项目工期和进度造成重大影响。

通过给 BIM 模型加入时间信息，对编制好的进度计划进行虚拟建造，可以反映构件级的进度情况，实现对项目的建造过程和时间周期的充分了解。基于 BIM 模型对关键线路上的工期、控制性工程、重难点工程进行标记，有利于项目实施过程中对进度的整体把控。

在项目实施过程中，由于各方面原因，工序工期的调整在所难免，通过录入工程实际进度与计划进度进行对比，可以对工期延误进行报警，基于工序的挂接关系，对于某一工序工期调整实现整个建设工程工期的联动，对于影响整个项目工期的工序进行预警，来实现整个工程实施过程中进度计划的动态控制。

7.2.7　施工场地布置

施工场地服务于整个铁路工程的建设过程中，包括梁场、铺轨基地、搅拌站、施工便道、施工营地、取弃土场等布置。合理施工总体布局，有利于项目建设工作的顺利开展。

利用 BIM 技术对整个施工场地的地形建立三维模型，结合主体工程 BIM 模型的位置和水电等需求，在 BIM 模型中对施工临建、临水、临电进行建模布置、拆除分析，对大型设备进场路径、材料运输路径进行模拟分析，对塔吊进行作业覆盖面、高压线间距等分析，对群塔布置进行碰撞检查等，根据进度计划对不同阶段施工场地的调整进行预演，实现对场地布置方案的布局优化，力争做到因地制宜，施工方便，又有利于管理、安全，统筹规划。

7.2.8　资源配置方案

根据 WBS 工项分解，对相应的工项进行资源配置，包括材料设备采购供应方案、分年度主要材料设备采购供应计划、关键施工装备的数量及进场计划、劳动力计划、投资计划等。

基于 BIM 构件对施工工序、进度计划、资源配置等施工组织信息进行挂接整合，可以按照工程进度展示不同阶段的工程量、资源使用情况以及成本支出，方便对资源配置方案的分析和优化。通过录入实际的资源使用情况与成本支出，与计划方案进行对比分析，可以多维度展示偏离情况，实现对资源配置的动态把控和调整。

7.2.9 管理措施

基于 BIM 技术对质量管理中的管控要点进行标记和分析,将施工重难点对工人进行三维技术交底;通过"BIM＋物联网"实现对机械设备状态的监管,并建立维保数据库;通过预埋感知设备,对路基、桥梁沉降进行监测;使用 BIM 模型对现场进行指导和验收工作,在模型中基于构件可以查找相关的施工工艺等信息,为工程质量管理提供保障。

利用场地布置和主体工程 BIM 模型,分析醒目位置设置"五牌一图";规划原材料、半成品、成品的堆放位置,并按照 BIM 模型进行现场检查和监督;在 BIM 模型中规划消防区域,明确各区域负责人;对机械和施工安全范围进行标记和碰撞检查,保证机械操作和施工安全;通过"BIM＋物联网"实现对工人位置的实施监管,对超出作业区的工人进行预警,避免危险事故的发生;利用 BIM 模型对应急方案进行模拟分析,得出最优应急预案并对现场人员进行交底,多维度保障项目建设过程中的安全。

7.3 路基施工阶段 BIM 应用

7.3.1 概述

在路基施工中引入 BIM 技术,将场地布置与施工进度对应形成 4D 动态的现场管理,实现施工过程实时监控,加强施工质量控制。将三维模型数据与施工机械接口的反馈数据相关联,路基压实参数与振动压实值相匹配,有效提高路基填筑效率、控制路基施工质量,尤其是段落长、填方量大的区间或站场路基,具有显著的应用价值,为路基的施工稳固性提供了全方面的支持。

7.3.2 项目坐标定位

铁路路基必须保证轨顶标高,与沿线桥梁、隧道连接,组成完整贯通的铁路线路,其坐标定位线长面广,是整个线路工程的基础。

利用 BIM 模型与 GIS 地理信息模型整合,指导施工测量放样,实现多点高精度定位,尤其是超高和加宽段,明确每个区域的挖方和填筑的边界线,保证与线路中心线吻合,如图 7.3.2-1 所示。

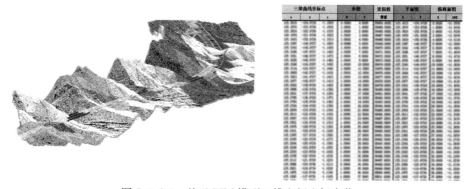

图 7.3.2-1　基于 BIM 模型三维空间坐标定位

7.3.3　施工模拟

提前模拟路基施工的关键技术环节，如基底处理、摊铺平整、含水量控制、碾压密实、边坡修整等工作；将场地布置与施工进度对应形成 4D 动态的现场管理，实现施工过程实时监控，加强施工质量控制，提高施工管理水平，为路基的施工稳固性提供了全方面的支持。

7.3.4　进度管理

基于路基工程工项分解结构对 BIM 模型按工序和区段进行拆分，依据实际情况制定合理的施工组织计划，并以此为数据基础进行进度管理工作。例如，在基底处理过程中抛石挤淤和清淤换填工程量大，存在诸多不可预见的制约因素，通过及时将实际进度录入BIM 模型中与计划进度对比分析，对进度慢的区段提前预警并制定措施，及时调整工程资源，保证进度按计划实施，如图 7.3.4-1 所示。

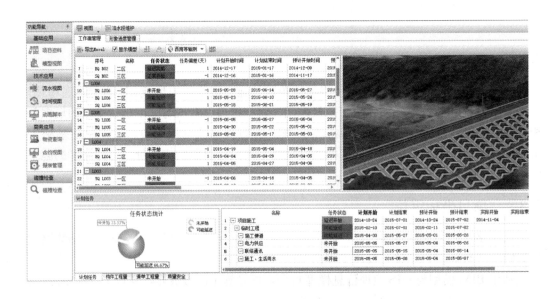

图 7.3.4-1　进度模拟分析

7.3.5　成本管理

根据路基工程实体结构分解，将 BIM 5D 模型按照里程、支挡结构、左右线、站场等原则进行拆分，得到不同部位、不同时间段精准的土石方工程量，如图 7.3.5-1 所示。结合现场实际挖方情况，对施工组织方案进行合理调整，优先考虑区段内平衡，减少大运距、上坡运输、跨越大沟壑运输等，减少对沿线农田、经济作物的影响。对土石方挖填转运过程中挖掘机、压路机、运输车辆的使用配置进行成本对比，多维度分析成本数据，实现路基工程的动态管理，达到优化施工方案，降低施工成本的目的。

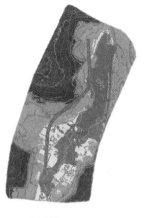

无人机航拍数据　　　　　　　设计模型　　　　　　对比后导出挖填方工程量

图 7.3.5-1　成本管理

7.3.6　资源管理

基于 BIM 5D 模型将人、材、机资源进行配置，通过模拟不同施工过程中的资源需求，对各个区段的土石方与运输队、路基填筑队、挖掘机、推土机、压路机等机械设备进行合理组织和调配，避免资源浪费。如图 7.3.6-1 所示，按照运输车辆的土方运量划定卸料方格，以便控制填料松铺厚度。

图 7.3.6-1　土方量资源管理模拟

7.3.7　质量安全管理

1. 质量管理

铁路路基工程质量至关重要，其结构的均匀支承是上部结构疲劳寿命和列车安全平顺运行的根本保证之一。在完成基底处理后，路基填筑质量的主要控制点包括填料质量、松铺厚度、横坡设置、分层碾压的压实度。

2011 年，铁道部发布了《铁路路基填筑工程连续压实控制技术规程》，在较长段落的区间、站场路基碾压施工中，使用配备 GPS 或北斗卫星接收设备，通过转换互用数据将 BIM 模型数据导入施工机械配备的平板电脑等终端设备中，可以精确控制每一层填料虚铺厚度，指导铲刀控制平整度和坡度，对压路机运行轨迹控制，实时反馈压实质量，避免过压、欠压问题，其压实度的检测由传统的"点"抽样检验变为覆盖整个碾压面的全面监控，压实结果现场可视化。

2. 安全管理

基于 BIM 技术，对人、材、机等进行模拟，按照对应的标准对各方面进行监控，例如基床、路堤、路堑、过渡段、支挡结构的用料、压实情况，各机械设备的施工情况等，实现对整个路基施工工程的质量把控。将现场风险监测数据与模型关联，根据监测数据进行安全防护、制定管控措施，相关监测内容可参考表 7.3.7-1。

路基施工工程风险和监测内容　　　　　　　　表 7.3.7-1

BIM 模型	风险描述	监测内容
基床	有塌陷、变形的风险	列车荷载、降水、干湿及冻融循环等因素
路堤	有滑坡的风险	基床以下路堤填料情况、压实情况、边坡高度及地基工程地质情况等
路堑	有变形、被湮没的风险	对应路段的地层岩性、岩体破碎程度、水文条件等
过渡段	有阻碍行车、坍塌的风险	不同过渡形式、长度、填料及填筑压实情况、过渡段地基加固措施
地基处理	路基有振动液化或地震液化、沉降变形的风险	相应路段地基特征、处理措施类型及滑动破坏型式
支挡结构	有干扰行车、坍塌、滑落的风险	需设支挡结构路段的不同支挡结构类型、地质条件、地基承载力和锚固条件
路基防护	有破坏路基、破坏生态环境的风险	不同的防护类型（如路基边坡防护、植物防护、骨架护坡等）及对应的岩土性质、地质构造、水文地质条件、气候环境、防护材料等
路基防排水	有导致水土流失、水资源污染的风险	各段落的汇水面积、表面形状、周边地形、地质条件、气候特点

7.4　桥涵施工阶段 BIM 应用

7.4.1　概述

大型铁路桥梁往往具有施工周期长、施工工艺复杂、施工环境复杂、特殊构件繁多、安全质量防控点多等特点，其工程管理难度较大。在桥梁施工中引入 BIM 技术，将施工中实际测得的高程、坐标等信息跟模型中的相关信息进行对比，以确保测量数据准确无误；在桥区的地形、地质模型上为布设施工场地提供参考，模拟优化施工工序，形象直观地展示出在某个时期桥梁应该完成哪些部位的施工；可以在桥梁施工的各个阶段、各个部位任意读取相应的土方量和钢筋量，为现场限额领料提供精确的数据，很好地控制施工成本，达到施工精细化管理的目的。

7.4.2 深化设计

1. 场地模型

根据桥梁所在地环境,完成施工临建设施,如图 7.4.2-1 所示,施工临水、临电,通信设施,材料场等生产设施、生活及办公区域等,通过场地布置模型进行场地模拟。

图 7.4.2-1 施工场地布置图

2. 基于模型深化设计

桥梁结构数量繁多,一般分为连续梁、刚构桥、斜拉桥、悬索桥、系杆拱等多种桥梁类型,各类结构又可分为基础、桥墩、桥台、梁体、桥面系等模型。其中梁体模型依据结构类型分为箱型梁、主塔、拉索结构、拱肋等模型,还包括各类预埋件及预制构件模型。在设计中很难一次性将数种模型表达清楚,因此在施工中,结合现场实际情况,对模型进行深化,以满足桥涵施工中各项需求,如图 7.4.2-2 所示。

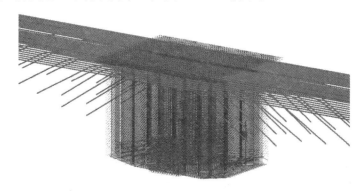

图 7.4.2-2 0 号块钢筋深化模型

7.4.3 项目坐标定位

采用无人机倾斜摄影技术获取现场精确的数据信息,利用 BIM 模型与现场数据信息相整合,为桥梁坐标定位提供了技术支持,如图 7.4.3-1 所示。

图 7.4.3-1　桥梁定位模型

7.4.4　施工模拟

跨越铁路营业线、峡谷、高速公路等桥梁，通常采用平面转体法施工。转体法施工定位精度要求高、施工安全性要求高，通过对球铰安装、挂篮安装、0 号块托架法等施工工艺进行动态模拟，及时了解施工工艺及工序，提前发现施工过程中存在的风险和隐患。

1. 转体系统安装施工模拟

转体系统由上盘、下承台、上球铰、下球铰、撑脚、滑道、牵引系统组成。如图 7.4.4-1所示，为了使施工作业人员明确施工流程、保证施工精度，建立球铰转盘、上下球铰等参数模型，对球铰安装进行施工动态模拟，保证施工质量和进度。

2. 转体连续梁桥 0 号块托架法施工模拟

基于 0 号块钢筋 BIM 模型，在建立 0 号块托架模型的基础上，重点对托架的安装过程进行动态施工模拟如图 7.4.4-2 所示，通过模拟演示使施工人员充分理解支架施工过程和质量卡控点，确保临时支架的施工质量。

图 7.4.4-1　转体系统安装模型　　　　　图 7.4.4-2　0 号托架法施工模型

3. 挂篮安装施工工艺模拟

挂篮安装风险性系数较高，为提高挂篮安装速度，确保现场施工安全，利用 BIM 技术预先对挂篮三维立体拼装进行演示，如图 7.4.4-3 所示，详细分析挂篮各部位型钢参数、梁柱节点加固方式，使现场施工人员明确安装注意事项，确保施工安全。

图 7.4.4-3　挂篮安装施工模型

4. 涵洞沉降动态模拟

涵洞是修筑于路基段路面以下的排水孔道或立交通道结构。涵洞的地基为软弱黏性土地层时，需计算涵洞的沉降，其施工后的沉降量不应超过有关规范的容许值。利用 BIM 模型导入计算软件中进行分析，可以推算出沉降范围，动态模拟出沉降过程，确保涵洞段路基的沉降均匀。

7.4.5　进度管理

进度管理是将桥梁施工工序模型进行切分，并将 BIM 模型附加施工进度计划属性参数，形成 4D 模型，将项目的计划进度与实际进度进行关联，实时三维可视化监控进度进展。对于施工进度提前或者延误的地方用不同颜色的高亮显示，做到提前预警，如图 7.4.5-1所示，分析实际施工与进度计划的偏差，合理纠偏并调整进度计划。

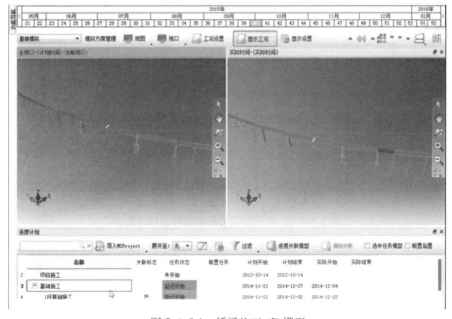

图 7.4.5-1　桥梁施工 4D 模型

7.4.6　成本管理

利用 BIM 5D 项目管理平台，自动计算整个桥梁工程、工项分解后在任意范围内的工程量，如混凝土用量、钢材用量（图 7.4.6-1，查询各个构件的工程量）；并自动计算指定时间段内相应的人力、材料的计划用量和实际消耗量，辅助预测指定日期的资源消耗量，并以此为依据指导采购。

图 7.4.6-1　查询各个构件的工程量

基于 BIM 模型导出数控文件，生成切割零件表，在数字加工管理系统可直接读取数控文件图形、材质、编号、数量等信息。完成由模型到数字技工系统的数据传递，如下图所示为某连续梁桥梁项目数字加工系统成功读取数据。

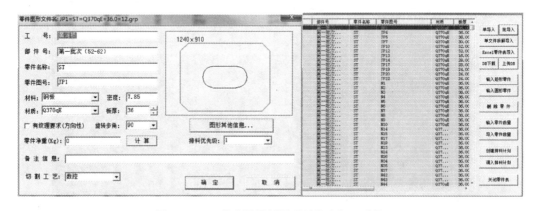

图 7.4.6-2　某连续梁桥梁项目数字加工系统

7.4.7　资源管理

在桥涵施工过程中，利用 BIM 模型中的周边环境数据，辅助混凝土搅拌站的选址工作，保证材料的顺利供应。施工过程中通过现场数据的反馈，实时更新混凝土的工程量，对混凝土的运输和加工进行及时调整，结合施工模拟、进度计划以及 BIM 模型中真实的机械性能数据，对桩机、起重机等机械设备进行合理的调配和工序衔接，提高桥涵的施工效率。如图 7.4.7-1 所示。

图 7.4.7-1 桥梁的物料管理

7.4.8 质量安全管理

将 BIM 技术运用于桥梁施工中，可对施工质量进行管理和复核。例如，在三维模型中附加构件质检要求，验收时通过移动终端直观查询，并录入质量信息后传入系统进行辅助施工管理；对构筑物进行三维扫描后获得目标物点云数据，通过三维模型与点云模型进行对比，进行质量复核；利用探伤仪获得目标物内部缺陷，进行构件质量复核。

桥涵工程施工阶段的安全管理体现在将 BIM 模型与风险源、相关监测项目相关联，针对桥涵工程的不同结构，识别各类危险源，建立风险模型，并采取相应的管控措施，实现安全施工。桥涵工程的风险源和相关的监测内容可参考如表 7.4.8-1 所示的内容。

桥涵施工工程风险和监测内容　　　　　　　　　　表 7.4.8-1

BIM 模型	风险描述	监测内容
梁桥	有坍塌、断裂的风险	倾覆稳定系数、梁体变形限值、简支梁竖向自振频率、桥梁梁端竖向转角限值、钢梁的横向刚度及宽跨比
拱桥	有变形、崩解的风险	矢跨比、拱轴线、扳拱拱圈的宽度、固定墩的截面应力及合力偏心

BIM 模型	风险描述	监测内容
墩台	有影响桥跨结构、荷载能力的风险	强度、整体纵向弯曲稳定、墩台顶弹性水平位移横向水平刚度、基础的沉降；简支梁梁端的空隙；支座设计；支承垫石及墩台顶帽设计；空心墩的设计
涵洞	有影响桥涵荷载能力、稳定性的风险	孔径、长度、涵洞结构形式、上拱度
顶进桥涵	有破坏路基稳定的风险	顶力作用、顶部竖向土压力、刃角
维修养护设施（检查设备、救援疏散通道等）	有影响桥涵安全性能的风险	桥涵处路堤高度、梁、拱结构形式、桥长
桥面布置及附属设施（挡砟墙、护轨、桥上人行道及栏杆、避车台等）	有影响列车正常运行的风险	桥上栏杆高度、直线桥梁线路中心至人行道栏杆内侧的最小净距、桥梁线路中心至避车台内侧的净距

质量安全管理还涵盖安全日志、危险源识别、安全教育动画、问题库闭合、架桥机监控及视频监控、对实验室和拌合站内容的报警和预警。如图 7.4.8-1 所示，将整个工程监控的处理情况进行全程记录，实时掌控重点设备、重点施工位置的工作状况。

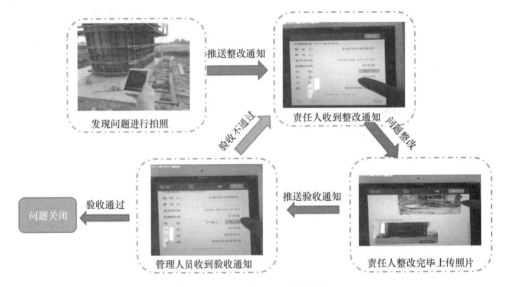

图 7.4.8-1　质量安全管理流程

7.5　隧道施工阶段 BIM 应用

7.5.1　概述

铁路隧道的施工是一个高度动态的过程，复杂的工序转换、不同的施工工艺、各专业的紧密协调等都对隧道施工阶段的管控提出了更高的要求。通过采用 BIM 技术进行铁路隧道的施工管理，实现隧道施工各个环节间的协调运行，从而达到高质量、高效率施工的目的，如图 7.5.1-1 所示。

图 7.5.1-1　某站隧道模型

7.5.2　深化设计

隧道专业利用 BIM 三维技术在施工阶段进行深化设计，直观准确地再现隧道洞身与地质构造的空间关系，定位隧道洞门空间位置，辅助完成洞门排水系统设计、特殊段落设计等工程问题，从而提升施工质量。

1. 场地模型

完成施工临建设施，如施工便道、施工临水、临电，通信设施，混凝土拌合站、钢筋加工厂、材料场、生活及办公区域等，如图 7.5.2-1 所示，通过场地布置模型进行模拟，依据地形地貌和施工生产工序，辅助科学合理地进行场地布置。

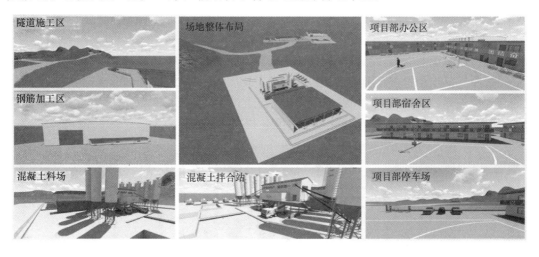

图 7.5.2-1　隧道场地布置图

2. 基于模型深化设计

深化设计模型需要充分结合隧道工程施工的经济性、安全性，重点关注初期支护模型（图 7.5.2-2）、衬砌模型（图 7.5.2-3）等。

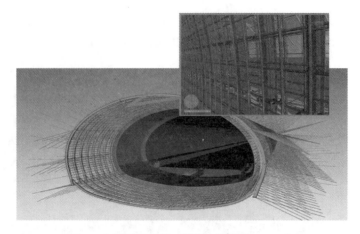

图 7.5.2-2　隧道支护模型

图 7.5.2-3　衬砌模型

3. 施工设施模型

随着隧道施工的深入，从掌子面掘进、仰拱开挖区、仰拱填充区到二衬作业区等作业区必须按照规范步距紧密跟随，大型机械设备都需要一定的作业空间和走行通道。空间布置的合理性关系到施工交叉干扰、工序衔接。通过 BIM 技术建立施工设施模型，如图7.5.2-4 仰拱台车模型可以提前优化施工方案，提高整体施工效率。

图 7.5.2-4　仰拱台车模型

7.5.3 项目坐标定位

利用 BIM 技术在隧道施工时进行实时监测，一方面可以对测量数据进行校核，确保隧道控制轴线测量成果，另一方面也可以提前规避在施工过程中因导向系统偏差引起的盾构姿态超出轴线控制范围，减轻人工校核负担。

当隧道不断向内部开挖时，隧道内含有的水汽量会增大，粉尘等颗粒物的浓度也会有所增加，对测量精度造成较大的影响。基于 BIM 模型和 GPS 技术结合，有效增加测量数据的准确性，尤其在两个隧道洞口的间距过近时，运用 BIM 平台在两洞口之间设立合适的临时水准点，辅助选择合理的施工位置，使施工数据更为准确、科学。如图 7.5.3-1 所示，通过模型生成数据报告，获取高精度的隧道数据，确保施工位置准确无误。

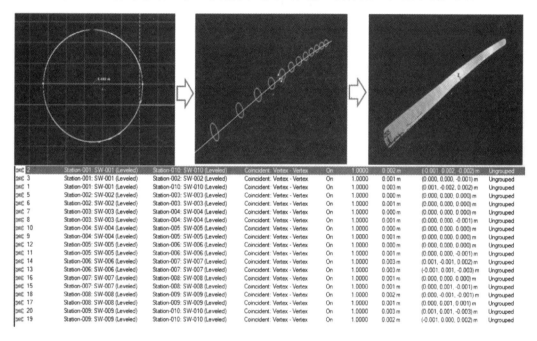

图 7.5.3-1　隧道坐标数据

7.5.4 施工模拟

通过 BIM 技术可以指定隧道线路的开挖进尺长度，其模拟结果辅助优化隧道施工方案。通过对隧道工程超前支护、初期支护、仰拱填充和二次衬砌等重要节点进行动态施工模拟，直观了解设计方案中的优势和不足，优化施工方案，提高建设效率。

7.5.5 进度管理

根据工程工项分解，将施工任务安排到每个时间段、每个施工作业面，对开挖、支护、初喷到仰拱、二衬等工序进行精确的施工组织和协调，合理安排工期。例如在隧道工程的施工过程中，由于围岩级别变化、不良地质的不可预见性、洞内空间狭小，施工作业无法全面开展，利用 BIM 技术分析原因，及时采取纠正措施，对二衬工序、槽道安装、初支喷护等各个重要节点进行施工组织和工程资源的重新计划，辅助提高隧道的施工效率（图 7.5.5-1）。

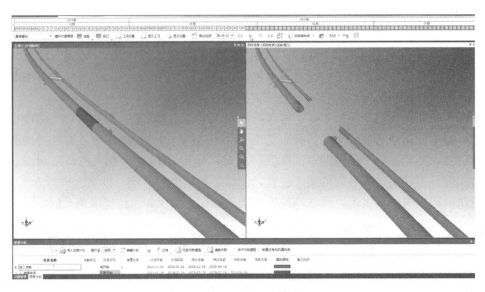

图 7.5.5-1　形象进度对比

7.5.6　成本管理

利用 BIM 技术实时信息反馈，随时了解隧道工程实际成本与计划成本的偏离情况，对于相应的进度和资源配置进行及时的调整，提升隧道工程的综合管理水平。如图 7.5.6-1所示，当需要调整隧道开挖、初支、二衬的施工工艺时，通过 BIM 技术可以快速计算工程量并进行分析，为成本计算提供及时可靠的数据支持。

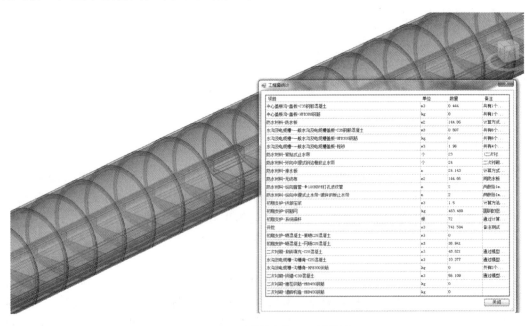

图 7.5.6-1　隧道主体工程量统计

7.5.7 资源管理

通过隧道 BIM 5D 模型自动提取物资需求计划，按时间、工段等不同维度查询，以此为依据指导采购，避免材料资源堆积和超支，如图 7.5.7-1 所示。利用 5D 模型自动计算完成的工程量及时将分包结算、材料消耗、机械结算，在施工过程中将实际支出进行统计，将实际成本、预算成本、合同收入进行"三算对比"分析，获得项目超支和盈亏情况，有效实现成本的动态分析。

图 7.5.7-1 BIM 5D 模型物资需求查询

7.5.8 质量安全管理

隧道信息化动态施工的首要任务是解决施工过程中的信息收集，施工监测信息数据量大且具有很高的时效性要求。基于物联网技术、数据库管理技术以及 WEB 网络技术，建立了集成数据采集、预警数据共享的云平台系统，借助先进的无线传输技术和云服务技术，将监测数据返回到 BIM 平台，将隧道围岩应力应变、周围地表及构筑物的变形、地下水情况等数据集成于 BIM 信息库并反映至 BIM 模型，实现隧道多元监测信息的远程自动化采集，及时对施工过程中围岩变形和隧道监测风险实时预警，实现隧道工程施工过程的安全管理。隧道工程施工过程可建立的 BIM 模型、风险及相关监测内容可参考如表 7.5.8-1所示。

隧道施工工程风险和监测内容　　　　　　　　　　　　　表 7.5.8-1

BIM 模型	风险描述	监测内容
隧道洞口 （洞口边仰坡、洞口段、洞口危岩落石防护）	有变形、坍塌的风险	岩（土）性质、气候、水文条件及仰坡高度、地形、地质条件和施工方法、洞门形式、洞外路基工程情况
隧道衬砌 （复合式、管片、明洞）	有垮落、坍塌的危险	支护结构、断面形状、开挖方法、施工顺序、围岩级别、工程地质及水文地质条件、埋置深度、结构工作特点

续表

BIM 模型		风险描述	监测内容
洞内附属构筑物	洞室	有影响隧道整体架构、安全的风险	地质条件、衬砌结构类型和建筑材料
	沟槽	有影响通信、电路的风险	布置和设置条件、通信、信号工程要求
防水与排水	防水	有渗水、影响列车运行的风险	防水混凝土抗渗等级、隧道防水等级、地表处理、防水层铺设
	排水	有积水、淹没隧道的风险	排水量、排水沟设置、环纵向盲管设置
通风与照明	通风	有影响空气流通、影响列车通风的风险	独头通风长度、断面大小、施工方法、有害气体浓度、设备条件
	照明	有影响列车照明、运行的风险	隧道长度、灯具防护等级、防爆性能
辅助坑道	开挖、支护和衬砌	有坍塌、垮落的风险	地形地质条件、运输方式、施工方法、支护方式、监控量测、有害气体
	横洞和平行导坑	有影响施工通风、排水、运输的风险	施工需要、主攻方向、地质地段、排水能力
	斜井和竖井	有影响施工安全、进度的风险	斜井倾角、涌水量、井底车场布置

　　施工安全应急预案演练是安全管理的一项重要内容，通过 BIM 对隧道内可能发生的自然灾害和事故灾难等紧急状况进行模拟，演练在地震、地质灾害、列车火灾和脱轨等情况发生时的应急措施，减少灾害风险；建立人员行为数据库，确定人员疏散路径，仿真人员行为，对既有疏散区进行优化，合理分配疏散资源，使应急方案更加高效，保障施工安全，如图 7.5.8-1 所示。

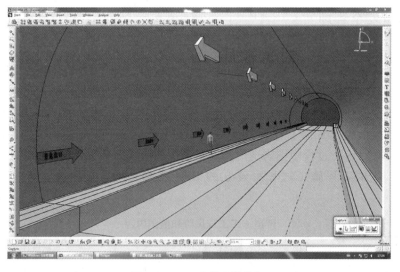

图 7.5.8-1　隧道疏散模拟

　　隧道欠挖会导致二衬混凝土厚度不足，超挖存在回填混凝土厚度不足引起二衬背后脱空，造成混凝土掉块等施工及运营安全隐患。如图 7.5.8-2 所示，在施工过程中，通过隧道三维激光扫描获取现场数据，与 BIM 模型的设计断面对比，快速完成超欠挖计算，及时消除安全隐患。

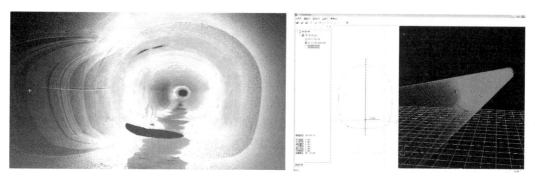

图 7.5.8-2　隧道扫描与超欠挖计算

7.6　轨道施工阶段 BIM 应用

7.6.1　概述

轨道铺设是铁路施工方案的核心，它是在对工程概况和施工特点分析的基础上进行铺轨、铺砟、铺道岔等分部分项工程。在施工阶段采用 BIM 技术，对轨道施工流程进行模拟，各参与方基于此不断优化施工方案，合理配置施工机械，保障轨道铺设刚度的均匀化，防止过渡段刚度的差异引起线路的不平顺，有效提升轨道工程施工管理的规范化、精细化、标准化、信息化水平，在质量控制和提高效率方面具有显著优势，轨道模型如图 7.6.1-1所示。

图 7.6.1-1　轨道模型

7.6.2　项目坐标定位

轨道工程属于线性工程，在施工中，对轨道的定位有着严格的要求，首先在轨道铺设前需要交接路基、桥梁、隧道及过渡段的线路测量资料及控制桩，核实基桩、水准点。通过路基、桥梁、隧道等的 BIM 模型能快速获取水准点的数值，有利于线路基桩的设置。

有砟轨道通过平面和高程控制网对轨道进行定位铺设，其中曲线超高段和道岔位置是坐标定位的重难点，通过将扫描数据与 BIM 模型进行整合，对比分析，提高取点效率和准确性，确保轨面标高与设计一致，避免出现三角坑和反超高等问题。

高速铁路通常使用无砟轨道，铺设要求严格。如图 7.6.2-1 所示，在精调过程中，将现场测量的数据与 BIM 数据整合到软件平台中，分析计算理论坐标数据，通过对比得出校正调整值。

图 7.6.2-1　无砟轨道模板边线定位

7.6.3　施工模拟

以无砟轨道道床板施工为例，轨枕散布、粗调、精调是无砟轨道质量控制的重要环节，通过施工模拟将主要施工工序和控制要点进行直观演示、交底，有效提高施工质量，如图 7.6.3-1 所示。

图 7.6.3-1　散枕与布枕施工模拟

7.6.4 进度管理

目前，铁路工程一般采用机械铺轨方式，包括轨节组装、轨节运输、轨节铺设、铺砟整道四个环节。基于轨道的参数化模型挂接铺轨施工的进度计划，结合工程实体结构分解，将进度与工程实体进行挂接，依据实际情况制定合理的施工组织计划，调整所需资源，保证铺轨进度按期完成，如图 7.6.4-1 所示。

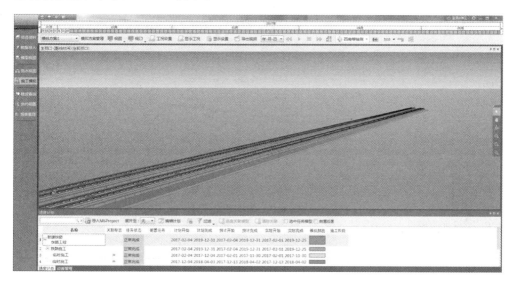

图 7.6.4-1 铺轨进度与计划对比

7.6.5 成本管理

铁路轨道工程的成本受施工要素、工程周期等多方面因素的影响。结合轨道工程施工模拟和进度模拟，将模型与工程量清单及造价关联，对每天需要的人工、材料、机械、班组制定资源投入计划，如图 7.6.5-1、图 7.6.5-2 所示，对轨道工程计划与实际资源曲线进行对比，对实际成本及时复核和优化，控制在合理范围内。

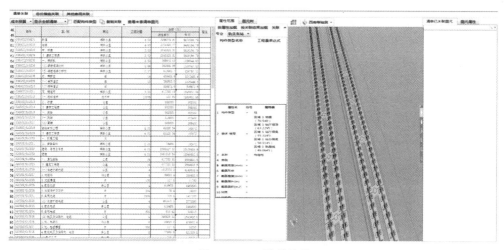

图 7.6.5-1 清单关联

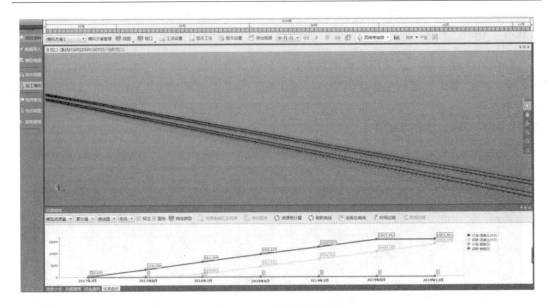

图 7.6.5-2　资源曲线对比

7.6.6　资源管理

基于 BIM 技术，对整个施工过程中的资源进行合理地调配和组织，为工程中的每一个环节提供了资源保障。根据轨道工程 BIM 5D 模型，按照铺轨进度生成物料清单，对轨枕、轨道板、钢轨等物资进行排产，并制定运输计划，规划现场堆放形式。基于物联网和二维码技术对整个过程中的物资状态实时监控。通过模拟不同施工过程中的资源需求，对各个区段的铺轨机组、运板车组、散枕装置等机械设备资源进行合理地组织和调配，与相应的钢轨、轨枕等物资充分衔接，生成不同阶段的资源配置图表，如图 7.6.6-1 所示。

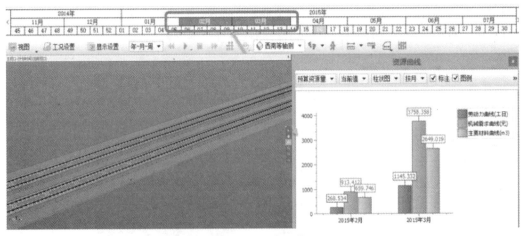

图 7.6.6-1　资源管理

7.6.7　质量安全管理

轨道工程质量安全管理一直是施工过程中的重点工作。铺轨前，检查路基竣工验收资料，利用 BIM 加传感器技术，掌握路基各段预留沉降量，将质量控制在合理的范围内。基于 BIM 项目管理平台质量评定模块，记录材料信息和检验记录，如钢轨的检查探伤记录、混凝土轨枕静载抗裂强度和疲劳强度试验记录等，保证信息的完整性和准确性，提高轨道工程的施工质量。

对于通过 BIM 技术实现轨道工程的安全管理，可结合相应的风险监测项目进行分析、监测轨道工程风险点，辨识危险源，对不同的风险进行分级管控。铁路轨道工程 BIM 模型、风险源及相关监测内容可参考如表 7.6.7-1 所示。

轨道施工工程风险和相关监测内容　　　　　　　　　　表 7.6.7-1

轨道工程	BIM 模型	风险描述	监测项目
正线有砟轨道	轨枕及扣件	有使轨道变形、扭曲的风险	材质、铺设数量、扣件类型、轨下橡胶板型号及静刚度
	道床	有影响轨道稳定性、影响轨道养护维修作业的风险	道砟材料、顶面宽度、边坡坡度、道床厚度
无砟轨道	扣件	有影响轨枕和钢轨联结的风险	扣件类型、技术性能、地质条件
	轨道板	有影响钢轨和扣件的轮载的风险	列车荷载、温度荷载、环境温度、底座合拢温度
	底座结构	有影响承载能力的风险	列车荷载、温度荷载、混凝土收缩、承载能力、裂缝宽度
	轨道结构过渡段	有影响轨道联结、影响养路机械作业的风险	道床厚度、轨道结构高度
站线轨道	轨枕及扣件	有使轨道变形、扭曲的风险	轨枕类型、岔枕类型、道床
	道床	有影响轨道稳定性、影响轨道养护维修作业的风险	道砟材料、道床厚度、道床肩宽、顶面高度、边坡坡度
	道岔	有影响列车线路通过能力的风险	轨型、道岔辙叉号数、道岔配列
无缝线路	钢轨伸缩调节器	有影响轨道线路通顺的风险	线路设计速度、线路平面条件、轨道类型、钢轨伸缩量
	钢轨	有影响列车运行、影响轨道承载能力的风险	焊接方式
有缝线路	钢轨	有影响列车运行、影响轨道承载能力的风险	钢轨接头、钢轨接头螺栓扭矩、钢轨接头轨缝、钢轨设计长度
轨道附属设施	曲线地段轨距或轨撑	有造成轨道横向位移过大或造成钢轨翻倒的风险	设置数量、材质
	护轨	有影响列车行进方向的风险	护轨与基本轨头部间净距、护轨顶面高度、桥梁上护轨伸出桥台挡砟墙以外距离
	线路及信号标志	有影响列车行进安全的风险	设置位置、适用情况

7.7　站场施工阶段 BIM 应用

7.7.1　概述

将设计阶段 BIM 模型根据站场路基、轨道、站场接触网、站房信号等专业进行拆分、提取、更新、修改信息，根据不同专业的需求对模型进行深化，通过 BIM 协同平台将各专业的模型进行整合，查找各专业间的错漏碰缺，利用模型协调工作面，优化交叉作业方案，规划施工周期，逐步完成施工阶段模型。

7.7.2　项目坐标定位

铁路站场工程涉及点、线、面多个空间维度的专业。由于线路平面布局复杂、股道多、道岔集中，项目坐标定位和测量放样工作精度要求高，操作难度大，遇到复杂区域甚至需要几何知识辅助，而且传统放样的定位点数量有限。

利用 BIM 模型与 GIS 数据进行整合，得到具有 GIS 信息的 BIM 模型。如图 7.7.2-1、图 7.7.2-2 所示，以站场边界和道岔为例，在站场 BIM 模型中任意取点即可显示精准的三维坐标，通过与里程信息和卫星定位数据整合，辅助现场完成项目坐标定位工作。

图 7.7.2-1　站场施工区域定位

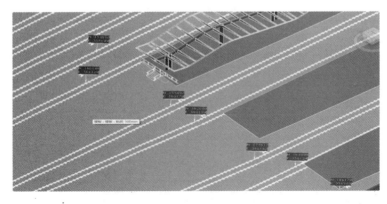

图 7.7.2-2　站场轨道坐标定位

传统的站场抄平、高程测量主要靠人工使用水准仪来完成，由于测量范围有限，效率相对较低。通过使用三维扫描仪对现状地形进行三维实景建模，与 BIM 模型中的设计高程对比，得到不满足要求位置的偏差量，辅助场地的平整工作。

7.7.3 施工模拟

根据站场三维 BIM 模型，实现站场施工的动态模拟，按照施工组织顺序展现各个专业的建造工序、施工作业面、施工时间、施工物料等信息，及时发现专业间作业是否存在交叉、顺序施工时作业面是否能及时移交。例如，四电综合管沟与站前站后设施的接口、站房排水与站前排水设施的衔接、站场跨线设施地道与站房地下层的交汇等，利用 BIM 技术提高了接口的准确性，对施工方案进行验证并且排除可能存在的隐患，如图 7.7.3-1 所示。

图 7.7.3-1　跨线路施工模架方案验证

7.7.4 进度管理

将站场 BIM 模型中的路基、轨道、道岔、接触网立柱等各专业构件与施工进度计划关联，通过对路基填挖、轨道铺设、设备安装、系统调试等过程的施工模拟，方便项目管理单位了解施工环节的时间节点和工序。例如，通过将每天的实际进度录入 BIM 模型中，进行实际进度与计划进度的对比，对进度滞后的专业进行预警提示，并对滞后区域和构件进行定位。又例如，因地质原因导致路基工程进度缓慢则考虑是否需要调整机械配置和人力资源；因站场构筑物作业面未交付导致机柜等设备无法进场安装，则考虑协调交叉作业；因腕臂装配难度大导致的接触网工程滞后，则考虑对工人进行施工作业指导和三维技术交底。通过 BIM 信息的实时更新和传递，及时采取相应措施，保证整个站场工程的实施进度，如图 7.7.4-1 所示。

7.7.5 成本管理

通过 BIM 平台在站场 4D 模型中附加成本信息，形成站场 5D 模型。模型中的工程量与构件有着严谨的对应关系，按照站场工程实体结构分解，进行路基、轨道、四电等不同

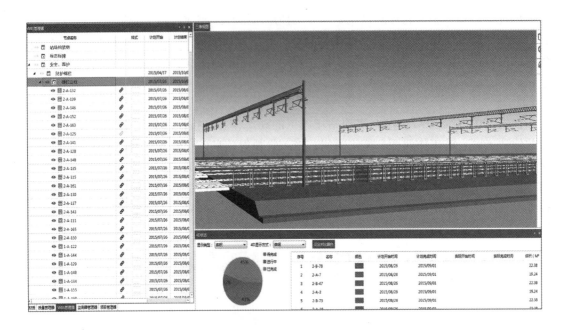

图 7.7.4-1　站场电气化进度模拟

专业的工程量统计，针对单个专业性较强的工程还可以按照路基土石方、路基支挡、路基防护、路基排水等方式来细分，甚至可以按照站场股道、轨枕等构件来统计，在平台中根据进度计划直观展示当前成本，及时分析并做出成本的合理化控制方案，更加精细地对站场工程进行成本管理。如图 7.7.5-1、图 7.7.5-2 所示，利用 BIM 模型和平台中完善的信息，实现了工程量的自动计算和实时更新。

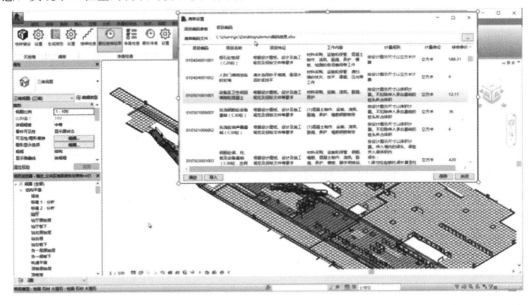

图 7.7.5-1　站台地面石材工程量统计

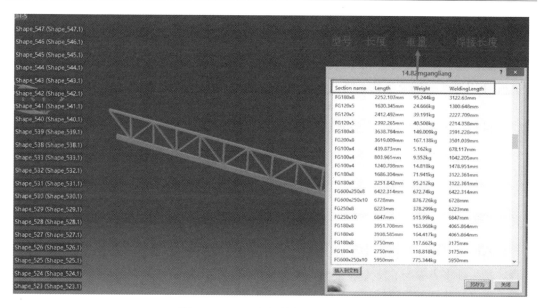

图 7.7.5-2 雨棚钢结构工程量统计

7.7.6 资源管理

站场工程涵盖了铁路工程的大部分专业，工程资源种类繁多，施工管理难度较大。以站场轨道工程为例，根据 BIM 模型工程量，保证咽喉区形式繁多的道岔和尺寸多样的轨枕等材料的供给，根据设备性能和需求，对焊接设备的数量和型号进行合理配置，保证站场轨道工程的顺利进行。通过对站场工程进行系统的资源管理，多维度的分析资源需求，及时地进行资源调配，保证了整个铁路工程的质量和进度。材料库存管理如图 7.7.6-1 所示。

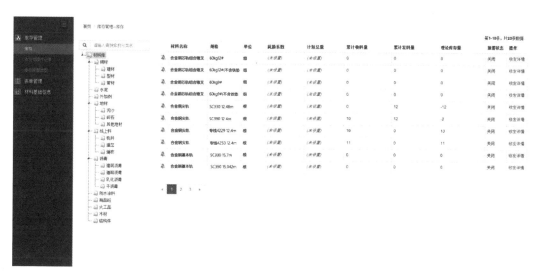

图 7.7.6-1 材料库存管理

7.7.7　质量安全管理

铁路站场工程根据类型和等级的不同，施工高峰期现场作业人员较多，安全管控压力大。借助 BIM 平台的兼容性，将站场环境数据导入 BIM 模型中进行分析，将智能芯片植入项目现场劳务人员的安全帽中，对其进出场控制、工作面布置等方面进行动态查询和调整，有利于安全文明管理，保证建设任务的圆满完成。

7.8　四电施工阶段 BIM 应用

7.8.1　概述

铁路四电工程，包括电力工程、电力牵引供电工程、通信工程、信号工程及其他附属工程，是一项多方参与、多专业协调、多方位推进、多工种交叉作业的系统工程，一般在站前工程（如路基、轨道铺架）完成后的一项工程。

在 2016 年，中国铁路 BIM 联盟颁布了《铁路四电工程信息模型数据存储标准》，这一标准的颁布，为 BIM 技术应用在铁路四电工程打开了一个良好的局面。BIM 技术在铁路四电工程方面的综合应用，为铁路四电工程提供准确的电气及控制配套设施，避免施工过程中出现的各种错误，为运维做好必要的信息准备。

7.8.2　站前站后接口预留

四电工程需要纳入站前土建工程并由其同步施工，因此与站前单位施工的线路路基、桥梁、轨道、站场等专业存在着密切、复杂的接口工程关系。接口工程具有工程量小、工作量大、精度要求高的特点，与站后四电集成是一个整体的系统工程。

站前、站后接口工程主要涉及以下内容：电缆沟槽、过轨管线、电缆井、电缆爬架及锯齿孔、接触网支柱基础、预埋槽道、站房管线引入、综合布线管线预埋等。因此，站前接口预留工程的施工质量、工程进度直接影响并制约着四电各专业的施工进度和质量。

通过引入 BIM 技术，将四电工程和站前工程转化成三维可视化模型，在四电工程施工之前，充分观察、分析和调整站前工程模型和四电工程模型之间的接口预留位置，保持模型以及预留接口的位置与现场一致，从而指导施工。

7.8.3　项目坐标定位

BIM 技术在四电工程坐标定位中为设备设施定位提供数据，对电缆沟槽管洞、过轨管线等可以进行多参照物精确定位，确保专业间接口位置精准，保证设备连接顺利。电力配电所外电源线多为架空线路，如图 7.8.3-1 所示，其路径经过农田、跨越村庄，利用三维扫描技术对工程现场环境建立真实的三维数据，分析最优电源线路路径，实现精准定位。

图 7.8.3-1　配电所模型精确定位

7.8.4　深化设计

施工阶段的四电 BIM 模型深化工作是在路基、桥梁、隧道、轨道等 BIM 模型的基础上进行各专业设备和设施的布置、优化等工作。充分考虑作业规范和验收标准，达到图纸、模型、现场一致，为后续四电工程的 BIM 模型应用工作提供最根本的保障。

供电专业需要为其他各专业的各类设备提供电力，在深化过程中与其他专业协同配合，规划好线缆排布方案和出线位置，避免和弱电线缆交叉碰撞，如图 7.8.4-1 所示。

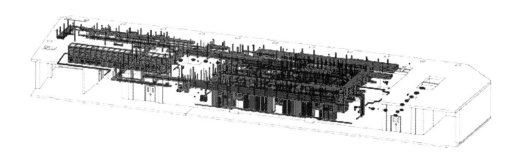

图 7.8.4-1　10kV 配电所 BIM 模型

接触网零部件众多、结构复杂，图纸中只表达了平面位置和立面样式，通过 BIM 模型深化，在现场施工之前在模型中做好腕臂和吊弦的预匹配，在模型中为划定空间区域创建衔接，并以此和接触网其他零部件进行碰撞检查，提前规避限界碰撞问题，如图 7.8.4-2所示。

通信、信号专业线缆种类、材质、特性不尽相同，不同的线缆有专用的固定方式、走线规范、接口连接等方式，通过模型深化工作规划好符合现场实际的布线方案，分析检查回路联通性并优化线缆交叉情况，如图 7.8.4-3、图 7.8.4-4 所示。

图 7.8.4-2　隧道内接触网深化设计模型

图 7.8.4-3　通信机械室深化 BIM 模型

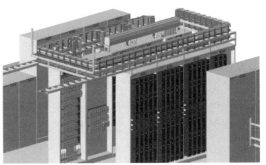

图 7.8.4-4　信号中继站深化 BIM 模型

基于 BIM 模型，结合现场情况，对设计方案进行优化，能够直观查看优化后的效果。如图 7.8.4-5 所示，在 BIM 模型中模拟电缆敷设，优化电缆沟的布置方案。如图 7.8.4-6 所示，通信、信号专业在区间电缆敷设时要求每敷设一段整理一段，利用 BIM 技术对其进行优化，每间隔 25m 固定一次，电缆分层固定在电缆槽内，保证全线电缆无交叉。

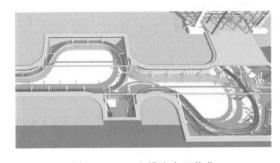

图 7.8.4-5　电缆沟布置优化

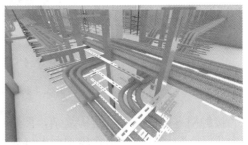

图 7.8.4-6　电缆敷设优化

7.8.5　施工模拟

由于铁路四电工程施工有其特殊的作业组织方式，整体施工组织按照"大循环，小流水"的程序化方式进行施工。如电力专业和接触网专业按照铺轨区段设置作业区段，统筹考虑与站前专业、铺轨专业交叉配合施工。变电专业施工不受线路施工制约，无紧前工序制约，但受大型电气设备供货、外电引入、房屋进度等影响，通过模拟四电工程的施工顺序和作业组织方式，可以直观地看到各专业及各系统之间的空间关系及碰撞问题。在施工之前，及时进行方案的改进和优化，提升施工质量。

通信和信号工程涉及的光电缆和设备较多，与视频监控、供电等专业都有接口，同时接线工作繁重，技术要求高。通过 BIM 模型对系统回路进行检查，确保图纸和模型中的众多线缆形成完整回路，保证模型和图纸的正确性。利用 BIM 模型和 VR 技术，对现场工人开展施工作业指导，直观地展示施工工序并进行模拟安装操作，大大提高标准化施工和规范作业程度，如图 7.8.5-1 所示。

图 7.8.5-1　VR 工艺工序模拟指导

7.8.6　进度管理

铁路四电工程的设备供应进场对施工进度的影响较大，在工程招标完成后设备、线材的招标还未开始，加之设备和线材的生产周期、进场运输周期、部分设备定型生产甚至进场后才能确定相关的设备基础。利用 BIM 构件库平台，在设备定型后马上进行构件建模入库，并对模型中的构件及时更新，分析、复核，对进度计划做出及时地调整，避免影响四电工程的工期。如图 7.8.6-1 所示，通过对日期、工序的选择，可直观展示当日、当前工序工程进展情况。

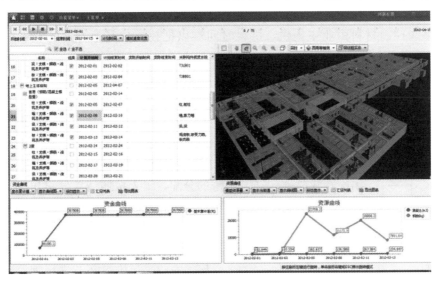

图 7.8.6-1　牵引变电所可视化进度展示

由于铁路四电工程涉及的专业较多，施工顺序和交叉作业施工的问题比较严重，如图7.8.6-2 所示，基于 BIM 技术使用派工单系统，对每天的任务分配到终端实施人员，进行工作进度填报，做到进度计划和工作任务的及时传递，实现对施工现场的精细化管理。

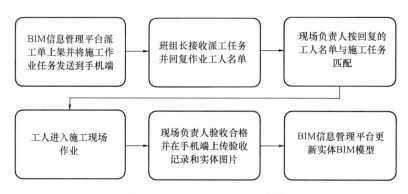

图 7.8.6-2　四电工程派工单管理流程

7.8.7　成本管理

BIM 依靠强大的工程信息数据库，实现了如接触线、馈缆、光缆以及机房设备材料、造价等的有效整合与关联变动，对各类构件的数量进行汇总统计，将算量工作大幅度简化，也为图纸上没有体现的施工量提供了算量依据，减少了因人为原因造成的计算错误。同时，依据 BIM 模型对物资采购、工人领料做出严格精细化的管控，避免零散采购和材料浪费。将设计变更和材料价格等变动在 BIM 模型中进行实时更新，及时准确地将数据提交给工程各参与方，以便各方及时做出有效地应对和调整。

7.8.8　资源管理

铁路四电工程主要是设备和线缆的安装以及调试工作，工程资源的管理尤为重要。四电工程的线缆和设备生产周期长，人员技术水平和装配工艺的不同对人工和材料的影响较大。而且某些控制材料由业主提供，供料时间难以把控，与其他专业的安装时间难以衔接。

通过施工模拟和进度控制中的数据，优化工程资源的分配与协调，避免资源浪费。根据施工组织计划，提取对应时间段BIM 模型中的工程量，进行采购和生产加工，按照计划进行人工、设备、运输车辆的分配，工人按照清单领料出库，对于现场的余料按数返库。

如图 7.8.8-1 所示，利用二维码技术，对施工现场物料从编码、采购、进场、出库、安装、运维各环节进行管控，对物料的任何操作都要进行记录，并能够通过客

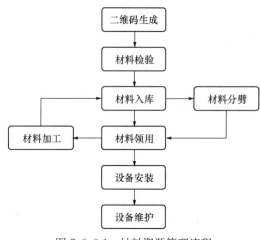

图 7.8.8-1　材料资源管理流程

户端进行追溯查询，从而完成物料的全生命周期管理。

7.8.9 质量安全管理

铁路四电工程是一项多方参与、多专业协调，多方位推进，多工种交叉作业的系统性工程。质量管理方面，利用工单管理系统分配到个人的任务有针对性地进行质量管理和检查，通过施工前三维交底，过程中实时查阅 BIM 模型，完工后拍照上传至 BIM 协同平台的技术手段，对过程中精准有效把控，保证并提升工程质量，为全线静态验收、联调联试等工作奠定基础。

安全管理方面，通过模拟各个施工工艺，识别、监测危险源，规避施工过程中的安全风险；通过模拟安全防护现场，寻找安全防护的关键部位，进行实时监测，及时采取有效防护措施。四电工程各施工技术和相应监测项目可参考如表 7.8.9-1 所示的内容。

四电施工工程施工技术和监测内容   表 7.8.9-1

	施工技术	监测内容
电力施工技术	电缆线路	敷设路径、终端位置、最小弯曲半径、固定电缆盘、电缆展放、电缆整理绑扎挂牌
	箱式变电站安装	变压器及箱变运输、吊装和就位、隧道内箱变、箱变安装、整组试验
	电缆冷缩终端头和中间头制作	高压电缆中间接头制作、插拔式电缆终端头制作
	防雷及接地	接地装置安装、接地电阻测试、接地连线
牵引供电系统	牵引供电	主要技术原则、牵引网供电方式、外部电源电压等级、接触网悬挂类型与导线选择
	牵引变电	主接线及运行方式、保护配置及综合自动化系统、自用电系统、防雷与接地、主要设备选择
	接触网	工作条件、悬挂类型、线材类型、技术参数、支柱、支持装置、绝缘子、接触网零件、锚段关节形式、下锚补偿装置、中心锚结及道岔、电连接、附加导线、供电分段、电分相形式、接地与回流、防雷保护、防护措施
	SCADA	调度所构成、被控站方案
通信施工技术	通信相关接口工程施工技术	与土建、房建专业接口，与信号、电力、电化、防灾、客服等专业接口
	长途光缆施工技术	长途干线光缆径路复测、配盘，长途光缆单盘检测，长途干线光缆敷设，长途干线光缆接续、测试
	铁塔基础施工技术	选址、划线定位，基坑开挖、垫层浇筑，基础布筋及地线焊接制作，模板安装，混凝土浇筑，拆模养护
	GSM-R 天馈系统施工技术	安装天线、敷设馈线、馈线连接、天馈线测试
	室内设备安装施工技术	安装环境检查确认、设备安装、布线及配线、安装检查
	调试试验施工技术	系统调试、第三方检测、静态验收、动态检测、联调联试
信号施工技术	电缆工程施工技术	进场条件、信号电缆敷设、电缆余留长度、电缆上下桥处的防护
	应答器安装施工技术	报文读取模块、报文读取天线、应答器设置位置、应答器安装固定装置选择、应答器周围无金属空间位置要求、应答器安装高度、横向偏移和角度允许范围要求、应答器尾缆要求
	轨道电路施工技术	电气绝缘节设备安装、电气绝缘节两端调谐单元和匹配变压器的安装、空芯线圈的安装、进站、出站口处设备的安装、补偿电容的安装
	提速道岔施工技术	安装装置、外锁闭装置
	箱梁桥上设备安装技术	箱盒安装、方向盒安装

7.9　站房施工阶段 BIM 应用

7.9.1　概述

铁路站房工程是一项综合性工程，其涉及专业众多，涵盖建筑、结构、给水排水、电力、暖通、信息等专业。因此在施工过程中各专业接口错综复杂，各种工序作业立体交叉，增大了施工现场的管理难度。

高铁站房工程在整个建设周期内，需合理组织安排，精心打造各阶段工作内容、工作程序及衔接关系。通过 BIM 模型集成设计、施工信息，直观体现施工的界面、顺序、使施工协调变得清晰明了，使施工平面布局优化，使设备材料进场、劳动力配置、机械配备等各项工作的安排变得更为经济。保障了站房工程的建设质量，提升了建设管理的信息化水平，为站房后期运营提供了极大的便利。

7.9.2　场地布置方案

将无人机航拍获得的 GIS 模型与 BIM 模型相整合（图 7.9.2-1），直观反映施工现场情况，对合理布设临时建筑、大型机械的拆装路径、施工堆场的定位、施工道路的规划等进行更新，有效避免交叉施工或二次搬运，合理高效地规划现场施工平面布局（图 7.9.2-2）。

图 7.9.2-1　GIS 模型与 BIM 模型相整合

图 7.9.2-2　场地布置

7.9.3　深化设计

基于站房的设计阶段模型，建立局部工程或者专项工程的深化模型，如站房机电管线深化模型，基础钢筋、型钢钢柱深化模型等（图 7.9.3-1），采用整体与局部结合的方式，

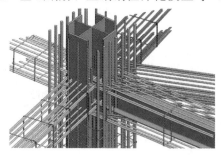

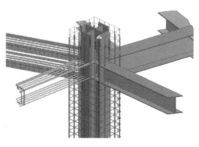

图 7.9.3-1　钢结构深化设计模型

既满足施工阶段对模型深度的需求，又节约了深化工作的时间和人员投入。

7.9.4 施工模拟

由于站房工程体量大、专业多、施工周期紧等原因，现场施工涉及分包单位和多个施工段同时施工，基于 BIM 模型划分施工区域并生成作业面图，直观展示同一区域同时施工的专业和工人数量，以此判断交叉作业的可行性，辅助施工组织计划的制定。

通过施工模拟，分解施工步骤，对施工工序进行合理排布，复杂工序进行分析（图 7.9.4-1），有利于方案制定的科学性、合理性。同时可视化的动态展示，有利于与施工人员进行交底和沟通。

图 7.9.4-1　施工工序模拟

7.9.5 进度管理

将站房的基坑模型、临建模型等各专业模型进行整合，将 BIM 模型中的构件与进度计划中的数据匹配挂接，在平台中进行进度模拟，将按时完成的进度、超前完成的进度、滞后完成的任务用不同颜色和形式进行区分显示，依据模型中挂接的紧前紧后信息，分析当前进度对整个工程进度的影响，直观认识即将展开的工作，建立科学合理的施工进度管理（图 7.9.5-1）。

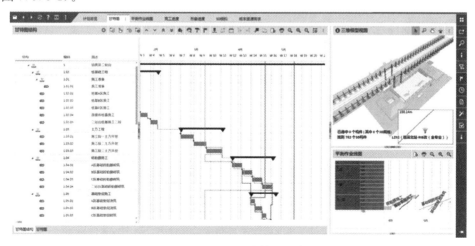

图 7.9.5-1　进度管理平台

239

7.9.6　成本管理

基于 BIM 技术，按照不同区域、时间、专业等多种方式提取成本信息，匹配动态的时间轴线、定额数据库等，实现构件级的成本数据处理分析能力，提高站房工程成本分析与核算效率的准确性，如图 7.9.6-1 所示。

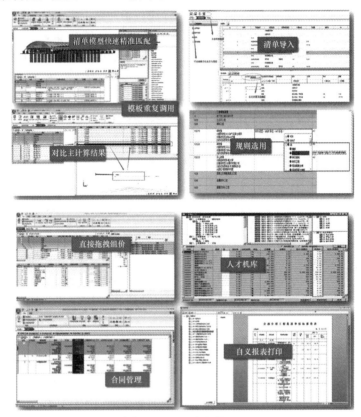

图 7.9.6-1　成本管理

7.9.7　资源管理

站房工程涉及专业多且构件数量大，利用 BIM 协同平台对构件进行统一管理，根据施工计划和构件的挂接关系，自动生成与施工计划和实际进度相对应的材料清单，为现场物资管理人员提供有效的参考，合理高效地配置进场机械设备及物资材料，如图 7.9.7-1 所示。

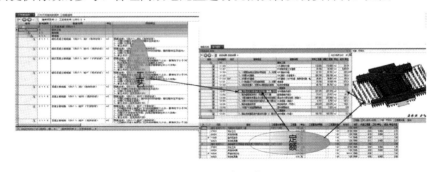

图 7.9.7-1　资源管理

7.9.8 质量安全管理

在施工现场或重点区域安装监控设备与平台对接，实现施工过程透明可控。通过监控模块做到全天候无死角的施工过程监管，截图保存并及时整改，整改完成后同一设备视角对比，精准判断整改质量。

通过应用移动端 APP 将现场发现的问题拍照并在模型中进行定位标记，将责任人分派，并实时跟踪问题处理情况，有效提高现场问题解决的及时性和准确性，如图 7.9.8-1 所示。

图 7.9.8-1　质量安全管理

7.10　铁路营业线施工 BIM 应用

7.10.1　常用术语

1. 铁路营业线

铁路营业线是指已经建成并投入运输生产使用的铁路线路，有的文件规章中也称既有线。

2. 铁路营业线施工

铁路营业线施工是指影响营业线设备稳定、设备使用和行车安全的各种施工作业，按组织形式、影响程度分为施工和维修两类。

3. 营业线施工作业等级

营业线施工根据工作量大小、施工封锁时间长短、影响行车设备使用的范围以及对运输影响的程度，将高速铁路施工和普速铁路施工均分为Ⅰ级、Ⅱ级、Ⅲ级三个等级进行管理。

4. 邻近营业线施工

邻近营业线施工是指在营业线两侧一定范围内（包括上跨、下穿营业线），新建铁路、营业线改造工程及地方工程等与营业线平行、交叉，影响或可能影响铁路营业线设备稳定、使用和行车安全的施工作业。

5. 邻近营业线施工分类

邻近营业线施工根据对营业线设备稳定、使用和行车安全的不同，分为 A、B、C
三类。

6. 营业线设备安全限界

电气化铁路接触网支柱外侧 2m（接触网支柱外侧悬挂回流线和供电线时在回流线和
供电线外 2m）、非电气化铁路信号机立柱外侧 1m 范围称为营业线设备安全限界。

7. 天窗

天窗是指列车运行图中不铺画列车运行线或调整、抽减列车运行线，为营业线施工、
维修作业预留的时间，按用途分为施工天窗和维修天窗，其中施工天窗时间规定为：高速
铁路天窗原则上不应少于 240min；普速铁路基建改造、线路大中修及大型机械作业、接
触网大修时，按行别预留不少于 180min。维修天窗不应少于 90min。各项施工、维修作
业采用平行作业方式，综合利用天窗，提高天窗的利用率。

8. 建筑限界

为了保证列车运行安全，要求靠近铁路线路修建的建筑物及设备，不得侵入规定的与
线路中心线垂直断面的轮廓尺寸线，称为建筑限界。

7.10.2　BIM 应用概述

营业线施工的实施，其主要目的是铁路部门为了优化现有的运营条件，使整体铁路运
营效率得以提升，这对于铁路发展而言有着极大的促进作用。

营业线施工作业包含线路及站场设备改造、增建双线、新线引入、电气化改造等施
工；跨越、穿越铁路、站场线路、站场的桥涵、涵洞、管线、渡槽和电力线路、通信线
路、油气管线以及铺设道口、平过道等设施的施工等。

邻近营业线施工纳入营业线施工安全管理范畴。营业线施工任务的工期较短，又有众
多干扰因素，导致在实际施工中有很多不确定的因素出现，对施工人员施工作业安全造成
极大威胁（图 7.10.2-1，图 7.10.2-2）。

图 7.10.2-1　铁路营业线施工作业　　　　　图 7.10.2-2　铁路营业线维修作业

基于 BIM 技术的营业线施工是以全部专业整合的模型为基础，按照规范要求、铁路
相关部门审批通过的施工方案、具体工程要求，对在营业线条件下的施工平面布置模型和
施工过程进行工况模拟、重难点施工模拟、天窗施工模拟、跨营业线现场防护方案模拟

等，最终形成最优方案，对于在施工过程可能发生的安全风险进行预先管控，达到确保行车和施工安全的目的。

7.10.3 校核营业线空间位置关系

营业线施工过程中普遍存在营业线数据收集困难、数据缺失等问题，施工单位很难得到准确的第一手数据。如图 7.10.3-1、图 7.10.3-2 所示，本着营业线施工安全第一的原则，可以采用无人机倾斜摄影实景建模，形成基于 BIM 的实景模型，用于指导现场总平面布置、校核新建桥梁与营业线的空间位置关系。同时，可以利用三维扫描仪现场采集点云数据的方式采集现场施工数据。

图 7.10.3-1　BIM＋无人机实景模型　　　图 7.10.3-2　新建桥梁与营业线空间位置关系分析

采集完成的数据与 BIM 模型相结合，可以形成颗粒度高的 BIM 实景模型，保证了营业线数据的准确性，降低了对营业线的安全影响。

7.10.4 天窗点内施工模拟

我国铁路运输网密集，列车运输间隔小，为铁路新建、改建、扩建所预留的天窗作业时间越来越短，如何在相对较短的作业时间内协调好铁路施工的各个专业平稳有序地开展工作是一个重大的难题。通过利用 BIM 技术整合各专业模型，模拟预演在天窗时间内进行施工的各专业的衔接，避免各专业之间配合冲突，协调各工种生产计划，优化可平行作业的共用天窗，保证每一次天窗作业时间的高效使用。

重难点施工模拟通过结合施工模型、碰撞报告以及施工方案对施工模型进行调整，形成施工优化模型。利用 BIM 技术提前对施工工序进行演示、对重难点部位进行模拟施工，发现问题编制解决方案，精细化施工步骤、可视化施工交底、降低施工错误，减少由于施工跨越营业线过程中对营业线运营的影响，保证工程质量。

基于 BIM 模型模拟四电迁改方案，优化制定最佳迁改方案，将由迁改造成的损失降至最低，实时了解迁改进程、动态展示迁改后线路不明情况，保证不损害营业线路管线，不拖慢新建工程施工进度，使整个施工迁改工作在合理预期范围内。如图 7.10.4-1 所示，在跨营业线桥梁转体施工中，通过施工模拟预演，提前发现两个转体梁合拢段在同步转动时可能产生的施工碰撞，并采取异步转动等措施，减少了在桥梁转体过程中对营业线运营的影响，提高天窗点内的施工效率。

图 7.10.4-1　桥梁转体施工模拟

7.10.5　安全防护管理

　　铁路营业线的施工和维修是铁路工程施工建设的重要部分，其地理跨度大、时间跨越长、因素多、难以把控，因此保证营业线的施工安全尤为重要。结合 BIM 技术，可通过导入现场监测数据，与 BIM 模型相结合，提前模拟施工过程，及时发现问题，采取防护措施，不断进行优化。

图 7.10.5-1　邻近营业线桥安全防护

　　结合铁路营业线施工管理办法，根据现场实际综合考虑施工风险源，利用 BIM 技术强大的数据管理功能实现数据的自由输入、提取和查看，在危险源管理中将危险源的全部辨识信息，例如危险源描述、危险源等级、危险源导致事故的阈值、危险源相关的措施录入到数据库中，将数据库与模型对接，方便项目人员在模型中查看，实现集中高效的管理模式。

　　对于现场容易发生危险的地方建立防护模型并进行施工模拟，指导现场安全防护施工，提高现场安全作业环境。如图 7.10.5-1 所示，在营业线桥梁施工转体中，靠近营业线的两个转体桥墩承台处分别设置施工防护桩，以保障营业线设备设施的安全。

　　将 BIM 技术与现场监控系统相结合，实时掌握施工作业人员相对于整体工程项目的位置，当距离危险源位置较近时触发警报装置发出警告。例如结构性垮塌、吊装设备倾覆、高空坠物等现场问题通过 BIM 模型的模拟分析功能对于现场安装和拆卸作业、模具吊装作业等易发生危险的施工点进行专项分析，保证每项作业都在操作可控范围内，对于不可控问题及时清除出施工现场，以保证现场的安全作业环境，对邻近营业线桥墩设置防护栏，防止作业人员及设备侵入营业线限界，甚至发生接触网电弧伤害事故。

第8章　基于 BIM 的铁路工程协同管理体系

　　基于 BIM 技术的协同管理体系可以整合铁路工程建设中的各项资源信息，在项目建设全生命周期进行共享和传递，为铁路工程管理提供一种更为有效的工具。本章首先对 BIM 协同管理体系进行概述，讲解了协同管理体系的整体架构；其次，根据中国国家铁路集团有限公司（原铁路总公司）提出的信息化平台规划路线，对 BIM 协同管理平台的部署、技术架构及协同工作模式进行分析；最后，分别从设计阶段、虚拟建造阶段、施工阶段介绍 BIM 协同管理平台在铁路工程中的应用。

8.1　BIM 协同管理体系概述

8.1.1　BIM 协同管理的理解

1965 年，美国战略管理专家伊戈尔·安索夫在《公司战略》一书中首次提出协同概念，并将其引入管理学。从管理学角度，协同就是公司各业务单元互相合作，使公司的整体价值大于各独立组成部分价值的简单相加，该概念强调"1＋1＞2"的经济学含义，即协同是取得有形和无形利益的潜在机会及这种机会与公司能力之间的紧密管理。

通俗一点讲，"协同"可以理解为齐心协力、共同工作，是协调两个以及两个以上的不同资源、不同个体，共同完成某一目标的过程或能力。

BIM 不仅是集成项目数据及信息的三维参数化建筑信息模型，整合不同阶段的数据、过程和资源，还可以将 BIM 数据为核心的业务管理体系对接互联网、大数据、运维管理等数据库相关领域，保障信息流的有序传递，为铁路建设项目的所有参与方从规划到运维阶段的整个生命周期提供数据支撑，实现项目信息全生命周期的流通和交互。

BIM 协同管理大致可以理解为：项目各参与方以建筑信息模型为基础，以项目建设过程中的进度、质量、安全、成本管理为驱动，以具备项目建设各参与方建设管理、设计、施工、运营维护功能的相关平台产品为工具，进行项目协同管理的机制或过程。

8.1.2　BIM 协同管理平台的理解

铁路工程全生命周期的协同管理，需要依托各参与方、各专业搭建的协同工作平台，优化传统的组织结构及参与方的业务工作流程，为项目各参与方提供项目信息共享、信息交换及协同工作的环境，最大效率地发挥各专业间的协同合力，进而实现真正意义上的BIM 协同管理。

BIM 协同管理平台可以为工程项目的建设单位、设计单位、咨询单位、施工单位、监理单位等提供协同工作环境，能够实现不同阶段、不同专业、不同主体之间的协同工作，保证信息的一致性及在各个阶段之间流转的无缝性，通过设置不同岗位具有不同的平台权限，满足本方数据需求的同时又不干扰其他单位的数据使用，以提高工程全生命周期的运营效率。

BIM 协同管理平台作为数据和信息的共享平台，应依据各参与方内部的设计管理特点来搭建，为各专业提供一个统一的工作环境，通过内置各种管理标准与流程，提高各参与方的配合效率。

8.1.3　协同管理的目的

由于铁路项目多专业、多进程的特点，需要专业间相互配合、密切协作。通过引入基于 BIM 技术的协同管理机制，协调铁路建设过程中的各方位、各要素、各过程的信息传递、共享和利用问题，使得很多处于随机和发散状态的工作有序化、条理化，在建设过程中优化施工设计、合理制定施工组织、配置各项资源，从而达到缩短进度、提高工程质量、保障现场安全、降低工程成本的目的。

　　针对铁路建设项目参与方不同，协同管理的关注点以及产生的价值也有所区别。例如，建设单位倾向于降低施工工期、有效控制造价和投资、提升项目协同能力、降低运营维护成本，实现资产的高效管理；设计单位关注点在于实现项目的可视化、基于 BIM 的性能化分析进行方案对比、通过 BIM 的协同方式用于精细化设计，同时提高处理复杂结构设计的能力；施工单位比较关注于施工图深化程度、基于 BIM 技术强化施工过程管理以及利用移动网络和物联网技术，进一步提高施工精度和保障施工安全的应用。

　　铁路工程建设协同管理以信息化集成管理的思路，从组织协同、目标协同、全过程协同三方面进行优化配置各类资源，将铁路工程建设管理实践与集成化管理理念相结合，实现铁路工程建设的整体效益。协同管理体系将有效提升以下三个方面的协同效率（图8.1.3-1）。

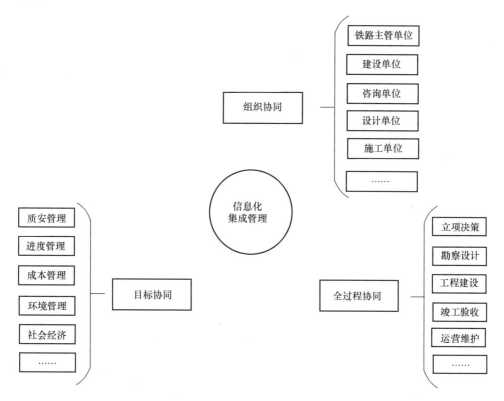

图 8.1.3-1　铁路工程协同管理框架图

1. 提升组织内部协同效率

　　铁路建设项目利益相关者众多，有建设单位、施工方、设计方、咨询方建成铁路后的运营方以及其他参与方等，不同的利益相关者有自己的组织，有不同的项目目标、企业文化和组织行为，各组织间有着复杂的工作流，有设备、材料和服务等资源的交往和各种信息的交流，这些复杂的非线性关系构成了组织系统的接口。对于组织系统的协同管理，必须建立一个协调中心（如建设单位），使得各利益相关者得以从铁路建设项目通盘考虑，互相协作和建立战略合作关系，构建此种关系的前提是必须秉持互相理解信任的理念与获得企业文化的支持，并且必须随时能够应对冲突和矛盾进行有效的解决。在实际生产过程中，这种关键性的活动往往通过合同的签订、履约等行为来实现，依靠制定合同来确立组织间的互相制衡关系。

2. 有助于达成总体目标与局部目标的协同

目标协同不满足于局部目标，而着重于长远与总体目标，也就是从铁路建设项目的全过程出发，充分考虑最终交付物的要求以及实施过程中存在的问题，实现全过程的多目标最优。项目目标系统的接口表现于各目标的相互依赖、相互影响、相互冲突的关系，目标系统的接口协同就是将各目标之间的矛盾关系处理好，以达到整体最优。目标系统分为三个层次：总体目标、子目标、实施目标。总体目标是确立项目的总体概念，如项目的社会经济、技术、工期、环保、质量等目标；与总目标一致的子目标是对总目标进行分解得到，适用于项目的个别方面限制；实施目标是对子目标进行的再分解，确定了项目的详细构成，其一般在铁路建设项目可行性研究、施工图设计中产生、量化，并转变为实施相关的活动与任务。

3. 有助于实现全过程协同

铁路建设项目全过程协同是将项目从立项决策到竣工验收的全过程各阶段进行整合，对项目的设计、计划、施工等之间的关系进行管理，从而形成项目全过程的协同管理。在各阶段中有很多控制性工作和关键性的管理，如可研到设计、设计到招标、招标到入场、入场到施工、施工到验收等，系统整体涌现性的产生很大程度上依赖于正确处理这些接口活动。这就须应用项目结构分解法，层层分解过程并明确其逻辑关系，扩大其接口间的重叠量，如铁路建设项目需多专业配合进行，机电安装、通信、土建、机械化施工、设备材料供应等各工种协调配合进行，需处理好各专业的衔接调度工作。与此同时，铁路建设项目的全过程管理中，必须始终进行风险管理，必须实施全过程风险识别、分析和控制，控制系统涌现方向的正确性。

8.1.4　协同管理的意义

经过分析国家发展改革委、交通运输部、原中国铁路总公司于 2016 年 7 月 13 日发布的《中长期铁路网规划》，可见，未来几年铁路建设仍处于大规模发展的形势，然而铁路工程建设领域现有的信息基础已不能满足当前的需求，普遍存在的数据缺失、信息断层、管理脱节等问题，影响了整个项目管理水平的提高。

如何实现各参与方资源共享、跨组织协同管理转变，由"信息孤岛"向信息共享与协同转变，由多目标的"各自为政"向多目标综合最优转变，由静态管理向全过程动态管理转变，从而大幅度提升工程进度、质量、安全、成本等方面的管理效率。BIM 技术的出现为铁路工程的项目管理提供了一种新的模式和管理思路。

1. 提高铁路工程建设各参与方的工作效率

在传统的铁路工程建设中，项目各个阶段、不同系统都是自成体系，管理人员往往存在信息重复录入、数据来源多等问题，造成信息冗余、脱节和缺失等问题。目前，铁路工程建设各参与方之间的协同工作以纸质为主，在信息传递过程中容易造成信息延误、信息缺失等问题，从而使得当前铁路建设协同信息化水平较低，也造成了各参与方的工作效率低。

通过引入 BIM 技术、协同管理平台等信息化手段，为铁路建设各参与方提供一个信息交流和相互协作的网络环境，满足各参与方在统一的平台上进行协同管理，实现信息和数据的有效集成、交换和应用，实现各参与方之间的有效沟通。

2. 有助于实现铁路工程建设的多目标协作

铁路工程的建设项目目标体系除了包括进度、质量、安全等基本目标外，还包括环境、资源、人文、可持续发展等其他目标要素。因此，在建设管理过程中，可以借助BIM 以及信息化手段，在平台中完善多目标协作模式，实现多目标的有序协调和协同优化，达到目标最优。

3. 有助于搭建铁路工程建设信息化"生态圈"，更好地服务各参与方

在整个铁路工程建设的过程中，通过 BIM 技术、GIS（地理信息系统）、RS（遥感）、GPS（全球卫星定位系统）、协同平台、信息集成等手段，将相关各参与方整合在一起，基于 BIM 协同管理平台开展工作。随着参与方、资源、数据的增加，通过参与方、需求、应用、数据间的相互促进作用，新的应用不断出现，数据持续积累，吸引更多参与方和用户，形成平台自身发展的良性循环、无限生机和核心竞争力，为铁路工程规划设计、施工建设、运营管理提供相关的数据、资料、信息、功能及服务。

4. 有助于建立铁路工程知识库，推动智能铁路的建设

基于 BIM 的协同管理体系服务的对象是面向铁路工程的所有参建单位，需要满足各单位的知识管理需求，在知识管理内容、管理方式等方面需要具备多样性、灵活性等特点。应用 BIM 技术以及协同管理平台，在铁路建设期间需要开始搭建和形成铁路基础设施信息和数据，通过在建设期间逐渐积累基础设施的数据和信息的收集、整理和结构化，形成完整的铁路信息基础结构，在铁路工程基础、结构、建设、竣工验收等信息的收集和规范化，铁路工程项目的不断迭代，完善铁路工程知识库，推动智慧铁路的建设。

5. 为铁路建设提供现代化管理手段，实现全生命周期精细化管理

铁路工程建设项目涉及立项决策、设计、工程建设、竣工验收、铁路运营等多个阶段，亟需一种信息交换介质进行数据共享和流转，同时将相关的进度、成本、材料等工程信息表达出来并进行传递。

BIM 作为面向全过程的建筑信息模型，结合信息化技术，基于统一的标准进行数据的转换、传递和共享，对各阶段对成本、质量、安全、进度等要素进行分析和动态控制，从而建立可实现全过程协同工作、数据服务、多目标协作的平台，为铁路建设提供全生命周期的服务。

8.1.5 协同管理体系总体结构

云计算、物联网等新技术的出现为协同提供了可行性，为铁路建设项目协同管理与集成化管理提供基础，BIM 技术与物联网的融合，将打通现实与虚拟、实体与数据间的接口，实现对施工建造及运维阶段的行为监控、数据采集，结合 BIM 模型数据完成数据交互，实现有效的现场管理及操作行为。在此基础上形成了基于 BIM 的铁路建设协同管理体系，该体系旨在优化传统的管理模式，实现铁路工程建设项目全过程的协同、集成管理。铁路建设项目协同管理总体架构如图 8.1.5-1 所示。

铁路工程建设项目协同管理体系以 BIM 为核心，以协同管理平台为基础，以铁路BIM 联盟发布的相关标准为主要理论依据，以各阶段协同管理为研究重点，以数据库存储为支撑，通过集成编码结构管理、招投标与合同管理、知识管理、权限管理、过程控制

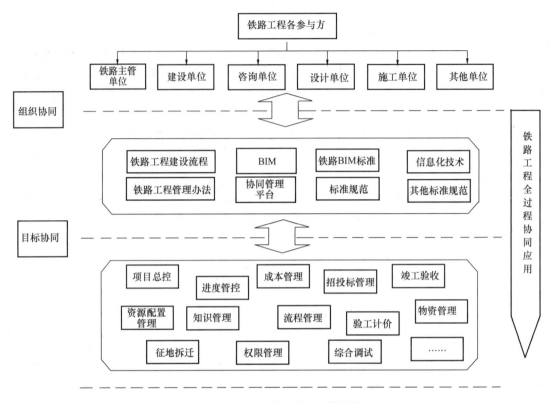

图 8.1.5-1　协同管理体系总体结构图

与目标管理、征地拆迁、项目总控、资源配置管理、综合调试与竣工验收管理等管理要素和功能，使得铁路局、政府主管部门、建设单位、咨询单位、施工单位、监理单位、设计单位等工程参与方可在铁路工程建设项目全过程进行基于统一信息模型的数据采集、整理、统计、分析，有效开展项目管理工作。

8.1.6　协同管理体系实现原则

铁路建设项目协同管理体系的应用可使项目建设各参与方在统一平台上开展项目管理工作，基于 BIM 的铁路工程建设项目协同管理实现原则应具备以下特点：

1. 符合铁路工程项目管理的特点

铁路工程建设项目具有技术难度大、涉及专业多、专业分工细、投资规模大、参建单位多、社会影响大、项目分布范围广等特点。BIM 协同管理平台上线后，只有符合铁路工程建设项目的管理特点，符合铁路主管部门推行的标准化管理要求，协同管理体系的实施才能尽可能地落地，达到提高项目管理效率的初衷。

2. 建立统一数据源，确保数据的准确性和一致性

平台必须建立统一的工程项目数据源技术标准，在此基础上，实现铁路主管部门、建设单位和各级参建方之间，项目建设各阶段之间，项目建设各专业之间的信息互通和共享，以确保数据的准确性和一致性，避免信息重复录入导致的信息不准确、重复工作等。

3. 应用统一的编码体系和技术标准

协同管理模式下的 BIM 模型，应采用统一编码体系，遵循规范化、系统化原则，编码按属性系统化分类，具备足够的容量包括规定范围内的所有对象，且分类具备一定的柔性，不至于在出现变更时破坏分类的结构。铁路工程建设技术标准高、难度大，铁路工程建设专业技术标准主要有质量管理、投资管理、进度管理、安全管理、环保管理、物资管理等几大类标准。作为项目管理工具和手段的数字化管理平台具有引导和制约功能，引导用户按照技术标准执行，控制和制约用户不符合标准和规范的行为，并且为用户提供方便的参考或指南。在平台具体实现中，这些技术标准可以以标准报表、数据结构基表等方式表示，辅以程序计算规则和数据检查功能，来实现对用户的引导和制约；还可以以文本资料的形式分类存储，方便用户查阅参考。

4. 支持项目全生命周期的应用

基于 BIM 的协同管理体系按照从立项决策、设计、施工管理、竣工验收、运维管理的全过程工作流线研究确定功能模块，然后根据工作阶段、业务分工组合为子功能模块，对铁路建设项目寿命期各管理要素进行动态控制和决策支持。同时采用基于 BIM 的统一数据信息模型以解决各硬件系统和应用系统间的异构性问题和全局共享问题，各参建方从项目初期就介入系统应用，为项目管理者从工程的全过程对项目进行综合管理和决策提供服务，促进铁路项目建设全过程管理，实现各阶段的集成化管理。

5. 平台应具备严格的权限管理

铁路建设项目全过程中参建方众多、信息量大，铁路建设项目 BIM 协同管理体系提供一个信息交流和互相协作的虚拟网络环境，满足各参建方在统一的平台上进行协同管理，实现各方的沟通与交流，实现信息和数据的共享运用。由于各参建方对铁路建设项目的管理范围和管理内容不同，故 BIM 协同管理体系需要构建严格的安全措施和访问权限，包括网络层、数据层和应用层的各项安全体系，保证各参建方的利益不会因为基于网络的协同工作而受到损害。

6. 协同平台功能具有先进性、可拓展性等特点

平台系统的管理功能设计，以适应当前的管理需求为基础，同时符合先进性的原则，通过采用虚拟方式整合分支机构的计算机基础设施资源，形成基于云计算的 BIM 协同管理，项目各参与方通过网络可以随时随地对平台进行访问。例如，平台中采用基于 BIM 的计算机辅助设计、工程量校核、虚拟仿真、预建造辅助施工等，为铁路建设提供现代化的管理手段。

同时，平台应具有良好的可拓展性，当符合建设管理需求的新型信息化技术出现后，平台应具备良好的整合能力，不断完善协同平台的功能模块。

另外，平台系统需要具备多项目综合管理的功能，以及在网络环境中实时管理与远程监控的功能，能够以稳定、可靠、安全、高效的性能充分支持使用者履行管理职责。

8.2 BIM 协同管理平台总体规划

8.2.1 平台建设背景

近年来，随着我国铁路建设投资的不断增加，铁路工程建设取得显著成绩，截至 2018 年底，全国铁路营业里程达到 13.1 万 km，其中高铁 2.9 万 km，占世界高铁总量的

66.3％，铁路电气化率、复线率分别居世界第一和第二位。其中，2013～2018 年，全国铁路完成固定资产投资 4.7 万亿元，新增铁路营业里程 3.41 万 km，其中高铁 1.98 万 km，是历史上铁路投资最集中、强度最大的时期。

由此可见，在未来几年里，铁路仍将是国家加大投资的重点领域，同时，高铁可以有效带动本地经济的快速发展，地方政府加快铁路建设的积极性仍然高涨，铁路工程建设将仍然保持较高速度的增长。同时，在"一带一路"的政策引导下，铁路工程建设也肩负着"走出去"战略的重要使命。因此，从铁路建设面临的内外部形势看，在当前和今后一个时期，铁路仍将是国家加大投资的重点领域，铁路还将保持快速发展的常态。

与我国铁路建设的快速发展成绩相比，铁路工程建设信息化水平呈现出较大落差，尤其是在建设期的信息化则刚刚起步。一方面，一部分协同管理平台是由国外公司研发，由于国外项目管理思路与当前的铁路工程建设管理模式存在差异，因此，平台很难落地到国内实际工程中；一方面，国内的协同管理平台开发多数处于起步阶段，定制开发需要大量的前期调研、数据搭建周期长，加上我国高速铁路建设处于大规模推进阶段，其主要功能主要侧重与流程管控，对现场真正的管控关键点掌握有限，运行、管理成本很大。系统内各模块多在组织架构、工作结构分解等模块上达到一定的应用，与 BIM 结合、各参与方之间的协同少，数据割裂较为严重，基于信息化的协同应用较少。

随着科学技术的进步，大量互联网等新技术影响了传统行业的工作模式，使传统行业重新散发新的活力，为铁路工程建设信息化发展带来了紧迫感和危机感。铁路项目作为社会影响力较大的民生工程，需要不断改进质量管理、加强投资管控，提高工程技术创新能力，充分发挥铁路工程建设行业市场创造力、活力，亟需快速提升铁路工程建设信息化水平，转变铁路工程建设信息化发展方式。因此，建设基于 BIM 的铁路工程协同管理平台，提升铁路工程建设信息化水平，加快平台建设就显得尤为重要。

针对铁路工程信息化现状，从 2013 年开始，中国铁路总公司高度重视，并由工程管理中心牵头，开始探索基于 BIM 技术的铁路建设期信息化建设工作，并制定了以下实施路径（图 8.2.1-1）。

铁路工程 BIM 协同管理平台通过建立完善的"生态圈"，让铁路建设项目各参与方彼

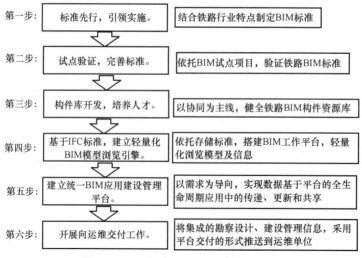

图 8.2.1-1　铁路工程 BIM 实施途径图

此协同工作，在基于平台的生态圈下，双方是互动的、统合的整体，能够产生快速牵引各参与方良性互动，激发铁路工程建设信息化市场活力，带来价值跳跃。同时，平台为信息应用提供快速部署和运行支撑环境，优化了由用户预先确定需求、建设周期长、投入大的传统信息系统管理模式，扩展铁路工程建设信息应用的深度和广度。平台采用集中资源部署、统一面向用户的建设和运营模式，随着用户规模的扩大，所带来的边际成本大大降低，符合信息化发展的趋势，可以使有限的建设资金发挥更大的效益。

新时期铁路工程建设信息化已不再局限于生产控制信息系统和管理信息系统，大量数据集中管理与基于大数据分析的决策支持系统将规划在平台中，数据变成可理解、可加工、可分析的宝贵资源，数据的更多价值将得到挖掘。传统铁路工程建设信息化的数据离散、规格不统一、质量难以保证，建设与运维阶段数据难以共享的局面将得到改善，进而为智慧铁路建设奠定基础。

8.2.2 平台总体规划及目标

自 2012 年以来，中国铁路总公司研究制定了"以铁路工程设计、建设、运营全生命周期管理为目标，以 BIM 技术为核心、云计算为平台架构、感知技术为基础、移动互联为传输结构、建设项目为载体，建立统一开放的工程信息化平台和应用"的总体规划。

按照总体规划，基于 BIM 的铁路工程协同管理平台结构应包括以下内容：首先，平台应依托物联网、移动互联技术、云平台、BIM、3D GIS、大数据、分布式数据存储系统等技术；其次，平台应涉及铁路工程设计、建设、运营维护的全生命周期，包括设计协同、计划协调、调度指挥、施工管理、安全质量与应急管理、竣工验收、资产管理、运行环境感知等，除了对各应用提供主数据以外，还提供运行服务，包括流程引擎、搜索引擎、报表引擎、日志服务、消息服务、短信服务、接口服务等，为铁路工程建设各参与方提供信息化服务（图 8.2.2-1）。

图 8.2.2-1 铁路工程 BIM 协同管理平台结构

BIM 协同管理平台的信息流转是从信息输入到信息输出的过程，由感知层、传输层、数据存储层、数据资源层、数据加工层、业务应用层、访问层组成，通过感知层获取 RFID 设备、第三方监测等物联网技术采集数据，以 WiFi、WLAN 等移动互联技术为传输工具将数据传送至云平台，在保证信息安全的同时，基于云计算平台进行数据存储、数据分析等工作。处理后的数据流转至数据资源层、数据加工层，与 BIM、GIS、设计、建设、运营、检修等数据整合，作为铁路工程全生命周期信息读取的底层数据库。

铁路工程建设各参与方通过访问浏览器、移动客户端等方式，在线登录 BIM 协同管理平台，根据工作需求访问业务应用层中自定义的功能模块，功能模块包括 BIM 应用、过程管理、风险控制、调度指挥等功能模块，每个功能模块均由多个子功能组成，例如 BIM 应用模块由模型预览、属性查看、三维交底等组成，过程控制模块由进度管理、征地拆迁、验工计价等多个子功能模块组成。每个子功能模块的运行，是基于大数据技术从数据加工层、数据资源层中提取所需数据，在云计算平台中数据处理后并存储。

在技术管理层面，铁路工程 BIM 协同管理平台要实现应用、数据、空间、管理保障4 个维度一体化发展（图 8.2.2-2）。

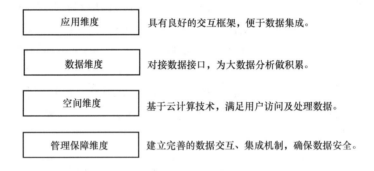

图 8.2.2-2　技术管理层面应具备的功能

在应用维度中，铁路工程 BIM 协同管理平台应保持开放、具有良好的可扩展性、可移植性，融入物联网、GIS、无人机、VR 与 AR、云计算技术等，为有益于铁路工程建设的信息化应用、第三方应用提供整合环境，实现铁路工程建设信息化资源优化配置和可持续发展。

在数据维度，铁路工程 BIM 协同管理平台应支撑建设项目工程设计、施工、运营维护全生命周期建设管理，具备良好的数据共享、数据分层功能，能够控制和管理所有进出平台的数据，实现数据汇集、管理、分发、流转、更新、备份，通过公共数据服务接口，共享部分公共数据，同时也能保证私有数据的安全，达到各类数据在铁路工程 BIM 协同管理平台的集中和多层次的管理。通过不断积累项目数据，为下一步大数据分析应用做铺垫。

在空间维度，基于云计算的理念和技术，广泛吸收其他领域的先进技术，为铁路工程 BIM 协同管理平台应用建立统一的通信、计算、存储、分析的基础设施，连接铁路工程建设信息化各参与方，促进各方交流互动，满足移动互联、在线应用、随时随地访问与处理信息的需求。

在管理保障维度，应建立完备的信息安全管理体系，为安全开放的平台环境提供保障，基于应用和数据分层架构，完善权限管理体系。同时，与已经发布的铁路工程BIM标准和管理规范结合，实现应用与数据之间、应用与应用之间的开放集成。

8.2.3　平台来源及研发模式

根据铁路工程建设项目的规模以及平台用户功能的不同，BIM协同管理平台有以下常见的四种来源及研发模式，分别为：

1）自主研发平台模式。当平台需求方具有较强的平台开发能力，同时对BIM应用需求明确，熟悉铁路工程的全生命周期管理流程，致力于实现BIM应用价值，同时平台开发完毕后能推广到铁路工程的建设中，不断迭代、不断优化，形成企业的核心竞争力。

这种平台模式可以拥有独立的知识产权，开发完成后可以对外出售或租赁平台以获取利润，但也存在于开发周期较长、资金投入大等缺点。

2）合作开发平台模式。此类情况需要两个或者两个以上的公司或团体参与，双方合作共同开发平台。例如，A公司采购B公司已经开发完毕的平台C，平台C的功能模块基本符合A公司的需求，但A公司仍然需要更多的功能模块或在原有功能模块的基础上进行优化，同时A公司具有明确的平台开发需求和计划，需要在平台C现有架构的基础上进行小幅度功能拓展和改良、个性化定制。

这种平台模式比较灵活，开发周期相对较短，可以充分发挥平台合作方的各自优势。

3）平台买断模式。当平台的功能模块与平台买断方要求的铁路工程项目管理应用一致时，可采用买断的方式获得平台使用权。通常平台买断方一次性支付一笔费用后，由平台租赁方开设一定的用户平台登录账号（通常按照用户账号个数乘以买断单价的方式计费），然后按年定期向平台所有权公司缴纳每个年度的平台维护及更新费（该费用与买断费用相比，费用金额较低）。

平台所有权公司将平台部署在平台买断方指定的服务器上，并定期进行平台的系统升级、维护。

4）平台租赁模式。当平台的功能模块与平台需求方要求的铁路工程项目管理应用一致时，平台租赁方以年度或项目为单位向平台所有权公司支付平台租赁费用。平台所有权公司向平台租赁方开设一定的用户平台登录账号（通常按照用户账号个数乘以租赁单价的方式计费），并提供过程中平台维护及更新。

由于BIM应用的长期性、复杂性及高昂的研发、部署和运维成本，选择何种应用及研发模式必须进行科学决策。随着现有BIM软件产品的不断升级和完善，企业可根据自己的应用需求确定平台采购及开发模式。

8.2.4　云平台部署模式

BIM技术在铁路建设行业的推广，也受到铁路建设覆盖距离长、建设地点分布范围广等因素的制约，影响了各参与方的协同工作。此外，BIM 的实施成本过高也是阻碍 BIM 推广的因素之一。云计算技术近年来得到广泛应用，有力地促进了铁路工程在云服务及云产品方面的发展，构建云平台已逐渐成为云计算技术的主要实现方式。

铁路工程建设项目各参与方可以通过采用虚拟方式整合分支机构的计算机基础设施资源，基于云计算架构的铁路工程 BIM 协同管理平台，通过网络可以随时随地对平台进行访问，使用云服务，开展项目管理工作。

"云"是一个抽象的概念。只要我们能够通过网络访问不在本地的软件和硬件，我们就可以说这些软件和硬件在"云"里。在云计算时代，我们不需要关心存储或计算发生在哪朵"云"上，而只需通过网络，用浏览器就可以很方便地访问资料，把"云"作为资料存储以及应用服务的中心。

云平台按照应用功能划分，一般包括以下三类：以数据存储为主的存储型云平台、以数据处理为主的计算型云平台，以及计算和数据存储处理兼顾的综合云计算平台。

云平台按照部署形式划分，可分为公有云、私有云及混合云三种方案。公有云是基于外部互联网，由第三方提供能够使用的云；私有云则是通过企业或机构自建，混合云是公有云和私有云两种服务方式的结合，能够有效地控制数据、安全和质量。

1. 公有云

公有云通常指第三方运营商向用户提供能够使用的云，用户不需要专门购买应用服务器，而是全部向云服务提供商租用云主机来提供应用服务。公有云一般可通过 Internet 使用，可能是免费或成本低廉的。这种云有许多实例，可在当今整个开放的公有网络中提供服务。公有云的最大意义是能够以低廉的价格，提供有吸引力的服务给最终用户，创造新的业务价值，公有云作为一个支撑平台，还能够整合上游的服务提供者和下游最终用户，打造新的价值链和生态系统。它使客户能够访问和共享基本的计算机基础设施，其中包括硬件、存储和带宽等资源。

近年来，云计算在国内发展迅速，国内外企业在公有云领域纷纷有大动作。目前国外主要云服务商有：亚马逊 AWS、微软 Azure、谷歌云等，国内云服务商则主要包括：阿里云、百度云、新浪云、华为云、腾讯云等。

现有云服务商的计费模式大体为以下几种：

1）分级计价模式。按服务实例、不同级别配置（CPU、RAM 等）的单位时间费率及使用时长来计价；

2）单位计价模式。按用户实际资源使用量及单位使用费率来计价；

3）订阅式计价模式，按用户数、使用时长及单个用户单位时间费率计价。

2. 私有云

私有云是为一个公司单独使用而搭建，需要购买专门的应用服务器或者在已有服务器自建云平台，提供用户所需的云存储服务和应用计算服务，因而能提供对数据、安全性和服务质量的最有效控制。如果是只为内部服务的不宜公开提供的云服务就可以采用"私有云"布置方案。私有云可部署在企业数据中心的防火墙内，也可以将它们部署在一个安全的主机托管场所，私有云极大地保障了数据的安全。

3. 混合云

混合云是公有云和私有云两种服务方式的结合。由于安全和控制原因，并非所有的企业信息都能放置在公有云上，这样大部分已经应用云计算的企业将会使用混合云模式。很多将选择同时使用公有云和私有云，有一些也会同时建立公众云。因为公有云只会向用户使用的资源收费，所以公有云将会变成处理需求高峰的一个非常便宜的方式，同时混合云也为其他目的的弹性需求提供了一个很好的基础，比如，数据恢复。这意味着私有云把公有云作为数据转移的平台，并在需要的时候去使用它。这是一个极具成本效应的理念。另一个好的理念是，使用公有云作为一个选择性的平台，同时选择其他的公有云作为数据转移平台。

4. 三种云部署形式优缺点对比（表 8.2.4-1）

三种云部署形式优缺点对比表   表 8.2.4-1

云部署形式	优点	缺点
公有云	（1）前期投资少。不需要购买服务器、虚拟化软件等基础设施 （2）运维成本较低。硬件、网络支撑由云服务商进行运维管理 （3）有较好的可扩展性和可靠性	（1）数据的安全性、服务质量只能依赖服务商的保障程度 （2）无法对主机资源进行控制
私有云	（1）数据安全性高 （2）服务质量更有保障，稳定性强 （3）自主组织管理，有效控制 （4）平台部署成本可预测	（1）维护成本较高 （2）平台维护、管理较复杂 （3）灵活性较高，扩展性及实用性较差
混合云	（1）灵活性最好。可以充分发挥公共云和私有云的优势 （2）数据安全性较高	（1）维护成本高 （2）平台维护、管理复杂。 （3）基础设施之间可能存在兼容性问题

通过对三种云部署形式优缺点的比较，可以看出公有云在系统资源的投资、运维成本方面更具优势，但其后期投入及安全风险方面相对私有云较高。在数据安全、服务质量的管理方面，私有云具有更大的优势。而混合云的好处在于它允许用户利用公共云和私有云的优势，它还为应用程序在混合云环境下提供了极大的灵活性。

8.2.5 云平台技术架构

云计算包括三个层次整体架构，分别为 SaaS、PaaS、IaaS，各层次之间为松耦合关系。SaaS 为用户提供了基于云的应用；PaaS 则为开发人员提供了构建应用程序的环境，借助于 PaaS 服务，降低对用户的硬件配置要求；IaaS 主要提供了虚拟计算、存储、数据库等基础设施服务（图 8.2.5-1）。

1. SaaS 关键技术

SaaS 全称为 Software as a service，中文意思是"软件即服务"，是一种基于互联网提供软件服务的应用模式。铁路工程建设各参与方可以在各种设备上通过浏览器等客户端界

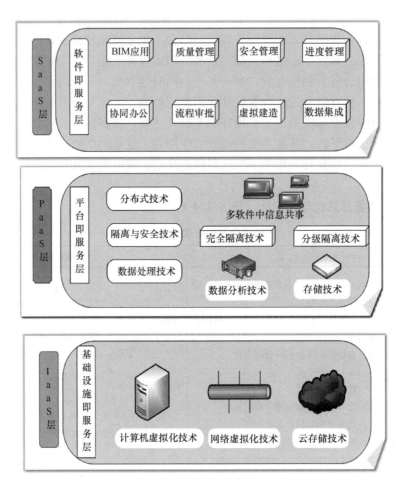

图 8.2.5-1 云平台技术架构图

面访问，不需要管理或控制任何云计算基础设施，包括网络、服务器、操作系统、存储等。

自动部署技术。利用对监控和脚本技术的应用进行自动部署，采用元数据记录对配置参数进行存储，采用监控工具对运行参数进行自动获取，自动配置应用实例并控制运行，实现自动部署应用实例功能。

元数据技术。云服务平台中的配置及行为数据等都是云数据，对其加强管理，为自动部署应用提供重要支撑，支持数据应用隔离及数据保护。

多租户技术。租户利用云服务提供商建设的运算资源与应用系统等，在相同环境下应用系统功能，多租户技术采用不同方式对用户应用环境或数据进行切割，确保租户之间数据安全性。

2. PaaS 关键技术

PaaS 是 Platform as a Service 的简写，中文意思是"平台即服务"，是位于 IaaS 和 SaaS 模型之间的一种云服务，它为铁路工程建设各参与方提供了应用程序的开发和运行环境，是采用先进技术的最好途径，它消除了项目各参与方购买、构建和维护基础设施和应用程序的需要。

分布式技术。主要是在多个软件中将信息共事的计算方式，软件可运行于一台计算机中，也可运行于连接网络的多台计算机。存储负荷将可扩展系统结构来用多台存储服务器进行分担，结合存储信息在位置服务器中的定位，将传统系统中的单存储服务器这一瓶颈问题妥善解决，并使系统提高可用性、可靠性及扩展性。

隔离与安全技术。运行不同云服务消费者的应用，并结合需要操作相应资源，完整隔离数据，分级隔离授权，使其应用及数据安全得到保障。

数据处理技术，实现海量数据分析及存储功能。因其在大规模硬件资源上部署，需对过程进行抽象处理，扩展其编程模型，对底层细节屏蔽效果较好。

3. IaaS 关键技术

IaaS 是 Infrastructure as a Service 的缩写，中文意思是"基础设施即服务"，是通过互联网提供数据中心、基础架构硬件和软件资源。IaaS 还可以提供服务器、操作系统、磁盘存储、数据库以及信息资源，主要包括以下几类技术。

1）计算虚拟化技术。主要采用软硬件技术将操作系统独占服务器硬件形态打破，形成虚拟机计算机。利用整合服务器，确保虚拟化服务隔离的情况下，将利用数据中心服务器效率提高，使用户拥有成本明显降低。

2）网络虚拟化技术。包括物理机中虚拟化网络接入设备，以及数据中心虚拟化文换网络，使多租户隔离网络资源、QOS 等需求得到满足。虚拟化网络接入设备解决网络接入虚拟机问题，虚拟机交换机技术是目前的主流技术。利用混杂服务器网卡模式将数据包接收，并实现虚拟交换机接入物理网络问题得到有效解决。

3）云存储技术。主要将存储作为服务，利用多个存储设备与服务器组成集合体，提供相应的数据访问服务。结合应用软件与存储设备是核心，利用应用软件使存储设备转向存储服务。

8.2.6　云平台协同工作模式

铁路工程建设项目各阶段中各参建方的有效信息交流是协同管理体系实现的前提条件。在庞大的铁路工程项目建设过程中，项目存在信息量大、信息类型复杂、信息源众多、信息具有动态性等特点，在项目各阶段的信息需要不断地积累、扩充、流转、修改、更新，信息传递过程中会不可避免地造成信息缺失。

搭建基于 BIM 协同管理体系的云平台，在铁路工程建设的立项决策、设计、工程建设、竣工验收等阶段保障项目建设各参与方的充分信息交流，将已经形成的信息进行交互和共享，项目不同参与方与 BIM 的信息传递，基于云平台支撑协同作业，最大限度地发挥了各参与方的协同合力。

按照铁路工程的建设流程，BIM 协同管理平台可以发挥 BIM 技术及信息化的优势，为铁路建设全过程的参与方提供服务，以管理决策、指挥调度、现场监控和应急管理为重点，在以下阶段辅助项目各参与方决策、实施、验收，进而实现铁路工程全过程的协同管理。

1. 全过程的信息共享

在铁路工程设计、施工阶段、运营维护阶段，BIM 协同平台中的共享信息将在铁路工程的不同参与方之间进行传递和交互。铁路局、建设指挥部、设计单位、施工单位、监理单位等建设管理参与方都可以在平台中读取、填写信息，关于铁路工程的数据，可以基于 BIM 模型在全生命周期中流转，例如在设计阶段用于方案设计、决策；在施工阶段将 BIM 模型信息完善后用于指导现场施工；在施工模型的基础上进一步完善运维信息得到运维 BIM 模型，用于铁路工程的运行维护（图 8.2.6-1）。

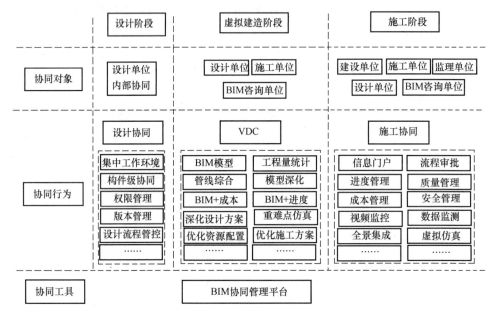

图 8.2.6-1　各阶段协同工作模式

2. 设计阶段 BIM 协同应用

在设计阶段，可以实现与设计相关参与方之间的信息共享，除了满足提取在设计阶段的管理流程资料、内置设计管理流程引擎外，还可以在技术流程上辅助项目管理。例如，提取沿线平面图、数字高程模型、正射影像类的铁路周边环境信息、二维的设计图纸资料和包含桥梁、隧道、线路、站房、站场的三维 BIM 模型等。同时，可以在平台内部设置流程引擎，将设计院内部的工作流程在平台中内置，支持二维图纸以及 BIM 模型的在线审核，进而提高设计院内部的设计协同工作效率。

3. 虚拟建造阶段 BIM 协同应用

虚拟建造（Virtual Construction，简称 VC），处在设计与施工的中间阶段，是衔接传统铁路工程设计阶段与工程施工阶段的重要一环。是实际建造过程在计算机上的本质实现，是多方工作高度协同的成果体现，通过将"先试后建"虚拟建造技术为实施指导思想，其可对铁路工程中的复杂施工节点进行仿真、模拟和分析，优化设计、施工过程、施工管理活动等。

在虚拟建造阶段中，可以大大提高协同的效率、精度和准确度。在传统的基于 2D 图纸的施工模式中，一个设计数据发生变化，往往要涉及多张图纸的修改，施工中发现的图纸问题，也要经历多个环节才能得到验证。但通过提前的虚拟建造，可以充分深化设计图纸，数据的修改更加便捷，由以往的各专业独自工作变为全专业的协同作战。

虚拟设计与施工技术（Virtual Design Construction，简称 VDC），是虚拟建造阶段的重要体现。虚拟设计与施工（VDC）的概念最早由斯坦福大学综合设施与工程中心于 2001 年提出，并将其定义为是利用多门学科综合设计建设项目的集成化信息技术模型，包括产品（即设施），工程流程和组织的设计—施工—运营来实现业务目标的过程。VDC 的核心是面向以 BIM 建立的三维模型为对象的多种软件缔造的协同平台。基于搭建的 BIM 模型，在 VDC 的平台上，解决铁路工程建设中的问题，比如施工方案可行性研究、成本工程、管线综合冲突检测和机电环境协调、可视化调度、安全质量管理等。

通过虚拟建造整合，不仅可以实现铁路工程的清单算量、各专业协调、工艺模拟、施工交底的目的，也可以完成工艺工法、进度、质量、成本、安全等一系列实际建造过程的仿真模拟。提高设计阶段工作效率，更是提前对实体建造过程进行预判，做出对施工目标最有效的选择。

4. 施工阶段 BIM 协同应用

目前各施工单位都有独立的项目管理模式，该阶段的主要工作内容是实现安全质量管控、进度控制、成本控制等。应用 BIM 协同管理平台，在实施过程中对各项信息进行不断微调，其目标是对各个管理模块进行全面管控，统筹兼顾，基于 BIM 模型深化施工阶段应用。例如，进度管理模块需要包括形象进度信息、进度计划信息等应用，安全管理模块需要包括大型机械管理、危险源管理、风险源管理等应用，质量管理模块需要包括检验批资料管理、质量检查日志等信息，另外包括物资管理、成本管理等，这些数据都需要通过信息共享，辅助施工阶段的铁路工程建设管理工作。

8.3 设计阶段 BIM 协同应用

8.3.1 协同设计基本原理

1. 计算机支持的协同工作

计算机支持的协同工作（computer supported cooperative work，简称 CSCW）技术是一个计算机在群体工作（group work）中的角色独特的研究领域。一般认为，协同设计是指两个或者两个以上来自不同专业领域的设计主体（或专家），通过一定的信息交换和交互协同机制，分别完成各自的协作任务，以实现共同的设计目标。其本质在于：通过交换、共享关于产品设计的信息和知识，提高产品设计过程中决策的正确率，加速决策的过程，提高设计的效率。计算机支持的协同工作是地域分散的群体借助计算机及网络技术，共同协调与协作来完成一项任务，包括群体工作方式研究和支持群体工作的相关技术研究、应用系统的开发等工作。计算机支持的协同工作反映在多专业协同方面具有分布式、实时性、异构性与并行性，也具有多主体性和协作性等特点。

2. 计算机支持的协同设计

计算机支持的协同设计（computer supported cooperative design，简称 CSCD）是由计算机图形学、并行工程、多媒体技术、图像与图形通信和协作信息管理系统等多学科知识集成的系统技术。协同设计从根本上改变了传统的单机作业的设计方式，在分布式协同设计环境下，设计人员可以在设计过程中随时寻求合作，借助计算机辅助工具进行讨论和协商。在这个过程中，每个参与人员都能感受到其他用户的存在，并与他们进行不同程度的交互，实现信息共享与交换。

3. 计算机协同设计体系

1) 体系结构

利用计算机网络交互设计的协同设计体系直接影响设计效率，合理的体系结构可以为项目的顺利进展提供合适的计算和设计组织结构。一般将协同设计系统分为网格结构、联邦结构和面向主体的黑板结构三种主流结构。

网格结构是一个多主体并存的体系，每个主体都有各自独立但结构相同的模块。这种结构的优势是单独主体拥有完备的领域资源，并且包含了独立的通信接口和控制体系，因此这种结构适用于主体数量相对少、系统开放性较强等特性的协同设计环境（图 8.3.1-1）。

联邦结构与网络结构最大的不同是，主体间信息交换采用完全不同的方式。不同于网络结构中每个独立主体都拥有单独的通信接口与控制体系，联邦结构中的主体之间的通信依赖一个共同的类似神经中枢的特殊主体。主体间的信息交换、工作分解、管理等都依赖这个特殊主体。这种结构适用于主体之间直接相关性不强、主体数量大，信息交换频繁，子任务耦合程度高的协同设计环境（图 8.3.1-2）。

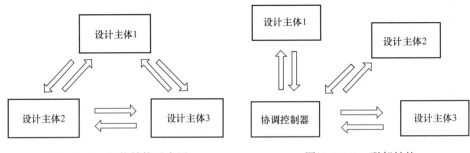

图 8.3.1-1　网格结构示意图　　　　　图 8.3.1-2　联邦结构

面向主体的黑板结构与联邦结构相似，主体间是依赖一个控制中心来协调和管理的。不同的是，对主体重新进行了分组，每个局域主体组中有一共享的称为黑板的数据存储区，用来存储设计数据和设计过程信息，主体间的物理通信是由网络管理器实现的，从而减小了控制中心的负担。某种程度上来说，面向主体的黑板结构是联邦结构与网络结构的折中方案（图 8.3.1-3）。

通常协同设计系统的体系结构由以下几个因素确定：系统的开放性；系统中的主体数量；子任务的耦合程度；多个主体是同构的、还是异构的。系统结构和管理是密切相关的。不合理的结构将直接影响主体的功能、增加系统管理的负担，导致无法提供好的协同支持。

2) 体系工作形式

协同设计过程中根据工作并行在时间和空间上的分布，可将其分为纵向协同和横向协同。纵向协同一般是指设计过程中

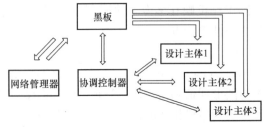

图 8.3.1-3　面向主体的黑板结构

不同设计环节的并行交叉和相互补偿监督，主要通过上序专业与下序专业的有效交流来实现；横向协同一般是指设计过程中同一设计环节的不同设计专业的设计活动的交叉，强调一个协同设计小组通过一定的规定来同步或异步地完成一个复杂的任务。两种协同在设计过程中的信息交互具有不同的特点：纵向协同侧重于不同专业针对同一设计元素的数据输入与输出，是一种数据依赖关系，比如桥梁专业的桥梁孔跨布置必须在线路专业开放线路资料之后完成，反过来跨越重要河流等控制因素所决定的桥式选择、孔跨布置也会影响线路选线决策，优化线路方案；横向设计主要受不同设计元素之间的数据和功能约束的限制，是一种数据约束关系，比如地质专业对于桥梁专业、隧道专业、路基专业的数据关联关系就是一种数据约束，当某个区域地质条件数据改变后，必须对该区域桥梁、隧道、路基的设计细节做出相应修改。

其中，纵向协同的数据交流是即时完成的，否则下序专业无法开展工作，但是横向协同的数据交流可以同步完成，也允许异步完成。辅助计算机提供的网络交互手段，可以根据交互合作方式和地域分布结构，将协同设计的工作形式分为以下四种。

（1）集中式同步协同：处在同一工作地点的群体在相同的时间区间里分工协作，完成共同的目标，最为直接的工作方式如会议、交谈。

（2）集中式异步协同：处在同一工作地点的群体在不同的时间区间里分工协作，完成共同的目标，典型的如轮流作业等。

（3）分布式同步协同：处在不同工作地点的群体在相同的时间区间里分工协作，完成共同的目标，典型的如视频会议、远程协作等。

（4）分布式异步协同：处在不同工作地点的群体在不同的时间区间里分工协作，完成共同的目标，典型的如电子邮件等。

相比于同步协同而言，异步协同是一种松散耦合的协同，多个协作者在平台上完成任务，通常不需要迅速地从其他协作者处得到反馈信息。而同步协同设计则是一种紧密耦合的协同工作，多个协作者在相同的时间内，通过共享工作空间进行设计活动，并且任何一个协作者都可以迅速地从其他协作者处得到反馈信息。从技术实现的角度来看，同步协同设计比异步协同设计的实现困难得多，这主要体现在它需要在网上实时传输产品模型和设计意图、有效地解决并发冲突、实现信息的即时交互。

8.3.2 铁路设计单位协同方式

1. 铁路设计单位传统设计模式

虽然设计行业早已完成了 CAD/CAE 技术的变革，但是计算机在设计过程中所扮演的角色还停留在辅助绘图、辅助分析的层次。尽管目前 BIM 技术被广泛应用，也只是对工程项目设施实体与功能特征信息的数字化表达。BIM 技术利用计算机软硬件设备的更新逐步形成完整的、有层次的信息系统，不仅包含描述工程主体构件的几何信息、物理信息、专业属性信息及状态信息，同时还包含了空间、时间、运动行为等非构件对象信息。

对于一个新项目某阶段的设计工作，一般是由总体下达、分发设计任务，召开各专业专家参加的方案评审会，各专业专家主要对方案中涉及本专业的可行性、安全性负责。在设计过程中，设计人员即使集中在同一办公区域，设计资料的收集、检索是由人工完成的。当某专业设计完成时，完成各级校审流程后，提交下序专业，信息传递是串行的。项目的参与人员和部门之间缺乏交流，项目中各专业在设计过程中的边界问题缺乏清晰的认识，上下序专业间发生冲突，使得设计成果不能很好地满足业主要求，造成一直重复设计、反复修改的现象。导致这些情况的主要原因是，设计过程是一个刚性序列，灵活性不够，未能有效利用计算机使数据互联互通，设计资料中信息交流不畅。更有甚者，当需要修改设计时，各专业从自身工作任务量出发，都不愿再为自己增加负担，相互推卸责任，都想让对方做出修改，最后往往还需要把问题提交上级或总工解决。尽管设计院有专门部门制定专业分工，但是项目中遇到的问题五花八门，如果没有一个良好的专业间协同机制，没有一个高效的协同系统，仅靠规章制度，难以应对复杂的实际问题。最终的结果有可能不是按照最利于工程实际修改设计，而是通过最易修改的专业来调整设计。也就是说，一个设计任务或项目的复杂性超出了一个人的工作能力，所涉及的学科、专业比较多，而一个人、一个部门所掌握的知识和信息有限，必须借助于各方的力量才能把项目或任务顺利完成，特别是随着需求多样化的发展，产品更新速度不断加快，设计院也必须尽快推出新的合作机制，协作更显得相当必要；再者，任何一个比较大的项目和工程都是分阶段按照一定的步骤完成的，组成各个阶段的工作任务之间存在着相互依赖的关系，一个工作任务的完成可能需要其他任务提供必要的信息，这使得承担这些任务的人员必须进行协同，由此引出协同设计的思想，实现设计信息的多维共享。

2. 协同设计需求分析

协同设计是针对群体的工作方式，是基于分解与分工、分解与组合的方法完成设计，总结归纳设计院协同设计系统应满足如下要求：

1）人员分工

铁路协同设计工作涉及专业多，技术难度大，往往不可能由某一个人独立完成，需要不同人员组成项目团队共同合作来完成。从两方面理解人员分工，一是来自不同部门、不同专业的人员之间的分工，如线路专业、桥梁专业、隧道专业、电力专业、通信专业等；另一方面是来自同一部门、同一专业人员之间的分工，如桥梁专业有负责上部结构的小组、负责下部结构的小组还有负责小桥涵的小组，如果需要小组又分成更小的小组。所以理解复杂项目中，每个参与人员只有一个或几个角色，只承担一部分任务。

2）任务分解

分解的目的是将一个复杂的任务分解成几个较简单的子任务，每一个任务小组承担一个或几个子任务。不同的角度对任务进行分解，可以按功能进行分解，也可以按结构进行分解。分解和分工相辅相成，两者是一个有机的整体。有分工必有分解，分解又是分工的前提。

3）系统装配

由于人员分工和任务分解，不同的设计主体在不同的地方完成不同的任务，因此，如何有效地将已完成的"分散"的子任务组合为一个整体也就成为协同设计需要考虑的重点问题。系统分层逐级装配使得项目成为一个功能完整的有机整体。装配的过程中组合必须通过克服一系列冲突，并最终从整体上来保证设计结果的一致性和正确性。

4）为设计主体服务

协同设计的多主体性使得整个设计过程中，会出现许多设计主体，同一个设计主体也可以作为不同的角色参与设计任务的完成。如何让所有的设计主体都能有效、方便地参与工作是协同设计系统必须重点考虑的问题。另外不同的设计主体有可能分布在不同地区，一个协同设计系统还应该考虑到如何将这些分布的主体连接在一起协同工作。

5）设计主体的层次性

由于工程项目分解在结构上的层次性，使得设计主体也呈现出明显的层次性。在一个项目团队中，有项目总体负责人，在各个任务小组又有相应的子任务负责人，每一个组内又有数个成员，因此，不同的设计人员由于任务分工的不同也产生了不同的层次。设计主体的层次结构对应工程项目分解后的层次结构，各成员之间也有严格的隶属关系。另外，通过计算机支持的协同系统，使工程的每个参与者都可以有自己的工作台、工作界面和工作环境。

6）权限管理

技术资料在参与者之间流转，每个参与者按照项目中所承担的责任而被赋予不同的角色，根据角色的不同获得的权限是服务于项目文件管理体系和技术资料校审流程的。因而合理分配权限，灵活调整权限，保证设计资料安全管理，是协同设计实施的基础配置。

7）版本管理

文档的版本管理是协同工作中的一项重要内容。由于设计过程是一个不断反复的过程，任何被正式提交的设计结果（在协同设计过程中，设计结果不仅指图纸，还包括各种说明文档）都可以被修改，修改一次就会产生新的版本，因此对协同设计而言，方便、有效的版本管理就显得非常重要。版本不仅记录了设计过程中设计思路、设计结果的变化情况，也保证了设计过程的可追溯性。

3. BIM 协同设计体系

工程项目在计算机支持的协同设计技术的数字化和网络化就是将工程项目的一切数据、信息、过程进行数字化，尤其是工程项目内部各专业、各部门间、本工程项目单位与其他项目单位间的协作和服务过程的数字化，体现在数字化工程项目活动空间和生命周期的各个阶段和方面。

在理想的网络化数字化的工程项目里，一切数据、信息与对象都是数字化的，无论是方案规划，还是设计过程、图形图像、施工工艺、成本数据、成果交付、运维管理等，也无论数据、信息、工程实体被细分到何种程度，都能以二元数码的形式在计算机及网络上通过各种存储、传递和处理系统进行高效的存储、转换、传递、分析、综合和应用；一切需要数字化模拟与仿真的过程，如设计表达、力学计算、模拟施工管理等方面，都可以迅速按照需要（如业主需求）在计算机及网络上进行数字化细分、重组、模拟与仿真；一切需要在工程项目内部各专业、各部门间、本工程项目单位与其他项目单位间的协作才能完成的流程、过程、业务、交付和服务，甚至是工程项目设计决策、企业经营决策、工程企业间的动态联盟，在数字化工程项目生命周期的各个阶段和方面，都可在计算机及网络进行动态生成、协调、资源共享。

目前国内关于"BIM 应用"的讨论与实践众多，但是大都将 BIM 软件应用认为 BIM 技术应用。企业购买"BIM 软件"、配套相关硬件，少则近百万，多则千万；个人参加"BIM 应用"培训少则几千元，多则几万元。其结果搞的大多不是 BIM 应用，而是软件应用。无论是对于个体来说的建模培训或是对于集体来说的软件采购，乃至对于社会来说模型难以得到充分利用，都是 BIM 技术在理论高速发展的同时，落地应用项目缺失的集中体现。BIM 技术自身并不能自动进行设计与施工，需要人才、技术以及工具的支持，更需要建立 BIM 协同体系，正确认识科学技术推动生产力发展的规律，合理规划 BIM 技术在工程项目上的应用。对于设计企业来说，建立 BIM 协同设计体系尤为重要。

起初，设计人员是为解决二维表达的局限从而衍生出来的三维图形图像技术，而所有的三维软件都是为完成建设项目过程中某一具体工作任务而开发的。在这个基础上，形成了离散的软件应用，用来解决项目全生命期中的某个具体任务，它本质上是以业务问题为中心，而不是以技术为中心，更不是以数据为中心。一线生产部门的设计人员通常是以应用软件能否符合技术标准和管理流程的前提下提高工作效率为首选原则的。所以一般而言，所选用的技术手段是针对业务的，所以通常不适用于数据交互。

软件集成的需求对于设计院来说是随着组织规模不断扩大和设计任务的不断加码而产生的，软件集成可以将完成某项工作的一组相关的应用程序组织起来在一个统一的操作环境下以综合一致和整体连贯的形态来进行工作。在这个过程中，软件服务商在软件集成方面也发挥了重要的作用。所以在软件的开发者和使用者的推动下，把多种软件的功能集成到一个软件里，或是把软件的各部分组合在一起，通过平台来集成各类软件操作，是目前比较普遍的"BIM"设计模式。

8.3.3　BIM 协同设计模式

1. 软件平台协同设计模式分析

传统的协同设计模式是以文件链接的形式存在的，这种模式沿用二维设计文件"参考"的思路，随着软件技术的革新，国内外协同平台软件开发了许多新的协同设计模式，归纳为前置的协同和后台的协同两类。

1）前置的协同（图 8.3.3-1）。

图 8.3.3-1　协同的中心文件

前置的协同是一种工作共享及工作集的合作模式，项目里的工程师同一时间在同一个模型（中心模型）的本地映射模型上进行合作。而工作集的划分完全基于项目里的人员分工，一个复杂项目的工作集和一个简单项目的工作集完全不一样。这样的协同模式是针对单体设计的，对于复杂工程多单体或者线性工程多工点来讲，其简便性就会大打折扣。因为大家在同一个单体上进行合作，同一个构件只需输入一次，避免了链接模式下的重复操作。并且你可以随时知道或者通知项目的最新修改，而不需要等着同事将新的模型发送给你，所以是一种更直接、更高效的合作模式。

所谓的管理前置，是指在项目最开始的时候就讨论决定中心文件，项目开始后不宜再修改中心文件配置。中心文件（Central File），工作共享项目的主项目模型。中心模型将存储项目中所有图元的当前所有权信息，并充当发布到该文件的所有修改内容的分发点。所有用户将保存各自的中心模型本地副本，在本地进行工作，然后与中心模型进行同步，以便其他用户可以看到他们的工作成果。在项目最开始时就需要讨论项目需要多少工作集，以及工作集和项目工程师如何匹配，原则是一个工程师可以管理多个工作集，但是一个工作集尽量不要被多个工程师管理。并建议由一个工程师为整个项目创建所有工作集，从而保证工作集的命名规则，管理规则得到顺利执行。

前置的协同中，参与者需要在完成设计内容的同时，进行设计文件与中心文件的同步、分离、备份与恢复等操作。利用工作集来分割中心文件，工作组成员在属于自己的工作集中进行设计工作，成员间相互借用属于他人构件图元的权限进行交叉设计，是一种即时同步的工作模式。

2）后台的协同。

后台的协同是为工程项目内容的管理提供一个集成的协同环境，精确管理各种 A/E/C（Architecture/Engineer/Construction）文件内容，并通过安全访问机制，使项目各个参与方在后台服务基础上协同工作。

不同于"中心文件"的协同方式，在这里当一个文件上传到后台后，即成为一个"文档"，本质上讲，它是数据库中的一条记录。文档包含关于文件的元数据，如文档综述。相关应用程序、文档状态、文件的导入日期和其他自定义属性等。文件本身是存储在后台的服务器上，而文档元数据存储在数据库中。在项目过程中，文档通常由其创建者传给团队中的必要成员。这涉及创建原文档的多个副本并将其分发给每位团队成员（图 8.3.3-2）。

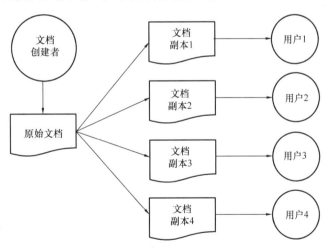

图 8.3.3-2 协同的文档

当团队成员想要编辑一个文档时，可以将其检出。检出文档时会将该文档的副本下载到您的工作目录。检出文档时，文档的数据库记录会加上相应的标记。当其他团队成员需要访问文件时，或所有工作均已完成后，会检入文档。团队成员随时都可以使刷新服务器副本，以便其他团队成员可以查看或参考最新版本。对文档的概念进行延伸，为各项目团队成员分配对各种文档的权限，且这些权限可能会在项目的不同阶段发生变化。而且，当文档经过项目生命周期的不同阶段时，用户对文档的权限可能会发生变化。管理员可根据具体项目定义适用的工作流。工作流可根据项目要求或详细或简单。工作流由"草稿"、"待批准"、"批准"和"废弃"等多种状态构成。访问控制通常会应用到每种状态，以确保项目参与者可以在工作流的相应状态下访问文档。工作流是双向的。文档可以前移，也可以后移。按需拥有单个文档的多个版本来处理文档生命周期，做到设计留痕。

后台的协同所管理的文件是广义的文件，不只是工程设计文件（如 DGN/DWG/光栅影像等）。广义的文件还包括：

（1）工程管理文件：设计标准、项目规范、进度信息、各类报表和日志等；

（2）工程资源文件：各种模板、专业的单元库、字体库、计算书等。

2. 从文件级协同到构件级协同

不论是前置的协同还是后台的协同，理论上都是软件服务商对于设计院协同设计工作的基础支持，他们大都是以文件的形式进行交换。真正利用模型和信息的主体是设计院，真正需要使 BIM 模型增值的单位也是设计院。不同于其他种类信息模型，BIM 是面向对象的。因此，要充分发挥其这一优势，就需要一个数据库系统来结构化存储、管理这些对象。系统存储的内容是面向对象的构件库，用于模型文件里面各专业构件的管理与协调。它允许构件的分区、分组、查询、更新、显示等不同行为。

文件级协同到构件级协同的深化，不仅优化了 BIM 数据的存储、应用，同时也拓展了 BIM 模型在工程不同阶段的传递的价值。采用统一标准分解 BIM 模型，并进行结构化存储形成中央数据库。项目各阶段模型各方都可以方便地从这个数据库中获取自己所需的模型信息，并结合自己的需求开展深化应用。大大降低 BIM 模型在项目全生命周期中传递过程中的信息冗余。

3. 协同设计行为

举例 ProjectWise 协同设计平台构建项目团队协作系统，为整个项目的内容管理、内容发布、设计审阅，乃至后期资产生命周期管理提供集成解决方案。在 ProjectWise 协同设计平台的辅助下，将数据层与操作层分离，收集分散的工程内容信息，并采用集中统一存储的方式，加强项目文件的可控制性和安全性。

通过工程内容目录结构映射更好地管理工程项目文件，即工程内容。目前工程项目中对工程内容管理的组织有多种方式，通常可以按照项目或者部门进行管理。但是在实际项目进行过程中，单一的文件组织管理方式往往带来诸多问题。在实际操作中，可以首先按照某种方式建立目录结构，这种方式建立的目录是物理存在的；然后按照另一种方式建立映射关系，这种方式建立的目录是逻辑映射。这样就把所管理的工程内容按照项目和按照部门两种管理方式展现出来，而其中的文件内容是唯一的（图 8.3.3-3）。

工程内容管理的过程中，在原有类似于 Windows 资源管理器的"文件/文件夹"的管理模式基础上，引入了新的管理对象——项目，项目本身具有属性信息和资源，可以包含子项目、目录、文件，保存的搜索以及组件索引信息等。项目模板使用户可以基于现有项目标准，定义目录结构、项目资源、访问权限控制等，快速建立新的项目。用户还可以按照项目的需要和项目特点制定项目共用的项目属性，用来标识该项目的特性。

设定用户访问文档的规则，采用用户级、对象级和功能级等三种方式进行控制。用户

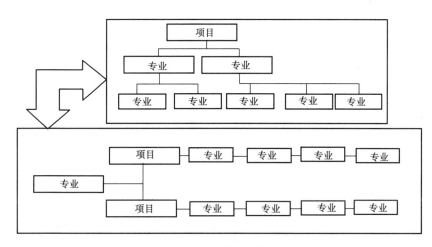

图 8.3.3-3 按照项目和按照部门两种管理方式

需要使用用户名称和密码登录系统，按照预先分配的权限，访问相应的目录和文件，这样保证了适当的人能够在适当的时间访问到适当的信息和适当的版本。

平台辅助行为是企业借助软件服务商提供的工具，搭建自身企业级 BIM 协同平台的过程，具体介绍一下三个方面的内容：

1. 对工作环境的集中管理

工作环境的管理是 BIM 协同设计的核心部分，用正确的工作环境打开正确的工作内容，保证在项目过程中，将一些设计的需求用同一套标准来完成，来提高工作效率和工作质量的重要步骤（图 8.3.3-4）。

首先要明确项目的参与者对于工作环境的需求。工作环境这个概念是针对单个用户的，不同的项目、不同的工点、不同的专业里面的参与者，需要的工作环境也不同。BIM 协同设计过程中，用户的需求可以分为两类：

1）二维需求

例如：标注样式、文字样式、图层、线型、符号、图框、图库等。

2）三维需求

构件类型，例如单元库、三维线型定

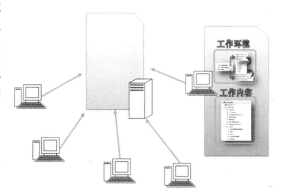

图 8.3.3-4 平台辅助管理工作环境

义等。

从技术的角度来讲，这些需求在平台上是对应相关的资源文件，在软件内是对应相关的变量信息，在个人计算机上是对应用户配置文件和项目配置文件。变量是保存在配置文件里，将平台服务器上的资源文件拷贝到本地即为配置文件。对于一个具体的变量是放在用户配置文件还是项目配置文件里，取决于该变量的作用范围和优先级。

工作环境是由一组配置文件来指向一组资源文件来定义的，同时工作环境具有层次性。所以，对于一个具体公司的工作环境，从目录结构上也可以反映出来。

工作环境托管原则上是根据用户以及文件的信息，在本地不需要任何设置，就可以是用户进去其专属的工作空间进行设计工作。当用户打开协同设计平台上的工作内容时，系统自动将工作环境也缓存到本地，如果协同设计上的工作环境更新，本地也会同步更新，原理如图 8.3.3-5 所示。

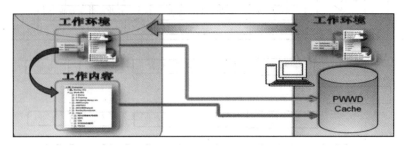

图 8.3.3-5　工作环境托管原理

2. 对工作流程的集中控制

工作流程控制系统采用关系型数据库管理系统保存工作流运行中的数据，如图 8.3.3-6所示，是系统数据库逻辑模型。

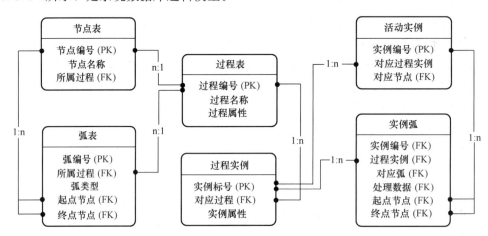

图 8.3.3-6　系统数据库逻辑模型

该模型给出了预先定义的过程模型和运行中的实例之间的对应关系。用户在操作界面上给一个节点或弧赋予属性并保存后就在数据库中的节点表或弧表中添加了一条记录。当系统初始化一个流程时，系统在数据库中读出流程所有的节点和弧，并根据它们的关系生成各种类实例和实例记录。

工作流程控制系统实质上是通过管理工作活动的顺序，调用与各个工作活动相关的用户或资源来实现设计内容流转的自动化。完善工作流程的控制可以作为企业资源的分配器，用来调度用户之间流转的文档。工作流程的执行由一个或多个工作流引擎组成（在分布情况下由多个工作流引擎组成），工作流引擎是企业完成设计任务时"业务操作系统"的内核，它提供了过程实例执行的运行环境。整个工作流程在工作流引擎的驱动下进行，工作流程的控制采用任务驱动机制，如图 8.3.3-7 所示。

工作流程是根据用户的企业业务规程来定义的，主要定义了用户的工作流程和流程中

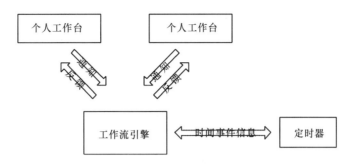

图 8.3.3-7 工作流运行机理图

的各个状态，并且赋予用户在各个状态的访问权限，包括设校审流程、提资流程和会签流程。当使用工作流程时，文件可以在各个状态之间串行流动到某个状态，在这个状态具有权限的人员就可以访问文件内容。通过工作流的管理，可以更加规范设计工作流程，保证各状态的安全访问。并且可以随之生成相应的校审单。其中包括流程中各步骤的审批意见、历史记录和错误率、工作量的统计等（图 8.3.3-8）。

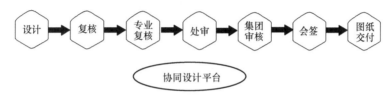

图 8.3.3-8 平台定义工作流的管理

各类工作流的具体实施都需要基于用户权限分配及工作流环境配置的基础上进行，其余各种工作流的实现只是在此基础上，根据需求进行环境配置上细节部分的调整。

1）用户权限及工作环境配置

（1）创建协同平台用户。

（2）定义用户组和角色。

（3）访问控制权设定。

（4）随工作流的人员权限流转。

2）提资流程（图 8.3.3-9）

3）设校审流程（图 8.3.3-10）

4）会签流程

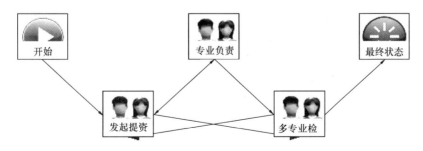

图 8.3.3-9 提资流程在 PW 管理员端的设置简图

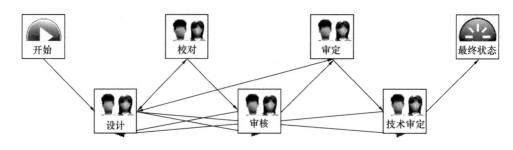

图 8.3.3-10　互提流程在 PW 管理员端的设置简图

与设校审流程类似，只不过在发起流程时需要选择会签的专业和人员。校核结束后会自动发起文档的会签流程。

8.3.4　协同权限管理

BIM 协同设计平台权限管理把权限分为两个部分：系统权限和项目权限。系统权限是为了系统安全顺利运行和对用户进行管理而设定的角色权限；项目权限则是为了完成协同设计工作和对数据的安全访问而设定的角色权限。由于用户的权限是和用户的角色相对应，因此我们也设定了相应用户角色。系统管理员、基础库维护员和一般用户为用户系统角色；项目负责人、工点负责人、专业负责人、专业设计人员等为用户项目角色。

项目权限的管理是先将用户分组，然后将该分组与文件（或文件夹）的访问控制权分组相对应。用户与用户分组由具备系统权限的管理员进行分配，可以指定一个或多个用户为特定用户分组的所有者。用户分组的所有者不需要系统权限就可以管理该组内用户成员关系。所以，只有所有者或管理员才能修改用户分组的成员关系或查看成员。这样的机制说明，一个用户可以是多个组的所有者；每个组也可以有多个所有者；一个组的所有者可以不是该组的成员。

将用户分组的本质是将具有相同访问需求的用户分在一组。平台为某个用户或某个用户分组设置的项目权限是针对不同文件夹和文件的。文件夹权限如表 8.3.4-1 所示。

文件夹权限表

表 8.3.4-1

文件夹权限	含义
Full control	全权，拥有下面所有权限
Change permissions	可修改权限（自己或他人）
Create subfolders	创建子目录
Delete	删除目录
Write	可修改目录
Read	能看到，能进入目录
No access	无权限，看不到目录

文件夹权限作用方式如图 8.3.4-2 所示。

1）具有"完全控制"权限时，用户可执行所有文件夹功能。

2）具有"更改"权限时，用户可更改文件夹权限。

3）具有"创建子文件夹"权限时，用户可创建子文件夹。

4）具有"删除"权限时，用户可删除文件夹。

5）具有"读"权限时，文件夹可见。

6）具有"写"权限时，用户可修改文件夹特性。

7）具有"更改工作流状态"权限时，对于用户设置"文档 => 更改状态"为开启状态（默认情况下）的用户，他们可更改文档的状态。

图 8.3.4-2 文件夹权限

8）为"无访问权限"时，用户对文件夹没有访问权限。

文件权限如表 8.3.4-2 所示。

文件权限表   表 8.3.4-2

文档权限	含义
Full control	全权，拥有下面所有权限
Change permissions	可修改权限（自己或他人）
Delete	删除文件
File Write	可打开文件修改内容
File Read	可打开文件看内容
Change Workflow State	可更改工作流状态
Free	释放锁定状态
Write	可修改文件信息
Read	能看文件，查看信息
No access	无权限，看不到该文件

文件权限与文件夹权限基本相同。这些权限具体包括完全控制、更改权限、删除、读、写和无访问权限。不过，还有另外两种权限。

（1）文件读：用户可以只读模式打开与文档相关联的文件。可复制出文档，但无法将其检出。

（2）文件写：用户可修改与文档相关联的文件。可检出文档、更改文档以及重新检入文档。

具有常规"读"权限的用户，可在平台上查看文档，并在"特性"对话框中查看其特性，但这些用户无法查看文件的内容；对于具有常规"写"权限的用户，可在平台上查看文档，并在"特性"对话框中修改其特性，但这些用户无法修改文件的内容；具有"文件读"权限的用户，可在平台上查看文档，并在"特性"对话框中查看其特性，这些用户也可以用只读方式打开文件；具有"文件写"权限的用户，可在平台上查看文档，并在"特性"对话框中查看其特性。这些用户也可以打开文件并修改其内容（图 8.3.4-3）。

在项目、阶段、标段对应的各个文件夹中，分别设置项目负责人和标段负责人（逻辑

⇥	完全控制	⬆	更改工作流状态
✎	更改权限	⬒	文件读
📁	创建新文件	⬓	文件写
✗	删除	⬔	释放
📖	读	⊘	无权限访问
✏	写		

图 8.3.4-3　文件权限

上没有阶段负责人的概念）。这类文件夹的访问控制只是针对项目/标段负责人的（图 8.3.4-4）。

工点/专业负责人的权限。

专业目录文件夹及其文件的访问控制中，也是设定负责人管理。他的指责与工点目录的工点负责人类似，也是假定某工点的专业负责人最熟悉该工点内他所属专业的设计内容。

在设计过程中设定文件和文件夹的访问控制，主要是为了配合工作流的展开。在专业目录和卷册目录两个层级中，针对某一个具体的设计任务可以分三种角色——设计岗位、复核岗位和其他审核岗位。设计与复核分别对应一个或几个设计者、复核者，其他审核岗位包括专业审核、院审核、院审定、总体审核、集团审定所对应一个或几个用户。他们的权限分配如下（图 8.3.4-5～图 8.3.4-7）。

图 8.3.4-4　项目/标段负责人的权限

图 8.3.4-5　设计岗位的权限

图 8.3.4-6　复核岗位的权限　　　　图 8.3.4-7　其他审核岗位的权限

8.4 虚拟建造阶段 BIM 协同应用

虚拟建造简称 VC，是英文 Virtual Construction 的缩写。根据铁路工程的建设流程，结合 BIM 技术的应用价值，在设计阶段与施工阶段之间引入虚拟建造阶段的 BIM 协同应用，用于设计与施工的衔接，做到"先试后建"，提高铁路工程的设计、施工管理效率。

虚拟设计与施工技术（Virtual Design Construction，简称 VDC），是虚拟建造阶段的重要体现。

虚拟建造阶段主要以施工单位、设计单位、BIM 咨询单位作为协同对象，通过虚拟设计与施工技术，在 BIM 模型基础上，对进行方案的结构、成本、方案等各项因素分析，将原方案进行深化设计、出具图纸分析报告，使站房、站场等设计达到舒适美观、节能环保、安全可靠的目的，进而为项目决策、风险分析提供依据。以下针对 VDC 在铁路工程不同建设阶段的协同应用，以及在不同阶段所产生的价值做详细分析，即深化设计方案、优化施工过程、优化施工资源配置等。

虚拟建造阶段的 BIM 协同应用是铁路工程在全生命周期建设过程中的重要一环，在设计协同与施工协同之间起着承上启下的作用，主要表现在：首先，通过协同深化设计方案，解决在设计阶段遗留的设计方案问题，减少对现场施工造成返工、工程变更等；其次，通过 VDC 技术，协同优化施工方案将施工过程提前预演，尽最大可能实现"零碰撞、零冲突、零返工"，从而降低返工造成的资源浪费、成本及安全问题；再次，利用 5D 虚拟协同优化施工资源配置，优化施工过程的劳动力、材料、设备的资源配置，达到合理优化施工组织的目的。

8.4.1 协同深化设计方案

完善的设计方案是建设项目顺利实施的前提和保证，未经优化的设计方案不仅浪费资源，而且会显著增加施工以及返工成本，并且严重影响现场的施工进度，这也是铁路工程经常出现工期延迟的主要原因之一。例如铁路的站房工程由建筑、结构、给水排水、暖通、电气化等专业组成，通常，整个工程的设计由多个专业共同参与完成。进入施工阶段后，将由各专业的构件组合在一起形成工程实体时，经常出现结构的碰撞或冲突问题，例如风管与给水管的冲突等。另外，设计方案的可施工性差是工程设计中的另一个重要问题。特别是对于复杂的站房项目，经常出现施工方案不可行的问题，这同样增加返工量，影响施工进度。究其主要原因，就是缺乏一个有效的协同工作平台，即建设方、设计方、施工方在设计阶段不能有效地沟通与协作，同时在二维图纸环境下很难在施工前对设计方案进行检测与分析。BIM 技术为此提供了一个有效的平台，用于设计阶段的深化工作。

采用虚拟设计与施工技术优化设计，是在建立全专业 BIM 模型的基础上，包括建筑、结构、给水排水、暖通、电气化等。基于建立的 BIM 模型，进行设计检测、协同修改。设计检测可根据需要设定相关参数，确定检测范围，从而检测设计冲突问题、可施工性问题。检测到设计问题后，相关各方基于平台和 BIM 模型出具图纸分析报告，及时进行分析与沟通，辅助设计方案决策，从而及时、有效地解决图纸问题，整个流程依据"设计—

深化—设计"的循环过程，直至在施工之前解决所有设计问题，形成最终的 BIM 成果，包括施工图模型、工程量统计、优化后的管线综合模型、性能分析等，进而消除返工成本、减少施工时间。大体的协同工作流程如图 8.4.1-1 所示。

8.4.2　协同优化施工方案

铁路工程的顺利施工是在有效的施工组织设计指导下开展，由于铁路项目的投资金额大、涉及专业多，面对庞大且复杂的项目，单纯地依靠 2D 图纸及技术人员的工程经验，很难形成完美的施工方案。在设计深化后的 BIM 模型中融入仿真技术，以此来评估和优化施工过程，以便于高效快速地评价不同的施工方案，最终确定施工方案地合理性、可行性。

以邻近营业线的纵向悬臂墩钢纵梁吊装施工为例，施工方案一计划采用两台吊车分别吊装左右两根钢纵梁，通过 BIM 虚拟仿真

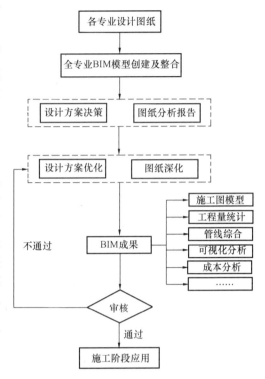

图 8.4.1-1　深化设计协同工作流程

提前演示吊装过程，发现钢纵梁旋转就位过程中存在与吊车碰撞的风险，如图 8.4.2-1 所示。

图 8.4.2-1　原钢纵梁吊装施工方案

施工单位、BIM 咨询单位协同工作，基于 BIM 技术再次分析营业线与桥梁之间的空间位置关系后，优化施工方案，制定了将一侧钢纵梁分为两部分，两台吊车同时吊装一侧的两根钢纵梁，就位后再作拼装的施工工序（图 8.4.2-2），有效解决了钢纵梁碰撞问题，保障了邻近营业线的施工安全问题。

人工配合吊车垂直下降　　　　　　　　保证起吊平稳

图 8.4.2-2　优化后钢纵梁吊装方案

通过以上案例可以清晰地看到，基于建立的 BIM 模型，采用虚拟建造技术可模拟和分析相关施工方案。整个模拟过程包括施工工序、大型机械设备使用、资源配置等。通过模拟，可发现不合理的工序交叉、设备冲突、资源配置不合理、安全隐患、作业空间不充足等问题。通过及时更新施工方案，以解决方案不合理之处，施工方案优化也是一个重复的过程，即"制定方案－仿真模拟－优化方案"，直到完成一个可行的施工方案，尽最大可能实现"零碰撞、零冲突、零返工"，从而降低返工造成的资源浪费、成本及安全问题。大体的协同工作流程如图 8.4.2-3 所示。

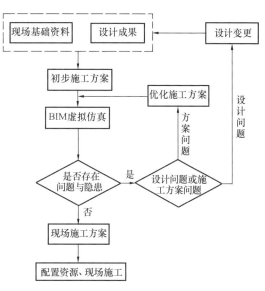

图 8.4.2-3　优化施工方案协同工作流程

8.4.3　协同优化施工资源配置

在铁路工程的指导性施工组织设计方案确定后，整个项目的总工期、征地拆迁计划、管线迁改计划、施工物资供应计划、控制工程及重难点工程的施工方案、资源配置方案等目标基本确定。由于铁路项目作为民生工程，存在工期紧、质量要求高的要求，需要从成本、工期、质量、安全、环保等多要素的角度考虑。

基于 BIM 协同管理平台，将 BIM 模型的构件进行快速算量，然后进行时间与成本的关联，便于多方案可视化比选，预测现金流以及制定采购计划等。在实体施工前先进行项目全生命周期的 5D 模拟建造，用优化的方案指导实体建造，从而减少变更与成本，提高效率和综合收益。在实体建造阶段，通过协同项目各参与方搭配平台智能化工作流，实现各参与方在平台上进行无缝协作，可视化项目进度管控，进度管控智能预警，采购分包阶段全流程管理以及招投标全流程管理等。形成的 5D 虚拟，如图 8.4.3-1 所示。

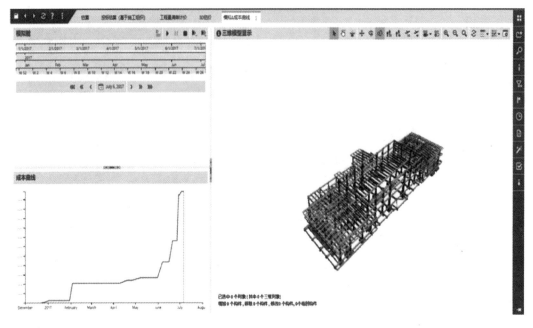

图 8.4.3-1　某站房项目的 BIM 5D 模拟

如图 8.4.3-1 所示，展示的是某高铁站房的 BIM 5D 模拟，在完成 BIM 模型的平台导入后，进入计价模块，对模型构件计算生成的工程子目，挂接平台内置的地方计价定额，然后在施工前期，利用进度计划模块，录入多版本进度，可以实现多方案比选，选出最佳进度实施方案，利用平衡作业线图，提前解决施工交叉作业的情况，最终完成模型、成本、进度的挂接，实现 5D 虚拟建造。虚拟建造完成后，平台还可以用于指导、对比实体建造，实时监控施工效果，达到精益建造的目的。

5D 模拟应从施工开始一直持续到施工结束，贯穿整个施工过程。通过定期比对实际完成工程进度与预期进度，根据现场实际情况的反馈，调整后续的施工安排，并重新进行施工模拟，同时将下一阶段的施工过程通过可视化成果展现用来培训工人指导施工。通过定期的检查与调整，及时发现偏差并做出修正，使得整个施工过程处于可控状态，同时可以根据已有的施工经验优化改善后续施工，增强施工管理的精确性。整个过程可以实时反映施工过程中的各种原材料、机械设备等资源使用状况，增强施工风险抵抗能力，达到项目的可控性，并降低成本、缩短工期，增强施工过程中的决策、优化与控制能力。得到优化后的桥梁下部结构、架梁、隧道工程、路基工程、复杂桥、无砟轨道、铺轨工程、四电工程、站场房屋等工程的施工进度计划，辅助制定实施性施工组织。

8.5　施工阶段 BIM 协同应用

铁路工程施工协同平台的构建是一项复杂的系统工程，是铁路工程全生命周期协同管理的一部分。以建筑信息模型（BIM）为基础，以施工协同平台为核心，以符合铁路工程建设流程为导向，集成信息门户、流程审批、进度管理、质量管理、安全管理、成本管理、资源配置等管理要素和功能，使得铁路局、建设单位、施工单位、监理单位、设计单位等参与方通过终端设备，在各应用模块中开展项目管理工作，实现对铁路工程各利益相关者的全要素协同管理。

施工阶段主要以建设单位、施工单位、监理单位、设计单位、BIM 咨询单位作为协同对象，依托 BIM 协同管理平台开展施工协同工作。

协同过程中，主要以信息化技术为基础，应用 BIM 技术，形成完善的施工协同工作体系，用于规范化、流程化的项目管理。通过精细化的进度管理、成本管理、质量管理、安全管理，提高项目的管理运营效率。物联网、云计算、大数据、人工智能等新技术的出现为铁路工程协同管理、集成管理提供了可行性，未来将会有更多创新应用投入到铁路工程的建设管理中，推动智能铁路的建设。

施工协同平台的功能模块应具有信息门户、流程审批、进度、质量、安全、成本、资源配置、数据集成等，下文以中铁工程设计咨询集团有限公司自主开发的施工协同平台为例，做简单介绍（图 8.5.1-1）。

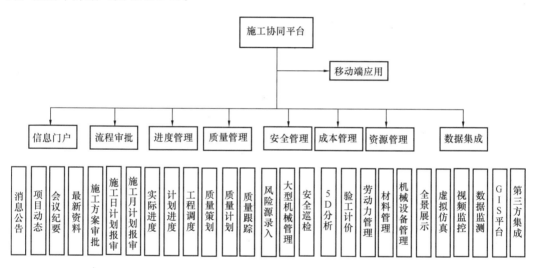

图 8.5.1-1　施工协同平台主要功能模块

8.5.1　信息门户

由于铁路建设工程的特点是线长面广，系统实施涉及众多的参与方，而且管理模式也存在一定差异，该部分应针对不同的参与方，设置不同的视角提取和展现项目统计信息，不同角色的用户登录后，可以方便地知道并处理自己的相关事项，包括公告、任务、文档（提出、接收、设校审）、流程消息、预警、问题、报表，同时可根据个人设置不同的个性化仪表盘。

8.5.2　流程审批

铁路建设项目是一个复杂的工程项目，涉及多专业、多部门协同工作，管理流程复杂，通过将管理流程以数字化的形式嵌入到平台中，在平台中实现各环节的审批，将有效提高项目管理效率。例如，在铁路营业线施工管理过程中，结合铁路工程建设项目的组织机构和管理流程，将施工方案报审等流程开发至协同平台中。

8.5.3　进度管理

在铁路工程建设中，进度控制是项目管理的重点，需要将项目的各个阶段和先后顺序进行统筹规划和协调。

在现场施工开始前，将施工阶段 BIM 模型导入施工协同平台，通过将铁路建设项目的计划进度、成本与 BIM 模型挂接。由施工单位实时录入现场的进度计划，通过对比计划进度与实际进度，在平台中清晰地掌握现场的计划进度、关键节点；现场开始施工后，在平台中及时进行计划反馈，基于平台中的 BIM 模型数据分析，以可视化的方式展示现场施工进度。例如，不同颜色显示不同构件的施工进度状态，红色表示滞后、绿色表示已完成。以某高铁的跨营业线施工桥梁为例，模型中绿色（本书为▨）表示按计划进度施工完成；黄色（本书为▩表示较计划进度滞后完成；红色（本书为灰色）表示正在施工，较计划进度滞后；蓝色（本书为▧）表示暂未施工（图 8.5.3-1）。

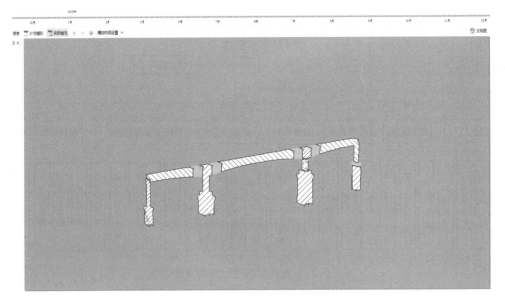

图 8.5.3-1　基于 BIM 模型的进度管理

基于 BIM 的分析数据可以为建设单位、施工单位按照制定计划、监控实施、及时优化施工组织提供依据，合理配置和充分利用人工、材料、机械、环境等资源，达到在预定的工期内以最优的时间和资源消耗完成工程建设目标，进而实现对工程建设全过程进行进度控制。

8.5.4　质量管理

铁路工程建设管理的质量过程控制是依据国家和铁路主管部门有关工程质量管理政策和法规、技术标准、规范、规程和验收标准等，辅助建设单位对铁路建设工程项目进行全过程、全方位、全员参与的全面质量管理。质量过程控制的结果直接影响工程进度的顺利进行，进而引发项目投资的亏损与盈利，由此可能导致的工程项目计划调整、变更又会对当前的项目质量、进度、投资、安全等过程控制产生连锁影响。

该模块可实现质量检验计划与 BIM 模型中的构件关联；按质量分部、分项、检验批策划质量进度计划；在模型中实时提醒、反馈验收结果，填写验收情况、上传相关照片；利用移动终端采集现场数据并进行质量缺陷反馈，与 BIM 模型即时关联后，自动生成二维码，通过应用手机 app 查看质量问题，方便施工中、竣工后的质量缺陷等数据的统计管理（图 8.5.4-1）。

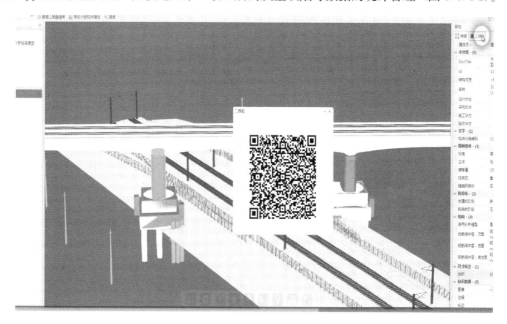

图 8.5.4-1　基于 BIM 模型的质量管理

8.5.5 安全管理

安全管理重在事前控制，在铁路工程项目实施过程中组织安全生产、场地与设施管理实施安全状态控制，用现代安全管理原理、方法和手段，分析和研究各种不安全因素，预先排除工程建设过程内外的不安全因素和行为，从技术上、组织上和管理上保证工程结构和人员生命的安全性而进行的一系列过程控制活动，防止事故的发生。

该模块，一方面，支持现场基于移动端进行安全检查，并进行检查评分，可针对检查点发起安全问题等，根据安全检查标准进行安全检查的汇总评分；一方面，将铁路局、建设单位重点关注的风险源录入及查询，大型机械管理问题录入平台，实现安全管理可追溯。

8.5.6 成本管理

铁路工程项目的成本管理是在批准的工程概算内完成工程项目建设。换言之，就是在与进度、质量、安全等其他控制目标协同的基础上，为提高工程建设投资效益和资金使用效率，采用科学方法，确保实现投资和成本控制目标进行的一系列过程控制活动。

该模块，可通过将铁路以及地方工程定额库嵌入到平台中，根据铁路工程的工程量计算规则，对 BIM 模型进行算量、计价，结合进度计划实现 5D 分析，为验工计价提供数据支撑。同时，可将多个类似项目的总投资对比，人料机所占比例，用作成本分析。

8.5.7　资源管理

铁路工程存在建设规模大、工期长、投资金额大等特点，使得铁路工程建设过程中劳务用工多、物资设备消耗大、涉及品种多，同时结合铁路工程建设地点分散、点多线长的特点，从而增加了资源配置管理的难度。

劳动力管理方面。利于信息化手段，从最基本的劳务人员管理入手，对工程建设项目施工现场劳务作业人员实行有效身份实名管理，高效开展铁路建设劳动力管理。

材料、机械设备管理方面。通过将采购申请、采购订货、进料检验、仓库收料、采购退货、购货发票处理、供应商管理、价格及供货信息管理、订单管理，以及质量检验管理等流程内置于平台中，综合运用平台对采购物流和资金流的全部过程进行有效的双向控制和跟踪，实现完善的材料设备供应信息管理。

8.5.8　数据集成

随着信息技术的发展及 BIM 概念的不断拓展，越来越多的技术融入铁路工程建设中，如物联网、GIS、无人机、VR 与 AR 技术等。因此，平台除了满足设计协同、施工协同的基础功能外，需要具备将信息化的新技术结合到平台中，辅助铁路工程的施工管理。现阶段，平台已完成无人机的航拍全景、施工重难点的虚拟仿真、施工监控、数据监测等模块的部署，辅助现场施工管理。

8.5.9　数字化大屏

为了更好地服务项目，平台还可以定制化大屏的服务，整合各类数据资源，实现项目的协同指挥，包括定制化报表、监控区域信息、项目信息、现场监控区域、数据分析区等，如图 8.5.9-1 所示。

数字化大屏中的每个模块，都可以根据业主的需求做个性化配置，数据源在平台数据

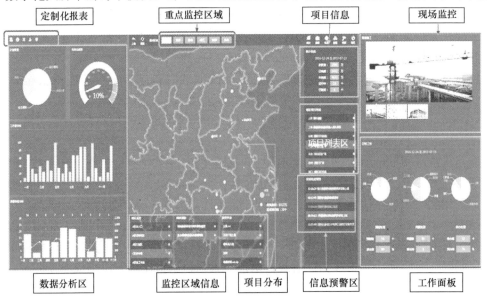

图 8.5.9-1　基于平台的数字化大屏

库中提取，并与数据库中的数据保持同步。

8.5.10　移动端应用

　　基于 BIM 协同管理平台的施工协同应用需要具备随时随地实时管理的功能，不仅可以通过应用移动终端（智能手机、平板电脑等）处理日常办公所需的信息查阅、流程审批等业务，达到及时决策、轻松管控项目的目的。

　　现场施工层面，支持移动端采集现场数据，建立现场质量缺陷、安全风险、文明施工、施工进度等数据资料，与 BIM 模型关联，方便施工中、竣工后的质量缺陷等数据的统计管理，查阅总控功能生成的分析报表及现场实时监控，实现信息协同共享，提高各方的沟通效率。

第9章 铁路工程 BIM 技术应用趋势

建筑信息模型是对工程项目信息的数字化表达，它代表了现代科技在工程建设中应用的新方向，随着 BIM 技术的发展与信息化手段的完善，BIM 的应用还将不断扩展，彻底改变工程项目规划、设计、施工和运维管理方式。本章概述 BIM 技术在铁路工程运维阶段的运用趋势，介绍 BIM 与物联网技术、大数据技术、增强/虚拟/混合现实技术、3D 打印技术的结合应用，旨在为铁路工程 BIM 应用提供新的思路，使铁路工程信息化发展进入一个崭新的阶段。

9.1 铁路工程 BIM 运维管理

铁路工程作为重要的基础设施,涉及领域广,专业内容繁杂,其运维阶段需要消耗更多的资源。在中国铁路亮眼的成绩背后,高强度的建设环境也给铁路运维管理工作提出了越来越高的要求,利用新兴信息化手段与管理方式适应现代化铁路的运维管理工作,促进铁路工程从传统孤立状态下、依靠经验计划的运维管理逐步走向综合、智能化的运维模式。结合工民建运维经验和铁路运营需求,本节以铁路站房工程为基础,探究铁路行业基于 BIM 技术的运维管理,旨在为铁路工程落地实施 BIM 运维提供新的思路。本章中提及的铁路 BIM 运维从技术上来讲是可以实施的,但仍需结合实际情况有针对性地进行应用。

9.1.1 铁路站房 BIM 运维管理概述

不同于其他大型公共建筑,铁路站房工程运行时间较长,涉及专业较多,需要投入更多的人力、物力进行其运维管理工作。大量的人员流动、密集的车辆到发、多部门的协调工作,都加大了站房工程的运维管理难度。为了制定可行的运维计划,运维管理部门要对各项信息有全面的掌握,时时注意站房的运行状态,对任何问题都能做到及时响应。以站房外墙装饰材料工作为例,运维人员不仅需要关注站房自身的装饰进度质量,在靠近铁路营业线部位施工前,需要协调供电段提前将接触网断电,与此同时,接触网断电又会影响到相应的铁道线路的接发车,这又需要同时和车务段进行协调。一旦需要更改站内接发车线路,很有可能引起整个区段内列车运行计划的变更,需要铁路行车调度部门对列车运行计划进行重新规划。即使是单一的运维项目也需要大量的协调工作,这是铁路站房运维工作的重要特点。

在铁路站房运维管理中引入 BIM 技术,不仅可以满足运维部门的各项需求,减少运营维护成本,还能实现运维信息的可视化和数据信息的交互共享,提高信息的准确性、即时性,为各利益相关方提供一个便捷的信息交互和协同管理平台,从而提高站房运维管理的质量和效率。通过 BIM 模型及其附加的各类信息,实现站房工程运维需求:空间管理、设施管理、能耗分析、隐蔽工程管理、应急管理等,有效提高站房运维管理工作的效率和水平。

基于 BIM 技术的运维管理应具有模型管理与信息管理两大功能,BIM 运维管理系统依据框架层次和功能差异,通过确定工作平台与工作界面,细化模型中与技术资料、运营数据等关联的问题,以保证信息的全面性和实用性,同时对各项系统层次实现信息化、网终化的管理功能,实现多方面信息的数据共享,多角度的数据分析统计,为运维工作提供决策支持。运维管理中应用 BIM 的技术路线如图 9.1.1-1 所示。

利用 BIM 技术可以实现整个运维期内相关运维信息的存储、交互和共享,为运维管理工作提供信息支持。为了避免出现传统运维管理软件中存在的信息孤岛,更好地发掘运维信息的潜在使用价值,实现运维管理过程中的信息协同,提升站房运维管理的质量和效率。

数据共享层的主体是 BIM 运维数据库,运维数据库应包括深化设计和施工交付的相

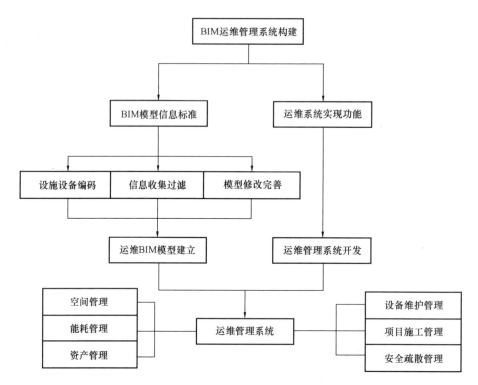

图 9.1.1-1　基于 BIM 的运维管理应用框架

关信息，以及各类设备在运维期内产生的状态、属性和过程信息，这些运维数据信息通过 BIM 数据库统一进行存储、读取和管理。数据共享层的目标是实现运维数据的集成和共享。数据共享层的模块分类如表 9.1.1-1 所示。

数据共享层的模块分类　　　　　　　　　　表 9.1.1-1

数据共享层	模块说明
BIM 模型	存储、调取建筑结构、位置、属性等信息
设计、施工信息	设计图纸、设计变更、施工日志
运维信息	运维过程中产生的各类信息

系统应用层建立在数据共享层的基础上，系统应用层是各专业子系统的集成，反应了运维管理的不同应用需求，其中包括设备管理、日常管理、应急管理、空间管理和资产管理等。系统应用层的目的是面向不同的运维应用需求，提供相对应的运维管理应用。系统应用层的模块分类如表 9.1.1-2 所示。

系统应用层的模块分类　　　　　　　　　　表 9.1.1-2

系统应用层	模块说明
空间管理	空间定位、空间规划
能耗管理	运行参数、能耗监测数据等
日常管理	台账与信息档案管理，设备运行记录档案、故障记录档案等信息
应急管理	应急处置、应急模拟、预案制定

最上层的是客户端，其目的是允许不同权限的运维人员、管理人员或者利益相关方查看对应级别的数据信息或进行不同级别的管理操作。客户端的模块分类如表 9.1.1-3 所示。

客户端的模块分类   表 9.1.1-3

客户端	模块说明
运维人员	查询、上传运维数据，接收指令
管理人员	运维模型数据维护更新，平台权限管理，发布运维指令
利益相关方	发送请求，查询数据

运维数据的集成和共享是 BIM 数据库最重要的功能。实现运维数据继承和共享的前提是不同专业运维管理软件所使用的不同格式的数据之间能够实现转换（图 9.1.1-2）。

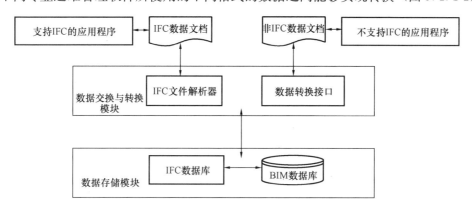

图 9.1.1-2 基于 IFC 的 BIM 数据集成平台架构

9.1.2 铁路站房 BIM 运维管理应用趋势

铁路站房工程 BIM 运维首先应从 BIM 运维模型出发。运维模型实质上就是对竣工模型的进一步深化，以竣工模型为基础，按照运维需求进行模型整理，并录入运维信息，得到我们所需要的运维模型，为后续 BIM 运维平台工作的顺利开展提供基础保障。以铁路沉降监测系统为例，需要将铁路相关线路、路基、轨道模型、GIS 模型合并，轻量化处理，补充相关信息，再统一录入 BIM 运维模型，作为整个运维基础。

运维模型除了可以满足三维可视化效果，更重要的是其作为运维阶段数据载体的功能。BIM 运维模型中的数据有两方面的来源，一方面是在模型自身中存储的属性信息，另一方面是通过后续搭建的运维平台存储在其数据库中，这些数据与运维效果息息相关。最终通过 BIM 运维平台整合 BIM 运维模型及各阶段数据信息进行铁路站房的运营维护管理（图 9.1.2-1）。

1. 空间管理

利用 BIM 技术建立的可视化三维模型，所有数据和信息都可以从模型中获取和调用，把传统管理模式下的编号或文字表示变成三维图形位置，直观形象且方便查找。

运维人员可以根据工作需要查询建筑空间不同属性的信息，例如某楼层有哪些房

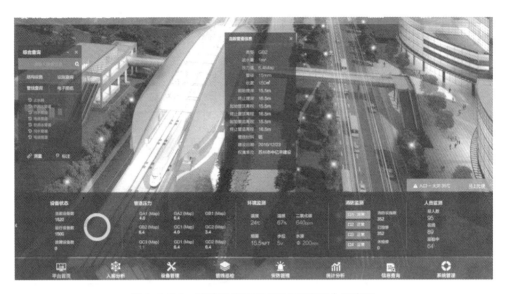

图 9.1.2-1　铁路站房工程 BIM 运维平台示意图

间、建筑或使用面积、使用性质、使用单位等信息，BIM 会在模型中显示出相应的空间区域，同时生成相应的表单。在 BIM 运维模型中，所有相关信息都具有可控制的关联性，当空间布局发生调整或者变动时，其他相关的数据都会及时发生变化，提高数据的准确性与信息的完整性。同时还可以将人员无法到达的空间在三维立体模型进行任意角度的旋转和任意部位的剖切。当需要对站房内部空间进行调整时，BIM 可以帮助运维人员直观查看当前站内空间的布局情况，以及以空间内部的设备状况，节约大量的人力资源和时间成本。

2. 能耗管理

能耗管理是铁路站房运维的重要工作，直接影响着站房的运营成本。运用 BIM 可持续分析软件，对构筑物进行能源消耗、资源消耗、环境影响等分析，提高运维人员工作效率，实现工程的综合能耗分析和评估。还可在计算机上对建筑物的能耗等进行模拟仿真，得到直观的图形结果输出，进而为改进设计方案提供方便。基于信息化监测手段收集到的数据，铁路站房 BIM 运维平台可在能耗分析模块中生成各项能耗月统计值、能耗结构图、逐月能耗趋势图等，并将具体对比数值反映到 BIM 模型中，通过点击模型即可查看详细数据信息，通过自定义导出字段设置，将统计分析后的数据进行导出，协助技术人员拟定节能计划和节能方案。如图 9.1.2-2、图 9.1.2-3 所示，为某一南方地区高铁站房能耗分析数据图。

运维管理平台能耗分析流程如图 9.1.2-4 所示。依靠从 BIM 数据库中获取的与站房能耗控制要求相关联的约束性条件，以及对站房内设备能耗情况的仿真模拟，设定站房能源管理的初始策略。在运维管理过程中，通过各项运行监测系统实时采集站房内旅客流量、室内空气质量、环境温度、湿度、机房内设备运行状态等动态参数，实时调节站房内设备的运行参数，在保证站内环境达标、各系统稳定运行的前提下，达到节能降耗的目的。对异常的设备能耗，在运维管理系统中可以将设备进行突出显示，便于管理人员及时

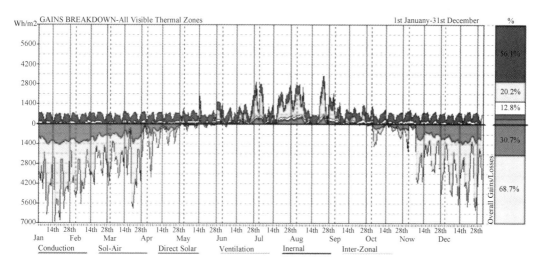

图 9.1.2-2 建筑全年被动得热失热分布图（不含空调）

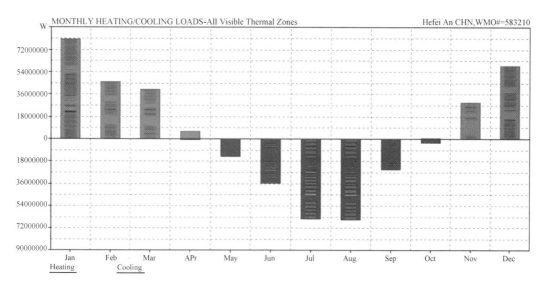

图 9.1.2-3 建筑逐月冷热负荷图（含空调）

确定设备位置和属性，分析可能产生的影响，从而调整相关设备的运行参数，并对故障设备进行维修。在站房的能耗管理进入稳定期后，运维部门可以对运维管理系统采集的客流密度、环境质量、设备运行状态等动态数据，结合设备的规格参数、设备的空间位置、站房空间布局等储存于 BIM 运维模型内的静态信息进行计算模拟，以制定出适用于不同季节、不同客流密度情况下的最优化站房能耗管理方案。

3. 设施管理

通过与站房各项设施上的传感器连接，其运行状态数据可以实时传输至 BIM 运维数据库中，利用可视化工具实现设备运行状态的实时监控。同时利用既有的铁路数字通信网络，实现远程监控和异地维修指导。通过对设备运行的历史数据进行采集和分析，实现设备设施的预防性维护，降低设备故障率。

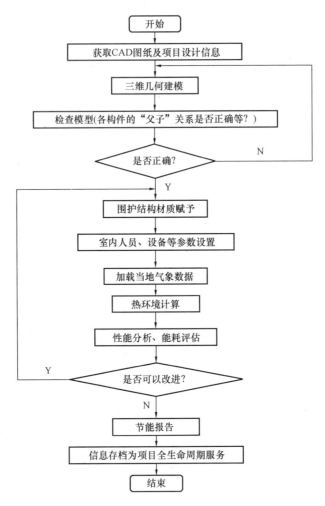

图 9.1.2-4 能耗分析流程图

基于 BIM 运维管理平台可以进行设备检索、运行和控制功能，通过点击 BIM 模型中的设备，可以查阅所有设备信息，如供应商、使用期限、联系电话、维护情况、所在位置等；可以对设备生命周期进行管理，比如对寿命即将到期的设备及时预警和更换配件，防止事故发生；通过设备名称，或者描述信息，可以查询所有相应设备在虚拟建筑中的准确定位；管理人员或者领导可以随时利用四维 BIM 模型，进行建筑设备实时浏览。设备运行和控制。所有设备是否正常运行在 BIM 模型上直观显示，例如绿色表示正常运行，红色表示出现故障；对于每个设备，可以查询其历史运行数据；另外可以对设备进行控制，例如某一区域照明系统的打开、关闭等。如图 9.1.2-5 所示，在 BIM 模型中点击模型按钮，即可控制现场设备状态。

4. 隐蔽工程管理

在铁路站房给水排水、综合布线中含有大量隐蔽工程，很多设备看不见、摸不着，给日常巡检、养护、保养、维修工作带来一定困难。随着站房使用年限的增加，这些数据的丢失可能会为日后的安全工作埋下很大的安全隐患。

基于 BIM 技术的运维可以管理复杂的地下管网，如污水管、排水管、网线、电线及

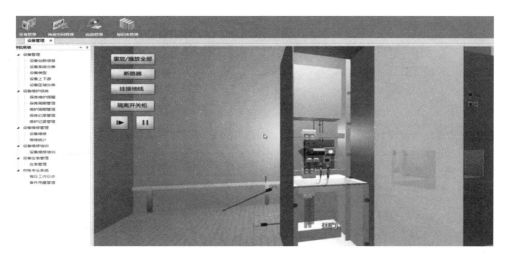

图 9.1.2-5 以模型控制设备操作

相关管井,并可在图上直接获得相对位置关系。当改建或二次装修时可避开现有管网位置,便于管网维修、更换设备和定位。内部相关人员可共享这些电子信息,有变化可随时调整,保证信息的完整性和准确性。

5. 应急管理

应急管理所需要的数据可以通过运维管理系统按不同性质、不同用途等进行分类检索,并提供实时的数据共享和传输,通过 BIM 技术的运维管理对突发事件管理包括预防、警报和处理,为应急响应决策提供信息支持。

铁路站房突发事件的发生往往具有联动性,大客流、火灾、爆恐袭击、大面积晚点和突发公共卫生等异常情况,都会导致不同程度的损失。通过 BIM 运维管理平台汇聚的各项信息,自动规划最佳路径引导人员疏散,为救援力量提供可视化的站房状态,缩短救援准备时间。利用 RFID、传感器等为室内定位、构件识别以及人员逃生等提供技术支持,降低损失程度。如遇消防事件,该管理系统可通过喷淋感应器感应着火信息,在 BIM 信息模型界面中就会自动触发火警警报,着火区域的三维位置立即进行定位显示,控制中心可及时查询相应的周围环境和设备情况,为及时疏散人群和处理灾情提供重要信息。

铁路站房 BIM 运维平台应最大限度模拟灾害发生情况,包括地震(根据不同地震等级模拟可能出现的地震灾害)、火灾(可能出现的所有发生火灾的位置、火势大小、烟雾情况),甚至包括恐怖袭击(恐怖分子数量、分布、武器情况、炸弹袭击、人员劫持)等,并评估各类突发事件可能导致的损失,并且对应急响应计划进行评估和完善,将灾害防患于未然。按照 BIM 运维系统中的应急预案进行真实演练,站房工作人员分别按预定方案就位,模拟指导旅客逃生。在演练中发现问题并进行优化应急方案,保障旅客的生命财产安全。如图 9.1.2-6 所示,为 BIM 技术下的应急预案模拟。

图 9.1.2-6　应急预案模拟分析

9.2　物联网（IoT）与 BIM 技术

早在 2000 年，美国即已提出物联网雏形概念。经过十几年的发展，物联网理论基础趋于完善，应用方向急速扩展，已渗入各行各业。物联网常规感知技术包括射频识别、红外传感器、GPS、激光扫描等信息传感设备。近年来，又快速发展出光电传感器、半导体传感器、电化学传感器、智能仪表等新型技术（图 9.2-1）。

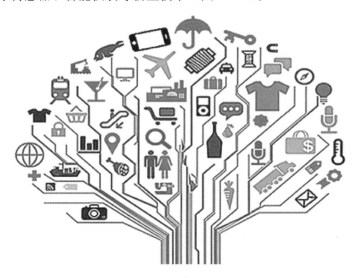

图 9.2-1　物联网

物联网是按约定的协议，将从物体各层面获取的感知数据与互联网相连，进行信息交换和通信，以实现智能化信息识别、定位追踪、态势监控和管理控制。可以说，物联网犹如人类的神经末梢，关联着物体各层面的信息，经由互联网组建的神经网络，传导到"大脑"进行处理。"大脑"里有各种各样的系统、模型处理着这些物体信息数据，BIM 就是这"大脑"中一款大有可为的系统模型。

9.2.1　BIM 与物联网的关系

当前，在建筑全生命周期中，只有设计阶段是 BIM 技术应用最为广泛，效能最高的。然而在建造、运行阶段 BIM 技术却鲜有案例。这是由于 BIM 的先天优势造成了一时的局限。BIM 最大的优势是通过数字信息化技术将整个建筑进行虚拟化、数字化、智能化。BIM 在虚拟空间中真实再现建筑，在这虚拟现实中，对建筑进行各种信息验证。因此在设计阶段，BIM 具有无可比拟的效能。

然而，在施工建造和运营维护阶段，与设计阶段以设计数据为基础，以模型推演验证不同，建筑数据来源于现场的环境、人、物体及态势，建筑各层面数据具有现场性、实时性、变化性、离散性等特征。这种情况下，BIM 无法及时获取可用数据，也就无法有效进行模型推演验证。可见，在施工建造和运营维护阶段决定 BIM 成败关键，在于是否能及时有效地获取到现场的环境、人、物体及态势数据。

需要一种技术，将建筑现场的环境、人、物体与 BIM 联系起来，将建筑现场的环境、人、物体的态势数据及时有效地传递给 BIM，供 BIM 进行推演验证，显然，不可能通过人工测量、记录、输入来实现。这一技术，只能由物联网技术担负起来。物联网技术集成各类传感、识别、定位等综合信息获取能力，将环境、人、物体的态势数据与 BIM 模型信息关联起来，将现实中的建筑所发生的一切都及时在 BIM 的虚拟建筑上呈现。以物联网技术作桥梁，沟通虚拟与现实，实现 BIM 的虚拟真实建筑与现实真实建筑融合，结合 BIM 在虚拟建筑上的推演验证优势，达到在施工建造和运营维护阶段最优的现场管理和操作行为。

BIM 和物联网在融合应用中各自起着不同的作用。BIM 是物联网数据的基础数据模型，起到核心效能。物联网脱离 BIM，每条数据犹如沙子般，不再有任何意义。物联网是 BIM 的五官，物联网的感知越精细、越严谨，BIM 的虚拟建筑越真实，推演验证效能也就越精确。BIM 没有物联网，就如瞎子聋子，自然无法在施工建造和运营维护阶段大展身手。

9.2.2　铁路建筑 BIM 与物联网的融合价值

在一个建筑物的生命周期中，运营阶段发生的成本占建筑物总成本的 75%，而设计、施工阶段只占 25%，其中施工建设环节的成本也远高于设计环节成本。目前我国 BIM 成功案例，主要集中在设计阶段，关注于 BIM 模型，应用多为碰撞试验、测量计算、3D 模型等，很难向建造和运营阶段进行延伸拓展。但建造施工，尤其运营管理阶段占据建筑物生命周期中的绝大部分。如何能将 BIM 管理延伸至建造阶段和运营阶段，是决定未来 BIM 技术在建筑领域价值之所在。

BIM 融合物联网技术，通过及时获取建筑阶段和运营阶段中各层面感知数据，打通虚拟建筑与现实建筑间的数据信息桥梁，在 BIM 的虚拟中实现管理真实的建筑。融合物联网技术后的 BIM 平台，包括一整套思维体系、方法和管理技术，将建筑全生命周期信息进行整合，覆盖建筑的所有信息化和智能化层面。

随着我国铁路建设的迅猛发展，特别是高铁建设方面成就斐然。在铁路建设过程中，普遍采用先进的计算机技术和网络技术，进行建设工程管理，并在设计阶段开始采用 BIM 技术构建可视化的数字建筑信息模型。随着 BIM ＋物联网的融合应用，铁路应用

BIM 技术向施工、运营阶段延伸，促进铁路精细化管理，在做好安全风险管理和标准化管理工作的同时，提高铁路生产效率和建筑质量。

9.2.3　铁路建筑 BIM 与物联网的融合应用

1. 施工建造阶段应用

1）施工安全管理

铁路行业施工建设过程中，采用射频识别技术，实时定位施工人员、施工机械作业位置分布，查询作业人员、施工机械身份信息，提高安全施工管理。

BIM 根据铁路建筑施工进度，判断当前施工高危作业区域，结合作业人员分布，进行高危区域和危险警示提示。

铁路建筑普遍建设在开阔地带，阵风风速变化大，采用电子风速计感知在建筑主体高危风速部位，BIM 结合作业人员、作业机械分布，进行高危作业区域和高空坠物风险提示等。

铁路建筑所在开阔地带，遮阳效果差，采用电子温度计感知气温变化，BIM 结合易燃建筑材料堆放位置、方式，进行火情风险提示。

2）施工环境管理

采用电子风速计感知工地风速变化，BIM 结合建筑材料、渣土堆放位置、方式，进行防扬沙、苫盖提示。

采用电子湿度计感知工地大气湿度，BIM 结合水泥、墙体浇筑进度，进行固化程度推测。

3）施工进度管理

通过施工现场视频设备进行远程监控，BIM 结合建筑构件、物料等数据进行施工调度。对施工关键环节、区域的人员操作规范、设备安装规范进行远程监控、记录，形成关键部位影像资料。

2. 建筑运营阶段应用

1）环境管理

铁路行业建筑普遍具有人员、货物集散特点，因此对建筑内部环境要求进行管理。

通过电化学气体感知技术，时刻获取铁路建筑内气体、粉尘的含量和分布，并及时体现在 BIM 运营平台上，控制建筑物通风系统，进行通风扩散。

采用视频监控识别技术，结合到 BIM 运营平台上，判断铁路站场内人员聚集度，有效安排人员疏导。

2）节能管理

采用智能仪表，在 BIM 运营平台上实时显示铁路建筑内各能源消耗状态。结合建筑物内环境变化感知技术，如光感传感器、温度传感器等自动调节室内灯光照明、空调、暖气等设备，以达到节能效果。

3）公共安全管理

当铁路建筑遇到火情时，烟感感应器感应到火情信息，BIM 运营平台触发火警，并对火灾区域进行三维位置定位，查询周围环境和设施情况，调取临近监控查看火情，通过楼宇广播系统播报信息，疏散人员等。

对于铁路场站有暴徒行凶等公共安全事件，监控系统自动识别攻击行为，BIM 运营平台触发报警，并对行凶区域进行三维位置定位，查询周围环境，调取临近多个监控进行追踪，并可引导警力快速处置。

9.3 大数据（Big Data）与 BIM 技术

9.3.1 大数据与云计算概述

随着数据采集能力的爆发，大数据出现。2008 年，全世界最权威的学术期刊之一《Science》杂志出版的专刊中，给出了大数据这样的定义："大数据代表着人类认知过程的进步，数据集的规模是无法在可容忍的时间内用目前的技术、方法和理论去获取、管理、处理的数据。"大数据满足 3 个特点，即 3V 特性：规模性（Volume）、多样性（Variety）和高速性（Velocity）。

大数据技术与云计算技术密不可分，云计算概念借用怀进鹏院士在 2013 年中国互联网大会上的发言"20 世纪 60 年代互联网先驱对未来计算机互联网有个设想，这个设想就是把世界所有计算机连在一起，能让用户使用远程的计算机，实现两个功能，第一个功能怎么获取数据，第二个功能怎么用别人的计算机。"这便是云计算的雏形。而云计算又不单纯指计算，随着云计算技术的不断发展，基于云计算的云储存等云端服务技术也得到广泛地应用。

而根据美国国家 BIM 标准（NBIMS）对 BIM 的定义，该定义由三部分组成：

1）BIM 是一个设施（建设项目）物理和功能特性的数字表达。

2）BIM 是一个共享的知识资源，是一个分享有关这个设施的信息，为该设施从建设到拆除的全生命周期中的所有决策提供可靠依据的过程。

3）在项目的不同阶段，不同利益相关方通过在 BIM 中插入、提取、更新和修改信息，以支持和反映其各自职责的协同作业。

大数据（big data），又称巨量资料，指的是所涉及的资料量规模巨大，需要通过撷取、管理、处理，并整理成为帮助企业经营决策更积极目的的资讯。而 BIM 描述其中第 1 条的"功能性的数字表达"和第 2 条的"共享的知识资源"与大数据的处理概念又不谋而合。大数据和 BIM 结合有哪些结合点呢？

在云计算和大数据出现前，建筑工程项目中所产生的大量数据无法被有效地管理和利用，人们对整个建筑工程项目的分析和认知仅是依靠一些易于获取和处理的特征数据，因此不免会对工程项目的控制出现偏差。而云计算和大数据的出现，使得对海量数据的管理和利用成为可能，人们开始对工程项目所有数据进行分类、整合、管理和利用，实现了对建筑工程项目全面且精准地了解和控制。

BIM 模型本身也是一个数据模型的集合，模型又是由一系列构件按照一定规则整合而成，而每一个构件也是数据，建筑工程涉及的构件数据不计其数，涉及的不同 BIM 模型更是数不胜数，而同类型 BIM 模型又组成了建筑工程各个行业的数据，构件的数据包括几何信息、厂家信息、设计参数信息、施工进度信息、运维信息等各种信息，模型的数据包括项目设计、建造、运维过程中的进度、成本、状态、属性信息等，这些都属于建筑工程大数据的一部分，如何高效汇总构件、模型、行业数据信息，为后续同类项目规划、可研、建设提供有价值的数据，也是 BIM 和大数据技术结合的重要研究领域。

大数据的战略意义不在于掌握庞大的数据信息，而在于对这些含有意义的数据进行专业化处理。换言之，如果把大数据比作一种产业，那么这种产业盈利的关键在于提高对数据的加工能力，通过加工实现数据的增值。

BIM 的核心在于 Information，其应用是大数据时代的必然产物。而 BIM 作为建筑业的源代码，其不仅能够存储项目级的基础数据，最大的优势是承载海量项目数据。建筑业是数据最大、规模最大的行业，大数据与 BIM 技术必将结合起来推动我国建筑业的快速发展。

1. 建立在大数据基础上的 BIM（功能性数字表达）

二者能互为应用，互相融合首先就是从本质方面的。BIM 模型并不是我们通常意义理解上的单纯的一个模型，数据信息是 BIM 模型的基础，BIM 模型的实质是由各种各样的数据信息堆砌而成的仿真模拟建筑物。因此，按照传统的以二维为基准来建立三维模型的概念进行 BIM 模型的建立是错误的，至少是没有完全理解到 BIM 精髓的方式。BIM 模型作为信息数据集合的表现，BIM 模型与大数据分析应该是相辅相成的。

例如一个大型的高铁站房，需要考虑内部功能与人流分析等，这些按照以前的理念与我们结构布置主要受力构件有影响，但是似乎影响有限。如果我们未来需要一个更加精准、更加专业的数据，没有大数据，那么这一切将只是一个概念。而现在我们正处于一个 BIM 和大数据快速发展的时代，完成这些只需要有合适、良好的管理运作模式就可以达到。

从人流数据信息入手，通过人体工程学收集大数据在计算机模拟后，形成最利于乘客的结构体系。也许无法模拟出每一位乘客的活动，但大数定理在人群中永远有效。通过从各处采集到的高铁站乘客活动数据，在被导入计算机模型后，通过分析乘客进出场习惯、人群聚集习惯，设计师们可以不断修正模型。而在此之前的国内现状，一切都只靠经验、系数等一系列概念性的理论，硬套在二维图纸上，至于是否达到了预期效果，是不能直观地反映出来的。

2. BIM 模型结果数据共享为大数据的资源（共享的知识资源）

对于 BIM 构件、BIM 模型数据、BIM 行业数据三级数据架构的建立，是 BIM 在大数据的核心，以铁路行业为例，箱梁、承台、桩等属于 BIM 构件，不同型号的箱梁、不同规格的桩基础、不同类型的承台可以组成不同类型的桥梁工程 BIM 模型；不同类型的桥梁组成了铁路行业桥梁领域的 BIM 行业数据库。

3. 不同的工作方式必然需要不同的管理方式

目前在建筑行业中建筑是上游专业，其他专业都是在中后期介入，即使是所谓的前期介入，也仅是概念上、理论上的，而且都是建筑的功能分区有了雏形以后才开始一些比较细化的工作。但是由于 BIM 的出现，以及对于大数据的引入，各个专业的介入将大大提前。

国内建筑业最严重的问题之一是管理粗放落后，信息化水平低。工程项目管理因缺少及时、准确获取基础数据的能力而导致各种显性和隐性的损失，甚至是因管理的失控而严重亏损。而通过之前的两点可以得出：在 BIM 大数据时代，能及时获取数据，管理归类数据，应用处理数据，合理全面的数据表达才是关键。

由此我们想想，作为未来的建筑行业，管理方式应类似哪一个行业呢？著者认为是目前的制造业，而且一定是信息化程度较高的制造业，比如机械制造。

机械制造业早就跨过了目前国内建筑行业感觉比较难熬的信息化起步阶段。未来的建筑行业，面对一栋高楼的时候，也是和现在的机械制造业一样面对海量数据的管理。建筑业要达到制造业的精细度，要细到每一堵墙、每一块砖、每一根钢筋都要事先排好，出好排布图，各种规格砖的数量事先统计好，按数据通知供应商供货，工人施工，用最少次数的二次搬运和损耗废料，最终用"乐高积木"的方式建立建筑各类工程。

而作为建筑业中技术支持的一方，BIM模型的提供方，必然牵涉后期数据及接口提供的各种问题。这些都是目前我们没有遇到过，但将来必定会遇到的（图9.3.1-1）。

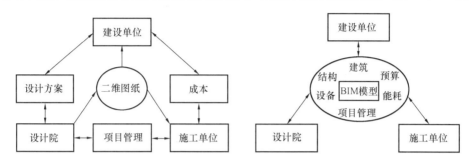

图9.3.1-1 传统管理方式与BIM管理方式的比较

9.3.2 大数据与BIM技术应用现状及难点

目前，国务院已经颁发《关于运用大数据加强对市场主体服务和监管的若干意见》，为已身处BIM和"互联网大数据"浪潮的建筑行业信息化变革提供挑战和契机。目前我国铁路大数据与BIM技术应用还存在一些亟待解决的问题。

1. 缺乏BIM大数据共享环境

基于BIM模型的建筑大数据具有较高的使用价值。建筑工程细分领域较多，每一个领域与建筑相关的BIM数据量更是庞杂，然而据行业调查，目前从事BIM大数据业务的机构和团体较少，建立BIM大数据不是一家公司的行为，需要整个行业或数据平台共同发起，可见建立BIM大数据还需要一个漫长的过程。

2. 缺少大数据技术标准

建筑大数据庞杂无章、来源多样，对采集的数据进行提取，去糟留精是建筑大数据面对的一个技术挑战。需要有效抽取集成的有效数据，转换统一数据格式和类型，进而达到精炼数据信息和集中数据存储等要求。同时，如何能开放共享和关联各部门企业的建筑BIM"数据孤岛"是解决大数据建立的关键与前提。总之，在建立BIM大数据过程中，首先要做到数据规范标准化，格式存储统一化；其次要加强把大量珍贵的纸质历史资料数字化，再次积极出台相应政策促使数据开放和各城市企业的均衡化，最后要关注重视数据的整合和安全性处理等一系列问题。

3. 缺乏大数据系统建设资金和专业人才

目前，我国建筑大数据正处于发展初期，各种建筑工程BIM数据十分匮乏，适应建筑大数据自身特点的产业推广模式尚未成熟；涉及建筑、工程、生态、环境、气象、水文、土壤、计算机、通信等多学科专业知识，需要具有综合知识体系的专业人才，现有的人才培养模式还不符合新时代的发展要求。这些均制约着中国大数据的发展，也是当前面临的挑战。与此同时，目前高校培养方向普遍没有BIM大数据所需要的综合型人才，结合大数据建立特点，政企可以广泛与高校合作，建立 BIM 高校大数据基地，共同致力于 BIM 大数据人才培养及数据的建立。

9.3.3　大数据与 BIM 技术发展趋势

《2016—2020 年建筑业信息化发展纲要》中提出"十三五"时期，全面提高建筑业信息化水平，着力增强 BIM、大数据、智能化、移动通信、云计算、物联网等信息技术集成应用能力，建筑业数字化、网络化、智能化取得突破性进展，初步建成一体化行业监管和服务平台，数据资源利用水平和信息服务能力明显提升，形成一批具有较强信息技术创新能力和信息化应用达到国际先进水平的建筑企业及具有关键自主知识产权的建筑业信息技术企业。研究建立建筑业大数据应用框架，统筹政务数据资源和社会数据资源，建设大数据应用系统，推进公共数据资源向社会开放。汇聚整合和分析建筑企业、项目、从业人员和信用信息等相关大数据，探索大数据在建筑业创新应用，推进数据资产管理，充分利用大数据价值。建立安全保障体系，规范大数据采集、传输、存储、应用等各环节安全保障措施。

目前，根据调研显示，已经有一批国内外的社会团体和公司致力于 BIM 大数据行业的研究和实施，诸如国外的 BIMobject、BIMstore 平台、国内的 BIMSIX 平台等，都从不同维度致力于上述所说三层 BIM 数据相关服务。

而对于铁路行业，未来发展趋势需要先解决以下三个问题：

1）铁路 BIM 大数据标准化研究。

2）建筑大数据建立和集成。

3）依托 BIM 技术，建立铁路行业大数据平台，实现信息集成、协同作业、信息共享和数据交换，使是技术人员对各种建筑信息作出正确预测和高效优化应用，为铁路 BIM 大数据建设提供了技术保障。

9.4　AR、VR、MR 技术

随着 VR 技术的兴起与发展，AR、MR 概念提出及应用。作为建筑行业与电子信息技术相关的 BIM 技术，作为建筑工程行业虚拟现实的切入点，担当起了很好的纽带作用，本章首先介绍以下 AR、VR、MR 的具体含义与区别（图 9.4-1）。

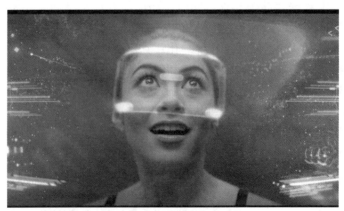

图 9.4-1　虚拟现实技术

9.4.1 增强现实技术（AR）

增强现实技术（AR）是一种将真实世界信息和虚拟世界信息"无缝"集成的 3D 新技术，是把原本在现实世界的一定时间、空间范围内很难体验到的实体信息（视觉信息、声音、味道、触觉等）通过电脑等科学技术，模拟仿真后再叠加，将虚拟的信息应用到真实世界，被人的感官所感知，从而达到超越现实的感官体验。真实的环境和虚拟的物体实时地叠加到了同一个画面或空间。随着 CPU 运算能力的提升，增强现实技术（AR）的用途将会越来越广。增强现实（AR）技术不仅展现了真实世界的信息，还能将虚拟的信息同时显示出来，两种信息相互补充、叠加。在增强现实（AR）技术中，用户利用头盔显示器，把真实世界与电脑图形多重合成在一起，从而可以看到围绕着它的真实世界。增强现实（AR）技术包含了多媒体、三维建模、实时视频显示及控制、多传感器融合、实时跟踪及注册、场景融合等新技术和新技术手段。

1）增强现实（AR）系统具有以下三个特点：

（1）实时交互性；

（2）真实世界和虚拟信息的集成；

（3）在三维空间中增添定位虚拟物体。

2）增强现实（AR）系统正常工作所需的组件：

（1）头戴式显示器；

（2）移动计算能力。

3）增强现实系统的组成。

一个完整的增强现实（AR）系统是由一组紧密联结、实时工作的硬件部件与相关软件系统协同实现的，由以下三种常用的组成形式：

（1）基于计算机显示器。

在基于计算机显示器的增强现实（AR）实现方案中，摄像机将摄取的真实世界图像输入到计算机中，与计算机图形系统产生的虚拟景象合成，并输出到计算机屏幕显示器。用户从屏幕上看到最终的增强场景图片。这种实现方案较为简单。

（2）视频透视式。

视频透视式增强现实（AR）系统采用的基于视频合成技术的穿透式 HMD（Video See-through HMD）。

（3）光学透视式。

头盔式显示器（Head-mounted displays，简称 HMD）被广泛应用于增强现实（AR）系统中，用以增强用户的视觉沉浸感。根据具体实现原理又可以划分为两大类，分别是基于光学原理的穿透式 HMD（Optical See-through HMD）和基于视频合成技术的穿透式 HMD（Video See-through HMD）。

光学透视式增强现实（AR）系统具有简单、分辨率高、没有视觉偏差等优点，但它同时也存在着定位精度要求高、延迟匹配难、视野相对较窄和价格高等问题。

4）增强现实（AR）应用。

增强现实（AR）技术开发人员的目标是将这三个组件集成到一个单元中，能以无线方式将信息转播到类似于普通眼镜的显示器上。增强现实（AR）技术在勘察设计领域中可以有效地应用于实时方案比较、设计元素编辑、三维空间综合信息整合、辅助决策和设计方案多方协同等方面。使用 AR 将建筑各类工程的 CAD 模型叠加，在室外环境的地形上，团队成员可以在模型周围"移动""漫游"，并在此环境下对其照准线和工效设计进行模拟及分析，可以帮助设计团队在建设前期做出合理的设计决策。同时，在施工阶段辅助施工人员更快了解设计意图，同时模拟工序，推演出合理化施工方案。现阶段施工单位还可以基于增强现实（AR）模拟安全作业培训，监理单位也基于增强现实（AR）验收辅助等。

9.4.2　虚拟现实（VR）

虚拟现实（VR）技术利用计算设备模拟产生一个三维的虚拟世界，提供用户关于视觉、听觉等感官的模拟，有十足的"沉浸感"与"临场感"。虚拟现实（VR）技术是计算机仿真技术的一个重要方向，是计算机仿真技术与计算机图形学人机接口技术、多媒体技术传感技术、网络技术等多种技术的集合，是一门交叉技术前沿学科和研究领域。

1）虚拟现实（VR）技术具有以下特征。

（1）用户对模拟环境内物体的可操作程度和从环境得到反馈的自然程度的交互性；

（2）虚拟环境中的物体依据现实世界物理运动定律动作的程度自主性；

（3）用户感到作为主角存在于模拟环境中的真实程度的存在感。理想的模拟环境可以达到使用户难辨真假的程度；

（4）除一般计算机所具有的视觉感知外，还有听觉感知、触觉感知、运动感知，甚至还包括味觉、嗅觉、感知等多感知性。

2）虚拟现实（VR）的关键技术。

虚拟现实（VR）技术是多种技术的综合，包括实时三维计算机图形技术，广角（宽视野）立体显示技术，对观察者头、眼和手的跟踪技术，立体声、网络传输、语音输入输出技术，以及触觉/视觉反馈等。

（1）语音。

在虚拟现实（VR）系统中，语音的输入输出很重要。这就要求虚拟环境能听懂人的语言，并能与人实时交互。例如据苹果公司最新专利曝光，苹果要把虚拟现实（VR）和增强现实（AR）带进自动驾驶汽车，来缓解乘员的晕车症状。苹果在专利中描述了一套为自动驾驶汽车设计的虚拟现实（VR）系统，它可以大幅改变汽车的内饰和车内环境，为乘坐者带来更多乐趣。

（2）实时三维计算机图形。

相比较而言，利用计算机模型产生图形图像并不是太难的事情。如果有足够准确的模型，又有足够的时间，我们就可以生成不同光照条件下各种物体的精确图像，但关键问题是实时。例如在飞行模拟系统中，图像的刷新相当重要，同时，对图像质量的要求也很高，加上非常复杂的虚拟环境，问题就变得有些困难。

（3）感觉反馈。

在一个虚拟现实（VR）系统中，在手套内层安装一些可以振动的触点来模拟触觉，从而实现感觉反馈。

（4）声音。

人能够很好地判定声源的方向。在水平方向上，因为声音到达两只耳朵的时间或距离有所不同，我们靠声音的相位差及强度差来确定声音的方向。当头部转动时，听到的声音方向就会改变。

（5）显示。

在虚拟现实（VR）系统中双目立体视觉起了很大作用。用户的两只眼睛看到的不同图像是分别产生的，并显示在不同的显示器上。有的系统采用单个显示器，但用户带上特殊的眼镜后，一只眼睛只能看到奇数帧图像，另一只眼睛只能看到偶数帧图像，奇、偶帧之间的不同也就是视差就产生了立体感。

3）虚拟现实（VR）应用。

在建筑工程领域主要基于模型，虚拟现实（VR）主要应用在可视化方面，能够同构件之间形成互动性和反馈性的可视，项目设计、建造、运营过程中的沟通、讨论、决策都在可视化的状态下进行。同时，将 BIM 软件制作内容导入多种虚拟仿真体验硬件，实现从模型浏览到沉浸式体验的突破，并且实时调取建筑信息指导工程建设，可在建筑物建造前期对各专业的问题进行协调，生成协调数据，为各部门分工合作提供具有统一性的数据支持。同时完成节能模拟、紧急疏散模拟、日照模拟、热能传导模拟、4D 模拟、5D 模拟、日常紧急情况的处理方式模拟等。

9.4.3 混合现实（MR）

混合现实（MR）技术是虚拟现实技术（VR）的进一步发展，该技术通过在现实场景呈现虚拟场景信息，在现实世界、虚拟世界和用户之间搭起一个交互反馈的信息回路，以增强用户体验的真实感。混合现实（MR）技术是一组技术组合，不仅可以提供新的观看方法，还可以提供新的输入方法，而且所有方法相互结合，从而推动技术创新。输入和输出的结合对中小型企业而言是关键的差异化优势。这样，混合现实技术就可以直接影响员工的工作流程，帮助员工提高工作效率和创新能力。混合现实（MR）的实现需要在一个能与现实世界各事物相互交互的环境中。如果一切事物都是虚拟的，那就是虚拟现实（VR）的领域了。如果展现出来的虚拟信息只能简单叠加在现实事物上，那就是增强现实（AR）。混合现实（MR）技术的关键点就是与现实世界进行交互和信息的及时获取。

混合现实（MR）系统通常有以下三个主要技术特点：

1）它结合了虚拟和现实；

2）虚拟的三维（3D 注册）；

3）实时运行。

混合现实（MR）技术结合了虚拟现实（VR）技术与增强现实（AR）技术的优势，能够更好地将增强现实（AR）技术体现出来。

BIM 技术的一大特点就是可视化，而这些可视化技术则更大化地体现出 BIM 技术在建筑行业未来的不可限量。全生命周期的可视化，让我们对建筑更可控、更可预测。未来 BIM 技术与 AR、VR、MR 技术将会有更为丰富的应用体验。

9.5　3D 打印与 BIM 技术

国家正大力提倡科技创新，各行各业的自我革命也势在必行。我国人口红利消失和建筑各个环节利润的减少也已不可阻挡，同时高消耗、用资源换效益的生产方式已经越来越难以为继。以 BIM 研究和应用为核心的成套技术，是促进建筑业技术升级和转换的重要手段，得到业界普遍关注。不仅是我国需要在建筑工程领域进行多方面的变革，那些正面临人口老龄化的发达国家也需要寻找突破口。3D 打印技术的发展，在这一趋势下得到国内外相关人员的大力支持并迅速发展。与传统建筑业相比，3D 打印技术可采用工业化的生产方式，大大减少了劳动力的投入，降低了建造成本，提高了效率，缩短了生产建设周期，同时在建造过程中防止了环境的大面积破坏，因此，3D 打印技术代表了建筑业的未来发展趋势。采用以 BIM 技术和 3D 打印技术相结合的方式，以期打破传统的建造模式，与时代相适应，促进建筑工程产业的发展。

9.5.1　3D 打印技术介绍

建筑 3D 打印起源于 Joseph Pegna 提出的一种适用于水泥材料逐层累加并选择性凝固的自由形态构件的建造方法。3D 打印是近年来在世界范围内民用市场应用当中出现的一个新词，它是一种基于 3D 模型数据，采用通过分层制造逐层叠加的方式形成的三维实体的技术，即增材制造技术。根据成型的不同，3D 打印技术大致可以分为 4 种，成型类型如表 9.5.1-1 所示。此外，根据材料和打印工艺也可分为以下 3 类：

1）基于混凝土分层，喷剂叠加的增材建造方法；

2）基于砂石粉末分层，粘合叠加的增材建造方法；

3）大型机械臂驱动的材料，三维构造建造方法。3D 打印技术涉及信息技术、材料技术和精密机械等多个方面，与传统行业相比较、3D 打印技术不仅能提高材料的利用效率，还能用更短的时间打印出比较复杂的产品（表 9.5.1-1）。

3D 打印基础成型类别　　　　　　　　　　　　　　表 9.5.1-1

技术名称	应用原料	优缺点
立体光固化成型技术（SLA）	液态光敏树脂	优点：成型速度快、打印精度高、表面质量好、打印尺寸大
熔积成型技术（FDM）	石蜡、金属、塑料、低熔点合金丝等丝状材料	优点：成本低、污染小、材料可回收 缺点：精度稍差、制造速度慢
选择性激光烧结技术（SLS）	固体粉末	优点：多实用的材料广泛
分层实体制造技术（LOM）	纸、金属箔、塑料膜、陶瓷膜	优点：成本低、效率高、稳健可靠、适合大尺寸制作 缺点：前后处理复杂，不能制造中空构建

9.5.2　BIM-3D 融合

BIM-3D 技术应用的关键是需要打破 BIM 技术与 3D 打印技术之间的壁垒，将 BIM 技术与 3D 打印技术很好地融合，发挥各自的优势，在应用中创造更大的价值。本文在研究 BIM 技术和 3D 打印技术特点及优势的基础上，提出了 BIM-3D 技术融合的运行流程，以期望实现建筑行业工业化的生产流程，促进建筑行业向更好的方向发展。BIM-3D 技术融合的运行流程。首先根据业主的要求应用 BIM 相关软件进行建筑项目设计达到设计要求后进行模型合成，进而输出转换生成 STL 文件，将文件数据导入数据处理系统，经过相关数据的处理分析形成打印路径及打印构建的先后顺序，路径规划完成后能在 BIM 软件中进行相应的显示，方便技术人员进一步对打印的进程进行修改或及时监控。在路径规划好之后输出打印程序代码，以此驱动 3D 打印设备的运行。3D 打印设备的运行由控制系统在打印代码的驱动下进行相应的控制。首先将建筑材料拌合物放入建筑材料泵送装置中，输入打印代码，以此驱动控制系统进行对泵送装置、机械臂和喷嘴的控制运行过程中将实时数据传输到 BIM 技术系统中，实现对建筑工程动态、可视化管理（图 9.5.2-1）。

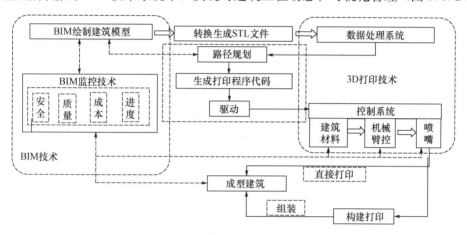

图 9.5.2-1　BIM-3D 融合

第 10 章　铁路工程 BIM 应用案例

　　BIM 技术在铁路工程的蓬勃发展，离不开业内的大力推动，通过 BIM 在建设项目中的应用，进一步梳理铁路工程 BIM 实施的基本标准、软件、硬件、法规、基本流程等各方面问题。本章收集并整理了 BIM 技术在铁路工程项目中的应用案例，以便读者更好地理解 BIM 技术的实际应用内容，为探索铁路工程 BIM 项目的应用提供借鉴。

10.1 京张高铁 BIM 应用案例

京张高铁 BIM 项目作为我国铁路行业内首次开展的全线、全专业、全生命周期 BIM 设计与应用，项目组面临国内外尚无成熟案例可以借鉴的难题，只能集中力量开展 BIM 协同设计体系的建设。项目组采用更为科学和系统的技术路线实现建设协同设计体系创新，通过制定语义标准对模型构件进行编码描述；利用工程实体数据库中的结构化数据基础，精细化管理设计成果；针对系列设计软件及协同平台进行大量基础功能及专业应用的研发，提供新的解决方案，初步实现全体设计人员在同一个环境下，快速设计、数据共享、衔接有序、成果互通的数字化协同设计工作流程。

10.1.1 项目概况

铁路工程具有线长、点多、分布广、参与单位多、投资多、资源消耗体量大、质量要求高、安全风险大等特点，稍有不慎就会造成不可挽回的损失。BIM 设计具有数字化、可视化、多维化、协同性、模拟性等特点，可贯穿设计、施工、运营、维护整个铁路生命周期，让多专业协同设计，实现多阶段无缝衔接，最大信息共享化，减少施工阶段因设计变更等造成的成本浪费，提升项目管理能力，使管理更加精细化、决策更加科学化。中铁设计开展京张铁路全线的 BIM 设计工作是实现"智能京张、数字京张"总体部署的重要环节和工作。

京张高速铁路是北京至西北地区快速通道和京津冀地区城际铁路网的重要组成部分，既是支撑成功举办 2022 年冬奥会的交通保障线，也是促进京津冀一体化发展的经济服务线，既是传承京张铁路百年历史的文化线，也是全面展示中国铁路建设尤其是中国高铁建设成果的示范线，更是落实"一带一路"引领中国高铁走出去的政治使命线。京张高速铁路作为促进京津冀一体化发展和全面展示中国高铁建设新成就的创新示范线，其建设意义十分重大。

北京至张家口铁路位于北京市西北、河北省北部境内，东起北京市，途经北京市海淀区、昌平区和延庆区，由延庆县康庄镇入河北省境内，跨官厅水库，经怀来县、下花园区、宣化区，西迄张家口市，呈东西向沟通两市。正线全长 173.964km，其中北京市境内 70.503km，河北省境内 103.461km。

全线共设 10 个车站，64 座桥梁，10 座隧道，71 段路基，动车运用所 1 处。正线桥梁 64 座共 65.9km、隧道 10 座共 48.78km，桥隧比例为 66%。新建京张高速铁路线路平面示意图如图 10.1.1-1 所示。

京张高铁 BIM 项目依托"新建北京至张家口高速铁路工程"，全线分解为 56 个 BIM 设计段落，涵盖 23 个主要设计专业，各专业设计需求和方法多样，专业间数据和工作流协同复杂。例如，地质和测绘专业需要具备大数据表达和承载能力、结构专业需要具备灵活多变的参数化设计能力、轨道专业需要具备对大量冗余数据的优化能力、路基专业需要具备对复杂断面准确的表达能力等。因此，各专业如何用最优化的方式开展设计，专业间不同数据形式如何开展数据交换、高效协同等都是我们面临的重大难题。作为我国铁路行业内首次开展的全线、全专业、全生命周期 BIM 设计与应用，项目组集中力量开展 BIM

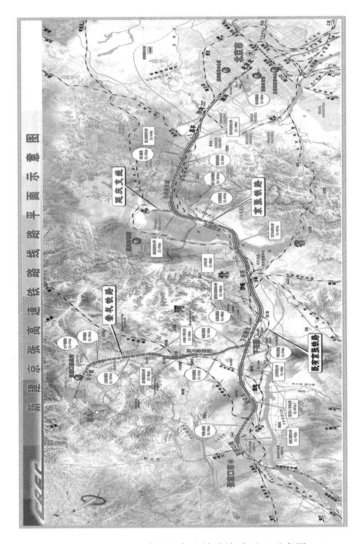

图 10.1.1-1　新建京张高速铁路线路平面示意图

设计协同管理平台的建设。

　　相对于传统方法，项目组创新性地采用了一条更为科学和系统的技术路线来建设协同设计体系，并在项目实施过程中得到验证。项目组制定流程图来驱动信息交互，开展设计工作。制定语义标准来对模型构件进行编码描述。利用工程实体数据库中的结构化数据基础，对设计成果进行精细化管理。以此为基础，高效地完成专业间的协同工作管理，做到互提资料及时完整、传递数据简洁高效、设计模型快速生成等。同时，针对系列设计软件及协同平台进行了大量的基础功能及专业应用的研发，提供给工程设计人员以他们所期望的自动化、规范化和智能化的 BIM 设计、协同方法。

　　通过对工作内容的集中存储、工作环境的集中管理、工作流程的集中控制，初步实现了全体设计人员在同一个环境下，快速设计、数据共享、衔接有序、成果互通的数字化协同设计工作流程。

10.1.2 BIM 应用策划

1. BIM 应用目标

1）实现京张全线 BIM 模型建立。

2）研究铁路 BIM 正向设计的工作思路和方法。

3）验证补充并完善相关设计专业已经发布的 BIM 技术标准。

4）补充并完善基于《建筑工程设计信息模型交付标准》和《建筑工程设计信息模型分类和编码标准》等技术标准在铁路车站相关专业下的内容，使其适用于铁路建筑中。

5）开展设计工作中同一专业内部、不同专业之间的协同设计与工作流程。实现设计的优化，解决用传统的二维图纸表达复杂三维形态这一难题，提高设计的准确率和效率。

6）通过 BIM 建模将各专业模型进行组装，在施工之前发现设计中存在问题，从而提前进行解决，减少施工因设计阶段存在问题而产生的成本。

7）通过铁路工程信息模型交付标准研究（含模型分类及其编码、模型加密、知识产权保护等），研究包含 BIM 模型在内的资料的提交、在线批注及智能审核、版本管理、分发下载。

8）探索铁路各专业工程量自动统计与分析。

9）实现基于 BIM 模型，对重难点工点的复杂段、密集交叉节点的工序排布、施工难点作业优化及进行三维技术交底的应用场景。以更加直观的方式将设计成果提供给施工方，提高施工质量。

2. BIM 实施方案

1）组织结构

京张全线 BIM 协同设计的人力资源配置及生产管理架构如图 10.1.2-1 所示。

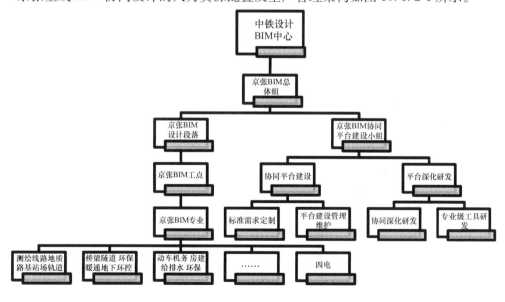

图 10.1.2-1　项目组织架构

2）项目作业流程

京张全线 BIM 项目的基本作业流程如图 10.1.2-2 作业流程图所示。

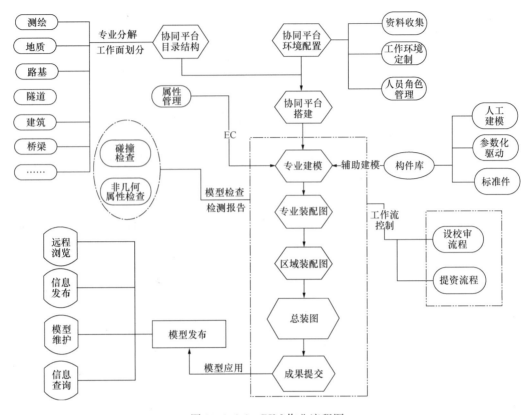

图 10.1.2-2　BIM 作业流程图

3) 全线设计段落划分

依据《新建北京至张家口铁路站前工程招标预算编制原则》文件中的 10 个标段和 26 个招标预算子单元，按照站场、路基、隧道、桥梁、动车所、信号等设计起始里程范围，把全线 BIM 工作划分成 56 个设计段落，并确定了模型总装的牵头专业（表 10.1.2-1）。

京张全线设计段落划分表（部分）　　　　　　　　表 10.1.2-1

序号	设计段落	段落起讫里程	工点起始里程	工点终点里程	工点名称	线路结构类型
1	JZSG1-DK11+892.11～DK13+130	DK11+892.11	DK11+892.11	DK13+130.00	北京北站	
	北京北	DK13+130.00	DK12+788.00	DK12+802.00	框架小桥	排洪
	房建专业总装					
2	JZSG1-DK13+130～DK13+400	DK13+130.00	DK13+130.00		一般路基	一般路基
	变动	DK13+400.00		DK13+400.00	U型槽	U型槽
3	JZSG1-DK13+400～DK19+420	DK13+400	DK13+400	DK19+420	清华园隧道	清华园隧道
	隧道专业总装	DK19+420.00				
4	JZSG1-DK19+420～DK22+900	DK19+420.00	DK19+420.00	DK19+825.00	U型槽	U型槽
	路基专业总装		DK19+825.00	DK20+670.058	一般路基	一般路基
			DK20+364.27	DK20+368.27	框架小桥	排洪

续表

序号	设计段落	段落起讫里程	工点起始里程	工点终点里程	工点名称	线路结构类型
			DK20+670.058	DK20+732.258	万泉河中桥	
			DK20+732.258	DK20+982.40	一般路基	一般路基
			DK20+982.40	DK21+094.38	桩板结构	桩板结构
			DK21+094.38	DK21+151.58	跨清河中桥	框架
			DK21+151.58	DK22+242.07	一般路基	一般路基
			DK22+242.07	DK22+262.17	上地南路框架桥	框架
		DK22+900.00	DK22+262.17	DK22+900.00	一般路基	一般路基
5	JZDJSG-DK22+900~DK24+500	DK22+900.00	DK22+900.00	DK24+500.00	清河站	
	清河站		DK23+139.00	DK23+141.00	框架涵	排洪
	房建专业总装		DK23+389.00	DK23+391.00	框架涵	护管
			DK23+739.00	DK23+741.00	框架涵	护管
			DK23+869.00	DK23+871.00	框架涵	排洪
			DK23+903.50	DK23+915.50	框架小桥	交通
			DK23+954.00	DK23+956.00	框架涵	护管
			DK23+974.00	DK23+976.00	框架涵	排洪

在设计段落划分基础上，各专业按照《铁路工程信息模型表达标准》中第 11 章节的相关要求进行全线逐段落的设计单元划分（表 10.1.2-3）。

京张全线 BIM 工作设计单元示例表　　　　表 10.1.2-2

序号	设计单元名称	设计单元编码	所属专业	工程类别	起始里程	结束里程	中心里程	长度/m	工程概况
1	DK11+892.11-DK13+130地质	0100001	地质	车站、小桥涵洞	DK11+892.11	DK13+130.00	DK12+511.06	1237.89	
2	DK13+130-DK13+400地质	0100002	地质	路基、中桥	DK13+130.00	DK13+400.00	DK13+265.00	270	
3	DK13+400-DK19+420地质	0100003	地质	隧道	DK13+400.00	DK19+420.00	DK16+410.00	6020	
4	DK19+420-DK22+900地质	0100004	地质	路基、小桥、中桥、U型槽	DK19+420.00	DK22+900.00	DK21+160.00	3480	
5	DK22+900-DK24+500地质	0100005	地质	车站、框架小桥	DK22+900.00	DK24+500.00	DK23+700.00	1600	
6	DK25+350-DK27+450地质	0100006	地质	动车所	DK25+350.00	DK27+450.00	DK26+400.00	2100	
7	DK24+500-DK28+370.61地质	0100007	地质	路基、中桥、特大桥、框架涵	DK24+500.00	DK28+370.61	DK26+435.31	3870.61	
8	DK28+370.61-DK33+000地质	0100008	地质	路基、小桥、中桥、框架涵	DK28+370.61	DK33+000.00	DK30+685.31	4629.39	
9	DK33+000-DK34+900地质	0100009	地质	车站、框架小桥、框架涵	DK33+000.00	DK34+900.00	DK33+950.00	1900	
10	DK34+900-DK37+329.95地质	0100010	地质	路基、中桥、框架涵	DK34+900.00	DK37+329.95	DK36+114.98	2429.95	
11	DK37+329.95-DK38+018.50地质	0100011	地质	路基、框架小桥、中桥	DK37+329.95	DK38+018.50	DK37+674.23	688.55	
12	DK38+018.50-DK42+640地质	0100012	地质	路基、框架小桥、桩板结构	DK38+018.50	DK42+640.00	DK40+329.25	4621.5	
13	DK42+640-DK44+800地质	0100013	地质	路基、中桥、框架涵	DK42+640.00	DK44+800.00	DK43+720.00	2160	
14	DK44+800-DK47+173.76地质	0100014	地质	五线并行、框架中桥、特大桥	DK44+800.00	DK47+173.76	DK45+986.88	2373.76	
15	DK47+173.76-DK48+586.03地质	0100015	地质	松软土路基、框架桥、路	DK47+173.76	DK48+586.03	DK47+879.90	1412.27	
16	DK48+586.03-DK52+718.63地质	0100016	地质	高架特大桥	DK48+586.03	DK52+718.63	DK50+652.33	4132.6	
17	DK52+718.63-DK56+060地质	0100017	地质	路堑、路基、框架涵、隧道	DK52+718.63	DK56+060.00	DK54+389.32	3341.37	
18	DK56+060-DK59+255地质	0100018	地质	隧道、中桥	DK56+060.00	DK59+255.00	DK57+657.50	3195	
19	DK59+255-DK71+278地质	0100019	地质	隧道	DK59+255.00	DK71+278.00	DK65+266.50	12023	
20	DK67+400-DK68+700地质	0100020	地质	车站	DK67+400.00	DK68+700.00	DK68+050.00	1300	
21	DK71+278-DK72+697.10地质	0100021	地质	湿陷性黄土路基、框架涵、中桥	DK71+278.00	DK72+697.10	DK71+987.55	1419.1	
22	DK72+697.10-DK82+482.71地质	0100022	地质	高架特大桥	DK72+697.10	DK82+482.71	DK77+589.91	9785.61	
23	DK82+482.71-DK87+740地质	0100023	地质	松软土路基、隧道	DK82+482.71	DK87+740.00	DK85+111.36	5257.29	
24	DK87+740-DK89+100地质	0100024	地质	松软土路基、框架小桥	DK87+740.00	DK89+100.00	DK88+420.00	1360	
25	DK89+100-DK90+000地质	0100025	地质	车站、框架涵、框架小桥、中桥	DK89+100.00	DK90+000.00	DK89+550.00	900	
26	DK90+000-DK90+698.14地质	0100026	地质	松软土路基、框架涵	DK90+000.00	DK90+698.14	DK90+349.07	698.14	
27	DK90+698.14-DK99+776.03地质	0100027	地质	特大桥	DK90+698.14	DK99+776.03	DK95+237.09	9077.89	
28	DK99+776.03-DK103+404.47地质	0100028	地质	路基、框架涵、中桥	DK99+776.03	DK103+404.47	DK101+590.25	3628.44	
29	DK103+404.47-DK106+907.95地质	0100029	地质	特大桥	DK103+404.47	DK106+907.95	DK105+156.21	3503.48	
30	DK106+907.95-DK109+700地质	0100030	地质	松软土路基、框架小桥	DK106+907.95	DK109+700.00	DK108+303.98	2792.05	

4）专业结构分解和IFD编码

IFD分类编码体系采用的是面分法，每张分类表内部又采用线分法进行分类，从多维度对铁路工程信息进行定义，是铁路进行信息交换的最基础数据单元。IFD编码体系的建立和完善是铁路BIM项目实施的信息交互基础。

由于现有铁路BIM发布的IFD编码不足，因此在专业结构分解和IFD编码的梳理过程中，本项目明确了IFD编码所执行的标准范围，按照服务于铁路部分的专业遵循铁路相关BIM标准，服务于本体建筑部分的专业遵循民建相关BIM标准的基本原则进行执行。同时，参考IFD编码的编写原则，对IFD码缺失的项目编写了一个推荐码。由于机动机械、动车车辆专业缺失的编码较多，在本项目中根据专业IFD编写原则编写了本专业的58类编码。

IFD编码梳理需要明确每个设计单元所包含的设计内容，地质专业BIM应包括地层单元、水文地质、地质构造等设计内容，是"铁路基础设施及运营与管理要素"类目下的铁路工程地理要素。设计内容的IFD编码引用自《地理信息分类与编码规则》GB/T 25529—2010，采用10位编码规则。如地层单元填筑土编码采用12102 01010，以下摘选了部分供参考（表10.1.2-3）。

IFD 编码表（摘选）　　　　　　　　　表 10.1.2-3

编号	项目（时代成因岩性状态）	几何信息	非几何信息	IFD 编码
1	第四系全新统			
1.1	第四系全新统（世）人工填土层			
1.1.1	第四系全新统（世）人工填土层种植土稍密	厚度	土层参数、施工等级	12102 01010
1.1.2	第四系全新统（世）人工填土层填筑土中密	厚度	土层参数、施工等级	12102 01020
1.1.3	第四系全新统（世）人工填土层填筑土密实	厚度	土层参数、施工等级	12102 01020
1.1.4	第四系全新统（世）人工填土层素填土松散	厚度	土层参数、施工等级	12102 01030
1.1.5	第四系全新统（世）人工填土层素填土稍密	厚度	土层参数、施工等级	12102 01030
1.1.6	第四系全新统（世）人工填土层杂填土松散	厚度	土层参数、施工等级	12102 01040
1.1.7	第四系全新统（世）人工填土层杂填土稍密	厚度	土层参数、施工等级	12102 01040
1.2	断层	倾向、倾角		12106 05130

5）模型精度要求

一般规定

根据BIM后期施工应用需求，按照《铁路工程信息模型交付精度标准》及《建筑工程设计信息模型交付标准》的规定与要求，本项目的模型精度采用铁路工程信息模型LOD3.0级精度和建筑工程信息模型精细度LOD300级精度进行模型设计，根据模型精度要求确定模型的信息深度与几何精度。

（1）模型单元实体的几何精度等级的划分应符合如表10.1.2-4所示的规定，各专业LOD3.0级模型的几何精度按照《铁路工程信息模型表达标准》中模型表达等级的相关要内容执行。

几何精度等级   表 10.1.2-4

等级	英文名	代号	等级要求
1 级精度	Grade 1	G1.0	满足符号化识别需求的几何精度
2 级精度	Grade 2	G2.0	满足空间占位等粗略识别需求的几何精度
3 级精度	Grade 3	G3.0	满足真实外观等精细识别需求的几何精度
4 级精度	Grade 4	G4.0	满足结构施工、产品制造等高精度识别需求的几何精度

（2）模型单元属性的信息深度采用如表 10.1.2-5 所示中 N3.0 等级的要求，属性信息包括几何信息和非几何信息。几何信息宜分解至最底层，并采用结构化方式进行存储；非几何信息宜根据实际应用需求进行分解，部分数据可采用非结构化方式进行存储。对于无法通过模型属性进行表达的信息，可使用二维图形、文字、文档、影像等进行补充，并附加到铁路工程信息模型中，如环境评价、经济参数、工程数量等。

信息深度等级   表 10.1.2-5

等级	英文名	代号	等级要求
1 级信息深度	Level1 of information detail	N1.0	宜包含信息模型的基本信息、身份描述、项目信息、组织角色等信息
2 级信息深度	Level2 of information detail	N2.0	宜包含和补充 N1.0 等级信息，增加实体系统关系、组成及材质、性能或属性等信息
3 级信息深度	Level3 of information detail	N3.0	宜包含和补充 N2.0 等级信息，增加生产信息和安装信息
4 级信息深度	Level4 of information detail	N4.0	宜包含和补充 N3.0 等级信息，增加资产信息和维护信息

（3）建筑工程信息模型精细度应由信息粒度和建模精度组成。建筑工程信息模型精细度分为五个等级，应符合下表的规定（表 10.1.2-6，表 10.1.2-7）。

建筑工程信息模型精细度   表 10.1.2-6

等级	英文名	简称
100 级精细度	Level of Detail 100	LOD100
200 级精细度	Level of Detail 200	LOD200
300 级精细度	Level of Detail 300	LOD300
400 级精细度	Level of Detail 400	LOD400
500 级精细度	Level of Detail 500	LOD500

注：世界大多数国家均对建筑工程信息模型的详细程度进行了分级。其中美国的分级策略得到了广泛认可。为了使国际间交流更加顺畅，本标准等同采用了《美国建筑科学》（NIBS）主编的《美国国家 BIM 标准》（NBIMS）。在日常使用中，可根据使用需求拟定模型精细度。

常规建筑工程阶段和使用需求对应的模型精细度　　　　　表 10.1.2-7

阶段	英文	阶段代码	建模精细度	阶段用途
勘察/概念化设计	Servey/ Conceptural Design	SC	LOD100	项目可行性研究 项目用地 γ 可
方案设计	Schematic Design	SD	LOD200	项目规划评审报批 建筑方案评审报批 设计概算
初步设计/施工 图设计	Design Development/ Construction Documents	DD/CD	LOD300	专项评审报批 节能初步评估 建筑造价估算 建筑工程施工 γ 可 施工准备 施工招投标计划 施工图招标控制价
虚拟建造/产品预制/采购/验收/交付	Virtual Construction/ Pre-Fabrication/ Product Bidding/As-Built	VC	LOD400	施工预演 产品选用 中采购 施工阶段造价控制

注：建筑工程信息模型信息粒度应由建筑基本信息系统、建筑属性信息系统、场地地理信息及室外工程系通过、建筑外围护信息系统、建筑其他。件信息系统、建筑水系统设备信息系统、建筑电气系统信息系统、建筑麦通系统信息系统组成。各类信息系统的信息粒度宜符合模型精细度等级的规定。建筑基本信息系统信息粒度应符合《建筑工程设计信息模型交付标准》的规定。

（4）对特别关注信息附加的应用场景中，如模型以轻量化方式进行项目建设管理，允许模型单元以低几何精度和高信息深度存在。

10.1.3　BIM 协同设计

京张铁路 BIM 设计是全路首个全线、全专业大型 BIM 技术应用综合性项目，涉及专业领域广、参与人员多，为解决工作关系繁复、工作流程和文档庞杂，以及协调管理难度大等问题，项目组对全专业 BIM 协同设计技术展开了研究，并搭建了 BIM 协同设计管理平台。

通过各个专业人员对 BIM 软件的应用，完成此项目的三维协同设计，内容包括多专业三维模型的建立、二三维设计校验，编码标准验证。

通过 ProjectWise 建立设计协同工作管理平台，贯穿于项目设计过程中的信息以三维模型为载体进行集中、有效的管理，让项目各专业的设计人员，能够在一个集中统一的环境下工作，随时获取所需的项目信息。在充分利用各专业设计软件的基础上，实现各设计专业之间信息沟通顺畅、实时统一，使各专业设计工作的数据文件一致、上下专业间的设计工作衔接协同有序，节省工作时间，提高工作效率，确保设计工作合理、有序、高效的完成。

1）设计协同具体工作内容。

协同工作平台环境建立。

在 ProjectWise 上建立项目所需的模板库、单元库、资源及标准配置；标准文件内容如图 10.1.3-1、

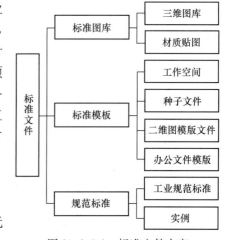

图 10.1.3-1　标准文件内容

图 10.1.3-2 所示。

图 10.1.3-2　材质库、线型库、特征库、构件及横断面模板库等集中管理

2）结合各专业工作内容分解，建立项目结构树，按规范命名并建立关键文档。

（1）模型划分规则：

模型的划分按如下层级进行：项目总装；区域分装；专业分装；模型文件。

（2）模型的装配规则：

模型的装配按如下层级进行，模型装配结构示例图如图 10.1.3-3 清河站模型装配结构图所示。

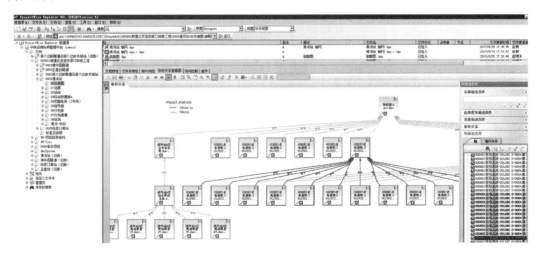

图 10.1.3-3　清河站模型装配结构图

第一级：项目总装模型（总装，将区域分装文件参考至总装模型）。

第二级：区域分装模型（区域内，将专业分装文件参考至区域分装）。

第三级：专业分装模型（专业内，将各专业文件参考至专业分装）各区域文件根据不同专业进行分装。

第四级：专业设计模型（模型文件）。

3）建立项目组成员，并按角色设定相应的权限（图 10.1.3-4）。

角色	00清河站	施工图设计	CZ05/达岭站	01建筑(地上)	02结构(地上)	03通信	04信息	05信号	06FAS/BAS	07供电	08变电	09接触网	10动照	11机械	12电气(地上)	13线路	14站场	15轨道	16路基	17桥涵	18隧道	19航遥	20地质	24给排水(地上)
项目经理	R	R	R	R	R	R	R	R	R	R	R	R	R	R	R	R	R	R	R	R	R	R	R	R
常务副经理	R	R	R	R	R	R	R	R	R	R	R	R	R	R	R	R	R	R	R	R	R	R	R	R
副经理	R	R	R	R	R	R	R	R	R	R	R	R	R	R	R	R	R	R	R	R	R	R	R	R
BIM总监处	A	A	A	A	A	A	A	A	A	A	A	A	A	A	A	A	A	A	A	A	A	A	A	A
计划经营处	R	R	R	R	R	R	R	R	R	R	R	R	R	R	R	R	R	R	R	R	R	R	R	R
专业负责人	RWD	RWD	RWD	RWD	RWD	RWD	RWD	RWD	RWD	RWD	RWD	RWD	RWD	RWD	RWD	RWD	RWD	RWD	RWD	RWD	RWD	RWD	RWD	RWD
专业主管总工程师	RWD	RWD	RWD	RWD	RWD	RWD	RWD	RWD	RWD	RWD	RWD	RWD	RWD	RWD	RWD	RWD	RWD	RWD	RWD	RWD	RWD	RWD	RWD	RWD
01建筑(地上)专业人员	R	R	R	RW	R	R	R	R	R	R	R	R	R	R	R	R	R	R	R	R	R	R	R	R
24给排水(地上)专业人员	R	R	R	R	R	R	R	R	R	R	R	R	R	R	R	R	R	R	R	R	R	R	R	RW
03通信专业人员	R	R	R	R	R	RW	R	R	R	R	R	R	R	R	R	R	R	R	R	R	R	R	R	R
04信息专业人员	R	R	R	R	R	R	RW	R	R	R	R	R	R	R	R	R	R	R	R	R	R	R	R	R
05信号专业人员	R	R	R	R	R	R	R	RW	R	R	R	R	R	R	R	R	R	R	R	R	R	R	R	R
06FAS/BAS专业人员	R	R	R	R	R	R	R	R	RW	R	R	R	R	R	R	R	R	R	R	R	R	R	R	R
07供电专业人员	R	R	R	R	R	R	R	R	R	RW	R	R	R	R	R	R	R	R	R	R	R	R	R	R
08变电专业人员	R	R	R	R	R	R	R	R	R	R	RW	R	R	R	R	R	R	R	R	R	R	R	R	R
09接触网专业人员	R	R	R	R	R	R	R	R	R	R	R	RW	R	R	R	R	R	R	R	R	R	R	R	R
10动照专业人员	R	R	R	R	R	R	R	R	R	R	R	R	RW	R	R	R	R	R	R	R	R	R	R	R
11机械专业人员	R	R	R	R	R	R	R	R	R	R	R	R	R	RW	R	R	R	R	R	R	R	R	R	R
12电气(地上)专业人员	R	R	R	R	R	R	R	R	R	R	R	R	R	R	RW	R	R	R	R	R	R	R	R	R
13线路专业人员	R	R	R	R	R	R	R	R	R	R	R	R	R	R	R	RW	R	R	R	R	R	R	R	R
14站场专业人员	R	R	R	R	R	R	R	R	R	R	R	R	R	R	R	R	RW	R	R	R	R	R	R	R
15轨道专业人员	R	R	R	R	R	R	R	R	R	R	R	R	R	R	R	R	R	RW	R	R	R	R	R	R
16路基专业人员	R	R	R	R	R	R	R	R	R	R	R	R	R	R	R	R	R	R	RW	R	R	R	R	R
17桥涵专业人员	R	R	R	R	R	R	R	R	R	R	R	R	R	R	R	R	R	R	R	RW	R	R	R	R
18隧道专业人员	R	R	R	R	R	R	R	R	R	R	R	R	R	R	R	R	R	R	R	R	RW	R	R	R
19航遥专业人员	R	R	R	R	R	R	R	R	R	R	R	R	R	R	R	R	R	R	R	R	R	RW	R	R
20地质专业人员	R	R	R	R	R	R	R	R	R	R	R	R	R	R	R	R	R	R	R	R	R	R	RW	R

图 10.1.3-4　清河站人员角色及权限管理

4）工作流程管理。

制定施工阶段 BIM 实施流程，如图 10.1.3-5 所示。

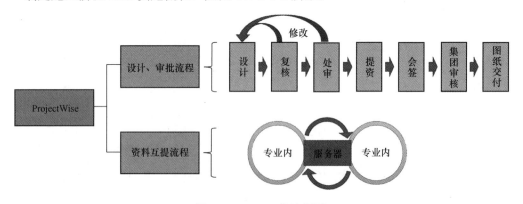

图 10.1.3-5　工作流程图

5）协同设计。

（1）各专业之间的资料互用、共用。

（2）BIM 设计中各专业的关联引用与变更。

（3）各专业模型的组装及层次关系管理。

6）模型及文件管理。

（1）各专业的模型及总装模型的查看。

（2）模型及构件属性的查看。

（3）文件查看查找及版本历史管理。

7）单元库的建立。

在建模过程中逐步建立各专业的构件单元模型，集中入库管理。

8）协同平台文件命名及编码规则。

（1）设计文件及其附属文档编码结构。

设计文件中的说明文件和附件文件编码由四个字段组成，分别为：项目编码＋设计阶段及篇章编码＋设计单元编码＋文件编码，如表 10.1.3-1 所示。

设计文件及其附属文档编码结构表　　　　　　　表 10.1.3-1

第一字段	X	X	X	X	X	X	X	
	项目编码							
第二字段	X	X	X	X	X			
	设计阶段及篇章编码							
第三字段	X	X	X	X	X	X	X	
	设计单元编码							
第四字段	X	X	X	X	X	X	X	X
	文件编码							

（2）项目编码结构。

项目编码预留七位，采用字母和数字的组合表示，其编码结构如表 10.1.3-2 所示。前四位用字母表示，宜为项目简称的拼音缩写；后三位数字表示，为项目段落（一个项目可能由多个工程或段落组成）的顺序号。

项目编码结构表　　　　　　　表 10.1.3-2

第一字段	X	X	X	X	X	X	X
	项目简称				项目段落顺序号		

（3）设计单元编码结构。

设计单元编码预留七位，采用数字表示，其编码结构如表 10.1.3-3 所示。前两位为设计单元类型顺序号（对于不属于设计单元的文件，其设计单元类型顺序号为 00），该顺序号根据工程实际情况进行编号，每个项目的设计单元类型顺序号代表的具体含义可能不同，应在设计说明中进行说明；后五位为设计单元顺序号。

设计单元编码结构表　　　　　　　表 10.1.3-3

第三字段	X	X	X	X	X	X	X
	设计单元类型顺序号		设计单元顺序号				

（4）文件编码结构。

文件编码预留八位，采用字母和数字的组合表示，其编码结构如表 10.1.3-4 所示。

前两位用字母表示，为文件类型编码，可用编码如表 10.1.3-5 所示。当文件类型编码为 FT 时，第三至第五位为图册顺序号，第六至第八位为该图册内图纸顺序号。当文件类型编码为除 FT 外的其他类型时，则第三至第八位均为文件顺序号。

文件类型编码结构表　　　　　　　　　　　　　　　　表 10.1.3-4

第五字段	X	X	X	X	X	X	X	X
附图文件	文件类型		图册顺序号			图纸顺序号		
其他文件			文件顺序号					

文件类型可用编码　　　　　　　　　　　　　　　　　表 10.1.3-5

说明	附件	附图	附模	GIS 文档	其他
SM	FJ	FT	FM	GS	QT

10.1.4　BIM 成果交付

按照《建筑工程设计信息模型交付标准》与《铁路工程信息模型交付精度标准》交付标准进行成果的交付。交付的成果内容有：

1）BIM 模型交付要求。

（1）测绘。

地形模型精度参照《面向铁路工程信息模型应用的地理信息交付标准》LOD3.0 规定的地形模型精度要求，地形模型、铁路建筑模型、其他模型及设计单元周边信息（数字线画图）（图 10.1.4-1）。

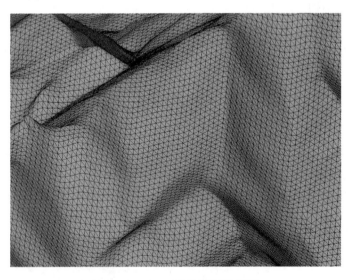

图 10.1.4-1　三维地形模型示例

（2）地质。

目前铁路 BIM 模型表达标准及交付标准均为覆盖地质专业。地质专业根据《铁路工程地质勘查规范》对图件类型资料的要求，结合京张全线地质工点资料，包括平面图、纵断面图、横断面图，进行三维建模，属性信息在《铁路工程信息模型分类和编码标准》中60表的基础上结合项目需求进行适当扩充（图10.1.4-2，图10.1.4-3）。

图 10.1.4-2　地质模型成果渲染图

图 10.1.4-3　地质模型（用颜色及属性对围岩级别进行区分）示例

（3）线路、站场、路基、桥梁、隧道、电力、接触网、通信、信息、防灾、机械、动车、机务、车辆、轨道等专业。

① 模型精度应满足《铁路工程信息模型交付精度标准》，构件做到不缺项、不漏项且规范标准。

② 各构件应赋予符合《铁路工程信息模型交付精度标准》的属性信息，属性信息应当简要准确，非几何属性完整，准确。

③ 模型文件中应当包含完整的模型树，提高模型的利用效率（图10.1.4-4）。

（4）建筑：

① 根据《建筑工程设计信息模型交付标准》《建筑工程设计信息模型分类和编码标准》标准，建筑专业模型应符合 LOD3.0 级交付要求及所含 IFD 编码与非几何属性。

② 补充完善设计铁路相关 IFD 编码，提交京张项目 IFD 编码对应书。

（5）格式要求：BIM 成果交付文件为 dgn 格式。

（6）模型交付介质：光盘（图10.1.4-5～图10.1.4-11）。

2）BIM 模型内容。

（1）设计段落说明。

列表说明设计段落划分情况，以及各设计段落采用的坐标系说明。

图 10.1.4-4　路基模型成果渲染图

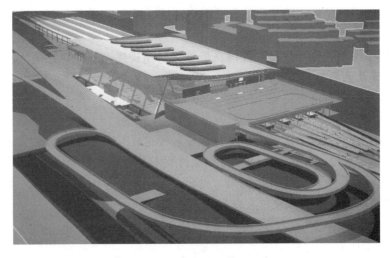

图 10.1.4-5　车站外观模型渲染图

图 10.1.4-6 车站内部模型渲染图

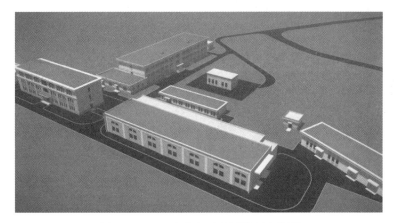

图 10.1.4-7 生产生活房屋模型渲染图

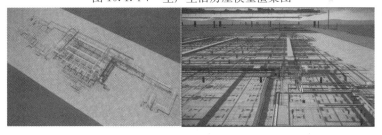

图 10.1.4-8 暖通、给水排水、四电等专业模型渲染图

图 10.1.4-9 八达岭地下站 & 隧道模型渲染图

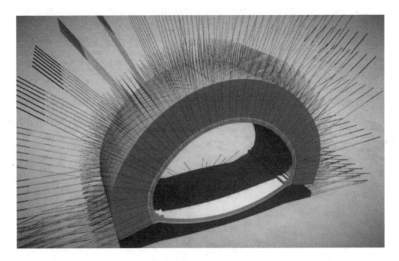

图 10.1.4-10　LOD4.0 级别隧道大跨段模型渲染图

图 10.1.4-11　AT 所模型渲染图

（2）设计单元模型。

① 设计单元说明。

设计单元工程情况、设计内容、里程范围、所采用的坐标系；模型几何精度、信息深度、模型精度执行标准情况的说明。模型文件名称、文件编码、模型具体内容；采用的先进技术及其他必要的说明；复杂工点（含新技术、新结构）的工点设计说明；审查意见的执行情况；自然概况；主要技术条件；执行的主要规范、标准；控制因素（立交、通航、管线、文物、军事设施等）；方案概述；施工、环保、运营、科研等及其他必要的说明。

② 设计单元模型。

③ 设计单元附件。

a. 设计单元模型结构组织表（用于对设计单元内部的模型层级结构进行描述）。

b. 设计单元主要工程数量表。

c. 设计单元图纸目录（有设计单元附图时附）。

3）设计单元附图（必要时，基于模型补充二维视图）。

4）其他。

3. GIS 成果。

1：2000 比例尺的 DLG 成果，LOD3 精度地形模型，元数据文件等。

4. 编码补充报告（表 10.1.4-1）。

线路专业编码补充示例

表 10.1.4-1

编号	项目	几何信息	非几何信息	IFD 编码
1	改移道路	截面尺寸，改移长度，排水、防护措施，标志标线，定位信息	材料种类及强度等级、里程信息、施工方法	51-15 00 00
1.1	跨线桥	截面尺寸，改移长度，排水、防护措施，标志标线，定位信息	材料种类及强度等级、里程信息、施工方法	51-15 00 10
1.2	交通涵	截面尺寸，改移长度，排水、防护措施，标志标线，定位信息	材料种类及强度等级、里程信息、施工方法	51-15 00 20
2	标志标牌	尺寸，定位信息	材料种类及强度等级、里程信息、施工方法	53-06 00 00
2.1	行车标志	尺寸，定位信息	材料种类及强度等级、里程信息、施工方法	53-06 06 00
2.1.1	鸣笛标	尺寸，定位信息	材料种类及强度等级、里程信息、施工方法	53-06 06 30
2.2	工务标志	尺寸，定位信息	材料种类及强度等级、里程信息、施工方法	53-06 19 00
2.2.1	公里标	尺寸，定位信息	材料种类及强度等级、里程信息、施工方法	53-06 19 23
2.2.2	半公里标	尺寸，定位信息	材料种类及强度等级、里程信息、施工方法	53-06 19 30
2.2.3	百米标	尺寸，定位信息	材料种类及强度等级、里程信息、施工方法	53-06 19 38
2.2.4	曲线标	尺寸，定位信息	材料种类及强度等级、里程信息、施工方法	53-06 19 45
2.2.5	缓和曲线和圆曲线始终点标	尺寸，定位信息	材料种类及强度等级、里程信息、施工方法	53-06 19 53
2.2.6	坡度标	尺寸，定位信息	材料种类及强度等级、里程信息、施工方法	53-06 19 60
2.3	安全防护标桩	尺寸，定位信息	材料种类及强度等级、里程信息、施工方法	53-06 26 00
2.3.1	安全保护区标桩	尺寸，定位信息	材料种类及强度等级、里程信息、施工方法	53-06 26 10
2.4	用地界标	尺寸，定位信息	材料种类及强度等级、里程信息、施工方法	53-06 32 00
2.5	其他标志	尺寸，定位信息	材料种类及强度等级、里程信息、施工方法	53-06 90 00

续表

编号	项目	几何信息	非几何信息	IFD 编码
2.5.1	线路标桩 A	尺寸，定位信息	材料种类及强度等级、里程信息、施工方法	53-06 90 10
2.5.2	线路标桩 B	尺寸，定位信息	材料种类及强度等级、里程信息、施工方法	53-06 90 20
2.5.3	桥梁标	尺寸，定位信息	材料种类及强度等级、里程信息、施工方法	53-06 90 30
2.5.4	涵渠标	尺寸，定位信息	材料种类及强度等级、里程信息、施工方法	53-06 90 40
2.5.5	隧道标	尺寸，定位信息	材料种类及强度等级、里程信息、施工方法	53-06 90 50
2.5.6	严禁采砂标	尺寸，定位信息	材料种类及强度等级、里程信息、施工方法	53-06 90 60
3	支挡、加固、防护	截面尺寸，防护长度，定位信息	材料种类及强度等级、里程信息、施工方法	53-02 00 00
3.1	安全、围护	截面尺寸，防护长度，定位信息	材料种类及强度等级、里程信息、施工方法	53-02 40 00
3.1.1	防护栅栏	截面尺寸，防护长度，定位信息	材料种类及强度等级、里程信息、施工方法	53-02 40 09
3.1.1.1	防护栅栏（路基及矮桥 2.2m）	截面尺寸，防护长度，定位信息	材料种类及强度等级、里程信息、施工方法	53-02 40 09 10
3.1.1.2	防护栅栏（桥下）	截面尺寸，防护长度，定位信息	材料种类及强度等级、里程信息、施工方法	53-02 40 09 20
3.1.1.3	防护栅栏（路基及矮桥 1.8m）	截面尺寸，防护长度，定位信息	材料种类及强度等级、里程信息、施工方法	53-02 40 09 30

5. 各专业设计单元清单（表 10.1.4-2）。

地质专业设计单元清单示例　　　　　　　　　　表 10.1.4-2

序号	设计单元名称	设计单元编码	所属专业	工程类别	起始里程	结束里程	中心里程	长度/m
1	DK11+892.11～DK13+130 地质	0100001	地质	车站、小桥涵洞	DK11+892.11	DK13+130.00	DK12+511.06	1237.89
2	DK13+130～DK13+400 地质	0100002	地质	路基、中桥	DK13+130.00	DK13+400.00	DK13+265.00	270
3	DK13+400～DK19+420 地质	0100003	地质	隧道	DK13+400.00	DK19+420.00	DK16+410.00	6020
4	DK19+420～DK22+900 地质	0100004	地质	路基、小桥、中桥、U 型槽	DK19+420.00	DK22+900.00	DK21+160.00	3480

续表

序号	设计单元名称	设计单元编码	所属专业	工程类别	起始里程	结束里程	中心里程	长度/m
5	DK22+900～DK24+500 地质	0100005	地质	车站、框架涵、框架小桥	DK22+900.00	DK24+500.00	DK23+700.00	1600
6	DK25+350～DK27+450 地质	0100006	地质	动车所	DK25+350.00	DK27+450.00	DK26+400.00	2100
7	DK24+500～DK28+370.61 地质	0100007	地质	路基、中桥、特大桥、框架涵	DK24+500.00	DK28+370.61	DK26+435.31	3870.61
8	DK28+370.61～DK33+000 地质	0100008	地质	路基、小桥、中桥、框架涵	DK28+370.61	DK33+000.00	DK30+685.31	4629.39
9	DK33+000～DK34+900 地质	0100009	地质	车站、框架小桥、框架涵	DK33+000.00	DK34+900.00	DK33+950.00	1900
10	DK34+900～DK37+329.95 地质	0100010	地质	路基、大桥、框架桥	DK34+900.00	DK37+329.95	DK36+114.98	2429.95
11	DK37+329.95～DK38+018.50 地质	0100011	地质	路基、框架小桥、中桥	DK37+329.95	DK38+018.50	DK37+674.23	688.55
12	DK38+018.50～DK42+640 地质	0100012	地质	路基、框架桥、桩板结构	DK38+018.50	DK42+640.00	DK40+329.25	4621.5
13	DK42+640～DK44+800 地质	0100013	地质	车站、框架小桥、框架涵	DK42+640.00	DK44+800.00	DK43+720.00	2160
14	DK44+800～DK47+173.76 地质	0100014	地质	五线并行、框架中桥、特大桥	DK44+800.00	DK47+173.76	DK45+986.88	2373.76
15	DK47+173.76～DK48+586.03 地质	0100015	地质	松软土路基、框架桥、路	DK47+173.76	DK48+586.03	DK47+879.90	1412.27
16	DK48+586.03～DK52+718.63 地质	0100016	地质	高架特大桥	DK48+586.03	DK52+718.63	DK50+652.33	4132.6
17	DK52+718.63～DK56+060 地质	0100017	地质	路堑、路基、框架涵、隧道	DK52+718.63	DK56+060.00	DK54+389.32	3341.37
18	DK56+060～DK59+255 地质	0100018	地质	隧道、中桥	DK56+060.00	DK59+255.00	DK57+657.50	3195
19	DK59+255～DK71+278 地质	0100019	地质	隧道	DK59+255.00	DK71+278.00	DK65+266.50	12023
20	DK67+400～DK68+700 地质	0100020	地质	车站	DK67+400.00	DK68+700.00	DK68+050.00	1300
21	DK71+278～DK72+697.10 地质	0100021	地质	湿陷性黄土路基、框架涵、中桥	DK71+278.00	DK72+697.10	DK71+987.55	1419.1

序号	设计单元名称	设计单元编码	所属专业	工程类别	起始里程	结束里程	中心里程	长度/m
22	DK72+697.10~DK82+482.71 地质	0100022	地质	高架特大桥	DK72+697.10	DK82+482.71	DK77+589.91	9785.61
23	DK82+482.71~DK87+740 地质	0100023	地质	松软土路基、隧道	DK82+482.71	DK87+740.00	DK85+111.36	5257.29
24	DK87+740~DK89+100 地质	0100024	地质	松软土路基、框架涵、框架小桥	DK87+740.00	DK89+100.00	DK88+420.00	1360

6. 各专业模型交付清单（图10.1.4-3）。

信号专业模型清单示例　　　　　　　表10.1.4-3

1	北京北站	DK011+892	DK013+220	室外站场范围信号设备布置	56 _ 1701 _ JZSGXH _ DK011+892~DK013+130 _ 北京北站室外信号设备布置 . i. dgn
				室内范围信号设备布置	56 _ 1701 _ JZSGXH _ DK011+892~DK013+130 _ 北京北站室内信号设备布置 . i. dgn
		DK013+220	DK016+896	区间信号设备布置	56 _ 1701 _ JZSGXH _ DK013+130~DK022+383 _ 北京北站至清河站区间信号设备布置 . i. dgn
2	清河站	DK016+584	DK022+383	区间信号设备布置	
		DK022+383	DK025+714	室外站场范围信号设备布置	56 _ 1701 _ JZSGXH _ DK022+383~DK025+714 _ 清河站室外信号设备布置 . i. dgn
				室内范围信号设备布置	56 _ 1701 _ JZSGXH _ DK022+383~DK025+714 _ 清河站室内信号设备布置 . i. dgn
		DK025+177	DK029+090	区间信号设备布置	56 _ 1701 _ JZSGXH _ DK025+177~DK028+485 _ 清河站至二拨子线路所区间信号设备布置 . i. dgn
3	二拨子线路所	DK028+485	DK028+711	区间信号设备布置	
				室外站场范围信号设备布置	56 _ 1701 _ JZSGXH _ DK028+485~DK028+711 _ 二拨子线路所室外信号设备布置 . i. dgn
				室内范围信号设备布置	56 _ 1701 _ JZSGXH _ DK028+485~DK028+711 _ 二拨子线路所室内信号设备布置 . i. dgn

续表

4	沙河站	DK028+711	DK032+814	区间信号设备布置	56 _ 1701 _ JZSGXH _ DK028+711～DK032+814 _ 二拨子线路所至沙河站区间信号设备布置.i.dgn
		DK032+814	DK034+956	室外站场范围信号设备布置	56 _ 1701 _ JZSGXH _ DK032+814～DK034+956 _ 沙河站室外信号设备布置.i.dgn
				室内范围信号设备布置	56 _ 1701 _ JZSGXH _ DK032+814～DK034+956 _ 沙河站室内信号设备布置.i.dgn
		DK034+956	DK038+725	区间信号设备布置	56 _ 1701 _ JZSGXH _ DK034+956～DK042+745 _ 沙河站至昌平站区间信号设备布置.i.dgn
5	昌平站	DK038+516	DK042+745	区间信号设备布置	
		DK042+745	DK044+760	室外站场范围信号设备布置	56 _ 1701 _ JZSGXH _ DK042+745～DK044+760 _ 昌平站室外信号设备布置.i.dgn
				室内范围信号设备布置	56 _ 1701 _ JZSGXH _ DK042+745～DK044+760 _ 昌平站室内信号设备布置.i.dgn
		DK044+760	DK048+930	区间信号设备布置	56 _ 1701 _ JZSGXH _ DK044+760～DK067+376 _ 昌平站至八达岭长城站区间信号设备布置.i.dgn
6	中继站1	DK048+401	DK061+480	区间信号设备布置	
				室内范围信号设备布置	56 _ 1701 _ JZSGXH _ DK052+900 _ 中继站1室内信号设备布置图.i.dgn
7	八达岭长城站	DK060+384	DK067+376	区间信号设备布置	
		DK067+376	DK068+724	室外站场范围信号设备布置	56 _ 1701 _ JZSGXH _ DK067+376～DK068+724 _ 八达岭长城站室外信号设备布置.i.dgn
				室内范围信号设备布置	56 _ 1701 _ JZSGXH _ DK067+376～DK068+724 _ 八达岭长城站室内信号设备布置.i.dgn
		DK068+724	DK070+480	区间信号设备布置	56 _ 1701 _ JZSGXH _ DK068+724～DK072+389 _ 八达岭长城站至八达岭西线路所区间信号设备布置.i.dgn

8	八达岭西线路所站	DK070＋070	DK072＋389	区间信号设备布置	
		DK072＋389	DK072＋748	室外站场范围信号设备布置	56＿1701＿JZSGXH＿DK072＋389～DK072＋792＿八达岭西线路所室外信号设备布置.i.dgn
				室内范围信号设备布置	56＿1701＿JZSGXH＿DK072＋389～DK072＋792＿八达岭西线路所室内信号设备布置.i.dgn
		LXDK0＋292	LXDK3＋040	区间信号设备布置	56＿1701＿JZSGXH＿LXDK0＋292～LXDK5＋467＿八达岭西线路所至延庆站区间信号设备布置.i.dgn
		DK072＋748	DK078＋145	区间信号设备布置	56＿1701＿JZSGXH＿DK072＋792～DK088＋935＿八达岭西线路所至东花园北站区间信号设备布置.i.dgn
9	中继站 2	DK077＋508	DK085＋195	区间信号设备布置	
				室内范围信号设备布置	56＿1701＿JZSGXH＿DK082＋720＿中继站 2 室内信号设备布置.i.dgn
10	东花园北站	DK084＋008	DK088＋935	区间信号设备布置	
		DK088＋935	DK090＋195	室外站场范围信号设备布置	56＿1701＿JZSGXH＿DK088＋935～DK090＋195＿东花园北站室外信号设备布置.i.dgn
				室内范围信号设备布置	56＿1701＿JZSGXH＿DK088＋935～DK090＋195＿东花园北站室内信号设备布置.i.dgn
		DK090＋195	DK092＋561	区间信号设备布置	56＿1701＿JZSGXH＿DK090＋195～DK109＋923＿东花园北站至怀来站区间信号设备布置.i.dgn
11	中继站 3	DK092＋135	DK105＋761	区间信号设备布置	
				室内范围信号设备布置	56＿1701＿JZSGXH＿DK096＋800＿中继站 3 室内信号设备布置.i.dgn

10.1.5　BIM 应用总结

通过完成京张全线全专业在设计阶段 BIM 实施工作，有效表明了 BIM 可以提高设计协同效率，同时在 BIM 项目管理、企业标准工作环境托管、项目协同设计、标准化流程制定、模型成果应用拓展等领域提供了宝贵经验。

目前铁路行业 BIM 技术应用正在逐步从逆向设计（二维设计翻模）到正向设计推进。

京张 BIM 项目在实施过程中，开展了多项基础性的研究，探索铁路多专业三维正向协同设计的技术路线及实施办法。

1. 需求表达：由逆向设计到正向设计

所谓的 BIM 逆向设计，本质上是一种现有交付条件主导下设计工作的辅助和补充，相对于整个设计过程，它的作用是对设计的反向回馈。但是 BIM 正向设计需要利用 BIM 体系的多软件协作，实现企业或是项目的各专业之间便捷的信息交互。

将设计成果的三维表达与更多的技术与应用场景相结合，传统设计交付的二维图纸无法实现扩展应用，逆向 BIM 设计的成果虽然是三维的，但信息有限。再者，设计的过程往往是设计思路与现场设计情况冲突下不断迭代而产生的合理产品，逆向设计只能表达最终版的设计结果并且尚不能保证与图纸完全一致，因而无法根据设计的习惯进行拓展。所以 BIM 正向设计可以提升设计的附加值，通过设定应用场景规定模型的应用功能，对模型的几何信息和非几何信息添加相应的约束，从而使模型具有更多的应用功能。

2. 需求分析：正向协同设计

通过正向协同设计，约定在设计工作中专业内和专业间的协同工作方式、操作上的工作流程及信息交互标准。凭借协同设计的并行工作优势，可以保证专业间的信息传递及时有效。传统的二维设计模式已经有了协同的概念，但是二维协同设计受文件管理局限，设计人（泛指设计、复核、专业审核等角色）在文件编辑与文件流转上常常发生冲突，从而影响专业内的协作；其次，二维协同设计，受图形表达的影响，同质的设计输入数据在工作流程的设置上显得相对繁琐，降低设计参数传递的效率。引入 BIM 正向协同设计，可以允许某个设计单元中同专业人员在同一个文件上同时操作，专业间不仅传递图形，同时传递属性，即使专业间各自创建、重复表达内容，通过系统也会归类设计参数，梳理设计输入数据内容。例如建筑可以基于结构楼板在同标高位置，创建有面层的楼板，符合各自的表达需求，而在结构或建筑任一专业调整楼板高度时，另一专业都会获得消息提醒，并允许该专业操作人员选择跟随或要求其改回。

协同设计过程中，专业协调是即时的，是与各个设计环节同步的，某一环节的设计工作完成时专业协调的工作也相应结束。在逆向设计中，因为本质上是还原图纸，所以设计和协调两件事情被割裂开来，模型发现的问题要基于图纸的翻模，而图纸修改后的确认要基于二次的修改后图纸翻模。

根据"所见即所得"的原则，图纸在整个设计工作中，仅仅是模型的一种呈现方式，将模型视为设计意图的载体，模型可以直接进行专业协调，对于发现的问题可以直接在模型中修改，修改后的模型，即是修改后的设计。

3. 技术方案

1）建立全专业构件库，利用参数化快速建模技术，将各专业设计意图以设计参数的形式来驱动模型自动建立（图 10.1.5-1）。

2）基于 BIM 体系的特点，结合企业 IDM 来开展相关编码体系和作业规程的制定。

3）各阶段全专业采用统一数据框架来进行模型专业属性的管理；建立基于企业特点的全专业构件逻辑结构，形成构件管理树，并对成果模型进行精细化管理（图 10.1.5-2）。

4）各专业通过设计意图生成设计参数。专业间建立基于编码标准体系的设计参数的关联及数据交互方式。利用 BIM 数据面向对象的特点，实现专业间的横向设计协同，最

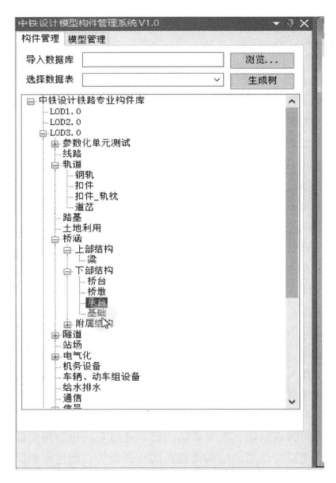

图 10.1.5-1　模型构建管理系统示例

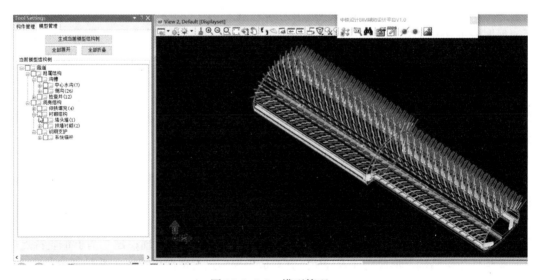

图 10.1.5-2　模型管理

终达到构件级协同的深度（图 10.1.5-3）。

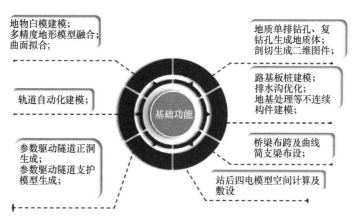

图 10.1.5-3 专业设计模块研发

5）基于 BIM 模型面向对象的特点，利用 IDM 结合编码体系形成的专业间数据交互标准来进行模型完备性的审核。利用研发专业软件结合相关规范，从面向对象的角度对模型非几何属性及几何属性来进行模型一致性审核（图 10.1.5-4）。

图 10.1.5-4 编码属性检查模块示例

10.2 济青高铁 BIM 应用案例

济青高铁站房项目全过程践行 BIM 应用，涵盖从设计、施工、到运维的全生命周期管理。通过搭设企业级管理的 iTWO 协同平台，将沿线 10 座站房进行统一管理；平台具备的预建造管理功能，在施工前期进行 5D 虚拟建造，优化施工组织，合理配备项目资源；基于 B/S 架构的 iTWO 平台还具备良好的拓展功能，项目通过二次开发集成了济青实名制系统，现场视频监控系统，结构健康检测系统等，最终形成了兼具 ERP 功能的济青高铁 BIM 协同管理平台。

10.2.1　项目概况

新建济南至青岛高速铁路项目是山东省委、省政府确立的重大交通基础设施建设项目，是山东省快速铁路网的"脊梁骨"项目，受到广泛关注。线路自济南东站引出，沿既有胶济铁路北向东经章丘、邹平、淄博、临淄、青州，过潍坊后折向东南，经高密至胶州北，然后下穿青岛新机场，向南引入青岛枢纽红岛车站，之后向东与在建的青连铁路共线引入青岛北站。全线新设济南东、章丘北、邹平、淄博北、临淄北、青州北、潍坊北、高密北、青岛机场、红岛等 10 个车站，改造胶州北站，新建线路正线长度 307.9km，如图 10.2.1-1 所示。项目初步设计概算总额 582.29 亿元，由山东省和中国铁路总公司共同出资建设。已于 2018 年 12 月 26 日建成通车。

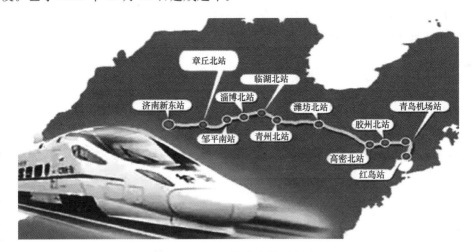

图 10.2.1-1　济青高铁示意图

10.2.2　BIM 应用策划

1. BIM 应用目标

1）总体目标

（1）将 BIM 技术作为工程项目的管理和技术手段，实现本项目的数字化设计、施工及竣工交付。

（2）利用 BIM 技术辅助业主管理团队精细化管理能力建设，提高工程建设质量和项目综合管理水平。

（3）探索铁路类项目信息化建设的新模式，打造铁路 BIM 整体解决方案。

2）各阶段实施目标

（1）策划阶段

建立本项目 BIM 技术应用实施体系，完成项目 BIM 协同平台开发，明确各参与方的

BIM 职责及技术要求。

（2）设计阶段

根据设计模型的模拟性、仿真性，对设计方案进行优化；根据相应的 BIM 应用报告，减少错漏碰缺等问题，避免因设计问题引起的变更，提高设计质量；通过 BIM 协同管理平台，实现设计成果的及时传递。

（3）施工阶段

探索新的管理模式及技术手段，通过协同平台实现各参与方的协同管理及信息化管理；提高施工方进度计划的管理能力，优化施工方案，提高现场施工方案的合理性与科学性，提升工作效率和施工质量，减少工程变更，降低成本，节约工期。

（4）运维阶段

通过 BIM 技术进行信息化竣工交付，完成整个铁路系统的 BIM 竣工模型，为铁路智慧化运营管理提供模型及信息基础。

2. BIM 实施计划（表 10.2.2-1）

BIM 实施计划及工作内容　　　　　　　表 10.2.2-1

阶段	序号	任务	时间计划	备注
策划阶段	1	制定施工阶段 BIM 实施目标		
	2	制定施工阶段实施详细分工计划		
	3	组建 BIM 团队		
	4	建立 BIM 实施环境		权限分配软硬件配置
设计阶段	1	模型建立		
	2	三维校审		
	3	净高分析		
	4	进出站漫游		
	5	性能化分析		
施工准备阶段	1	5D 虚拟建造		
	2	平台培训		
	3	土建深化		
	4	钢结构深化		
	5	机电深化		
	6	精装深化		
施工阶段	1	场地布置优化		
	2	重难点方案模拟		
	3	三维技术交底		

续表

阶段	序号	任务	时间计划	备注
施工阶段	4	质量管理	全阶段实施	
	5	进度管理	全阶段实施	
	6	安全管理	全阶段实施	
	7	成本管理	全阶段实施	
	8	物资管理	根据节点实施	
	9	BIM+VR		
	10	二维码		
竣工	1	竣工模型验收		

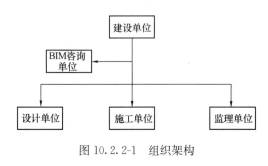

图 10.2.2-1　组织架构

3. 组织架构（图 10.2.2-1）

1）业主职责

（1）根据项目管理需要，确定并发布 BIM 技术标准和工作流程，并监督各参与方按要求执行。

（2）负责组织搭建 BIM 实施的硬件及软件环境。

（3）负责组织搭建 BIM 协同管理平台。

（4）负责在 BIM 实施过程中的各参与方的沟通协调，并负责组织审核各阶段 BIM 成果。

（5）负责组织将竣工模型向运营管理单位交付使用。

2）BIM 咨询单位职责

（1）制定 BIM 模型标准。

（2）负责 BIM 项目实施的基础配置：包括服务器、防火墙等。

（3）负责 BIM 管理平台的搭建、开发及维护。

（4）评估参与方 BIM 应用能力。

（5）指导培训各参与方 BIM 应用。

（6）建立设计阶段模型，并应用模型生成各类（碰撞报告、净高分析报告、空间分析报告、机电管综报告）应用报告，提交业主审核。

（7）辅助业主对施工及监理单位的 BIM 应用进行考核，保证 BIM 应用符合 BIM 标准。

（8）负责竣工模型的审核。

3）设计单位职责

（1）接收 BIM 各类应用报告并及时回复；根据 BIM 应用报告的问题及时调改图纸。

（2）按照要求提供相应合规的设计成果上传归档。

（3）结合 BIM 模型进行设计交底和施工过程配合。

4）施工单位职责

（1）按照 BIM 实施导则和 BIM 技术标准，组织内部 BIM 实施体系，配备 BIM 专业人员。

（2）负责 BIM 项目实施的基础配置：包括网络环境、办公环境、硬件设备等。

（3）按业主要求参与必要的 BIM 培训。

（4）负责从业主接受设计阶段 BIM 模型，并进行设计模型深化（如钢结构、幕墙、装饰装修等模型）。

（5）建立施工阶段 BIM 模型（包含场平、安全、CI、工艺工序模拟、复杂节点方案交底、变更等）。

（6）通过 BIM 协同管理平台，优化施工组织，基于平台完成现场进度计划调整，完成施工质量计划，实时完成安全监控内容。

（7）根据模型标准，添加相应的模型信息，形成竣工模型并交付。

5）监理单位职责

（1）按照 BIM 实施导则和 BIM 技术标准，组织内部 BIM 实施体系，配备 BIM 专业人员。

（2）负责 BIM 项目实施的基础配置：包括网络环境、办公环境、硬件设备等。

（3）按业主要求参与必要的 BIM 培训。

（4）参与深化设计模型、施工模型、竣工模型等审核。

（5）根据平台要求及时上传相应的文档，并在施工过程中做好相应的平台质量、安全管理工作。

4. 软硬件配备

1）软件（表 10.2.2-2）

各软件功能一览表

表 10.2.2-2

序号	软件名称	功能
1	AutoCAD 2014	平面图纸处理
2	Autodesk Revit Architecture	建筑专业三维设计软件
3	Autodesk Revit Structure Suite	结构专业三维设计软件
4	Autodesk Revit MEP Suite	参数化三维建筑设备设计软件，建筑暖通、给水排水、电气、管线综合碰撞检查专业设计应用软件
5	Autodesk Navisworks	三维设计数据集成，软硬空间碰撞检测，项目施工进度模拟展示专业设计应用软件
6	Autodesk 3ds Max	三维效果图及动画专业设计应用软件，模拟施工工艺及方案
7	iTWO	资源成本管理、项目各参与方协同管理

2）硬件配备（表 10.2.2-3）

硬件配置表　　　　　　　　　　表 10. 2. 2-3

适用范围	操作工作站	移动工作站	服务器
内存	32G	16G	配置 512GB PC4-2133P-R DIMMs（DDR4）内存，最大可扩充至 3TB 全缓冲 DIMMs（DDR4-2133）内存
显卡	NVIDIA 32GB（4×8GB）	英特尔核芯显卡	NVIDIA Quadro M6000 GPU
显示器	双显示器 27 寸 LED 2550×1440 分辨率	2560×1440	
硬盘	256SSD＋2T 硬盘 空间 SATA 硬盘	512GB SSD	5 ＊ HP NVMe SSD
操作系统	Windows 7 旗舰版	Windows 7 旗舰版	Windows Server 2016
网卡	集成千兆网卡	集成千兆网卡	集成千兆网卡

10.2.3　BIM 应用内容

1. 设计阶段

1）三维校审

通过建立 BIM 三维空间几何模型，在模型中提前预警建筑、结构、暖通、消防、给水排水、电气、设备、幕墙等不同专业在空间上的冲突、碰撞问题，提高工程项目的设计质量并减少对施工过程的不利影响，显著减少由此产生的变更申请单。调整示意图如图 10.2.3-1所示。

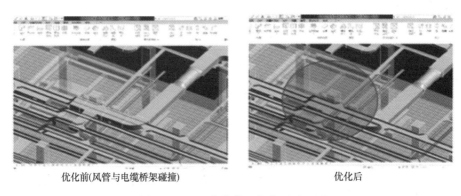

优化前(风管与电缆桥架碰撞)　　　　　　　　　　优化后

图 10.2.3-1　优化前和优化后对比图

2）净高分析

通过 BIM 三维模型，在项目设计阶段对建筑层高和室内净高进行精确评估，发现净高最不利点并进行相应优化。如图 10.2.3-2 所示，形成一张通过不同颜色表示不同高程区域的直观图纸。

3）性能化分析

通过建立 BIM 模型对建筑项目的景观可视度、日照、风环境、热环境、声环境等性能指标进行分析，优化设计方案，为建筑的可持续发展，使用人员的舒适度及运营维护成

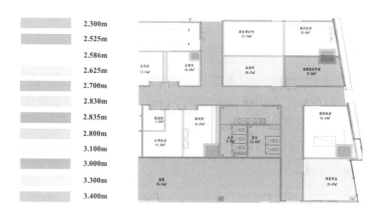

图 10.2.3-2　净空分析图

本提出优化建议。光环境及疏散分析图如图 10.2.3-3 所示。

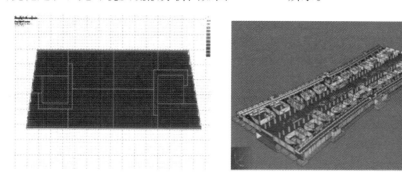

图 10.2.3-3　性能分析

4）进出站漫游

可视化漫游能够将多个场景用热点串联起来，配以缩略图、地图导航、场景说明文字等多媒体表现手段，对项目进行整体展示，使观者不仅可以获得站房的整体认识，了解进出站的流向，还可以深入其中一个场景、一个细节进行浏览、观看。济南东站漫游如图 10.2.3-4 所示。

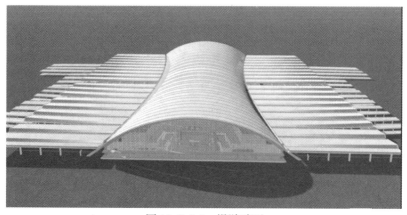

图 10.2.3-4　漫游动画

2. 施工阶段

1）5D 虚拟建造

通过 BIM 模型集成进度、预算、资源、施工组织等关键信息，对施工过程进行模拟，及时为施工过程中的技术、生产、商务等环节提供准确的形象进度、物资消耗、过程计量、成本核算等核心数据，提升沟通和决策效率，对施工过程进行数字化管理，从而达到节约时间和成本，提升项目管理效率的目的（图 10.2.3-5）。

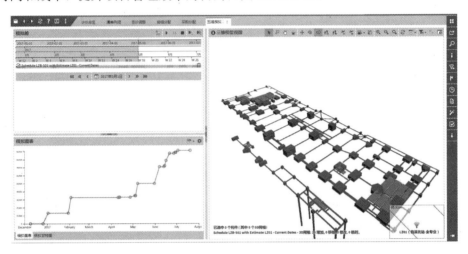

图 10.2.3-5　5D 虚拟建造

2）场地布置优化

基于无人机航拍获得的 GIS 模型和 BIM 模型整合，利用 BIM 的三维可视性，直观反映施工现场情况，合理高效地规划现场施工平面，有效避免二次搬运及事故的发生，减少用地主要包括临建的布置，大型机械的拆装路径，施工堆场的定位，施工道路的规划等。并根据施工进度，将施工现场的部件进行更新和管理，使施工现场平面布置按施工进度进行更新（图 10.2.3-6）。

图 10.2.3-6　场地布置优化图

3）施工深化

在专业的详图深化软件中建模，深化出构件详图（用于指导加工）和构件布置图（用于指导现场定位拼装）。通过 BIM 等深化设计软件完成深化设计模型的建立，模型中包含了构建的三维造型、组成构件以及细部节点信息，从而实现施工的场外预加工、场内拼装（图 10.2.3-7）。

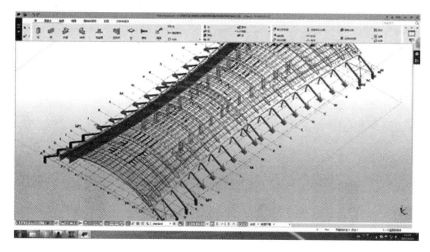

图 10.2.3-7　施工深化图

4）重难点施工方案模拟

通过 BIM 技术辅助编制施工方案，可以直观地对复杂工序进行分析，将复杂部位简单化、透明化。提前模拟方案的现场施工状态，对现场可能存在的危险源、安全隐患、消防隐患等提前排查，对施工方案的施工工序进行合理优化。同时通过可视化的动态展示，可对施工人员进行交底并加强沟通（图 10.2.3-8）。

图 10.2.3-8　施工方案模拟

5）三维技术交底

对施工过程中的重难点、复杂节点，以及存在安全质量隐患的部位，通过 BIM 模型进行施工过程的全模拟，利用视频、三维截图等方式将施工工艺、施工顺序及施工过程中应该特别注意的地方进行详细说明。

6）基于 BIM 的质量管理

通过应用移动端 APP，在施工现场随时随地查看 BIM 模型及相关质量验收规范，通过查看相关专业的模型，将现场的建筑物实体与 BIM 模型对比，直观快速地发现现场质量问题（图 10.2.3-9）。

图 10.2.3-9　移动端质量管理功能

7）基于 BIM 的进度管理

导入编制的 MS Project、P3/6 进度计划，将 BIM 模型与输入 Project、P3 \ 6 中数据匹配，生成速度前锋线，识别关链路径。同时通过实施录入实际施工进度，与计划进度模型进行对比分析，实施进行计划纠偏（图 10.2.3-10）。

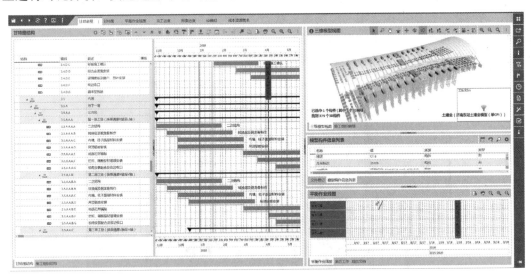

图 10.2.3-10　施工进度模拟图

8）基于 BIM 的安全管理

通过建立 BIM 管理平台防护设施模型内容库，让项目管理人员提前对施工面的危险源进行判断，在危险源附近快速地进行防护设施的布置，比较直观地将安全死角进行提前排查。还可将安全检查记录上传至平台中，实时监控整改情况，实现过程管理（图

10.2.3-11)。

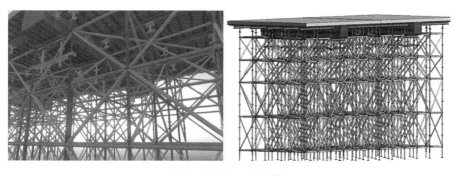

图 10.2.3-11 安全管理

9）基于 BIM 的成本管理

根据 BIM 系统可以实现三维化立体数据平台、动态的时间轴线、WBS 等关系发展而来的数据库，能够建立工程项目中与成本相关的各类时间轴线、施工顺序、立体空间延展等各个展现角度的数据库，使成本管理方面的数据处理分析能力达到每一个具体构件都有相应的记录，极大地提高了工程项目成本分析与核算的效率（图 10.2.3-12）。

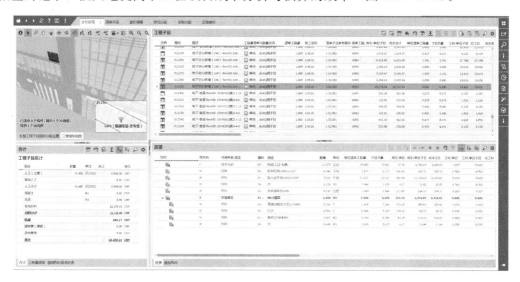

图 10.2.3-12 成本管理

10）基于 BIM 的变更管理

在施工阶段，对于发生的变更，基于共享 BIM 模型，实现对设计变更的有效管理和动态控制。通过模型文件数据关联和远程，消除信息传递障碍，减少设计师与业主、监理、承包商、供应商间的信息传输和交互时间，从而使索赔签证管理更有时效性，实现造价的动态控制和有序管理。同时，还可通过软件对变更模型进行对比分析，了解整个项目的变更状况（图 10.2.3-13）。

11）基于 BIM 的物料设备信息管理

通过 BIM 技术与二维码手段结合，供应商、施工人员等相关参与方可以在网页端为各类构件添加信息，包含加工、生产、运输、卸货位置等数据，并自动生成该构件的二维

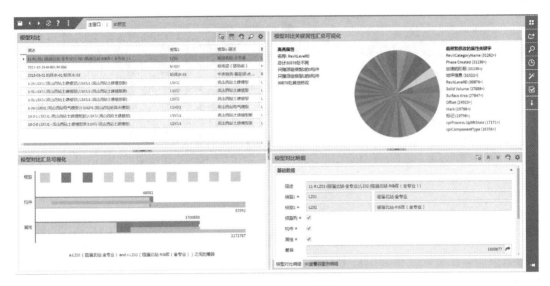

图 10.2.3-13 变更管理

码。由供应商在材料、设备出厂前给每个构件贴上二维码标签，相关人员可以利用移动终端进行扫描，实现设备或构件的数据查询，同时，还能够实时添加、更新数据，实现对物料的全过程跟踪，保障物料状态与实际情况一致。图 10.2.3-14 为红岛站中设备二维码示意图。

12）VR 应用

BIM 与 VR 相结合，对现实世界提供近似真实的三维表达，将传统的二维设计、施工方案转化为直观的三维可视化模型，在一定程度上可清晰地表达建造的理念，同时也能够及时发现设计、施工方案的缺陷，减少资源浪费；使建设工程项目在其全生命周期内最大限度地降低风险，控制项目成本（图 10.2.3-15）。

图 10.2.3-14 物料设备信息管理

图 10.2.3-15 VR 应用

10.2.4 BIM 应用总结

在项目竣工后，我们按照策划阶段制定的相应标准，进行项目最终的成果交付，并归纳过程问题和总结经验教训。

1. 成果交付（表 10.2.4-1）

成果交付内容

表 10.2.4-1

阶段	服务内容		预期成果	成果格式说明
策划阶段	1.1 成立项目管理部	1.1.1	项目部组织架构表	doc/pdf
		1.1.2	项目部组织架构表	doc/pdf
		1.1.3	项目成员联系单	doc/pdf
	1.2 制定 BIM 实施计划	1.2.1	BIM 方案实施计划书 申请业主审批意见书	doc/pdf
	1.3 软硬件部署	1.3.1	设备清单	doc/pdf
		1.3.2	软件清单及教程	doc/pdf
		1.3.3	其他相关资料	—
	1.4 项目启动会	1.4.1	会议纪要	doc/pdf
设计阶段	2.1 设计阶段 BIM 模型	2.1.1	建筑 BIM 模型	rvt/nwd
		2.1.2	结构 BIM 模型	rvt/nwd
		2.1.3	给排水 BIM 模型	rvt/nwd
		2.1.4	电气 BIM 模型	rvt/nwd
		2.1.5	暖通 BIM 模型	rvt/nwd
		2.1.6	精装模型	rvt/nwd
		2.1.7	钢结构模型	rvt/nwd
	2.2 设计校审	2.2.1	碰撞检查报告	doc
	2.3 净空分析	2.3.1	净空分析报告	doc
	2.4 性能化分析	2.4.1	性能化分析报告	doc
	2.5 进出站漫游	2.5.1	漫游视频	mp4
施工阶段	3.1 5D 虚拟建造	3.1.1	虚拟建造动画	mp4
		3.1.2	月度报表	doc
	3.2 场地布置优化	3.2.1	场地布置模型	rvt/nwd
		3.2.2	场地漫游视频	mp4
	3.3 施工深化	3.3.1	钢结构模型	db1 等
		3.3.2	幕墙模型	rvt
		3.3.3	精装模型	rvt/che
	3.4 重难点方案模拟	3.4.1	关键工序模型	rvt/nwd
		3.4.2	工序模拟动画	mp4
	3.5 三维技术交底	3.5.1	三维技术交底记录	doc
	3.6 质量管理	3.6.1	质量巡检记录	doc

阶段	服务内容		预期成果		成果格式说明
施工阶段	3.7	进度管理	3.7.1	进度模拟视频	mp4
			3.7.2	实际进度与计划进度对比文档	xls/doc/mmp
	3.8	安全管理	3.8.1	安全模型	rvt/nwd
			3.8.2	安全技术交底记录	doc
	3.9	成本管理	3.9.1	工程量清单	xls
			3.9.2	月度产值报表	xls/doc
	3.10	变更管理	3.10.1	变更模型	rvt/nwd
			3.10.2	变更统计表	xls
	3.11	二维码物料管理	3.11.1	二维码电子数据	jpg
			3.11.2	物料管理文档	doc
			3.11.3	物料清单	doc
竣工阶段	4.1	竣工模型移交	4.1.1	车站土建、机电、装饰装修等 BIM 模型	rvt/nwd
	4.2	竣工结算及结算审计配合	4.2.1	竣工结算及结算审计配合报告（包含物资清单，清单需按业主要求编制、建立）	xls/doc
	4.3	工程总结	4.3.1	项目总结报告	doc

2. 存在问题

1）设计问题

通过建立 BIM 三维空间几何模型，提前预警工程项目中各专业（建筑、结构、暖通、消防、给水排水、电气、设备、幕墙等）在空间上的冲突、碰撞共计 11600 余条问题，对相关问题进行记录和优化，提高工程项目的设计质量并减少对施工过程的不利影响，提高施工现场的生产效率，降低了由于施工协调造成的成本增长和工期延误。

（1）空间类

青州北站原设计中屋面高位水箱与钢结构发生冲突，模型建立过程中很快发现此问题并及时向设计院提出，最终设计院根据优化建议对混凝土结构做出变更，避免后期在钢结构屋面吊装过程中再去处理此问题。如图 10.2.4-1 所示，青州北站红色标识处楼板与钢结构坡屋面发生碰撞取消该处楼板。

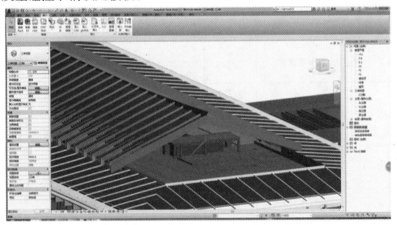

图 10.2.4-1　青州北站示意图

（2）流向类

邹平站通过 BIM 技术模拟乘客进出站发现安检机和行李安检机不同向，造成乘客和行李分离，高峰期可能扰乱安检秩序（图 10.2.4-2）。

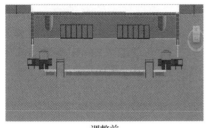

调整前   调整后

图 10.2.4-2 邹平站进站模拟图

（3）管线综合类

红岛站房出站层 3-6/P-N 轴管线比较集中，电气桥架与母线槽碰撞，空调水管与给水管碰撞，母线槽与梁碰撞。与设计院沟通后降低母线槽标高，平移桥架路由，降低空调水管标高（图 10.2.4-3）。

图 10.2.4-3 管线优化

（4）排布类

在临淄北站候车厅地面石材铺贴过程中，为了保证吊顶、墙面、地面三面对缝，在精装模型中进行排砖，调整地面石材尺寸，原设计地面 800mm×800mm 尺寸石材不满足对缝要求，增加了 750mm×800mm 的尺寸地砖，保证对缝效果（图 10.2.4-4）。

图 10.2.4-4 地砖排布

2）工程量清单问题

招标阶段通过 BIM 5D 发现清单问题约 100 余项问题，累计节约成本约 1000 万元。在招标控制环节，准确和全面的工程量清单是核心关键。通过 BIM 模型信息，可以快速对各种构件进行统计分析，大幅减少根据图纸统计工程量带来的繁琐的人工操作和潜在错误，在效率和准确性上得到显著提高，利用 BIM 技术发现工程量清单错项及漏项、清单量存在误差等问题。例如在章丘北站地上混凝土工程算量中，将 BIM 模型算量得到的数值与清单量进行对比，及时发现算量偏差并进行调整（图 10.2.4-5）。

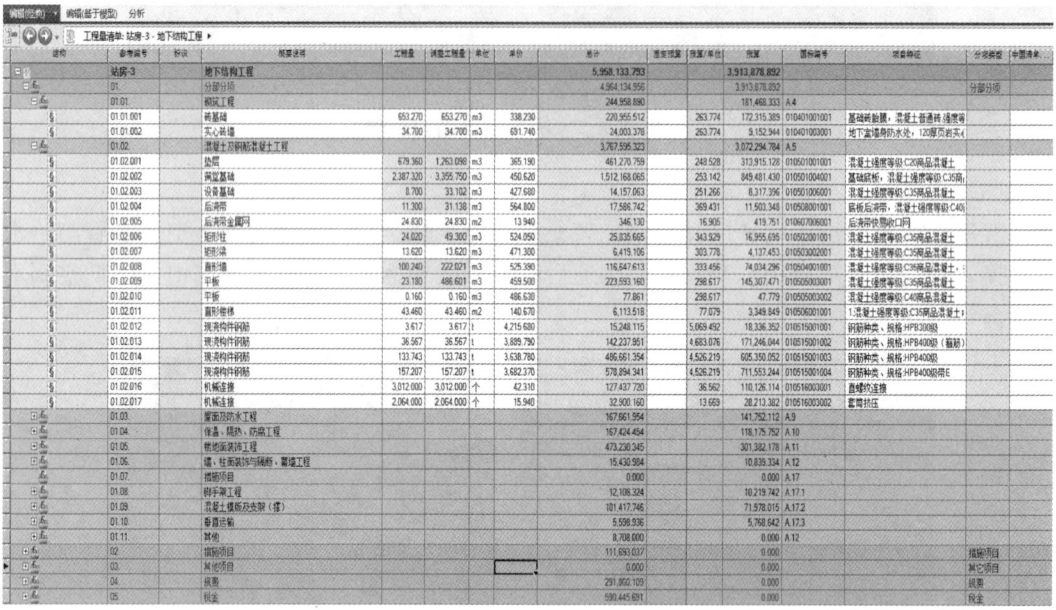
编辑(经典)　编辑(基于模型)　分析

工程量清单: 站房-3 - 地下结构工程

结构	参考编号	标识	概要说明	工程量	调整工程量	单位	单价	总计	固定预算	预算/单位	预算	国标编号	项目特征	分项类型	中国清单…
	站房-3		地下结构工程					5,958,133.793			3,913,878.892				
	01.		分部分项					4,964,134.956			3,913,878.892			分部分项	
	01.01.		砌筑工程					244,958.890			181,468.333	A.4			
§	01.01.001		砖基础	653.270	653.270	m3	338.230	220,955.512		263.774	172,315.389	010401001001	基础砖胎膜，混凝土普通砖 强度等		
§	01.01.002		实心砖墙	34.700	34.700	m3	691.740	24,003.378		263.774	9,152.944	010401003001	地下室墙身防水处，120厚页岩实(		
	01.02.		混凝土及钢筋混凝土工程					3,767,595.323			3,072,294.784	A.5			
§	01.02.001		垫层	679.360	1,263.098	m3	365.190	461,270.759		248.528	313,915.128	010501001001	混凝土强度等级:C20商品混凝土		
§	01.02.002		满堂基础	2,387.320	3,355.750	m3	450.620	1,512,168.065		253.142	849,481.430	010501004001	基础底板，混凝土强度等级:C35商		
§	01.02.003		设备基础	8.700	33.102	m3	427.680	14,157.063		251.266	8,317.396	010501006001	混凝土强度等级:C35商品混凝土		
§	01.02.004		后浇带	11.300	31.138	m3	564.800	17,586.742		369.431	11,503.348	010508001001	底板后浇带，混凝土强度等级:C40		
§	01.02.005		后浇带金属网	24.830	24.830	m2	13.940	346.130		16.905	419.751	010607006001	后浇带快易收口网		
§	01.02.006		矩形柱	24.020	49.300	m3	524.050	25,835.665		343.929	16,955.695	010502001001	混凝土强度等级:C35商品混凝土		
§	01.02.007		矩形梁	13.620	13.620	m3	471.300	6,419.106		303.778	4,137.453	010503002001	混凝土强度等级:C35商品混凝土		
§	01.02.008		直形墙	100.240	222.021	m3	525.390	116,647.613		333.456	74,034.296	010504001001	混凝土强度等级:C35商品混凝土，:		
§	01.02.009		平板	23.180	486.601	m3	459.500	223,593.160		298.617	145,307.471	010505003001	混凝土强度等级:C35商品混凝土		
§	01.02.010		平板	0.160	0.160	m3	486.630	77.861		298.617	47.779	010505003002	混凝土强度等级:C40商品混凝土		
§	01.02.011		直形楼梯	43.460	43.460	m2	140.670	6,113.518		77.079	3,349.849	010506001001	1.混凝土强度等级:C35商品混凝土;		
§	01.02.012		现浇构件钢筋	3.617	3.617	t	4,215.680	15,248.115		5,069.492	18,336.352	010515001001	钢筋种类、规格:HPB300级		
§	01.02.013		现浇构件钢筋	36.567	36.567	t	3,889.790	142,237.951		4,683.076	171,246.044	010515001002	钢筋种类、规格:HPB400级（箍筋）		
§	01.02.014		现浇构件钢筋	133.743	133.743	t	3,638.780	486,661.354		4,526.219	605,350.052	010515001003	钢筋种类、规格:HPB400级		
§	01.02.015		现浇构件钢筋	157.207	157.207	t	3,682.370	578,894.341		4,526.219	711,553.244	010515001004	钢筋种类、规格:HPB400级带E		
§	01.02.016		机械连接	3,012.000	3,012.000	个	42.310	127,437.720		36.562	110,126.114	010516003001	直螺纹连接		
§	01.02.017		机械连接	2,064.000	2,064.000	个	15.940	32,900.160		13.669	28,213.382	010516003002	套筒挤压		
	01.03.		屋面及防水工程					167,661.954			141,752.112	A.9			
	01.04.		保温、隔热、防腐工程					167,424.454			118,175.752	A.10			
	01.05.		楼地面装饰工程					473,230.345			301,382.178	A.11			
	01.06.		墙、柱面装饰与隔断、幕墙工程					15,430.984			10,839.334	A.12			
	01.07.		措施项目					0.000			0.000	A.17			
	01.08.		脚手架工程					12,108.324			10,219.742	A.17.1			
	01.09.		混凝土模版及支架（撑）					101,417.746			71,978.015	A.17.2			
	01.10.		垂直运输					5,598.936			5,768.642	A.17.3			
	01.11.		其他					8,708.000			0.000	A.12			
	02.		措施项目					111,693.037			0.000			措施项目	
	03.		其他项目					0.000			0.000			其它项目	
	04.		规费					291,860.109			0.000			规费	
	05.		税金					590,445.691			0.000			税金	

图 10.2.4-5　章丘北站地上混凝土工程量清单对比

3）施工阶段问题

济青高铁在建设工期紧，任务重的情况下，我们在进度管理上发现了很多进度计划不合理，下面以济南东站为例进行说明。

济南东站为钢结构屋面，候车大厅屋面采用大型双曲面钢结构拱顶结构，如图 10.2.4-6 所示，其跨度为 122～156m，拱高 29～36m，南北方向长 408.6m，拱顶为渐变式抛物线模型。拱顶总面积 51171m^2，投影面积为 39822m^2。结构形式采用大跨度空间桁架体系，主桁架为空间倒三角管桁架；钢屋盖拱脚处结构体系采用钢筋混凝土承台＋连接承台预应力钢拉锁＋钢管混凝土斜柱＋钢管立柱。原定方案为顶推施工，钢结构直接就位在设计位置，垂直起重设备和胎架沿屋盖结构组装方向单向移动，通过滑移胎架和行走吊机完成屋盖结构的安装。通过 BIM 技术提前对顶推方案进行虚拟施工，发现钢结构完成时间大致需要 5 个月，按此方案将无法满足济青高铁 2018 年 12 月底通车的要求。

为此，建设单位、设计单位、施工单位重新制定了液压提升方案。如图 10.2.4-7 所示，钢结构安装集“地面拼装、分段吊装、液压同步提升”三种方法共同完成。将主桁架在横向指定位置处断开，在分段位置设支撑架，东西两端分段单元采用在地面拼装成整体

图 10.2.4-6 济南东站屋面原定顶推施工

吊装进行吊装就位；中间部分在高架层楼面进行原位拼装。此方案较之前的顶推方案节约了将近 1 个月的工期（图 10.2.4-7）。

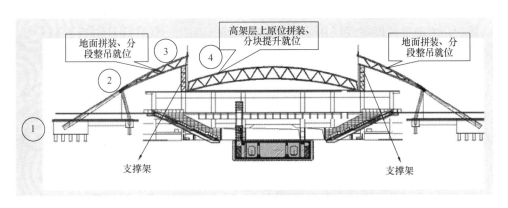

图 10.2.4-7 济南东站屋面优化后提升方案

3. 经验总结

站房中涉及的交叉专业比较多，管线复杂，BIM 应用技术比较成熟。但是铁路关于站房的 EBS 还没有标准，这在铁路信息化建设过程中，无法进行集成管理。因此，还需要做大量的研究，完成 EBS 分解标准。

其次，通过 BIM 平台进行现场管理，需要各参与方积极重视，让平台能够落地。而实际有些参建方还停留在传统的管理模式中，认为通过 BIM 平台的管理是一项多余的工作。因此，需要建设单位加强落地的力度，制定相应的平台考核办法，为 BIM 平台应用奠定良好基础。

10.3　鲁南高铁跨越营业线桥梁 BIM 应用案例

近年来，铁路建设进入快速发展阶段，营业线施工任务越来越重，在提速条件及电气化条件下施工，安全管理的难度和压力越来越大。为提高铁路营业线施工安全管理效率，鲁南高铁项目应用 BIM 技术、协同管理平台，从技术、管理层面开展铁路营业线施工管理工作。

10.3.1　项目概况

1. 项目简介

鲁南高速铁路，简称鲁南高铁，位于山东省南部，东起日照，与青连铁路日照西站接轨，向西经临沂、曲阜、济宁、菏泽，与郑徐客运专线兰考南站接轨。线路全长 494km，总投资 700 多亿，为双线客运专线，设计行车速度为 350km/h，是山东省"三横五纵"高速铁路网的重要组成部分，是国家"八纵八横"高速铁路网的重要连接通道。

本项目为鲁南高铁跨营业线桥梁工程，共 6 座，其中，转体桥 2 座，分别为肖家庄特大桥、永新特大桥；简支梁桥 4 座，分别为沂河特大桥、北河村特大桥、跨沈海高速公路特大桥左线部分（D1K6＋980）、跨沈海高速公路特大桥左线部分（D1K7＋890）。

2. 项目实施重难点

1）施工安全要求高

安全管控是跨越营业线施工各参建方关注的焦点，由于桥梁施工工艺、邻近营业线地下管线复杂，大型机械设备现场作业空间受限，施工期间不仅要保证既有铁路的正常运行，同时要确保施工的安全进行。

2）天窗点内施工要求高

在跨越营业线施工过程中，需要在铁路局批准的施工天窗内进行，不仅要保证施工安全，同时需要在有限的时间内完成既定工序。例如，永新特大桥跨越兖石铁路转体施工，按照要求需要在 110min 的天窗点内，完成 64°桥梁转体的施工准备、转体施工、现场清理等工作。

3）营业线基础资料收集难度大

项目新建桥梁跨越兖石铁路、瓦日铁路、胶新铁路等营业线，由于营业线运行时间较长，导致现有图纸资料不够完整；同时，营业线部分图纸资料由地方路段负责管理，资料借阅需要流程审批环节多，资料搜集十分困难。其次，现场电气化线路布置十分复杂，缺少详细的现场资料很难开展 BIM 建模工作。

4）施工体量大

本项目邻近营业线施工周期长、作业体量大，以肖家庄特大桥为例，跨越处为 78m＋144m＋78m 双线连续梁，转体设计总重约 125000kN，邻近瓦日铁路上下行线施工约 13 个月，对营业线运行安全影响大。

5）连续梁、0#块钢筋施工难度大

本项目包括 2 座转体施工桥，0#块钢筋复杂，经过初步对 0#钢筋部分建模，存在钢筋碰撞点多、预应力管道定位困难等。要求 BIM 工程师熟悉施工工艺和流程，利用

BIM 技术指导现场工人正确施工，满足施工要求保证工程质量。

10.3.2　BIM 应用策划

1. 实施团队

中铁设计作为 BIM 咨询单位负责跨越营业线施工的 BIM 技术应用工作。项目启动后，首先成立涵盖桥梁设计、施工专家及 BIM 各专业人员的项目实施团队（图 10.3.2-1）。

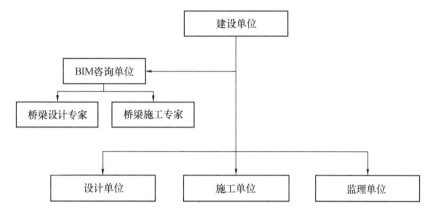

图 10.3.2-1　项目团队组织架构

2. 现场调研

项目团队成立后，为了更好的掌握现场实际情况，收集所需资料，项目团队先后多次与施工专家交流，进行现场调研，策划跨越营业线施工中的 BIM 应用点，确定了将营业线流程审批、桥梁转体、0♯块施工作为项目实施的重点（图 10.3.2-2）。

图 10.3.2-2　现场调研

3. 实施方案

在梳理完成营业线施工重点后，项目实施过程中，将铁路局的规章规范、中国铁路 BIM 联盟多个标准作为 BIM 工作开展的实施依据。并陆续出版了《鲁南高铁跨越营业线桥梁施工 BIM 技术应用方案》《鲁南高铁跨越营业线桥梁施工 BIM 技术应用实施方案》等指导性文件，作为整个 BIM 实施过程指南（图 10.3.2-3）。

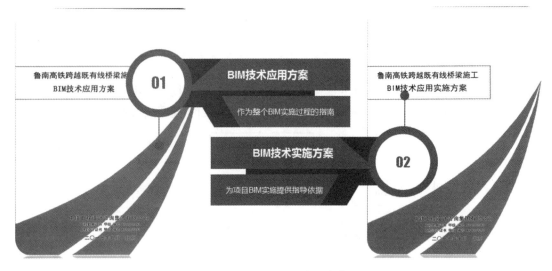

图 10.3.2-3　项目实施方案

4. 技术路线

传统的既有线施工各参与方相互独立，我们计划通过引入 BIM 及协同平台制定一套标准化的既有线施工解决方案。基于鲁南高铁项目的实施经验，应用到未来的其他桥梁及高铁项目中（图 10.3.2-4）。

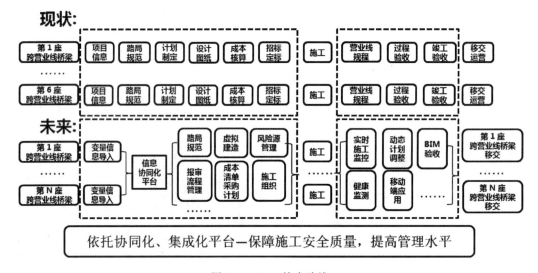

图 10.3.2-4　技术路线

10.3.3　BIM 应用内容

针对铁路营业线施工特点，本项目以辅助施工安全管理为第一准则，基于 BIM 技术开展进度管理、资料管理等工作。主要从新技术应用、BIM 模型、咨询报告、虚拟仿真、协同平台五个板块开展 BIM 技术应用，提高营业线施工效率。

1. 新技术应用

1）无人机应用

为了避免对营业线影响，采用无人机倾斜摄影的方式，进行实景建模，形成基于 BIM 的实景模型，用于指导现场总平面布置、校核新建桥梁与营业线的空间位置关系（图 10.3.3-1）。

图 10.3.3-1　无人机应用

2）三维扫描仪应用

为了保证营业线数据的精确性，BIM 实施团队采用三维扫描仪现场采集点云数据，得到精确的营业线数据信息，根据点云数据进行 BIM 模型的校核（图 10.3.3-2）。

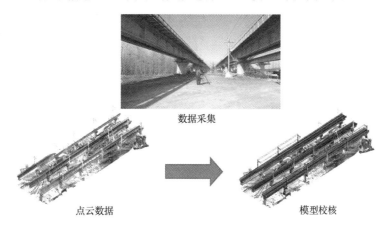

数据采集

点云数据　　　　　　模型校核

图 10.3.3-2　三维扫描仪模型校核

2. BIM 模型

1）BIM 构件库

为确保整个项目模型构件的一致性，搭建了中铁设计 BIM 构件库，用于模型构件的上传和下载。通过技术积累，为鲁南高速铁路有限公司后续的项目提供数据支撑（图 10.3.3-3）。

图 10.3.3-3　BIM 构件库

2）桥梁 BIM 模型

基于设计单位提供的营业线基础资料、铁路 BIM 联盟发布的相关标准以及 BIM 构件库，搭建了项目的新建桥梁、营业线、场布模型、施工深化模型，用于技术交底、指导现场施工（图 10.3.3-4）。

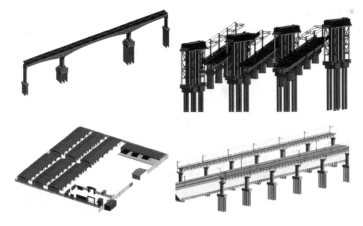

图 10.3.3-4　BIM 模型

3）0 号块钢筋模型

针对 0♯块钢筋碰撞问题，BIM 咨询单位通过建立 0 号块钢筋 BIM 模型，提前发现并解决了多处钢筋碰撞问题，避免了施工现场的返工（图 10.3.3-5）。

3. 咨询报告

针对不同桥梁的施工特点分别制定 BIM 咨询报告，包括：工程量校核报告、0♯块钢筋碰撞报告、转体施工 BIM 分析报告等，为施工单位设置营业线施工安全防护措施、优化施工方案提供数据支撑（图 10.3.3-6）。

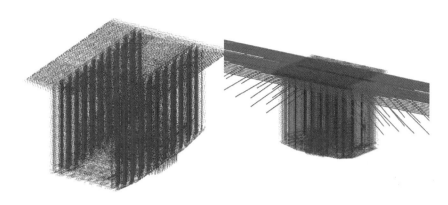

图 10.3.3-5　0 号块钢筋模型

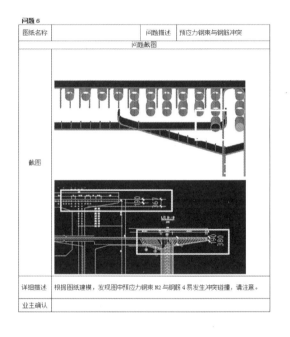

图 10.3.3-6　BIM 分析报告

4. 营业线施工工艺工法库

针对营业线运营安全影响大的施工工序，BIM 咨询单位应用 BIM 技术进行施工重难点虚拟仿真，将施工过程中的危险工序提前预演，查找风险源并优化施工方案，提高点内施工效率。

经过六座营业线桥梁施工的技术积累，已初步形成营业线施工工艺工法库，包括：0 #块施工、转体施工、中跨钢盒吊装、纵向悬臂墩施工、架梁施工等（图 10.3.3-7）。

5. 协同平台应用

基于多个铁路项目的平台应用实践，针对鲁南高铁公司定制开发 BIM 协同管理平台开展项目管理工作。

图 10.3.3-7　工艺工法库

1）流程审批

营业线施工的手续办理铁路局建管处、运输处、电务段、工务段等部门批复，同时建设单位、施工单位也要准备审批资料。在调研营业线施工手续的办理流程后，将流程通过平台的流程引擎配置，可实现基于平台协同工作，大大提高了流程审批效率（图 10.3.3-8）。

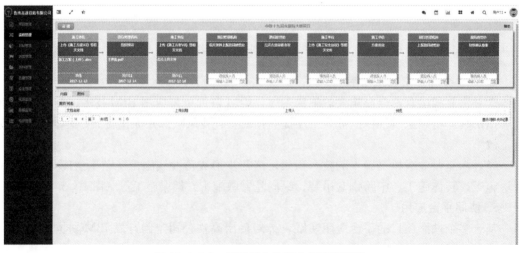

图 10.3.3-8　基于平台的营业线流程审批

2）进度管理

进度计划与 BIM 模型挂接后，在平台中可以清晰地掌握现场计划进度。通过录入实际进度，实现进度对比，不仅可以通过不同颜色显示进度单个项目的进度对比。同时支持多个项目的进度查看（图 10.3.3-9），图中显示六座桥的整体施工进度，柱状图中红色（本书为灰色）表示施工完成，黑色表示未施工。

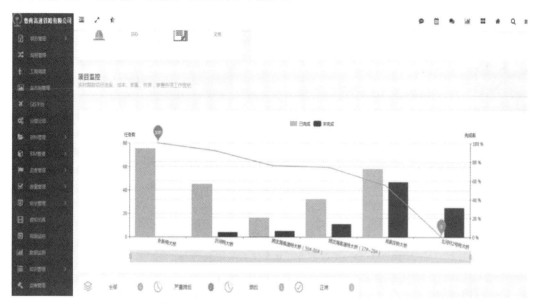

图 10.3.3-9 基于平台的进度管理

3）质量管理

平台基于 BIM 模型，开展到构件级质量管理，落实到责任人，实现精细化管理（图 10.3.3-10）。

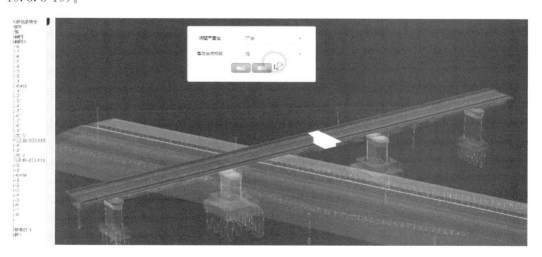

图 10.3.3-10 基于平台的质量管理

4）资料管理

平台基于 PW 底层数据架构，按照铁路建设项目文件归档的相关规定，建立资料管理文件夹，为设计、施工全过程资料管理提供服务（图 10.3.3-11）。

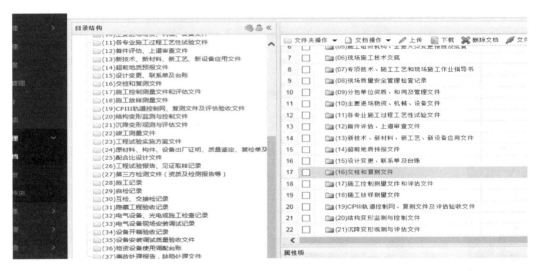

图 10.3.3-11　基于平台的资料管理

5）数据集成

平台的可拓展性强，目前无人机的航拍全景、施工重难点虚拟仿真、施工监控等都已集成至平台，支持在线观看，下阶段将基于物联网的思维，将传感器等 IOT 设备应用到铁路的建设、运维过程中，提升管理的智能化水平（图 10.3.3-12）。

图 10.3.3-12　基于平台的数据集成

10.3.4　BIM 应用总结

1. 成果交付清单

根据项目的实施进度，在不同阶段需要向建设单位、施工单位交付 BIM 应用成果，详细交付内如表 10.3.4-1 所示。

成果交付清单一览表 表 10.3.4-1

序号	BIM 应用板块	BIM 交付内容	格式
1	新技术应用	无人机全景展示	.html
2		无人机实景模型	.nwd
3		BIM＋无人机实景模型	.nwd
4		三维扫描仪点云模型	.rcs
5	BIM 模型	新建桥梁模型	.rvt
6		营业线模型	.rvt
7		场地布置模型	.rvt
8		施工深化模型	.rvt
9		0♯块钢筋模型	.dgn
10	咨询报告	工程量校核报告	.doc
11		0♯块钢筋碰撞报告	.doc
12		转体施工 BIM 分析报告	.doc
13		钢盒吊装 BIM 分析报告	.doc
14		纵向悬臂墩施工 BIM 分析报告	.doc
15		架梁施工 BIM 分析报告	.doc
16	营业线施工工艺工法库	0♯块钢筋施工 BIM 虚拟仿真	.mp4
17		转体施工 BIM 虚拟仿真	.mp4
18		钢盒吊装 BIM 虚拟仿真	.mp4
19		纵向悬臂墩施工 BIM 虚拟仿真	.mp4
20		架梁施工 BIM 虚拟仿真	.mp4

2. 项目应用总结

BIM 技术在该营业线桥梁施工中的应用，达到了济南铁路局、业主单位的预期要求，实现了整个项目的可视化、参数化，保障了营业线施工安全。针对 BIM 技术在本工程中的应用，做以下总结：

1）通过搭建鲁南高铁企业级 BIM 构件库，有效地保证了 BIM 模型及构件的标准化。

2）通过无人机、三维扫描仪的创新应用，得到了颗粒度高的 BIM 模型，基于 BIM 的可视化特点，清晰地掌握新建桥梁与营业线的空间位置关系。

3）建立了贯穿设计、施工、竣工阶段的 BIM 模型，包括：新建桥梁、营业线、施工场布、施工措施深化的 BIM 模型，同时在不同阶段出具 BIM 咨询报告，辅助施工单位制定现场施工方案。

4）0♯块钢筋是业主方关注的重点，通过建立 0♯块钢筋模型，提前发现多处预应力钢筋碰撞问题，开展钢筋优化，有效提高了 0♯块钢筋施工效率。

5）通过天窗点内、施工重难点的虚拟仿真，优化了转体施工、钢模板吊装、钢横梁吊装等施工作业风险大的工序，提高了天窗点内的施工效率、保障了营业线的施工安全。

6）通过运用鲁南高铁 BIM 协同管理平台，将各项目参与方重点关注的进度、质量等问题实现平台化应用、数据共享，提高了铁路工程信息化管理水平。

10.4　青连铁路青岛西站 BIM 应用案例

作为在全生命周期应用 BIM 技术的铁路站房工程，青连铁路青岛西站 BIM 项目从设计、施工到运维阶段统一运用 BIM 技术完成建设管理目标：以 BIM 模型作为管理载体，结合铁路分部分项、风险源系统管理思路，推动 BIM 在建设全生命周期中的应用；通过搭建企业级 BIM 协同办公平台，集成 BIM 施工管理模块，进行统一管理，为加快铁路信息化建设、实现对智慧铁路站房各阶段信息的收集标准化及规范化提供了通用性的解决方案。

10.4.1　项目概况

铁路工程作为大型基础设施，不仅建设周期长、消耗资源多，相比建筑工程，铁路建设的施工技术也更为复杂，同时还要面临自然环境的考验，将铁路建设与建筑信息模型（BIM）结合是未来铁路工程新的发展趋势。本案例展示了 BIM 技术在青连铁路青岛西站建设中的应用，包括：组织架构、软硬件搭建、深化设计、BIM＋GIS 应用、基于 BIM 协同办公云平台的工程建设项目管理过程等内容，展示了 BIM 应用效果。工程实施结果表明，BIM 的应用为提升铁路行业工作效率、增加效益带来了显著效果。

青岛至连云港高速铁路正线长 194.39km，总投资 238 亿元，其中山东境内186.6km，江苏境内 8km。建设标准为国铁 I 级双线电气化快速铁路，是以城际客运为主，兼顾中长途旅客运输、客货并重的铁路干线，沿途共设红岛、洋河口、青岛西、董家口、两城、奎山镇（日照西）、岚山西 7 个车站，其中洋河口和两城为越行站，跨越山东、江苏两省沿海的青岛、日照和连云港 3 个省辖市，如图 10.4.1-1 所示。建成以后，全线输送货物能力为每年 3500 万 t，客车每天 80 对。

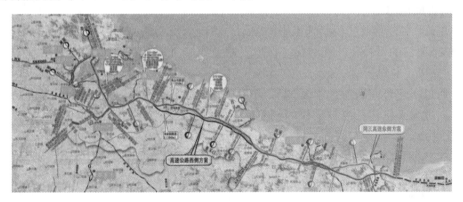

图 10.4.1-1　青连铁路规划图

10.4.2　BIM 应用策划

随着我国铁路的高速发展，大批铁路工程建设项目正在进行。因铁路项目具有投资大、工期长、技术复杂、行业组织架构庞大等特殊性，对设计、施工、运维等各方面的质量提出了很高的要求。而 BIM 技术注重的是项目整体进程，可实现多方协同设计与作业，保证信息的及时传递，大大降低返工次数，提高工程质量，保障后期运维实施。因此，建立系统而周密的 BIM 实施策划是铁路工程 BIM 项目顺利实施的前提保障。

青连铁路青岛西站站房工程项目 BIM 应用实施策划贯穿于整个项目实施的全生命周期。在本项目中，对 BIM 技术应用策划包括了以下几个部分：针对青连铁路青岛西站站房工程项目特点及项目各参与方需求进行分析调研，明确 BIM 应用目标（BIM 应用点）；对完成 BIM 应用目标的各过程进行实施流程的制定，结合地方政策及国家 BIM 标准文件对项目各项技术标准进行明确；确定达到 BIM 应用目标的人员组织，形成人员组织架构及分工职责；确定支持 BIM 应用目标实施策划所需的项目基础设施，包含 BIM 技术应用软硬件平台等，BIM 实施策划流程如图 10.4.2-1 所示。

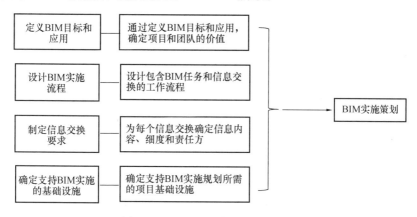

图 10.4.2-1　BIM 实施策划流程图

1. BIM 应用目标

青连铁路青岛西站站房工程实施及管理由建设单位进行主导，更注重项目的质量、进度、安全及成本的管理。建设单位结合了 BIM 技术作为项目管理的基本手段，因此在 BIM 应用目标中就要对 BIM 技术实施范围进行明确，初步将 BIM 技术应用总体目标分为了三个阶段：设计阶段、施工阶段及运维阶段。

1）设计阶段

通过在项目设计阶段应用 BIM 技术特点和管理方法，在项目设计过程中把握工程设计的方向，解决设计阶段多方沟通、协调问题，切实控制设计质量，通过模拟项目的建设过程对项目进行优化，避免下阶段的工程风险，并结合 BIM 协同管理平台实现设计阶段成果云平台电子化管理，便于各参与方协同工作。

2）施工阶段

在项目施工阶段应用 BIM 技术，建立项目施工阶段 BIM 实施体系及准则，为 BIM 项目管理提供技术支持，通过 BIM 协同平台进行多专业协调、多专业集成、多功能整合，在施工组织设计、重大施工方案动态模拟、施工技术方案确定、新技术整合应用、施工进度模拟优化、工程安全、质量、文明施工管理、现场数据采集、后台处理、施工过程资料电子化管理等过程，提高信息化管理手段，提升项目施工精细化管理水平，实现工程实体与 BIM 信息化技术的同步交付成果，为运营方后期运维提供信息化支持，打通全生命周期中施工至运维的 BIM 应用环节。

3）运维阶段

通过 BIM 技术提高竣工交付的信息化能力，完成整个铁路系统的 BIM 竣工模型，实现铁路系统工程资料信息电子化、空间可视化、结构安全监测数据化、设备构件平台化及现场管理信息集成化，为铁路智慧化运营管理提供模型及信息基础。

2. BIM 实施方案及应用标准

由于青连铁路青岛西站站房工程项目特点及建设方要求与其他项目的不同，BIM 技术应用实施目标及计划要进行相应的调整，对于完成 BIM 应用目标的实施流程进行制定，并且结合地方政策及国家 BIM 标准文件对项目各项技术标准进行明确。

为了能有效地利用 BIM 技术，就必须在项目开始阶段建立规范地的 BIM 标准，使项目各参与方都能以统一标准建立并应用 BIM 模型，避免因各人或企业习惯不同带来的理解误差。BIM 应用标准主要内容包括：明确 BIM 实施组织架构及职责、明确 BIM 应用计划、明确 BIM 模型建模专业及信息交换格式、明确项目各阶段 BIM 应用目标及流程、进行协同 BIM 平台搭建、制定 BIM 模型建立标准及竣工交付标准等。

在本项目中，综合考虑项目特点、建设方企业管理模式，工程施工复杂程度及施工方案，结合住房城乡建设部《建筑信息模型应用统一标准》GB/T 51212—2016、中国铁路 BIM 联盟《EBS 和 IFD 标准》等国内标准及国内类似项目 BIM 实施经验，制定了项目级实施依据：《青连铁路站房项目 BIM 技术应用方案》和《青连铁路站房项目 BIM 建模标准》（图 10.4.2-2）规范各项目参与方职责，BIM 应用目标、计划、流程，BIM 模型建立、信息交换内容及格式、竣工交付要求，协同办公平台应用标准等施工过程 BIM 应用内容（图 10.4.2-3）。

图 10.4.2-2　青连铁路 BIM 应用标准

3. BIM 团队组织架构及职责分工

BIM 组织架构的建立即 BIM 团队的构建，是项目目标能否实现的重要影响因素，是项目准确高效运转的基础。故在铁路工程项目实施阶段前期应根据 BIM 技术的特点结合铁路工程项目本身特征组建项目级 BIM 团队，从而更好地实现 BIM 项目从上而下地传达和执行。青连铁路青岛西站站房项目 BIM 实施具体团队组织架构如图 10.4.2-4 所示。

在本项目中，BIM 咨询单位经建设单位授权，作为本项目的 BIM 技术应用实施管理者，同时也是 BIM 各阶段应用主要实施方，不仅制定 BIM 技术标准与实施规则，也要负责项目各阶段的 BIM 工作规划、监督、指导和实施管理。结合青连铁路青岛西站站房项

图 10.4.2-3　青连铁路 BIM 应用标准

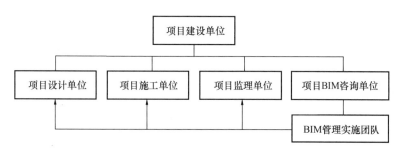

图 10.4.2-4　青连铁路青岛西站站房项目 BIM 团队组织构架

目特点，对项目各参与方进行 BIM 技术应用实施服务内容的职责划分（表 10.4.2-1），从而确保 BIM 技术应用顺利实施。

青连铁路青岛西站站房项目 BIM 各参与方职责划分　表 10.4.2-1

标注	P＝执行主要责任　　S＝协办次要责任					
	R＝审核　　A＝需要时参与					
	I＝提供输入信息　　O＝接收输出信息					
序号	BIM 服务内容	建设单位	参与方			
		业主方	BIM 咨询	设计单位	施工单位	监理单位
一	咨询 BIM 服务					
1	编写 BIM 技术应用模型创建标准	I	P			
2	组建 BIM 管理实施团队	R	P			
3	搭建 BIM 实施基础设施	R	P			
4	BIM 应用培训	A	P	A	A	A
二	设计 BIM 服务					
1	建模及模型维护	R	P	I		R
2	施工图纸校审	R	I	O	O	R

续表

标注		P=执行主要责任 S=协办次要责任					
		R=审核 A=需要时参与					
		I=提供输入信息 O=接收输出信息					
序号	BIM 服务内容	建设单位	参与方				
		业主方	BIM 咨询	设计单位	施工单位	监理单位
三	施工 BIM 服务					
1	深化设计 BIM 模型	R	P		S	R
2	施工阶段 BIM 模型更新维护		P		S	
3	施工重难点动态模拟	R	P		I	
4	三维可视化技术交底		S		P	R
5	竣工模型交付	R	P		S	R
四	平台 BIM 服务					
1	协同平台搭建与账户开户	R	P	O	O	O
2	基于 BIM 管理平台的进度管理	P	S	I	I	I
3	基于 BIM 管理平台的质量管理	P	S	I	I	I
4	基于 BIM 管理平台的成本管理	P	S	I	I	I
5	基于 BIM 管理平台的安全管理	P	S	I	I	I
6	施工过程资料管理	P		I	I	I

4. BIM 实施基础设施

BIM 实施基础设施指在 BIM 工作中所需要的各种生产要素，包括 BIM 实施环境、BIM 硬件资源及 BIM 软件平台。

本项目中，BIM 技术应用实施软件部分如表 10.4.2-2 所示。

青连铁路青岛西站站房项目 BIM 实施软件部分　　　　表 10.4.2-2

应用类型	软件名称	功能
模型创建	AutoCAD 2014	平面图纸处理
	Autodesk Revit Architecture	建筑专业三维设计软件
	Autodesk Revit Structure Suite	结构专业三维设计软件
	Autodesk Revit MEP Suite	参数化三维建筑设备设计软件，建筑暖通、给水排水、电气、管线综合碰撞检查专业设计应用软件
模型浏览	Autodesk Navisworks	三维设计数据集成，软硬空间碰撞检测，项目施工进度模拟展示专业设计应用软件
	Lumion	场景布置，增加模型的可视化效果
	Autodesk 3ds Max	三维效果图及动画专业设计应用软件，模拟施工工艺及方案
	BIM360	在手持智能移动设备上浏览观看模型，便于现场管理人员对施工的指导
平台管理	青连铁路 BIM 构件库平台	为项目进行基础 BIM 构件库数据管理
	青连铁路 BIM 协同办公平台	项目资源信息电子化平台，为项目各参与方协同管理办公提供环境
	青连铁路 BIM 施工管理平台	施工项目管理平台，为施工阶段各参与方进行项目建设管理提供环境

本项目中，BIM 技术应用实施硬件部分如表 10.4.2-3 所示。

青连铁路青岛西站站房项目 BIM 实施硬件部分　　　　表 10.4.2-3

适用范围	操作工作站	移动工作站	服务器
内存	32G	16G	配置 512GB PC4-2133P-R DIMMs（DDR4）内存，最大可扩充至 3TB 全缓冲 DIMMs（DDR4-2133）内存
显卡	NVIDIA 32GB（4×8GB）	英特尔核芯显卡	NVIDIA Quadro M6000 GPU
显示器	双显示器 27 寸 LED 2550×1440 分辨率	2560×1440	
硬盘	256SSD＋2T 硬盘空间 SATA 硬盘	512GB SSD	5 ＊ HP NVMe SSD
操作系统	Windows 7 旗舰版	Windows 7 旗舰版	Windows Server 2016
网卡	集成千兆网卡	集成千兆网卡	集成千兆网卡

10.4.3　BIM 应用内容

1. 设计阶段

1）全专业模型创建

青连铁路青岛西站站房 BIM 模型创建根据青连铁路青岛西站站房工程 BIM 模型标准，通过 BIM 建模软件 AutodeskRevit 创建青连铁路青岛西站站房及雨棚工程项目的全专业模型。整个项目模型分为建筑、结构、给水排水、暖通、电气、幕墙、内装、线路等多个专业模型。为保证施工阶段 BIM 模型的应用，结合 BIM 技术应用方案及施工方案要求，进行模型构建的信息录入，保证模型精度达到 LOD300 的要求，如图 10.4.3-1 所示。在本项目中，对涉及的各别特殊构件制作相关族文件也进行了相应规定，以保证图模一致，后期用于指导施工。同时，部署了青连轨道交通 BIM 构件库平台，进行各站房各专业模型构件的上传，为本项目设定统一的 BIM 构件，满足模型统一及模型深度要求，为快速建模实时更新提供便捷服务（图 10.4.3-1）。

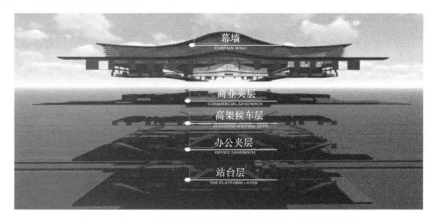

图 10.4.3-1　青连铁路青岛西站站房 BIM 土建模型分层

BIM 模型的应用贯通于工程项目生命周期的每个阶段，并且在各阶段对模型应用的深度、精度也有特定要求，需要在各阶段进行模型构件、信息的维护。本项目中，根据项目施工蓝图、设计变更和 BIM 问题报告的设计回复，对模型进行更新与维护，确保模型与图纸的一致性。在模型更新与维护的过程中会发现图纸存在的新问题，总结归纳相关 BIM 问题报告，及时反馈设计单位进行确定。本项目中 BIM 模型信息主要为 BIM 构件的几何信息、设计信息、施工信息等，并分阶段在 BIM 模型中对每个构件的施工流水段信息、施工信息等进行实时更新。

2）施工图纸校核

在根据图纸对工程项目进行建模的过程中，发现很多二维图纸存在的问题。BIM 建立模型的过程就是辅助审图和预施工的过程，相对于传统的审图，BIM 的优势在于将多个专业模型整合在一起，各专业图纸之间存在的问题一目了然。

将各专业模型进行整合，基于施工图模型内的所有内容，进行碰撞检测，通过三维方式发现图纸中的错、漏、碰、缺等问题，在模型中检查出传统二维图纸难以发现的问题及各专业间的问题，从而预见施工过程中可能出现的问题。在青连铁路站房工程 BIM 技术应用实施中，对项目进行各专业建模及碰撞检查后，发现了以下施工图纸的问题：结构机电矛盾、结构预留洞不明、平面详图不一致、平面系统不一致、标注不明、系统信息不明、平面系统不同层、标注疑问、图形标注信息不一致、图纸不一致、尺寸不一致、建筑结构不一致、结构错位等问题。由 BIM 咨询单位在施工前将问题形成报告反馈给设计方及其他各参与方（图 10.4.3-2），将施工图纸问题提前解决，避免工期延误或返工。

2. 施工阶段

1）BIM＋GIS 技术辅助施工场平布置

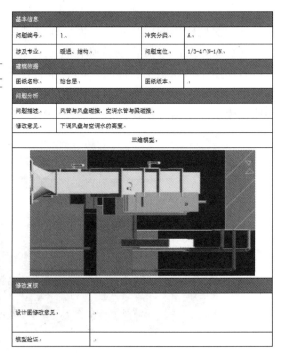

图 10.4.3-2　青连铁路青岛西站站房 BIM 数字化报告示意

BIM＋GIS 是建筑信息模型 BIM 技术和地理空间信息 GIS 技术先进性的体现，可以为工程管理提供一种全新的数字化、可视化、可量化的管理工具，同时也是推动工程管理从传统的微观管理方式向现代化、智能化、宏观化管理方式迈进，可以大大提升管理效率，提高工程管理的针对性、有效性（图 10.4.3-3）。

图 10.4.3-3 青连铁路青岛西站站房 BIM＋GIS 辅助场布模型

本项目在规划阶段通过无人机航拍建立项目地理信息模型，生成 GIS 模型，对青连铁路青岛西站站场专业设计提供地形依据。将 GIS 模型与 BIM 模型数据整合，对站场做整体施工场地规划，对施工现场塔吊的布置方案提供了设置依据，使塔吊布置更加合理，极大地提高了塔吊的工作效率与覆盖范围；辅助施工场地布置设计及施工方案的确立，使各专业加工区域、堆放区域布置更加合理与安全。

2）施工深化设计

青连铁路青岛西站站房属于混凝土结构与钢结构交叉作业，混凝土结构中的钢筋排布往往与钢结构构件形成碰撞现象，形成施工复杂节点。针对此现象，BIM 对此施工复杂节点进行模型深化设计（图 10.4.3-4）。

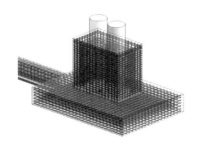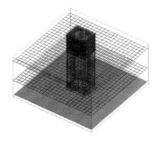

图 10.4.3-4 钢筋 BIM 模型深化设计

利用 BIM 模型深化后，对施工现场进行三维技术交底，令相关作业人员及技术人员对复杂节点有更加直观地认识，指导施工，有效地规避了两种结构间存在的碰撞问题，满足施工要求，高效地完成了施工作业。

青连铁路青岛西站站房 BIM 项目中，机电管线多，截面尺寸大，存在专业间的碰撞点多,以青岛西站为例检测碰撞 2340 处,经整理归纳后 90 余处;同时,后期运营单位及项目建设单位对走廊、房间等公共区域的净高要求高,导致机电管线排布区域狭小,并且本项目要求工期短,极大地增加了施工难度与压力。

在机电管线调整前,首先根据 BIM 方案中机电管线优化工作流程 (图 10.4.3-5),对各管线间存在的碰撞点进行检测,并形成碰撞报告,发现大量碰撞点后,及时与设计方、施工方机电负责人及监理单位组织讨论会开展技术讨论,根据现场施工条件确定机电管线综合排布原则。根据管线综合排布原则开展机电管线优化工作,通过整合各专业模型进行调整,在有限的空间内实现管线间的相对零碰撞,同时保证机电管线的功能性,保证设计净高要求,保证施工条件,降低返工率,节约物料,时间、人工等成本。

经过 BIM 技术对机电管线进行优化后,发现根据二维图纸设计排布仍存在不满各方要求的区域,对此,BIM 出具管线综合优化报告及净空分析报告,对各房间、走廊等区域进行分析,尤其是无法满足净高要求的区域 (图 10.4.3-6)。将成果报告及时发送各参与方,由设计方对原设计方案进行再次审核与优化。

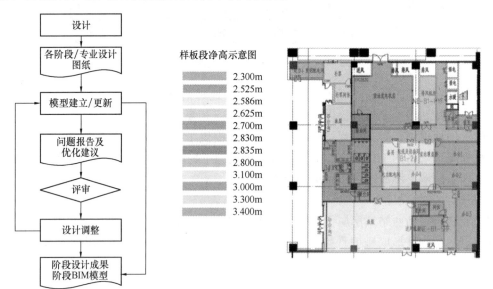

图 10.4.3-5　机电深化设计流程

图 10.4.3-6　青岛西站站房
(-10.000m 层) 机电净高分析

设计方经过对二维设计的再次审核后,将反馈发送 BIM 咨询单位,由 BIM 管理实施团队根据设计要求进行模型优化,再将机电优化成果对施工方相关作业人员及技术人员进行三维技术交底,同时利用 BIM 技术进行出图,对复杂区域与重点控制区域利用 Revit 软件制图,多取局部平面图与剖面图,丰富施工图纸资源,使机电管线安装施工有足够的图纸信息,指导现场施工 (图 10.4.3-7)。

在传统的机电管线安装施工过程中,往往会因为机电各分包单位入场顺序和安装顺序产生争执,同时优先安装的分包专业很少考虑后继专业安装,因此不可避免地产生既有管线的拆除与重新安装,造成材料和人工的浪费,也会造成工期的延误。采用 BIM 技术优化机电管线 (图 10.4.3-8),规范了各机电分包作业情况,规避了传统施工方式存在的上述弊端。

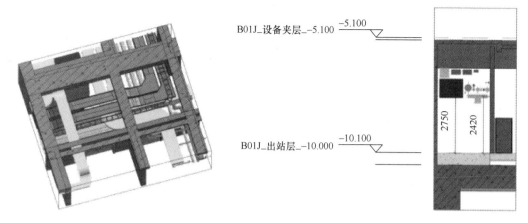

图 10.4.3-7 青连铁路青岛西站站房机电深化设计模型示意

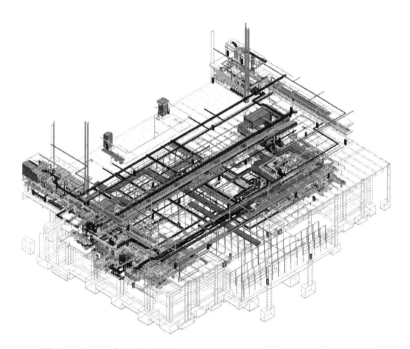

图 10.4.3-8 青连铁路青岛西站站房东区机电深化设计 BIM 模型

　　青连铁路青岛西站站房建设项目中因所处青岛地区建筑外形上融合了大海波浪的元素，增加了幕墙施工难度；同时，幕墙设计资料难免存在各种问题，从而造成返工现象，且二维设计修改的便捷性低、准确度不高，深化设计工作量大。通过 BIM 技术可以很好地解决以上因传统二维设计带来的问题。模型构建之后可以清楚地将幕墙专业设计效果通过 BIM 三维可视化展现出来，摆脱二维图纸的表达缺陷；同时将幕墙模型与土建、机电模型进行链接整合，查看与校验幕墙跟其他专业模型之间的位置关系，利用 BIM 软件进行专业间的碰撞检查，对存在问题的区域进行再次深化。

　　深化后的幕墙设计方案通过 BIM 软件对幕墙专业施工的工作清单及材料清单进行统计与导出（图 10.4.3-9），及时、准确、有效地为施工现场材料准备提供可靠依据。

幕墙			
A	B	C	D
族与类型	类型	楼层信息	长度
矩形竖梃	15	150*50		810.00
矩形竖梃	15	150*50		800.00
矩形竖梃	15	150*50		800.00
矩形竖梃	15	150*50		800.00
矩形竖梃	15	150*50		800.00
矩形竖梃	15	150*50		105.00
矩形竖梃	15	150*50		810.00
矩形竖梃	15	150*50		800.00
矩形竖梃	15	150*50		800.00
矩形竖梃	15	150*50		105.00
矩形竖梃	15	150*50		810.00
矩形竖梃	15	150*50		800.00
矩形竖梃	15	150*50		105.00
矩形竖梃	15	150*50		795.00
矩形竖梃	15	150*50		800.00
矩形竖梃	15	150*50		105.00
矩形竖梃	15	150*50		800.00
矩形竖梃	15	150*50		105.00
矩形竖梃	15	150*50		800.00
矩形竖梃	15	150*50		800.00

图 10.4.3-9　青连铁路青岛西站站房幕墙工程量提取

深化交付后的幕墙模型能准确清晰地表达关键节点的施工方法，可以利用 BIM 软件导出施工图及施工节点深化图（图 10.4.3-10），清晰地表达深化后模型的内容，并且满足施工条件，符合行业规范要求。利用此项 BIM 技术对现场相关作业人员及技术人员进行技术交底，缩短了施工周期，保证了幕墙安装的准确性。

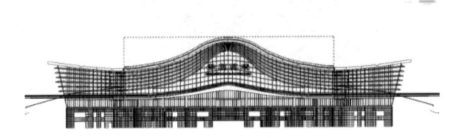

图 10.4.3-10　青岛西站站房 BIM 模型交底立面图

3）施工方案模拟及论证

（1）高支模施工方案模拟

青连铁路站房工程项目中站房工程施工层高，跨度大，需要进行高支模。高支模施工作业比较容易发生高处坠落事故，造成人员的伤亡，更为严重的是在施工过程中，如果支模系统发生坍塌，会造成上部作业人员伤亡，酿成较大，甚至重大的施工安全事故，因此高支模方案编制困难，重要性极大。

本项目中利用 BIM 技术建立高支模架模型（图 10.4.3-11），应用 BIM 可视化，可以清楚地看到施工过程中的实际情况，直观地完成方案的编制；同时利用 BIM 技术使模架的排布更加合理，导出材料清单，对工人进行施工交底，保证高支模的施工质量与安全。

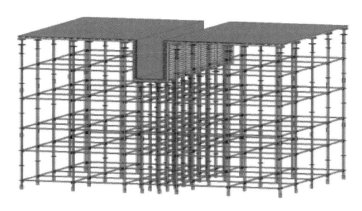

图 10.4.3-11　高支模 BIM 模型

（2）内装施工效果模拟

青连铁路站房工程作为大型铁路综合交通枢纽，站房规模大，复杂程度高，建成后人流量大，建设单位及各参建方对内装的施工效果尤为关注。通过内装专业 BIM 施工深化设计，对室内装饰工程设计图纸具体构造方式、工艺做法和最终施工安排通过 BIM 内装模型进行优化，保证深化后施工图纸具有完全的可实施性，达到对室内装饰工程的精确施工，使建筑室内空间的各项功能和装饰效果满足业主要求。在传统内装设计深化后的效果展示中，通常用 3DMAX 等模型软件进行制作，虽然效果炫酷，但是缺乏施工信息无法指导施工过程。基于 BIM 技术，在确定精装方案后，对现场即将采用的各项装修材料现场采集其信息，包括材质、图案及截面尺寸等，进行内装模型的再次深化，整合各专业 BIM 模型。不仅能够直接通过模型进行实时浏览，还可以导入漫游软件中，美观现有模型，对模型进行可视化渲染，将精装方案与效果进行展示与比选，最终进一步优化精装方案。同时，对站房进出站路径，安全逃生路径，办公环境放置进行方案模拟，令建筑物性能得到最大程度的利用。如图 10.4.3-12 所示，为青连铁路青岛西站站房基于 BIM 内装深化模型制作的进出站漫游动画成果。

图 10.4.3-12　青连铁路站房精装效果漫游示例

4）青连铁路站房工程项目云平台搭建

《铁路工程项目 BIM 试点实施纲要》提出了要建设项目各参与方协同工作的 BIM 管理平台的要求：根据当前铁路 BIM 技术应用现状，重点围绕标准编制、数据编码、模型轻量化展示、模型与数据库关联等关键技术开展攻关，解决技术和管理问题，从容实现信息互通，最终构建数据集成、信息共享的统一平台。

青连铁路站房工程建设比起一般的民建工程，技术含量高、专业分工细、投资规模大、工程分部范围大，尤其在施工过程中参与建设的单位众多，对整个工程的管理要求非常高，所以必须要结合协同管理平台的建设，对整个项目进行科学的管理，包括人员、权限、任务、流程、过程资料、交付等。并且，通过结合 BIM 的协同特性，使项目各参与方都可以基于 BIM 模型进行协同作业，最高效率地发挥各参与方及各专业间的协同能力，实现系统的整体涌现性。基于 BIM 的青连铁路建设协同管理平台特性主要体现在以下几点：

为项目各参与方建立统一的数据源，确保数据的准确性和一致性。

为项目全过程中各参与方提供一个信息交流和互相协作的虚拟网络环境，满足各参与方在统一平台上进行协同管理，实现各参与方的沟通和交流，对数据和信息进行交换、集成、共享和应用。解决了多业务系统间的"信息孤岛"和二维图纸交流"信息断层"等问题。

平台系统管理功能设计，符合适用性与先进性统一的原则。平台不仅具备协同平台常规的过程资料管理等功能，还结合建设方管理人员管理思路及方法，进行了定制化的功能模块开发，满足项目管理需求。在铁路建设过程中，基于施工工序，进行了分部分项及风险源模块的开发，不仅结合 BIM 计算机辅助设计、成本分析、虚拟建造等先进工作，而且强化了过程控制和风险监控功能，实现项目管理数字化、智能化、网络化和集成化。

基于 BIM 的数字化管理平台，面向项目各参与方提供知识服务，满足各种各样的知识支持需求，包括资料管理、知识管理、数字化竣工资料等内容，推动知识的形成和应用，推进铁路数字化建设。

青连铁路站房 BIM 协同管理平台以建筑信息模型（BIM）为基础，结合铁路专业技术标准和统一编码体系，通过集成门户展现方式，集成编码结构管理、规划组织管理、招投标与合同管理、综合调试与竣工验收管理、决策支持等管理要素和功能，通过 B/S 架构（Browser/Server，浏览器/服务器）进行搭建，使得建设单位、设计单位、施工单位、监理单位、咨询单位等利益相关者可以在铁路建设项目全过程进行统一信息模型的数据采集、整理、统计、分析，有效开展决策支持，多目标综合管理及知识管理，并集成了工作模块、项目管理模块、统计分析模块、数据维护模块、工程资料模块、BIM 管理模块、GIS 平台模块、视频监控模块、知识管理模块及后期运维管理模块等。所有模块通过外部接口和数据接口进行信息的提取、查看，并实时更新数据。在明确 BIM 应用重点、协同办公方式、BIM 应用流程等过程后，由建设单位组织各参与方进行协同办公平台中变更内容及施工信息的及时更新，如图 10.4.3-13 所示。

青连铁路站房 BIM 施工管理平台作为云平台大数据全流程解决方案，创造性地整合了基于 BIM 模型，成本与时间的虚拟＋实体建造流程。该平台与协同办公平台集成，实现单点登陆，使所有项目成员的操作都基于同一个项目模型，集成全流程管理，保证数据流的唯一性。同时优化设计，预算与进度计划，降低风险，使项目效益最大化。项目实施施工前进行全生命周期的 5D 模拟推演和优化，用优化模型指导、对比实体建造，实时监控施工效果。对项目的更改或优化要求先进行模拟，达到理想效果后再实施，从而降低风险，在实体建造施工前有效发现问题并解决问题（图 10.4.3-14）。

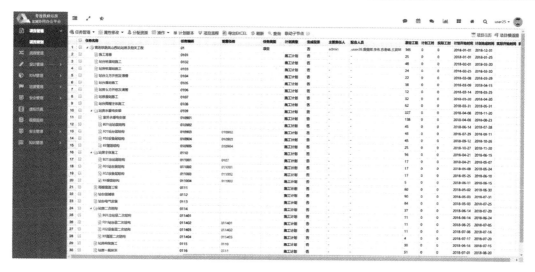

图 10.4.3-13 青连铁路 BIM 协同管理平台示例

图 10.4.3-14 青连铁路 BIM 施工管理平台示例

5）进度管理

青连铁路站房工程规模大、复杂程度高，工期尤为紧张，项目各参与方对工程进度的把控尤为重视。在总控时间节点的要求下，以 BIM 方式表达、推敲、验证进度计划的合理性，寻找最优化的施工方案，充分准确显示施工进度中各个时间点的计划形象进度，以及对进度实际实施情况的追踪表达，进行施工过程多视点的模拟动画，为施工进度的管理提供依据。

在青连铁路站房 BIM 管理平台进度管理模块中，通过将 BIM 模型构建与施工进度计划相挂接，将空间信息与时间信息整合在一个可视的 4D（3D＋Time）模型中，直观、精确地反映整个建筑的施工过程，流程如图 10.4.3-15 所示。

4D 施工模拟技术可以在项目建造过程中合理制定施工计划、精确掌握施工进度，优化使用施工资源，直观地对项目各分包、各专业的进场、退场节点和顺序进行安排，同

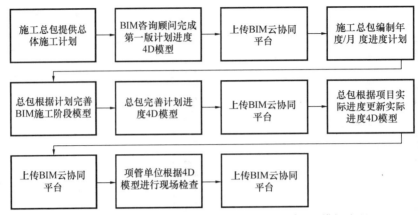

图 10.4.3-15 青连铁路站房 BIM 施工管理平台 4D 模拟流程

时,通过项目施工方在平台中对项目实际进度信息、施工日志等施工信息进行录入,与计划进度进行对比,通过 BIM 模型可视化特性进行表达,达到对整个工程的施工进度、资源和质量进行统一管理和控制,从而缩短工期、降低成本、提高质量(图 10.4.3-16)。

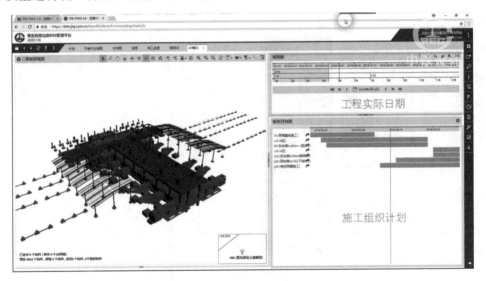

图 10.4.3-16 青连铁路青岛西站站房 4D 虚拟建造示意

6)质量管理

青连铁路站房工程在项目质量管理中,基于站房全专业 BIM 模型、BIM 协同办公平台质量管理模块及铁路工程质量验收规范,通过质量管理信息与 BIM 模型构件相关联,实现在 BIM 协同办公平台中进行工程质量流程审批管理过程,提高项目信息化应用水平。在铁路工程项目质量管理中,通过分部分项流程进行管理,分部分项主要包括单位工程、分部、分项、检验批,检验部位,分部分项按照单位工程、分部、分项、检验批将数据依次组织串联,然后由监理进行审批。分部分项业务流程如图 10.4.3-17 所示。

在青连铁路协同办公平台中,结合 BIM 技术可视化特性,将分部分项信息跟 BIM 模型构件进行挂接,直接通过模型进行分部分项信息查看(图 10.4.3-18)。

分部分项通过计划时间形成预警,预警任务的提示划分到责任人上,责任人通过自己

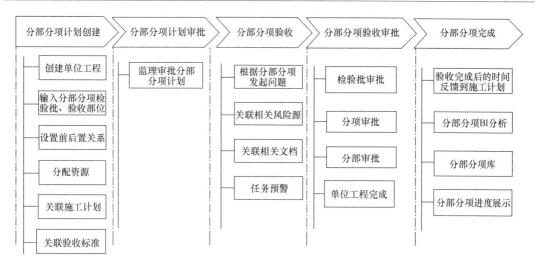

图 10.4.3-17 青连铁路站房工程质量管理流程

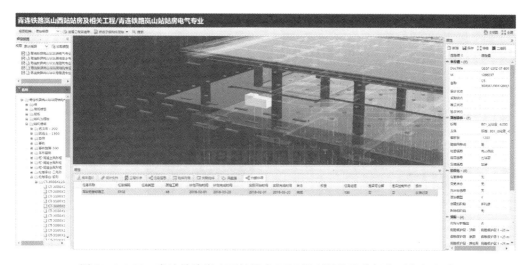

图 10.4.3-18 青连铁路岚山西站站房 BIM 模型浏览及分部分项信息查看

的任务查看分部分项的计划时间，进行分部分项的验收（图 10.4.3-19）。

通过青连铁路站房 BIM 协同平台应用移动端 APP，在施工现场随时随地查看 BIM 模型及相关质量验收规范，不必再带图纸和纸版规范去现场，现场质量人员除了可查看本专业图纸和模型外，利用模型可同时查看相关专业的模型，了解其他专业的设计要求，将现场的建筑物实体与 BIM 模型对比，直观快速地发现现场质量问题。

同时可利用移动端将现场发现的问题拍照并在模型中进行定位标记，对发现的问题进行责任人分派并实时跟踪问题处理状态，提高沟通效率，保证现场问题解决的及时性和准确性，以加强对施工过程的质量控制（图 10.4.3-20）。

7）安全管理

在青连铁路站房工程建设过程中，通过在协调办公平台集成铁路工程风险源安全管理系统，结合 BIM 构件、现场图片，安检资料等，将工程安全问题通过信息化的方式进行展示及流程处理（图 10.4.3-21）。

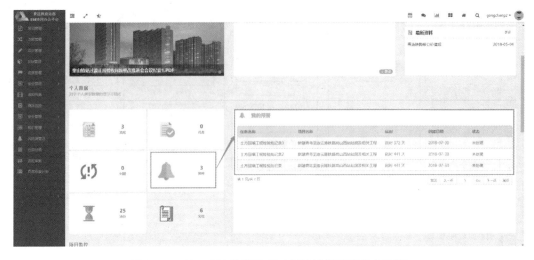

图 10.4.3-19　青连铁路站房工程质量管理云平台预警

图 10.4.3-20　移动端质量管理功能

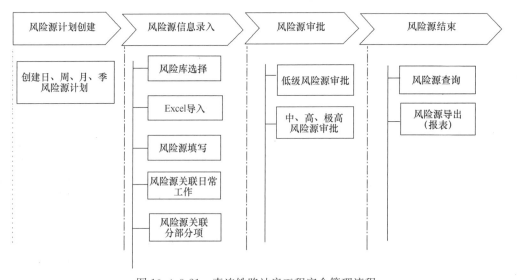

图 10.4.3-21　青连铁路站房工程安全管理流程

通过协调办公平台中的风险源模块，建立项目完善的安全管理风险源审批流程，与质量管理中的分部分项模块进行挂接，提前对工程建设中容易产生质量安全问题的施工节点进行整理，结合 BIM 模型构件可视化、可模拟特性，形成并行处理、信息集成、风险提前规避、问题责任到人的工程安全管理系统（图 10.4.3-22）。

图 10.4.3-22 青连铁路岚山西站站房 BIM 模型浏览及风险源信息查看

10.4.4 BIM 应用总结

1. 成果提交清单

在项目交付过程中，需要对相应的成果进行提交，BIM 成果涵盖咨询阶段、设计阶段、施工阶段及施工竣工阶段四个阶段，具体清单如表 10.4.4-1 所示。

青连铁路站房项目 BIM 成果提交表　　　　　　　　　　表 10.4.4-1

序号	BIM 服务内容	提交成果	格式
一		咨询 BIM 服务	
1	编写 BIM 技术应用模型创建标准	《青连铁路站房工程 BIM 建模标准》《青连铁路站房工程 BIM 技术应用方案》	.doc/.pdf
2	组建 BIM 管理实施团队	《青连铁路站房 BIM 管理小组组织架构》	.doc/.pdf
3	搭建 BIM 实施基础设施		
4	BIM 应用培训		
二		设计 BIM 服务	
1	建模及模型维护	各专业 BIM 设计模型（LOD300）	.rvt
2	施工图纸校审	《青连铁路站房施工图 BIM 数字化报告》	.doc/.pdf
三		施工 BIM 服务	
1	深化设计 BIM 模型	各专业 BIM 施工模型（LOD400）	.rvt
2	施工阶段 BIM 模型更新维护	各专业 BIM 施工模型（LOD450）	.rvt
3	施工重难点动态模拟	施工模拟动画	.avi
4	三维可视化技术交底	基于施工 BIM 模型出图	.dwg/.pdf
5	竣工模型交付	整合全专业 BIM 竣工模型（LOD450-LOD500）	.rvt
四		平台 BIM 服务	
1	协同平台搭建与账户开户	云平台应用	
2	基于 BIM 管理平台的进度管理	云平台应用	

序号	BIM 服务内容	提交成果	格式
3	基于 BIM 管理平台的质量管理	云平台应用	
4	基于 BIM 管理平台的成本管理	云平台应用	
5	基于 BIM 管理平台的安全管理	云平台应用	
6	施工过程资料管理	云平台应用	

2. 创新点及 BIM 收益总结

1）BIM＋VDC 技术

在青连铁路站房工程中通过应用 BIM＋VDC 技术，发现设计各专业施工图纸问题共计 2000 余条，整理成数字化 BIM 报告提交设计单位，从施工前对问题进行优化，保证了施工图纸质量，减少了施工过程中的变更，提高了施工效率，保证了项目工期，节约了项目成本。

2）施工组织优化

通过在 BIM 云平台中对 BIM 模型、施工组织计划及项目清单进行挂接形成了 5D 虚拟施工过程，在施工前对整个项目施工过程进行模拟，提前发现原施工组织计划中不合理的地方在施工前进行优化，对项目成本进行可视化分析，对后期辅助材料进场、验工计价提供依据，提高了项目施工效率。在青连铁路青岛西站站房工程中，通过 5D 虚拟建造，发现机电安装、内装施工组织存在不合理的问题，通过 BIM 咨询单位组织建设单位、施工单位、监理单位进行施组优化讨论会，对施工方案进行优化后模拟、推敲，最终优化工期 30 余天，为项目解决了成本，保证了项目建造工期。

3）成品保护

在青连铁路站房工程中，BIM 技术也应用在措施深化中。基于青连指挥部领导对项目工期短的特点以及对施工作业质量严格把控的要求制定，施工现场成品保护是保证工程实体质量的重要环节，是施工管理的重要组成部分。成品保护工作不到位，优质的产品也将受到破坏或污染，成为次品或不合格品，增加不必要的修复或返工工作，导致工、料浪费、工期延迟及不必要的经济损失。结合 BIM 技术，对青连铁路站房项目中青岛西站高架候车厅及奎山站一楼候车大厅的内装专业施工过程中成品保护方案进行优化及模拟，将措施构件放置于施工 BIM 模型中，并结合动画进行工序、工艺模拟，施工作业人员施工线路模拟等，辅助施工单位制定最优的成品保护方案，减少施工过程中的成品破坏，在短工期内保证最终交付成果（图 10.4.4-1）。

图 10.4.4-1　内装措施深化施工 BIM 模型

10.5 京沈客运专线京冀段四电 BIM 应用案例

10.5.1 项目概况

为探索 BIM 技术在高速铁路四电工程施工中的应用，在北京至沈阳客运专线京冀段施工项目中选取了示范供电开展 BIM 应用研究，进行电力、变电和接触网、通信、信号专业建模、BIM 模型应用、施工管理平台建设实践，为提高技术交底质量、解决电缆敷设难题等问题寻求 BIM 解决办法。本项目 BIM 应用示范工点包括承德南站 10kV 配电所、承德县北牵引变电所、安匠牵引变电所、承德南站信号楼、李家庄分区所、承德南分区所、柴河 AT 所、柴家泉 AT 所、姚家湾子 AT 所、10♯中继站、柴家泉中继站、滦河通信基站、163 基站和 DK183+722.03～DK189+399.01 段接触网。

10.5.2 BIM 应用策划

首先，对施工图、零部件和设备图纸等资料进行整理，然后创建施工图模型，接着根据现场情况、工艺和规范要求利用 BIM 模型进行方案优化和论证，构建了用于现场施工的 BIM 模型。最后根据优化后的 BIM 模型进行了方案展示、可视化技术交底、电缆敷设模拟等应用，同时还将 BIM 模型上传 BIM 平台进行施工管理应用（图 10.5.2-1）。

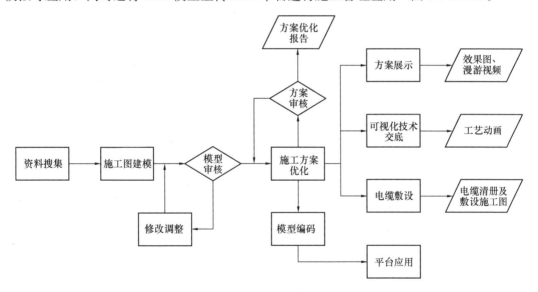

图 10.5.2-1 BIM 应用流程

10.5.3 BIM 应用内容

1. BIM 建模

1）编制建模标准

针对本项目的应用内容，对建模精度、模型命名、构件编码等进行统一规范，保证模型质量，便于 BIM 平台应用（图 10.5.3-1）。

二、工程模型文件交付原则

1. 一般原则
    a) 工程文件名称仅包含汉字、大小写字母 A-Z、半角下划线"_"、半角连接线"-"与数字。
    b) 半角连接线"-"用以分隔字段。
    c) 工程模型应按照专业划分模型文件。
2. 工程模型文件命名规则
    a) 基本形式
       专业编号及专业名称-工点名称[-模型划分编号及模型划分内容][-日期].rvt
    b) 字段解释
       专业编号及专业名称：如下表，

专业名称	专业代码
通信专业	07
信号专业	08
信息专业	09
电力专业	11
牵引变电专业	12
接触网专业	13

图 10.5.3-1　BIM 建模标准

2）构件建立

依据本项目供应商提供的零部件和设备图纸，创建了各专业的构件库（图 10.5.3-2）。

图 10.5.3-2　各专业构件示例

3）各专业模型建立

在创建专业模型之前，先使用创建了轨道、路基、桥梁、隧道、场坪和房屋模型，在此基础上再进行各专业设备和设施的布置（图 10.5.3-3～图 10.5.3-7）。

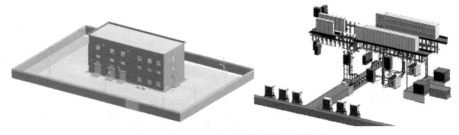

图 10.5.3-3　10kV 配电所 BIM 模型

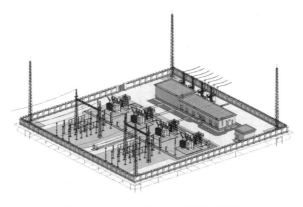

图 10.5.3-4 牵引变电所 BIM 模型

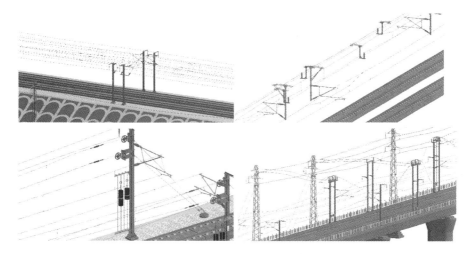

图 10.5.3-5 接触网 BIM 模型

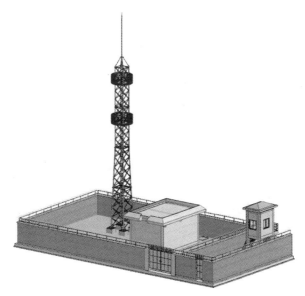

图 10.5.3-6 通信基站 BIM 模型

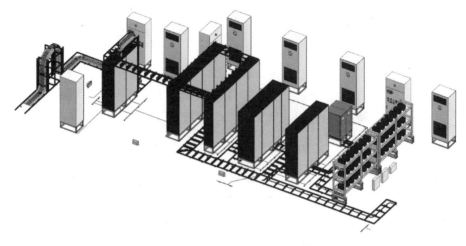

图 10.5.3-7　信号中继站 BIM 模型

2. BIM 审图

现场技术人员根据施工 BIM 模型，利用模型上的数据信息进行图纸审核，及时发现专业间和专业内的冲突、碰撞等设计问题（图 10.5.3-8～图 10.5.3-10）。

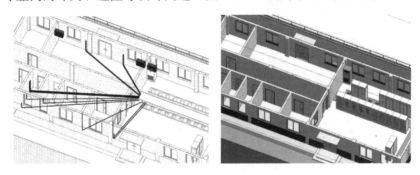

图 10.5.3-8　牵引变电所控制室预留预埋

涉及区域	全图	涉及专业	建筑	图纸定位	成贵施房-502B 宜宾东 10KV 配电所·一层平面图·与二层平面图		标高: 0.000 与 5.570
							轴网:
问题描述	图纸标注的孔洞预留尺寸与表格不一致，表格中的尺寸与大样图中的尺寸不符，表格中洞 4 是圆形洞，而大样图中是方形洞。					问题编号	007

序号	名称	尺寸(宽×高)	标高 m
1	墙洞	φ480	3.800(洞中心)
2	墙洞	φ530	9.100(洞中心)
3	墙洞	325×670(H×W)	8.900(洞底)
4	墙洞	φ435	洞底
5	墙孔洞	300×400	-1.150(洞底)
6	墙洞	300×400	-0.700(洞底)
7	墙洞	200×300	-1.150(洞底)

施工平剖面图   BIM 模型

解决办法:

图 10.5.3-9　配电所孔洞预留 BIM 审图结果

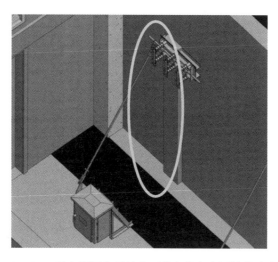

图 10.5.3-10　配电所隔离开关室开关安装与房屋结构冲突检查

3. 可视化展示

　　基于创建的 BIM 模型，进行实时渲染，对待建项目进行展示，直观查看项目完成后的效果，还可以输出渲染图片和视频，便于向业主展示展示项目情况（图 10.5.3-11）。

图 10.5.3-11　渲染效果

4. 设计方案优化

　　基于 BIM 模型，结合现场情况，对设计方案进行优化，能够直观地查看优化后的效果。变电专业根据设计规范，利用 BIM 模型分析了变压器之间的安全距离，取消了变压器之间的防火墙，使变电所布置更加简洁；在 BIM 模型中模拟进行电缆敷设，优化了电缆沟的布置方案，将一次电缆和二次电缆进行分沟敷设，减少电缆交叉。电力专业原调压器接线方案为由下电缆沟向上引线通过母排与调压器进行接线，考虑到阜新 10kV 配电所调压器电缆从上层电缆夹层向下引出，将调压器接线方案改为从上往下直接使用电缆终端头进行接线（图 10.5.3-12～图 10.5.3-14）。

5. 电缆敷设

　　四电专业使用了大量的电缆进行电能、信号传输，电缆的敷设是施工的难点。利用 BIM 技术，根据施工图中的电缆清册，在模型中布置了各类设备并进行电缆敷设模拟，根据电缆敷设模拟情况，确定了电缆敷设的路径和顺序，通过创建电缆敷设路径图、安装图和清册，提高了电缆敷设的速度和质量（图 10.5.3-15～图 10.5.3-17）。

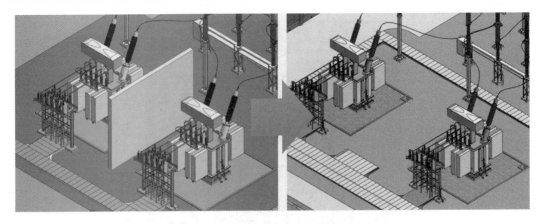

图 10.5.3-12　变压器防火墙优化

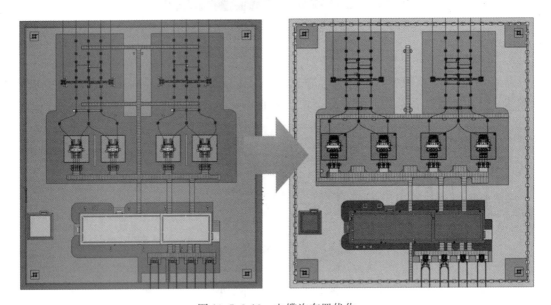

图 10.5.3-13　电缆沟布置优化

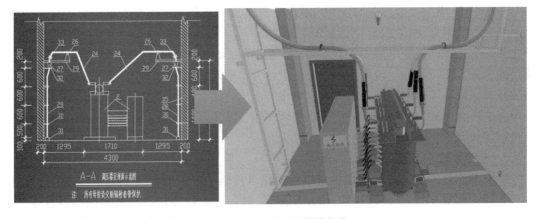

图 10.5.3-14　调压器接线优化

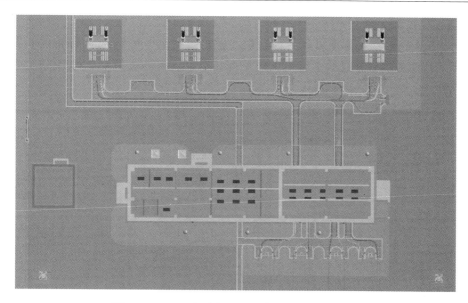

图 10.5.3-15 牵引变电所电缆敷设方案（总体）

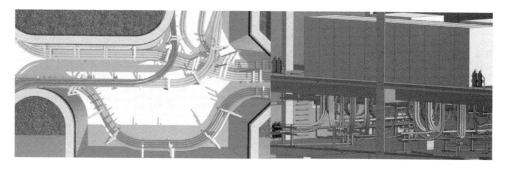

图 10.5.3-16 牵引变电所电缆敷设方案（局部）

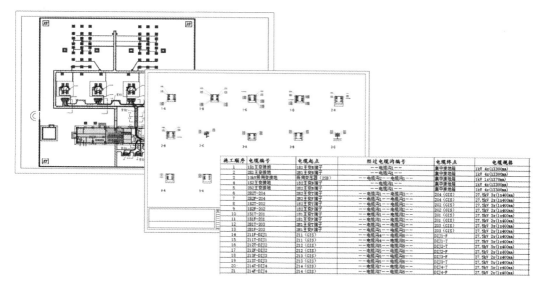

图 10.5.3-17 电缆敷设施工图及电缆清册

6. 可视化技术交底

为了保证施工质量，本项目利用 BIM 技术进行可视化技术交底。利用 BIM 模型，创建了施工工艺动画，形象展示了施工工艺流程和要求，增进施工人员对工艺的理解（图 10.5.3-18）。

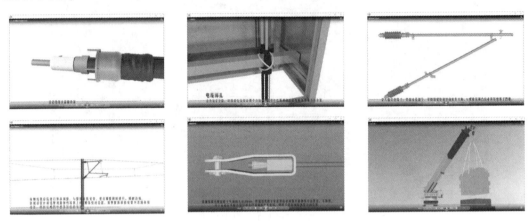

图 10.5.3-18　用于技术交底的工艺动画

10.5.4　BIM 平台管理

为保证信息在施工过程中进行有效传递，搭建 BIM 平台，并通过平台对各方进行信息交互和管理。平台提供模型轻量化解决方案，直接运行浏览器且不使用任何插件就可以浏览模型，并进行施工信息管理。

1. 全线模型场景漫游

模型建成后，由于场景体量大，配套的模型查看软件难以支撑。平台针对轨道交通特性进行了专项优化，支持全线全专业模型在网页中进行浏览。在平台中进行场景漫游对于模型内部情况的检查更加直观，例如管线排布效果感受、工作空间的检测、隐蔽区域的内部情况等，并能随时查看构件信息，进行尺寸测量、构件显隐等操作，对于指导现场施工具有很高的价值。漫游过程中可以对施工中的重难点区域进行视点存储，便于会议沟通（图 10.5.4-1，图 10.5.4-2）。

图 10.5.4-1　场景漫游

图 10.5.4-2 轻量化模型查看

2. 人员管理

项目管理以人为本，平台提供了项目人员管理的功能，对项目人员信息及分部在场人员数量进行管理，掌握项目人员情况。根据各分部历史人员数据曲线掌握人员变动曲线，可及时掌握项目人力资源整体分配情况（图 10.5.4-3～图 10.5.4-5）。

图 10.5.4-3 人员信息管理

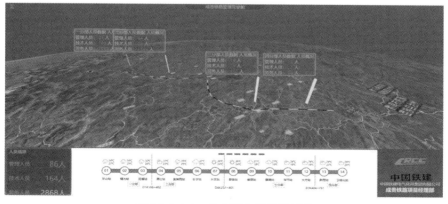

图 10.5.4-4 各分部人员分部情况

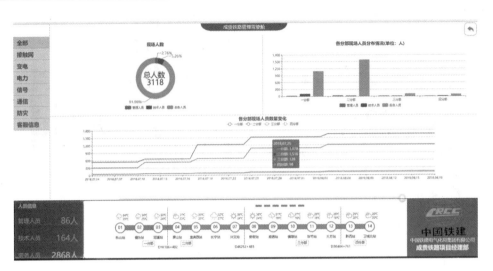

图 10.5.4-5　各分部人员变化曲线

3. 物资管理

目前，在建筑施工行业中，建筑物料种类繁多，施工现场采购量大，物料到场后，入库、出库、安装使用环节多，对物料从编码、生产、采购、使用不能做到全生命周期的管理，会造成物料在施工现场的丢失、损坏、浪费情况严重，进而增大了建筑工程整体的建设成本。

利用二维码技术，对施工现场物料从编码、采购、进场、出库、安装、运维各环节进行管控，对所有物料的操作都进行记录，并能通过客户端进行追溯查询，从而完成物料的全生命周期管理（图 10.5.4-6）。

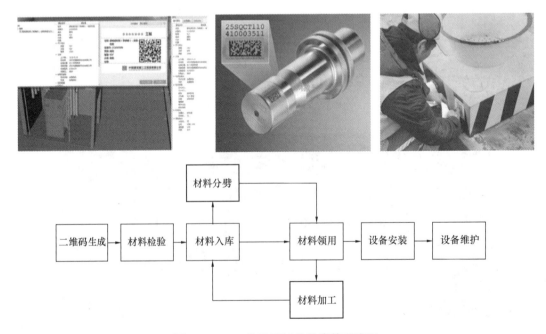

图 10.5.4-6　基于 BIM 的物资管理流程

4. 施工进度管理

施工进度管理是施工项目管理中的重要管理单元。施工阶段开始之前，通过完善施工阶段的模型细度，每周利用模型进行形象进度记录，不同颜色表示本周完成的部位、下周计划施工部位、本周未完成的部位等方式，随时了解施工过程中碰到的各种问题，对方案进行调整，保证施工进度的控制，形成历史记录，方便后续对施工问题的追溯。

由于铁路四电项目存在战线长，参与人数众多的特点，保证获取到的施工进度数据的有效性是核心所在。BIM 平台通过将个专业 WBS 和模型编码关联起来，实现施工日志在平台中录入。从而实现施工进度的可视化展示（图 10.5.4-7，图 10.5.4-8）。

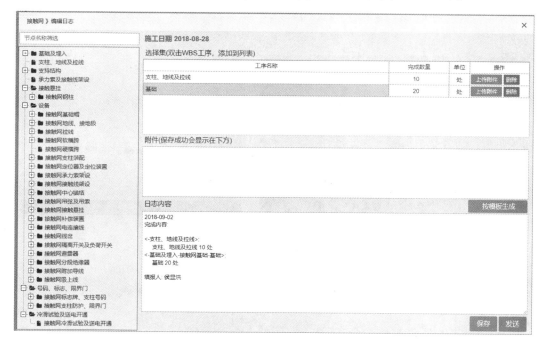

图 10.5.4-7　施工日志填报

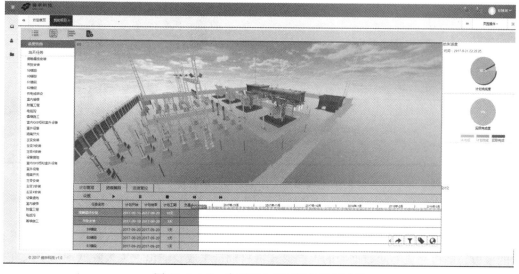

图 10.5.4-8　牵引变电所可视化进度展示

5. 质量安全问题管理

质量安全问题是项目管理过程的着重关注点。平台中的安全质量管理功能具备安全问题的填报、处理、销项、存档的全过程闭环管理。相关问题信息以平台为信息传递介质，以三维场景、模型为载体。将质量安全问题与 BIM 技术相关联。相关流程处理人员能结合现场实际和模型视图做对比，更加形象直观地了解问题的发生位置及发生状况，辅助相关人员对问题进行分析处理。做到流程可跟踪，问题可记录，结果可追溯。提高项目管理人员处理质量安全问题的及时性、准确性、智能性、便捷性。

打开手机扫描设备二维码即可实现安全问题上报，由安全负责人审核确认安全问题后，及时派发处理流程。实现了安全问题人人可上报，人人是主角（图 10.5.4-9，图 10.5.4-10）。

图 10.5.4-9　三维填报问题

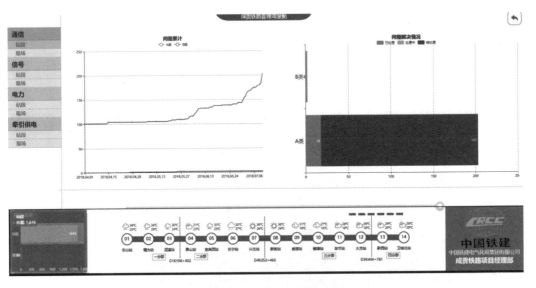

图 10.5.4-10　质量安全问题看板

6. 竣工资料管理

通过资料管理功能，可解决项目部重复录入资料的问题。一次录入数据，通过配置不同的模板。即可完成相同数据源的不同形式资料批量生成及输出。大大降低现场录入资料的时间，节省人力物力。让现场资料员能够切实地感受到信息技术的便捷性及高效性。

通过菜单看板中的表单设计功能，可新建、编辑表单。通过平台的表单设计功能，创建各类检验批的表单，创建过程与 excel、word 创建表格方式类似。用户可以根据自身项目用表快速创建相关表单，最终可实现检验批、手续审批、安全质量问题处理等流程资料的归档管理（图 10.5.4-11～图 10.5.4-14）。

图 10.5.4-11　表单制作

图 10.5.4-12　数据填报

7. 监控管理

对现场监控进行集中管理，并与模型位置结合实现综合监控管理。在铁路四电中在料库管理，预配车间管理中有比较理想的实践应用（图 10.5.4-15）。

8. 预配管理

平台结合提供了预配数据管理模块，可以对腕臂、支吊架等预配件的预配数据和预配流程进行综合管理。现场测量人员、预配计算人员、预配生产人员均可将相关测量、计算数据上传至平台，平台自动将这些数据和对应模型关联绑定。预配计算人员和预配生产人

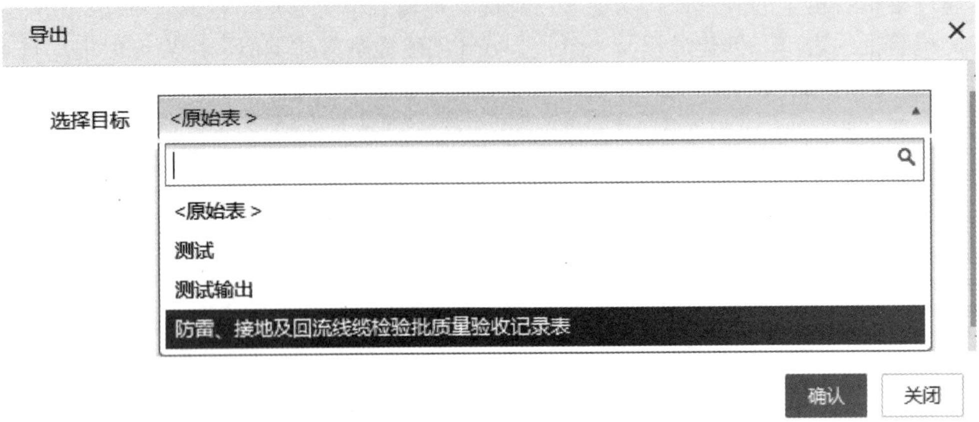

导出 ✕

选择目标 　<原始表>　▲

<原始表>

测试

测试输出

防雷、接地及回流线缆检验批质量验收记录表

确认　　关闭

图 10.5.4-13　选择模板输出报表

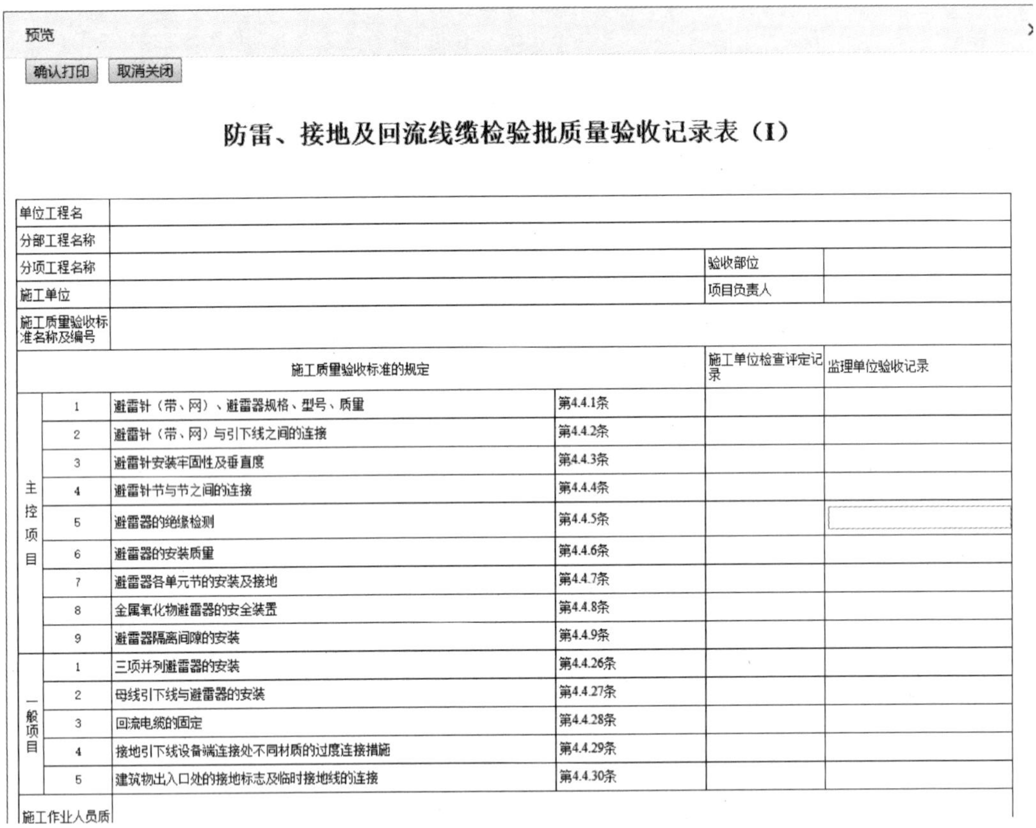

预览 ❯

确认打印　取消关闭

防雷、接地及回流线缆检验批质量验收记录表（I）

单位工程名					
分部工程名称					
分项工程名称				验收部位	
施工单位				项目负责人	
施工质量验收标准名称及编号					
		施工质量验收标准的规定		施工单位检查评定记录	监理单位验收记录
主控项目	1	避雷针（带、网）、避雷器规格、型号、质量	第4.4.1条		
	2	避雷针（带、网）与引下线之间的连接	第4.4.2条		
	3	避雷针安装牢固性及垂直度	第4.4.3条		
	4	避雷针节与节之间的连接	第4.4.4条		
	5	避雷器的绝缘检测	第4.4.5条		
	6	避雷器的安装质量	第4.4.6条		
	7	避雷器各单元节的安装及接地	第4.4.7条		
	8	金属氧化物避雷器的安全装置	第4.4.8条		
	9	避雷器隔离间隙的安装	第4.4.9条		
一般项目	1	三项并列避雷器的安装	第4.4.26条		
	2	母线引下线与避雷器的安装	第4.4.27条		
	3	回流电缆的固定	第4.4.28条		
	4	接地引下线设备端连接处不同材质的过度连接措施	第4.4.29条		
	5	建筑物出入口处的接地标志及临时接地线的连接	第4.4.30条		
施工作业人员质					

图 10.5.4-14　打印预览

员可通过模型下载相关测量数据和生产数据开展相关工作。从而将整个预配生产链管理起来，保证预配数据的有序流通、集中规范管理、归档存储，为后期运维提供数据依托（图10.5.4-16）。

9. 一杆一档数据管理

在 BIM 平台内，建立设备、设施数据档案，记录设计参数、施工记录，信息包括文

图 10.5.4-15 平台监控管理界面

图 10.5.4-16 预配数据管理

本、图片以及视频等，针对接触网专业更是提供了一杆一档管理功能，支柱相关的所有资料信息一目了然，建设过程中就对结构物的档案信息查漏补缺，避免在完工后大量档案资料补填完善，缩短了移交时间，保证了数据的真实性、及时性、有效性（图 10.5.4-17）。

10. 电缆追踪

铁路四电系统中电缆类型、数量众多。在传统施工过程中施工人员只能根据二维图纸资料进行电缆敷设。图纸中对电缆的敷设路径、电缆所需长度等都未给出清晰简洁的指导。针对这一现状，平台提供了电缆敷设路径查询的功能，支持根据电缆类型和电缆编号查询该电缆的敷设情况，包含其两端连接的设备、经过哪些桥架、如何分层等都能清晰直观地查看，并可以将先关的作业指导书、工艺视频等于模型绑定，最终整体提高电缆敷设效率（图 10.5.4-18）。

图 10.5.4-17　一杆一档数据查询

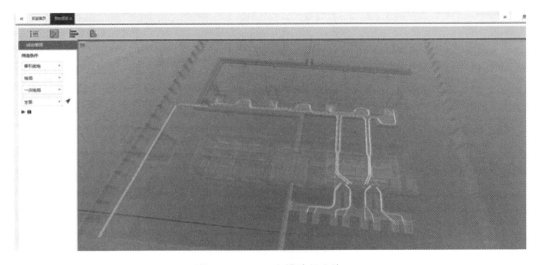

图 10.5.4-18　电缆路径查询

11. 二维码应用

施工现场环境复杂、软件交互环境存在很多不确定性。BIM 技术在手机端的应用必须具备便捷性和易操作性。通过应用调研，最终确定将构件二维码作为移动端与 BIM 平台功能访问的重要纽带。平台具备二维码生成及打印功能，在平台上选中模型构件，然后填写二维码图片中需要显示的内容，系统会为每个构件生成二维码图片。

施工管理人员通过在平台中选择需要打印的构件，并将这些二维码与安装好的设备、系统对应安装后。用户通过扫描设备二维码即可实现相关信息查询、问题填报等操作，以尽量少的步骤实现用户想要完成的工作（图 10.5.4-19）。

支柱

支柱型号：GHT240C/9.3

支柱材质：钢

支柱编号：1421

里程：D1K43+541.625

股道：左线

行别：下行

图 10.5.4-19　生成的二维码

用户将二维码图片进行打印，或者交给专门的制作商打印成不同材质（塑料、金属）的二维码标牌，安装在构件上。扫码即可查询相关设计施工属性（图 10.5.4-20）。

12. 移动端应用

铁路四电项目存在施工战线长、施工现场环境复杂的特点。现场填报问题信息需要考虑的因素很多。最终确定通过手机扫描贴在相关设备上的二维码的方式发起问题填报。提高了问题填报的及时性、高效性、便捷性、真实性。

移动端打开微信、qq 扫描设备二维码。即可查看相关设备信息、登录后可进行安全问题填报等操作。问题上传成功后，在平台端就可以看到该问题，并可根据二维码的信息定位到构件所在位置（图 10.5.4-21）。

图 10.5.4-20　安装好的二维码

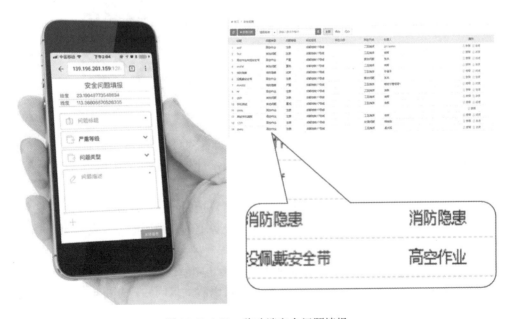

图 10.5.4-21　移动端安全问题填报

13. 异地三维会审

在铁路项目建设过程中,由于各专业的复杂性和独特性,往往在设计或施工时会出现大量的模型和图纸会审,需要工程各参与方频繁地交流和开会。而工程项目涉及的主体很多,甲方、设计方、施工方、咨询方等地域相距较远,聚在一起开会成本太高而且十分影响进度。针对以上问题,平台提出了一个可以在线展示 BIM 模型,并且可以使多方在线交流与共享视角的会议系统(图 10.5.4-22)。

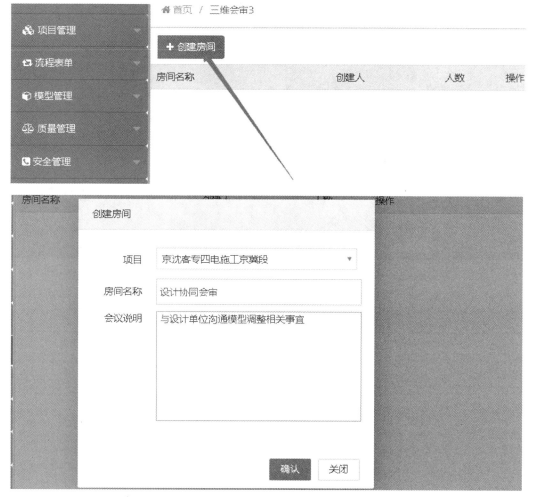

图 10.5.4-22 开启会审房间

该会议系统以项目为核心,连接工程项目各方主体,在统一的平台上共享项目模型,即时沟通,简单高效地解决工程问题,推动工程项目进展(图 10.5.4-23,图 10.5.4-24)。

会议结束后,会议过程中的沟通记录将作为会议记录发送给相关参会人员,便于会后问题处理并为下次沟通提供数据参照(图 10.5.4-25)。

14. 管理驾驶舱

管理驾驶舱是 BIM 平台面对项目管理层的项目综合看板。BIM 平台面向施工作业人员收集数据,在后台将收集回来的施工项目数据进行整合、分析、再通过图表的形式结合

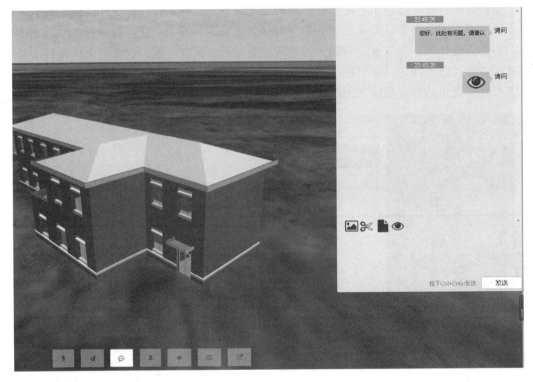

图 10.5.4-23　会议中的交互

图 10.5.4-24　模型版本对比

GIS 直观地呈现。项目管理人员可以通过管理驾驶舱访问项目管理汇总信息，统一查看项目各级的施工进度、安全质量等信息。利用网络监控系统，可以实施查看施工现场的情况。智能处理数据，生成符合管理习惯的动态管理图表，减少管理数据收集的时间，增加

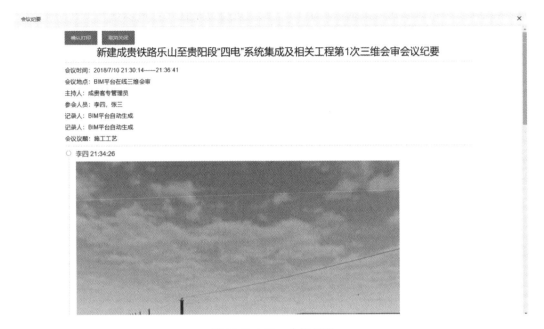

图 10.5.4-25 会议纪要

数据的及时性、全面性、准确性，为项目更好的管理决策提供支撑（图 10.5.4-26）。

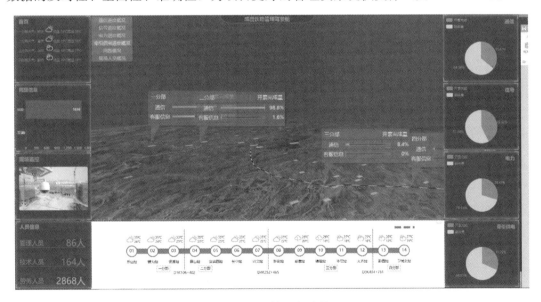

图 10.5.4-26 管理驾驶舱界面

10.5.5 BIM 应用总结

通过京沈客专京冀段的 BIM 应用实践，验证了 BIM 技术在电力和电气化工程应用的可行性，本次应用带来的收益有：

1）利用 BIM 技术的可视化特性，通过 BIM 模型可以帮助施工人员更加直观、准确地理解设计意图，保证施工质量；基于 BIM 模型进行方案优化，可以提升工程品质。

2）基于 BIM 模型进行可视化技术交底，在传统的技术交底基础上，结合三维模型、图片、动画对施工作业人员进行交底，形象地展示了工艺流程，有助于施工作业人员理解工艺细节，提高了交底质量。

3）在 BIM 模型中进行电缆敷设模拟，确定电缆敷设路径和敷设顺序，对现场施工有很大的指导意义，相较于传统的电缆敷设，减少了电缆调整工作，提高了敷设效率。

4）通过搭建 BIM 平台，建立了信息沟通纽带，便于项目参与方浏览信息，提升 BIM 的应用价值。

附录 铁路 BIM 标准概览

附录 1　铁路 BIM 标准体系框架

根据铁路工程建设信息化总体方案的部署，BIM 是实现铁路工程建设信息化的主要技术发展方向，为此，中国铁路总公司推动了 BIM 技术在铁路工程上的应用研究。应用研究发现，BIM 技术对铁路工程建设有着巨大的发展潜力和应用价值，同时也存在着许多难题和挑战。BIM 起源于建筑领域，BIM 标准及应用软件基本上都是面向民用建筑领域，没有针对铁路的标准，给 BIM 在铁路工程领域的全面应用带来不可逾越的障碍。经前期调研发现，虽然美国、英国、日本、新加坡等国都制定过相应的 BIM 标准，我国住房城乡建设部也于 2012 年启动了我国 BIM 标准的编制工作，但这些 BIM 标准所涵盖的领域都局限为民用建筑。鉴于铁路工程领域所涵盖的专业领域要远大于建筑领域，并且 BIM 技术本身也在不断发展过程中，因此有必要在开展专业 BIM 应用研究试点的同时，开展铁路 BIM 标准体系的研究，以便在大范围开展专业 BIM 应用时，统一指导、规范应用。中国铁路总公司于 2012 年已经启动了《基于 BIM 技术的铁路隧道施工图交付标准研究》等 BIM 相关课题的研究工作，之后还会陆续开展更多铁路专业领域 BIM 技术应用研究；2013 年启动了 BIM 标准体系的前期研究工作，提出了中国铁路 BIM 标准的体系框架，2014 年将全面启动中国铁路 BIM 标准体系的研究工作。

1　国内外 BIM 标准现状

1.1　国际 BIM 标准

1.1.1　美国国家 BIM 标准（NBIMS）美国建筑科学研究院（National Institute of Building Sciences）分别于 2007 年和 2012 年发布了美国国家 BIM 标准第一版（National Building Information Modeling Standard version1-Part1：Overview，Principles，and Methodologies）和美国国家 BIM 标准第二版（National BIM Standard-United States Version 2），旨在通过引用现有标准和制定信息交换标准为建筑工程施工工业整个生命周期的信息化提供统一操作凭据。

美国国家 BIM 标准第一版（NBIMS-US V1P1）并没有提出具体的 BIM 标准体系，而是着眼于介绍 BIM 相关基础概念、建立 BIM 体系的需求和提出 BIM 标准编写的原理和方法论。它认为 NBIMS 的目标是为每个设施建立标准的机器可读的信息模型，该信息模型包含此设施的所有适当信息，可以被整个生命周期中所涉及的所有用户使用，从而达成一个改良的计划、设计、施工、运营和维护的过程。

美国国家 BIM 标准第二版（NBIMS-US V2）依据第一版的需求和方法论明确了 BIM 标准体系，大体包括引用标准、数据交换标准和 BIM 实施实用文件。其中引用标准和数据交换标准的目标读者为软件开发者与销售者，BIM 实施实用文件的目标读者为 AEC 工业实施者。引用标准即已被国际认证或在世界范围内投入使用的标准，包括工业基础类（IFC）、可扩展标记语言（XML）、建筑信息分类体系 Omni Class、国际数据字典框架库（IFDLibrary）；数据交换标准基于 IDM 和 MVD 指定了数据管理、信息控制担保、信息可靠性的标准，并为具体的应用场景定义了不同的交换标准，包括施工运营建筑信息交换标准（COBie）、空间分析（SPV）、建筑能耗分析（BEA）、数量与成本估算（QTO）；

BIM 实施实用文件为 AEC 工业的使用者提供 BIM 项目实施指导，包括 BIM 能力与成熟度判别模型（CMM），BIM 项目执行计划指南和内容模板，机电系统（MEP）建筑安装模型的空间协调与交付，计划、执行和管理信息移交向导。NBIMS-US V2 体系框架如附图 1.1.1-1 所示。

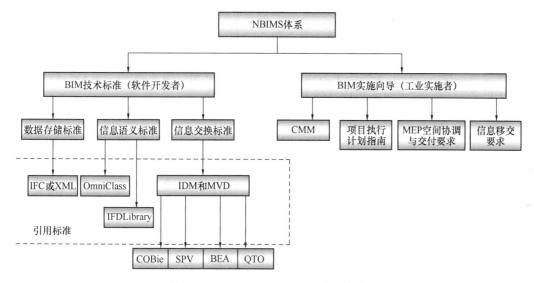

附图 1.1.1-1 NBIMS-US V2 体系框架

目前，美国国家 BIM 标准第三版（NBIMS-US V3）正在编制当中，计划 2014 年秋季发布。

1.1.2 英国 BIM 标准

英国于 2000 年发布了《建筑工程施工工业（英国）CAD 标准》（AEC（UK）CAD）来改进设计信息交付、管理和交换过程，随着设计需求和科技的发展，此标准逐渐扩大涵盖了设计数据和信息交换的其他方面。该项目委员会于 2009 年重组，吸纳了在 BIM 软件和实施方面拥有丰富经验的技术公司和咨询公司作为新成员，旨在满足英国 AEC 行业对于在设计环境中实施统一、实用、可行的 BIM 标准的日益高涨的需求。2009 年 11 月和 2012 年先后发布了《建筑工程施工工业（英国）建筑信息模型规程》（AEC（UK）BIM 标准）第一版和第二版，与 NBIMS 的不同之处在于，英国的 BIM 标准只着眼于设计环境下的信息交互应用，基本未涉及 BIM 软件技术和工业实施。

1.1.3 日本 BIM 标准

日本建筑学会（JIA）于 2012 年 7 月发布了日本 BIM 指南，从 BIM 团队建设、BIM 数据处理、BIM 设计流程、应用 BIM 进行预算、模拟等方面为日本的设计院和施工企业应用 BIM 提供了指导。日本软件业较为发达，在建筑信息技术方面也拥有较多的国产软件，日本 BIM 相关软件厂商认识到，BIM 是需要多个软件来互相配合，而数据集成是基本前提，因此多家日本 BIM 软件商在 IAI 日本分会的支持下，成立了日本国产 BIM 软件解决方案联盟。

1.1.4 新加坡 BIM 指南

新加坡建设局（BCA）于 2012 年 5 月和 2013 年 8 月分别发布了《新加坡 BIM 指南》

1.0 版和 2.0 版。《新加坡 BIM 指南》是一本参考性指南，概括了各项目成员在采用建筑信息模型（BIM）的项目中不同阶段承担的角色和职责。该指南是制定《BIM 执行计划》的参考指南。《新加坡ＢＩＭ指南》包含 BIM 说明书和 BIM 模型及协作流程。

1.1.5 韩国 BIM 标准

在韩国，多家政府机构制定了 BIM 应用标准。韩国公共采购服务中心（Public Procurement Service，PPS）于 2010 年 4 月发布了《设施管理 BIM 应用指南》和 BIM 应用路线图。韩国国土交通海洋部也于 2010 年 1 月发布了《建筑领域 BIM 应用指南》。该指南为开发商、建筑师和工程师在申请四大行政部门、16 个都市以及 6 个公共机构的项目时，提供采用 BIM 技术时必须注意的方法及要素的指导。

1.2 国内 BIM 标准

我国 BIM 标准研究起步较晚。2010 年 11 月清华大学对外公布《中国 BIM 标准框架体系研究报告》，2012 年 1 月住房和城乡建设部将五本 BIM 标准列为国家标准制定项目。

1.2.1 中国建筑信息模型标准框架（CBIMS）

2010 年 11 月清华大学对外公布《中国 BIM 标准框架体系研究报告》，2011 年 12 月由清华大学 BIM 课题组主编的《中国建筑信息模型标准框架研究》（CBIMS）第一版正式发行。CBIMS 的体系结构与 NBIMS 类似，针对目标用户群将标准分为两类：一是面向 BIM 软件开发提出的 CBIMS 技术标准，二是面向建筑工程施工从业者提出的 CBIMS 实施标准（附图 1.2.1-1）。

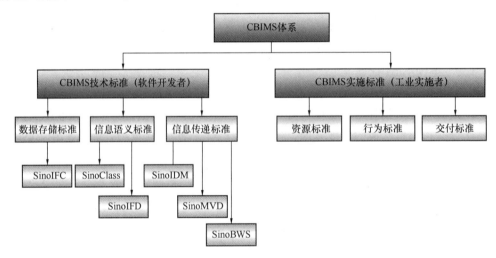

附图 1.2.1-1 CBIMS 体系框架

1.2.2 中国国家 BIM 标准

2012 年 1 月住房城乡建设部印发（建标〔2012〕5 号）文件，将五本 BIM 标准列为国家标准制定项目。五本标准分为三个层次（附图 1.2.2-1）：第一层为最高标准：建筑工程信息模型应用统一标准；第二层为基础数据标准：建筑工程设计信息模型分类和编码标准，建筑工程信息模型存储标准；第三层为执行标准：建筑工程设计信息模型交付标准，制造业工程设计信息模型交付标准。

1.2.3 北京市地方标准《民用建筑信息模型（BIM）设计基础标准》该标准是北京

附图 1.2.2-1 中国国家 BIM 标准层次

民用建筑设计中 BIM 应用的通用原则和基础标准。主要内容包括：总则、术语、基本规定、资源要求、BIM 模型深度要求、交付要求。

1.3 国内外 BIM 标准的分析

目前国外 BIM 标准主要分成了两个层级：一类是以国家或行业级标准为目标，以美国的 NBIMS 为代表性，从软件技术和工业实施两方面对 BIM 的实现提出标准和指导；一类是基于某个 BIM 平台软件，以实现项目 BIM 实施过程的规范和统一为目标，以英国和新加坡制定的基于特定软件的实施指南为代表。现有国内 BIM 标准基本可分为三类。

第一类：CBIMS 标准框架，主要是从信息化的角度，从理论层面论述 BIM 标准体系的框架和方法论。该标准框架的理论和方法与 NBIMS 标准类似。CBIMS 标准框架可以作为我国国家和行业 BIM 标准编制的理论基础。

第二类：中国国家 BIM 标准系列。为住房城乡建设部主持编写的建筑领域国家 BIM 标准，研究思路参照借鉴国际 BIM 标准的同时兼顾国内建筑规范规定和建设管理流程要求。

第三类：地方 BIM 标准。主要是对地域内建筑 BIM 应用的统一规定。例如，北京市《民用建筑信息模型（BIM）设计基础标准》。

2 国内外现有 BIM 标准对铁路行业的适应性分析

2.1 现有国内外 BIM 标准未涵盖铁路行业国内外 BIM 标准研究基本上都在建筑行业，包括的主要专业领域有：建筑、结构、暖通、电气、设备、建筑施工管理、物业管理。现有的国内外 BIM 标准不能涵盖铁路行业独有的专业领域，包括：地理信息、工程地质、线路、轨道、路基、桥梁、隧道、站场、信号、机务车辆、电气化等。在编制铁路 BIM 标准时，所有铁路行业独有专业领域的信息模型都需要补充定义。

2.2 铁路 BIM 标准应该是完整的标准体系

由于中国铁路 BIM 标准必须支持软件开发和工程应用，因此中国铁路 BIM 标准体系应是一个完整的标准体系，包括技术标准和实施标准。技术标准包括数据存储标准、信息语义标准、信息传递标准。实施标准主要用于指导和规范铁路行业规划、设计、施工、建设管理、运营企业实施 BIM 标准。中国铁路 BIM 的技术标准和实施标准的专业范围远远超出了现有建筑领域 BIM 标准的范畴，因此只有制定一套完整的标准体系，才能在铁路工程中实现 BIM 应用的标准化。

2.3　铁路 BIM 标准体系制定的难度和工作量巨大

由于建筑领域 BIM 标准中引用的基础标准（IFC、IFD、Omni Class 等）不能涵盖铁路专业领域，因此铁路 BIM 标准体系中必须对这些基础标准进行定义、扩充，定义的方法可以借鉴现行的国际标准。但该项工作的难度和工作量是巨大的。IFC、IFD、Omni Class 等基础标准，每一个都是一个专业的研究领域，需要专业人员去研究应用、扩展等技术问题。建筑工程是工点工程，铁路工程是线路工程，与建筑业相比，铁路行业具有自身的特殊性，主要表现在：与地形结合紧密，区域范围广，因此要求铁路 BIM 标准还要涵盖 GIS 领域，BIM 与 GIS 的结合是一项技术难题。

2.4　BIM 软件对标准的支持至关重要，BIM 专业设计软件的发展以及对标准的支持非常重要。

一方面 BIM 专业设计软件多集中在建筑和设备相关的专业，铁路工程中很多专业还没有 BIM 软件；另一方面，有实力占市场主导地位的软件厂商对开放标准的支持不积极，对铁路专业设计软件的开发支持力度也较弱。没有软件的支持，BIM 标准很难落地应用。

2.5　中国铁路 BIM 标准必须适合中国铁路建设的需要

BIM 标准隐含着工程建设的法律法规、政府监管、建设管理模式、市场等一系列约束和需求，BIM 标准的背后是一个国家对工程项目的管理体系，中国铁路的 BIM 标准必须符合中国的国情，把国外的管理体系照搬到中国是不切实际、不可想象的，也无法取得成功。必须依照中国铁路的情况来研究开发中国铁路的 BIM 标准，只有符合中国铁路的 BIM 标准才能规范、约束 BIM 技术在铁路工程建设中应用，满足中国铁路工程建设的需求。

3　中国铁路 BIM 标准体系框架

3.1　中国铁路 BIM 标准序列中国铁路行业领域 BIM 标准序列应分为三个层次：

第一层，中国铁路 BIM 标准。作为一种行业标准，应该满足和遵守国家 BIM 标准的相关要求和规定。同时铁路 BIM 标准体系内一些对其他行业领域具有强制要求、指导或借鉴意义的规定可以上升为国家标准。

第二层，企业 BIM 标准。铁路设计、施工、建设管理、运营企业，在 BIM 国家标准、行业标准、地方标准的约束指导下，为实施本单位 BIM 项目制定的工作手册或作业指导书。

第三层，企业项目团队针对具体的建设项目制定的，具有高度项目相关性的项目 BIM 工作原则。中国铁路 BIM 标准序列与中国国家 BIM 标准、地方 BIM 标准和相关行业领域间的关系如附图 3.1-1。

3.2　中国铁路 BIM 标准体系框架

中国铁路 BIM 标准体系包括技术标准和实施标准两大部分（附图 3.2-1）。技术标准分为数据存储标准、信息语义标准、信息传递标准，其主要目标是为了实现铁路建设项目全生命周期内不同参与方与异构信息系统间的互操作性，用于指导和规范铁路 BIM 软件开发，主要面向 IT 工具。实施标准主要是从资源、行为、交付物三方面指导和规范铁路行业规划、设计、施工、建设管理、运营企业实施 BIM 标准。

3.2.1　技术标准

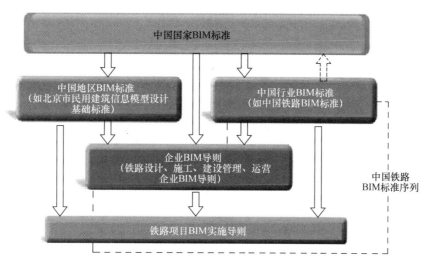

附图 3.1-1　中国铁路 BIM 标准体系与相关 BIM 标准关系

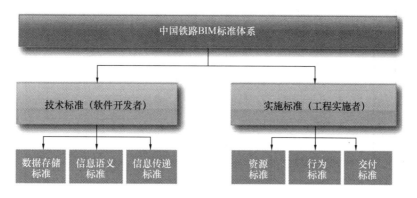

附图 3.2-1　中国铁路 BIM 标准体系框架

技术标准的主要目标是为了实现铁路建设项目全生命周期内不同参与方与异构信息系统间的互操作性，并为 BIM 实施标准的制定提供技术依据。主要用于指导和规范铁路 BIM 软件开发。依据 CBIMS 和 NBIMS 方法论，中国铁路 BIM 标准体系的技术标准可分为数据存储标准、信息语义标准、信息传递标准（附图 3.2.1-1）。

（1）数据存储标准。主要研究 BIM 模型数据存储格式、语义扩展方式、数据访问方法、一致性测试规范等内容。一种可行的方案是采用对建筑领域通用的 IFC（工业基础类）标准进行扩展的方式实现铁路 BIM 数据存储标准。借用 IFC 中资源层和核心层定义的对信息模型几何信息和非几何信息的逻辑及物理组织方式，作为铁路信息模型数据格式；使用 IFC 现有的外部参照关联机制，将铁路 BIM 信息语义关联到 IFC 模型。该方案需要对语义扩展规则和方式进行统一的定义。优点是不用对 IFC 领域进行大量扩展，不会对现有 BIM 软件带来过多的兼容性问题。扩展铁路专业领域后的 IFC 框架如附图 3.2.1-2。

（2）信息语义标准。包括分类编码体系和数据字典两部分。分类编码体系可以参照《施工工程信息的组织　第 2 部分：信息分类框架》ISO 12006-2，结合我国铁路行业的情

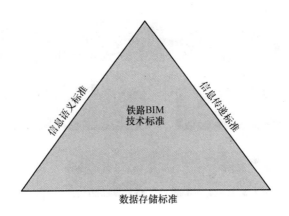

附图 3.2.1-1　铁路 BIM 技术标准组成

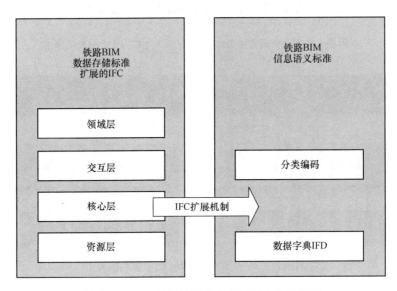

附图 3.2.1-2　扩展铁路专业领域后的 IFC 框架

况建立。将是一个采用面分类法，面向铁路工程全生命周期的分类体系。该分类编码体系的设计应考虑与铁路建设管理模式、既有铁路定额体系、中国国家 BIM 标准等的协调性。数据字典可参照《施工工程信息的组织　第 3 部分：面向对象的信息框架》ISO 12006-3建立，对行业中的概念语义，如完整名称、定义、备注等进行规范，数据字典中的每一个概念都对应一个全球统一标识符（GUID）。

　　（3）信息传递标准。主要研究信息的传递和交换过程，信息模型的交付标准、信息安全与信息模型的知识产权等问题。信息的传递。分析和定义铁路建设项目全生命周期内信息流动的过程、规则和场景。信息的传递一般发生在两个维度：全生命周期内规划、设计、施工、运维各阶段之间；业主（业务主管部门）、设计方、施工方、运营方各参与方之间，或参与方内部各专业之间（附图 3.2.1-3）。信息模型的交付标准。结合我国铁路建设管理规定，定义预可行性研究、可行性研究、初步设计、施工图、竣工验收等主要成果节点的信息模型几何信息和非几何信息的精度要求。信息安全。铁路作为国家基础设施，铁路 BIM 信息模型在信息交换的过程中不可避免的要涉及基础地理信息、基础地质

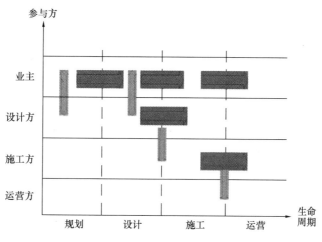

附图 3.2.1-3 信息传递的两个维度

信息等一些关系国家安全的敏感信息,如何在保证信息安全的前提下,最大限度地发挥铁路 BIM 信息模型的效益是一项要研究的内容。信息模型的知识产权。BIM 应用离不开 BIM 软件,要想高效地使用 BIM 软件,就离不开 BIM 模型库(族库)。BIM 模型库的丰富程度在很大程度上决定了 BIM 应用的推广程度。BIM 模型库(族库)的建立需要持续不断的积累和大量的人力投入,因此 BIM 信息模型应该具有知识产权。BIM 信息模型知识产权的界定和使用规则需要研究。

3.2.2 实施标准

实施标准是技术标准的使用规范,企业可根据实施标准对自身的工作程序、管理模式、资源搭建、环境配置以及成果交付物进行规范化。实施标准中一般包括:资源标准、行为标准、交付标准。

资源标准:资源指各阶段工作中实施 BIM 应用所需要的条件和环境。资源标准是指资源组织和定义相关规范。如软件要求、硬件要求、网络要求、构件库要求等。

行为标准:行为是指实施 BIM 应用工作中相关人员的活动和过程。行为标准是指规范行为的要求和规章制度,如建模、制图、协同规范。

交付标准:交付物是指实施 BIM 应用产生的成果。交付标准是指定义、组织和管理交付物的规范规定。

4 展望

4.1 铁路 BIM 标准未来可上升为国家和国际标准

从现有的调研结果看,国内外现有的 BIM 标准均为建筑领域,中国铁路 BIM 标准是首次提出。待铁路 BIM 标准体系达到一定成熟度后,可以考虑推荐到国家标准层面,并结合我国高速铁路走出去战略,进一步推荐为国际标准。

4.2 重视 BIM 软件开发

BIM 的三维、海量数据、信息共享等特性决定了没有相关 BIM 软件就没办法开展 BIM 应用。BIM 应用的多样性又决定了不可能有能够完成所有 BIM 任务的大一统的 BIM 软件,BIM 软件一定是各种完成特定 BIM 任务的系列软件的集合。铁路 BIM 专业软件的功能性和成熟度是 BIM 技术成功应用的决定性因素之一，而目前国内外针对铁路专业领域开发的 BIM 软件很少，许多铁路特有专业完全没有 BIM 软件可用。没有软件，铁路 BIM 标准就无法落地，铁路 BIM 软件与 BIM 标准体系应从战略层面同步思考和推进。

5　参考文献

［1］　清华大学 BIM 课题组．中国建筑信息模型标准框架研究［M］．北京：中国建筑工业出版社，2011.

［2］　National Institute of Building Sciences. National BIM Standard-United States Version 2［S］.

［3］　ISO/DIS 12006-2 Building construction-organization of information about construction works-Part2：Framework for classification of information［S］，2001.

［4］　ISO/PAS 12006-3 Building construction-organization of information about construction works-Part3：Framework for object-oriented information［S］，2007.

［5］　GB/T 25507—2010/ISO/PAS 16739：2005. 工业基础 类平台规范［S］. 北京：中国标准出版社，2010.

［6］　AEC(UK)BIM Standard for Autodesk Revit Version 1. 0［S］.

［7］　BCA. Singapore BIM Guide Version 2［EB/OL］. http：//www. corenet. gov. sg/integrated_submission/bim/BIM/ Singapore BIM Guide_V2. pdf.

［8］　BCA. Singapore BIM Guide Version 1. 0［EB/OL］. http：//www. corenet. gov. sg/integrated_submission/bim/BIM/Singapore_BIM_Guide_Version_1. pdf

［9］　何关培．BIM 总论［M］. 北京：中国建筑工业出版社．

附录 2　铁路工程实体结构分解指南

铁路工程实体结构分解指南（1.0 版）

目　录

附录 3　铁路工程信息模型分类和编码标准

铁路工程信息模型分类和编码标准（1.0 版）

目　　录

附录4 铁路工程信息模型数据存储标准

铁路工程信息模型数据存储标准（1.0版）

目　录

附录5 铁路四电工程信息模型数据存储标准

铁路四电工程信息模型数据存储标准（1.0 版）

目 录

附录6 铁路工程信息模型表达标准

铁路工程信息模型表达标准（1.0版）

目　录

附录7　基于信息模型的铁路工程施工图设计文件编制办法

基于信息模型的铁路工程施工图设计文件编制办法（1.0版）

目　录

附录8　铁路工程信息模型交付精度标准

铁路工程信息模型交付精度标准（1.0版）

目　　录

附录9 面向铁路工程信息模型应用的地理信息交付标准

面向铁路工程信息模型应用的地理信息交付标准（1.0 版）

目　录

附录 10　铁路工程 WBS 工项分解指南

铁路工程 WBS 工项分解指南（试行）

目　录

附录 11　铁路工程数量标准格式编制指南

《铁路工程数量标准格式编制指南》（试行）

附录 12 铁路工程信息交换模板编制指南

铁路工程信息交换模板编制指南（试行）

目 录

参 考 文 献

［1］ 沈东升，王万齐．我国铁路行业 BIM 实施路径的思考［J］．铁路技术创新，2016(03)：8-12.

［2］ 贺灵童．BIM 在全球的应用现状［J］．工程质量，2013，(3)：12-19. DOI：10.3969/j. issn. 1671-3702. 2013.03.004.

［3］ 陈建锋．BIM 现状研究［J］．河南科技，2017，(1)：52-53. DOI：10.3969/j. issn. 1003-5168.2017.01.026.

［4］ 向爱兵．世界铁路运输发展现状及趋势展望［J］．中国市场，2012，(49)：83-84，128. DOI：10.3969/j. issn. 1005-6432.2012.49.032.

［5］ 杨晓莉．世界铁路路网及运输发展新趋势［J］．中国铁路，2009，(11)：73-76. DOI：10.3969/j. issn. 1001-683X. 2009.11.021.

［6］ 王彦．基于 BIM 的施工过程质量控制研究［D］．江西理工大学，2015.

［7］ 武模堂．浅析铁路部门实施运输信息化必要性及实现策略［J］．中国信息化，2012，(18)：430.

［8］ 中国铁路总公司工程管理中心．中国铁路 BIM 技术研发和应用框架［J］．铁路技术创新，2014，(2)：7-11.

［9］ 李华良，杨绪坤，王长进．中国铁路 BIM 标准体系框架研究［J］．铁路技术创新，2014，(2)：12-17.

［10］ 王鑫，张宝杰．城市轨道交通项目建筑信息模型（BIM）应用研究［J］．福建质量管理，2017，(3)：132.

［11］ 徐骏，李安洪，刘厚强．BIM 在铁路行业的应用及其风险与对策分析［C］.//第八届中国智慧城市建设技术研讨会论文集．中铁二院工程集团有限责任公司，2013：416-423.

［12］ 韩秀辉．铁路行业 BIM 技术及其在城轨交通停车场设计中的运用［D］．西南交通大学，2016.

［13］ 钟星扬．BIM 在城市轨道交通中应用的探讨［J］．城市建设理论研究（电子版），2014，(17)：777-778.

［14］ 赵龙，闵世平，赵亮亮．BIM 模型在路基压实检测技术中的应用［J］．铁道工程学报，2015，(4)：36-41. DOI：10.3969/j. issn. 1006-2106.2015.04.008.

［15］ 王明生，彭兴东．BIM 技术在铁路站场中的应用探讨［J］．铁道运输与经济，2015，(9)：29-32. DOI：10.16668/j. cnki. issn. 1003-1421.2015.09.07.

［16］ 李卫华．BIM 在电气化铁路接触网设计和施工中的应用［J］．中国西部科技，2014，(4)：55-55，62. DOI：10.3969/j. issn. 1671-6396.2014.04.023.

［17］ 王明智．BIM 技术在铁路中小车站 给排水工程中的应用［J］．铁路技术创新，2016，(3)：80-82.

［18］ 车爽．BIM 技术在铁路信号工程设计中的应用［J］．铁路技术创新，2017，(1)：69-71. DOI：10.19550/j. issn. 1672-061x. 2017.01.069.

［19］ 徐骏，李安洪．铁路行业的 BIM 应用尚在起步阶段［J］．施工企业管理，2015，(5)：82-84. DOI：10.3969/j. issn. 1001-9251. 2015.05.023.

［20］ 孟飞，高歌，史天运．我国铁路 BIM 的发展现状及推进方案研究［J］．项目管理技术，2017，(2)：24-28. DOI：10.3969/j. issn. 1672-4313. 2017.02.004.

［21］ 潘婷，汪霄．国内外 BIM 标准研究综述［J］．工程管理学报，2017，()．DOI：10.13991/j. cnki. jem. 2017.01.001.

［22］ 晋兆丰，李华东，王艳梅．BIM 国外技术标准综述［J］．建材与装饰，2017，(27)：150. DOI：

10. 3969/j. issn. 1673-0038. 2017. 27. 107.

[23]　周玉洁．浅谈铁路信息化建设[J]．科技资讯，2010，(19)：11．DOI：10. 3969/j. issn. 1672-3791. 2010. 19. 009.

[24]　铁路工程实体结构分解指南(1.0 版)[J]．铁路技术创新，2014，(6)：5-334.

[25]　铁路工程信息模型分类和编码标准(1.0 版)[J]．铁路技术创新，2015，(1)：8-111.

[26]　铁路四电工程信息模型数据存储标准[J]．铁路技术创新，2016，(5)：11-77.

[27]　铁路工程信息模型表达标准(1.0 版)[J]．铁路技术创新，2017，(6)：13-105.

[28]　基于信息模型的铁路工程施工图设计文件编制办法(1.0 版)[J]．铁路技术创新，2017，(6)：106-180.

[29]　铁路工程信息模型交付精度标准(1.0 版)[J]．铁路技术创新，2018，(1)：9-127.

[30]　面向铁路工程信息模型应用的地理信息交付标准(1.0 版)[J]．铁路技术创新，2018，(1)：130-156.

[31]　李明龙，基于业主方的 BIM 实施模式及策略分析研究[D]，华中科技大学，2014.

[32]　李云贵．何关培．邱奎宁．建筑工程施工 BIM 应用指南[M]．北京：中国建筑工业出版社，2017.

[33]　阴栋阳，建设单位主导 BIM 技术应用实施研究[D]，郑州大学，2017.

[34]　何关培．BIM 技术概论[M]．中国建筑工业出版社，2016：120-122.

[35]　梁群，曲伟．运用 BIM 技术进行建设项目全寿命周期信息管理[J]．时代农机，2015，42(06)：163-164.

[36]　闫红梅．浅议工程施工项目策划[J]．现代经济信息，2014(24)：147.

[37]　王国正．项目策划应注重"创新"[J]．中国工程咨询，2014(05)：66.

[38]　叶明珠，张洁茹，张毅．BIM 在铁路建设行业的应用探讨[J]．铁路技术创新，2014(02)：46-49.

[39]　王广斌，刘守奎．建设项目 BIM 实施策划[J]．时代建筑，2013(02)：48-51.

[40]　仇昌春．铁路建设项目范围管理——WBS[J]．中国高新技术企业，2010(33)：185-186.

[41]　易思蓉．铁路选线设计[M]．成都．西南交通大学出版社，2009.

[42]　国家铁路局．TB10098-2017 铁路线路设计规范 [S]．北京：中国铁道出版社，2017.

[43]　铁道部第一勘测设计院．铁路工程设计技术手册．线路[M]．北京：中国铁道出版社，1976.

[44]　中华人民共和国铁道部．铁路建设项目预可行性研究、可行性研究和设计文件编制办法 [S]．北京：中国铁道出版社，2007.

[45]　张建平．BIM 技术的研究与应用[J]．施工技术，2011(1)：15-18.

[46]　段熙宾．大型铁路工程 BIM 设计的探索及实现[J]．铁道标准设计，2016，60(12)：124-127.

[47]　王珏，贾兴斌，马映登．BIM 技术在轨道交通项目规划中的应用研究[J]．铁路技术创新，2015(3)：55-58.

[48]　刘彦明，李志彪．BIM 技术在铁路设计中的推广应用[J]．铁路技术创新，2015(3)：51-54.

[49]　王浩．BIM 技术在铁路工程设计应用中的现状及前景分析[J]．工程建设与设计，2015(12)：94-96.

[50]　王朝存，于凤．BIM 技术在铁路四电领域的综合运用探讨 [J]．铁路技术创新，2014(2)：22-25.

[51]　李俊卫，黄玮征，王旭峰．BIM 技术在工程勘察设计阶段的应用研究[J]．建筑经济，2015，36(9)：117-120.

[52]　陈兵，张燕，张莹．BIM 技术在铁路地质勘察中的应用[J]．高速铁路技术，2015(1)：77-80.

[53]　孔国梁，苏林，李顶峰．铁路路基排水 BIM 设计方法研究[J]．铁路技术创新，2016(3)：42-45.

[54]　刘宏刚．国外 BIM 应用的经验与启示[J]．高速铁路技术，2015(3)：59-66.

[55]　刘延宏．基于 BIM+GIS 技术的铁路桥梁工程管理应用研究[J]．交通世界(运输．车辆)，2015(09)：30-33.

[56] 高晶晶．邹俊祯．张金钥．BIM 技术在桥梁施工中的应用[J]．桥隧工程，2016，1：57-61.

[57] 孙龙华．BIM 技术在京张铁路转体连续梁桥施工中的应用[J]．施工技术，2018，03：43-46.

[58] 张海华．刘宏刚．甘一鸣．基于 BIM 技术的桥梁可视化施工应用研究[J]．公路，2016，9：155-160.

[59] 刘延宏．BIM 技术在铁路桥梁建设中的应用[J]．铁路技术创新，2015，3：47-50.

[60] 张贵忠．沪通长江大桥 BIM 技术应用探索[J]．铁路技术创新，2017，1：7-10.

[61] 刘延宏．EBS 在铁路工程建设管理中的应用探讨[J]．铁路技术创新，2015，7：62-65.

[62] 任晓春．铁路勘察设计中 BIM 与 GIS 结合方法讨论[J]．铁路技术创新，2014，5：80-82.

[63] 马海军，祝晓红．BIM+GIS 融合技术在铁路施工企业数字化管理中的应用[J]．通信电源技术，2017，34(03)：151-153.

[64] 邵华．基于 BIM 的桥梁工程设计与施工优化[J]．江西建材，2016，9：203-207.

[65] 刘欢欢．段宗志．彭志文．BIM 技术在精细化施工管理中的应用[J]．洛阳理工学院学报，2016，6：32-37.

[66] 李怀坤．李晓萌．宫彦入．李华．高磊．浅谈 BIM 技术在工程变更管理中的应用[J]．价值工程，2018，10：163-165.

[67] 何冠锋．肖飞．基于 BIM 技术的项目交付成果研究[J]．住宅与房地产，2016，Z2：115-117.

[68] 田佩龙．胡振中．王珩玮．张建平．邹东．BIM 在地铁项目精细化施工管理中的应用案例研究[C]．广州：中国建筑工业出版社，2016：210-217.

[69] 王斐．王江．郑生机．高云杰．基于 BIM 技术的桥梁工程精细化进度管理研究[C]．江西南昌：中国矿业大学出版社，2017：385-393.

[70] 丁烈云．龚剑．陈建国．BIM 应用•施工[M]．上海：同济大学出版社，2015.

[71] 曹少卫．褚松涛．金旭炜．刘刚．杨万开．BIM 技术在大型铁路综合交通枢纽建设中的应用[M]．北京：机械工业出版社，2017.

[72] 刘训房．基于 BIM 和 WEB 的隧道动态施工监测信息系统研究[D]．大连海事大学，2017.

[73] 陈永高．基于 BIM 技术的信息集成与虚拟施工实时仿真管理研究[J]．江西建材，2016(09)：76-77.

[74] 姬付全，翟世鸿，王潇潇，陈富强，刘毅．BIM 辅助铁路隧道施工方案可视化设计应用[J]．铁道标准设计，2016，60(05)：108-111.

[75] 王潇潇，姬付全，卢海军，陈富强，陈培帅．BIM 虚拟技术在铁路隧道施工管理中的应用[J]．隧道建设，2016，36(02)：228-233.

[76] 张晓洋，林佳瑞，方继，杜伸云，胡振中，张建平，梁崇双．BIM 技术在石济黄河桥施工安全管理中的应用[J]．铁路技术创新，2015(06)：74-76.

[77] 李云贵．普及应用 BIM 技术推进绿色建筑发展[J]．建设科技，2015(23)：43-46.

[78] 宋喜发．建筑工程中的土建施工技术的关键点阐析[J]．科技创新导报，2015，12(30)：64+66.

[79] 范登科，韩祖杰，李华良，杨绪坤，高歌．面向铁路信息化建设的 BIM 与 GIS 融合标准与技术研究[J]．铁路技术创新，2015(03)：35-40.

[80] 李波．基于 BIM 的施工项目成本管理研究[D]．华中科技大学，2015.

[81] 龙腾．基于 BIM 的变截面桥体可视化施工技术应用研究[D]．武汉科技大学，2015.

[82] 洪开荣．我国隧道及地下工程发展现状与展望[J]．隧道建设，2015，35(02)：95-107.

[83] 葛艳平．基于 BIM 技术的房地产开发项目成本控制[D]．长安大学，2014.

[84] 李勇．建设工程施工进度 BIM 预测方法研究[D]．武汉理工大学，2014.

[85] 刘大园，姚力，庞玲．基于 BIM 的铁路轨道工程三维数字化设计构想[J]．高速铁路技术，2013，4(06)：9-13.

[86] 王雪青，张康照，谢银．基于 BIM 实时施工模型的 4D 模拟[J]．广西大学学报（自然科学版），2012，37(04)：814-819.

[87] 朱孟会．铁路路基工程施工现场管理探析[J]．现代商贸工业，2012，24(03)：275-276.

[88] 张春霞．BIM 技术在我国建筑行业的应用现状及发展障碍研究[J]．建筑经济，2011(09)：96-98.

[89] 张建平，范喆，王阳利，黄志刚．基于 4D-BIM 的施工资源动态管理与成本实时监控[J]．施工技术，2011，40(04)：37-40.

[90] 刘楠．建筑工程中的土建施工技术的关键点阐析[J]．商品与质量，2016，(30)：204-204，205.

[91] 文小春．试析 BIM 技术在建筑施工管理中的应用[J]．建筑工程技术与设计，2016，(36)：1714. DOI：10. 3969/j. issn. 2095-6630. 2016. 36. 672.

[92] 吕杰春，郭海涛．BIM 技术在施工中的应用探究[J]．城市建设理论研究（电子版），2015，(15)：1356-1357.

[93] 张雄．铁路路基工程施工现场管理分析[J]．中国信息化，2013，(8)：260-260.

[94] 孟俊青．BIM 在建筑工程管理中的应用研究[J]．建筑工程技术与设计，2017，(13)：916-916.

[95] 程勇东．基于 BIM 的路基施工模拟技术应用分析[J]．大科技，2015，(8)：154-155.

[96] 曹媛．BIM 对工程造价的影响及价值[J]．城市建设理论研究（电子版），2015，(12)：1845.

[97] 魏建，李慧君，胡玉珠，等．跨既有铁路连续梁转体系统设计[C]. //2010 年高速铁路特殊结构桥梁设计技术研讨会论文集．中铁二院工程集团有限责任公司，2010：147-153.

[98] 吴宏波．用 BIM "智" 造桥梁工程[J]．中国公路，2016，(21)：70-71. DOI：10. 3969/j. issn. 1006-3897. 2016. 21. 009.

[99] 陈峰．浅谈 BIM 虚拟技术在隧道施工管理中的应用[J]．建筑工程技术与设计，2016，(12)：516-518. DOI：10. 3969/j. issn. 2095-6630. 2016. 12. 494.

[100] 刘洋．浅谈铁路隧道施工的几处重难点及解决措施[J]．建筑工程技术与设计，2015，(12)：920-920.

[101] 铁路建设项目竣工验收交接办法[J]．铁道工程企业管理，2008，(2)：1-4.

[102] 施晨欢，王凯，李嘉军，等．基于 BIM 的 FM 运维管理平台研究——申都大厦运维管理平台应用实践[J]．土木建筑工程信息技术，2014，(6)：50-57. DOI：10. 3969/j. issn. 1674-7461. 2014. 06. 010.

[103] 姚峰峰，于炀，于星亮．BIM 在铁路站房运营管理中的应用研究[C]. //第二届全国勘察设计行业科技创新大会论文集．铁道第三勘察设计院集团有限公司，2014：108-114.

[104] 胡珉，刘攀攀，喻钢，等．基于全生命周期信息和 BIM 的隧道运维决策支持系统[J]．隧道建设，2017，(). DOI：10. 3973/j. issn. 1672-741X. 2017. 04. 002.

[105] 黄廷，陈丽娟，史培新．基于 BIM 的公路隧道运维管理系统设计与开发[J]．隧道建设，2017，(). DOI：10. 3973/j. issn. 1672-741X. 2017. 01. 008.

[106] 李一凡．高速铁路周界入侵报警系统关键技术研究及应用[J]．铁道通信信号，2017，53(07)：53-55＋85.

[107] 赵文武，曾绍武，赵钦，张学钢，马少雄．BIM 技术在铁路信号设备数据管理中的应用研究[J]．铁道标准设计，2017，61(01)：127-133.

[108] 崔海臣．铁路通信技术在客运专线的应用[J]．黑龙江科技信息，2014(20)：162.

[109] 冯延力．基于 BIM 的设施运维管理系统的开发与应用[C]. //第五届工程建设计算机应用创新论坛论文集．2015：149-158.

[110] 过建钢．高速铁路客站客运设备设施运维一体化、信息化管理探索与实践[J]．铁道经济研究，2014(05)：12-16.

[111] 刘长城．基于 BIM 理论的建筑能耗评估和分析[D]．安徽建筑大学，2013.

［112］ 殷大江．BIM 在铁路站房运维管理中的应用研究［D］.北京交通大学，2018.

［113］ 胡珉，刘攀攀，喻钢，施永泉．基于全生命周期信息和 BIM 的隧道运维决策支持系统［J］.隧道建设，2017，37（04）：394-400.

［114］ 黄廷，陈丽娟，史培新，俞蔡城．基于 BIM 的公路隧道运维管理系统设计与开发［J］.隧道建设，2017，37（01）：48-55.

［115］ 王同军．基于 BIM 的铁路工程管理平台建设与展望［J］.铁路技术创新，2015，3：8-13.

［116］ 金戈．基于 BIM 技术的协同管理分析［J］.铁路技术创新，2017，1：32-35.

［117］ 陈亮．铁路工程建设期信息化建设探讨［J］.铁路技术创新，2016，3：23-26.

［118］ 刘宏刚，周超舟．施工阶段 BIM 应用价值与实现路径研究［J］.铁路技术创新，2017，1：23-28.

［119］ 魏州泉．铁路行业 BIM 技术应用难点分析及对策建议［J］.铁路技术创新，2015，3：14-16.

［120］ 闫鹏．BIM 与物联网技术融合应用探讨［J］.铁路技术创新，2015，6：45-47.

［121］ 周颖．基于 BIM 的铁路建设项目数字化协同管理体系研究［D］.北京：北京交通大学，2017.

［122］ 王万齐．基于 BIM 技术的铁路工程建设信息化全寿命周期管理研究［D］.成都：西南交通大学，2016.

［123］ 中长期铁路网规划．发改基础（2016）1536 号．

［124］ 张利．张希黔．陶全军．石毅．虚拟建造技术及其应用展望［J］.建筑技术，2003，5：334-336.

［125］ 季克锋．浅谈 VDC 虚拟设计与施工［J］.东方企业文化．产业经济．2013（12），263-264

［126］ 李恒．郭红领．黄霆．陈镜源．陈景进．建筑业发展的强大动力：虚拟施工技术［J］.技术产品·信息化，2010，1：46-51.

［127］ 陈杰．基于云 BIM 的建设工程协同设计与施工协同机制［D］.北京：清华大学，2014.

［128］ 王万齐．铁路工程管理基础平台方案设计研究［J］.铁路技术创新，2016，3：18-20.

［129］ 何关培．BIM 总论［M］.北京：中国建筑工业出版社，2018：168

［130］ 鲁馨．增强现实（AR）、虚拟现实（VR）和混合现实（MR）技术．科研教育第 374 期．文献标识码 E 文章编号 6325［R］.2018-5-15.

［131］ 季安康，王海飙．基于 BIM 的 3D 打印技术在建筑行业的应用研究．科技管理研究 2016，36（24），184-188DOL：10.3969.

［132］ 徐骏，李安洪，刘厚强．BIM 在铁路行业的应用及其风险分析［J］.铁道工程学报，2014（3）：129-133.

［133］ 芮延年，刘文杰，郭旭红．协同设计［M］，北京：机械工业出版社，2003，27～29

［134］ 于磊．支持群体工作的通用集成框架技术研究，北京：中国科学院计算技术研究所，2001.5

［135］ 李健．基于对象技术的协同设计研究．计算机工程与应用［J］，2000.4～6.

［136］ 张鹏程．计算机支持协同工作中混合式应用程序共享模型分析．西安交通大学学报，2002，36（6）：596～599.

［137］ 何发智．基于 CSCW 的 CAD 系统协作支持技术与支持工具研究．武汉理工大学博士学位论文，2000.

［138］ 李犁．基于 BIM 技术建筑协同平台的初步研究［D］.上海：上海交通大学，2012.

［139］ 刘占省．BIM 技术概论［M］.北京：中国建筑工业出版社，2016.

［140］ 孙永福．铁路工程项目管理理论与实践［M］.北京：中国铁道出版社，2016.

［141］ Chuck Eastman，Paul Teicholz，Rafael Sacks，等．BIM Handbook（Second Edition）［M］.John Wiley & Sons，2011.

［142］ Dossick C S，Neff G. Organizational Divisions in BIM-Enabled Commercial Construction［J］.Journal of Construction Engineering & Management，2014，136（4）：459-467.

［143］ 李瑞年，王瑞峰．铁路运输通信网络入侵信号检测仿真［J］.计算机仿真，2018，35（03）：84-87.

［144］ 阴栋阳．建设单位主导 BIM 技术应用实施研究［D］.郑州大学，2017.

［145］ 周新军．铁路主要能耗监测控制管理现状及发展方向［J］.铁路节能环保与安全卫生，2015，5（03）：101-105.

［146］ 李明龙．基于业主方的 BIM 实施模式及策略分析研究［D］.华中科技大学，2014.

［147］ 孙峻，李明龙，李小凤．业主驱动的 BIM 实施模式研究［J］.土木工程与管理学报，2013，30（03）：80-85.

［148］ 张德凯，郭师虹，段学辉．基于 BIM 技术的建设项目管理模式选择研究［J］.价值工程，2013，32(05)：61-64.

［149］ 樊永涛，李夏苗．铁路能耗因素分析及节能措施研究［J］.管理观察，2009(17)：232-233.

［150］ 庞婷，倪少权，陈钉均．铁路总公司信息化标准体系架构研究［J］.交通运输工程与信息学报，2017，15(01)：107-114.

［151］ 晏小英．铁路工程建设信息化研究及示范应用［J］.铁路计算机应用，2016，25(06)：39-42.

［152］ 李志义．铁路建设项目信息化管理的应用与发展［J］.中国铁路，2016(01)：14-18.

［153］ 刘伯鸿．中国铁路信息化发展研究［J］.中国西部科技，2014，13(05)：7-8＋11.

［154］ 王同军．对推进铁路信息化建设的思考与对策［J］.铁道经济研究，2006(05)：28-31.

［155］ 葛文兰．于晓明．何波.BIM 第二维度—项目参与方的 BIM 应用［M］.北京：中国建筑工业出版社，2011.

［156］ 丁任盛．秦飞．陈天明．铁路营业线工程施工技术［M］.北京：中国铁道出版社，2014.

［157］ 张铭．铁路营业线施工安全管理知识(第二版)［M］.北京：中国铁道出版社，2018.

［158］ 铁路 BIM 联盟．铁路工程 WBS 工项分解指南(试行)［J］.铁路技术创新，2018，3：274-314.

［159］ 肖庆丰.BIM 技术在精细化施工管理中的应用［J］.河南建材，2016，06：95-96.

［160］ 朱丹．铁路行业 EBS 分解研究［J］.铁路技术创新，2015，3：21-25.

［161］ 窦鹏．高铁路基连续压实质量检测指标相关性校检试验研究［D］.中南大学．2014.

［162］ 李俊松．叶明珠．赵龙．朱聪．铁路隧道 EBS 分解体系在奔中山 2 号隧道设计中的应用［J］.《铁路技术创新》，2015，3：41-43.

［163］ 晏平宇．施工企业 BIM 技术发展及探索［J］.施工技术，2015，44(6)；4-8.

［164］ 白金林．刘伟．朱海斌．客运专线隧道接口施工管理与工程实践．铁道标准设计，2010，(1)：200-204.

［165］ 中国铁路总公司．Q/CR 9004-2018 铁路工程施工组织设计规范［S］.北京：中国铁道出版社，2018.

附件 建筑信息化工程师岗位技术培训与考核项目管理办法

北京绿色建筑产业联盟文件

联盟 通字 【2018】09 号

通 知

各会员单位，BIM 技术教学点、报名点、考点、考务联络处以及有关参加考试的人员：

根据国务院《2016—2020 年建筑业信息化发展纲要》《关于促进建筑业持续健康发展的意见》（国办发〔2017〕19 号），以及住房和城乡建设部《关于推进建筑信息模型应用的指导意见》《建筑信息模型应用统一标准》等文件精神，北京绿色建筑产业联盟组织开展的全国建筑信息化工程师岗位技术培训与考核项目，各项培训、考试、推广等工作均在有效、有序、有力的推进。为了更好地培养和选拔优秀的实用性 BIM 技术人才，搭建完善的教学体系、考评体系和服务体系。我联盟根据实际情况需要，组织建筑业行业内 BIM 技术经验丰富的一线专家学者，对于本项目在 2015 年出版的 BIM 工程师培训辅导教材和考试管理办法进行了修订。现将修订后的《建筑信息化工程师岗位技术培训与考核项目管理办法》公开发布，2019 年 2 月 1 日起开始施行。

特此通知，请各有关人员遵照执行！

附件：建筑信息化 BIM 技术系列岗位专业技能考试管理办法 全文

二〇一九年一月十五日

建筑信息化工程师岗位技术培训与考核
项目管理办法

建筑业关键岗位高新技能人才培养工程具体是指以北京绿色建筑产业联盟的名义设立并开展覆盖建筑行业重点关键岗位高新技能人才培养课程体系面向社会推广的人才培养系统工程，对培训与考核成绩合格人员，北京绿色建筑产业联盟向学员颁发【岗位技术证书】（非国家职业资格证书）。

本人才培养系统工程中设立的建筑信息化工程师岗位技术培训与考核项目是采取产教融合、理论实践结合、线上与线下相结合的模式，在课程设置、培训模式、教学管理、人才发展等方面具有较强的系统性和实践性。为了提高学员学习效果，检验学员学习过程中知识掌握的程度，特制定《建筑信息化工程师岗位技术培训与考核项目管理办法》。

一、培训与考核评估岗位

（一）综合类岗位

1. 建筑信息化工程师（BIM 建模技术）
2. 建筑信息化工程师（BIM 项目管理）
3. 建筑信息化工程师（BIM 战略规划）

（二）专业类岗位

4. 建筑信息化工程师（BIM 造价方向）
5. 建筑信息化工程师（BIM 装饰方向）
6. 建筑信息化工程师（BIM 电力方向）
7. 建筑信息化工程师（BIM 轨道交通方向）
8. 建筑信息化工程师（BIM 装配式建筑方向）
9. 建筑信息化工程师（BIM 机电方向）
10. 建筑信息化工程师（BIM 路桥方向）
11. 建筑信息化工程师（BIM 市政方向）
12. 建筑信息化工程师（BIM 系统开发方向）
13. 建筑信息化工程师（BIM 运营维护方向）
14. 建筑信息化工程师（BIM 建筑专项设计方向）
15. 建筑信息化工程师（工程动画方向）
16. 建筑信息化工程师（BIM 铁路工程方向）

二、考核对象及报名条件

（一）考核对象

工程类、工程经济类、财经、管理、计算机等相关专业的在校大学生、高校教师，以及相关专业毕业从事工程项目设计与施工技术和管理工作涉及建筑信息化专项技术有关业务的从业人员。

（二）报名条件

满足下列条件之一的有关人员均可参加培训与评估：

1. 在校大学生已经选修过建筑信息化相关 BIM 技术有关理论知识、实操技能、综合案例分析相关课程的；

2. 从事工程项目施工设计与施工技术和管理人员已经掌握相关理论知识和经过 BIM 技术有关应用能力训练的；

3. 社会有关从业人员参加过相关机构的 BIM 技术有关理论与实践相结合系统培训，具备 BIM 技术专项技能的。

三、报名时间及报名方式

（一）报名与考核评估时间

	第一次	第二次	第三次	第四次	第五次	第六次
报名时间	2 月 1 至 3 月 10 日	4 月 1 至 5 月 10 日	6 月 1 至 7 月 10 日	8 月 1 至 9 月 10 日	10 月 1 日至 11 月 10 日	12 月 1 至 1 月 10 日
考核时间	4 月第三个周六	6 月第三个周六	8 月第三个周六	10 月第三个周六	12 月第三个周六	次年 2 月第三个周六

（二）报名方式

1. 个人报名方式

报名人员统一登录：www.bjgba.com 网站提交考核评估申请，并缴纳相关费用。具体流程：

① 报名人员注册；②完善个人档案；③选择考核评估岗位；④选择培训方式；⑤选择报名人员所在地；⑥缴纳考核评估费用；⑦完成报名。

2. 集体报名方式

凡是参加由学校、教学点、考点考站、联络办事处、报名点等机构组织开展现场面授培训学习的有关报名人员，可由机构统一代报名。报名人员信息将会在 www.bjgba.com 网站上查询。

四、考核评估规则

（一）准考证打印

准考证信息会在考核评估前十天由系统自动生成，报名人员可登录 www.bjgba.com（建筑信息化 BIM 技术人才培养工程综合服务平台）进行打印。

（二）考核评估方式

评估考核采取四统一原则，即统一辅导教材、统一考核时间、统一考核大纲、统一考试试题。

1. 考核评估采取计算机答题的方式，参加考核评估人员统一登录远程网络考核评估系统进行答题，网址：exame.bjgba.com。

2. 考核评估试卷及试题按照《考试大纲》要求自动生成，各参考人员试题均不一致。

（三）考场安排

除港澳台外，其余省会、直辖市均设有现场考核点。报名人员可根据自身实际情况就近选择现场考核点。现场考核地点以平台公示为准。

五、培训与学习要求

本项目评估考核的命题范围和依据是选自北京绿色建筑产业联盟组织编写，由中国建筑工业出版社出版发行的"BIM 技术系列岗位人才培养项目辅导教材"和"建筑信息化服务技术人员职业技术辅导教材"系列丛书及考试大纲之中的内容，学员参加培训学习时应考虑知识体系和命题范围等因素，选用学习用书和学习内容，各岗位理论与实践操作学习时长应不少于 120 学时。

1. 建筑信息化工程师（BIM 建模技术）

学习内容包括《BIM 技术概论》《BIM 建模应用技术》《BIM 设计施工综合技能与实务》理论知识及实践操作，共三个科目。

2. 建筑信息化工程师（BIM 项目管理）

学习内容包括《BIM 技术概论》《BIM 建模应用技术》《BIM 应用与项目管理》《BIM 应用案例分析》理论知识及实践操作，共四个科目。

3. 建筑信息化工程师（BIM 战略规划）

学习内容包括《BIM 技术概论》《BIM 建模应用技术》《BIM 应用与项目管理》《BIM 应用案例分析》《论文书写攻略》理论知识及实践操作，共五个科目。

4. 建筑信息化工程师（BIM 造价方向）

学习内容包括《BIM 造价专业基础知识》《BIM 造价专业操作实务》理论知识及实践操作，共二个科目。

5. 建筑信息化工程师（BIM 装饰方向）

学习内容包括《BIM 装饰专业基础知识》《BIM 装饰专业操作实务》理论知识及实践操作，共二个科目。

6. 建筑信息化工程师（BIM 电力方向）

学习内容包括《BIM 电力专业基础知识与操作实务》理论知识及实践操作，共一个科目。

7. 建筑信息化工程师（BIM 轨道交通方向）

学习内容包括《BIM 轨道交通专业基础知识》《BIM 轨道交通专业操作实务》理论知识及实践操作，共二个科目。

8. 建筑信息化工程师（BIM 装配式建筑方向）

学习内容包括《装配式钢结构建筑与 BIM 应用》《装配式建筑 BIM 技术概论》《装配

式建筑 BIM 操作实务》理论知识及实践操作，共三个科目。

9. 建筑信息化工程师（BIM 机电方向）

学习内容包括《BIM 机电专业基础知识》《BIM 机电专业操作实务》理论知识及实践操作，共二个科目。

10. 建筑信息化工程师（BIM 路桥方向）

学习内容包括《BIM 路桥专业基础知识》《BIM 路桥专业操作实务》理论知识及实践操作，共二个科目。

11. 建筑信息化工程师（BIM 市政方向）

学习内容包括《BIM 市政专业基础知识》《BIM 市政专业操作实务》理论知识及实践操作，共二个科目。

12. 建筑信息化工程师（BIM 系统开发方向）

学习内容包括《BIM 系统开发专业基础知识》《BIM 系统开发专业操作实务》理论知识及实践操作，共二个科目。

13. 建筑信息化工程师（BIM 运营维护方向）

学习内容包括《BIM 运营维护基础知识与操作实务》《BIM 技术概论》《三维扫描与BIM 技术应用》理论知识及实践操作，共三个科目。

14. 建筑信息化工程师（BIM 建筑专项设计方向）

学习内容包括《BIM 技术概论》《BIM 建模应用技术》《BIM 应用与项目管理》《BIM 应用案例分析》《BIM 设计施工综合技能与实务》《ARCHICAD 基础应用》理论知识及实践操作，共六个科目。

15. 建筑信息化工程师（工程动画方向）

学习内容包括《建筑工程动画基础知识》《建筑工程模型创建》《灯光材质与渲染》理论知识及实践操作，共三个科目。

16. 建筑信息化工程师（BIM 铁路工程方向）

学习内容包括《铁路工程 BIM 基础知识》，共一个科目。

六、考核评估内容

（一）各岗位考核科目

1. 建筑信息化工程师（BIM 建模技术）：《BIM 技术概论》《BIM 建模应用技术》《BIM 设计施工综合技能与实务》，共三个科目。

2. 建筑信息化工程师（BIM 项目管理）：《BIM 技术概论》《BIM 建模应用技术》《BIM 应用与项目管理》《BIM 应用案例分析》，共四个科目。

3. 建筑信息化工程师（BIM 战略规划）培训课程：《BIM 技术概论》《BIM 应用案例分析》，完成以上两个科目的考核后 10 日内提交自拟题目论文一篇。

4. 建筑信息化工程师（BIM 造价方向）：《BIM 造价专业基础知识》《BIM 造价专业操作实务》，共二个科目。

5. 建筑信息化工程师（BIM 装饰方向）：《BIM 装饰专业基础知识》《BIM 装饰专业操作实务》，共二个科目。

6. 建筑信息化工程师（BIM 电力方向）：《BIM 电力专业基础知识与操作实务》，共一个科目。

7. 建筑信息化工程师（BIM 轨道交通方向）：《BIM 轨道交通专业基础知识》《BIM 轨道交通专业操作实务》，共二个科目。

8. 建筑信息化工程师（BIM 装配式建筑方向）：《装配式钢结构建筑与 BIM 应用》《装配式建筑 BIM 技术概论》《装配式建筑 BIM 操作实务》，共三个科目。

9. 建筑信息化工程师（BIM 机电方向）：《BIM 机电专业基础知识》《BIM 机电专业操作实务》，共二个科目。

10. 建筑信息化工程师（BIM 路桥方向）：《BIM 路桥专业基础知识》《BIM 路桥专业操作实务》，共二个科目。

11. 建筑信息化工程师（BIM 市政方向）：《BIM 市政专业基础知识》《BIM 市政专业操作实务》，共二个科目。

12. 建筑信息化工程师（BIM 系统开发方向）：《BIM 系统开发专业基础知识与操作实务》，共一个科目。

13. 建筑信息化工程师（BIM 运营维护方向）：《BIM 运营维护基础知识与操作实务》《BIM 技术概论》《三维扫描与 BIM 技术应用》，共三个科目。

14. 建筑信息化工程师（BIM 建筑专项设计方向）：《BIM 技术概论》《BIM 建模应用技术》《BIM 设计施工综合技能与实务》，共三个科目。

15. 建筑信息化工程师（工程动画方向）：《建筑工程模型创建》，共一个科目。

16. 建筑信息化工程师（铁路工程方向）：《铁路工程 BIM 基础知识》，共一个科目。

（二）题型、题量、分值

序号	科目名称	题量与分值	时间安排
1	《BIM 技术概论》	单选题 30 题，每题 2 分，共 60 分。多选题 10 题，每题 4 分，共 40 分	8：30—10：00，共计 90 分钟
2	《BIM 建模应用技术》		10：30—12：00，共计 90 分钟
3	《BIM 应用与项目管理》		14：00—15：30，共计 90 分钟
4	《BIM 应用案例分析》	单选题 10 题，每题 2 分，共 20 分。多选题 5 题，每题 4 分，共 20 分。案例分析题 3 题，每题 20 分，共 60 分	16：00—18：00，共计 120 分钟
5	《BIM 设计施工综合技能与实务》	每套试卷中土建专业建模题 4 题共 100 分，机电专业建模题 4 题共 100 分。其中：建模题每题 25 分，考生根据自身掌握的建模专业知识自选土建专业或机电专业答题	14：00—17：00，共计 180 分钟
6	《BIM 电力专业基础知识与操作实务》	单选题共 40 题，每题 1 分，共 40 分。多选题共 20 题，每题 2 分，共 40 分。简答题共 4 题，每题 5 分共 20 分	8：30—10：30，共计 120 分钟
7	《BIM 装饰专业基础知识》	单选题共 40 题，每题 1 分，共 40 分。多选题共 20 题，每题 2 分，共 40 分。简答题共 4 题，每题 5 分，共 20 分	8：30—10：30，共计 120 分钟

续表

序号	科目名称	题量与分值	时间安排
8	《BIM 装饰专业操作实务》	工装建模软件操作共 2 题，每题 30 分，共 60 分。家装建模软件操作共 2 题，每题 20 分，共 40 分	14:00—17:00，共计 180 分钟
9	《BIM 造价专业基础知识》	单选题共 40 题，每题 1 分，共 40 分。多选题共 20 题，每题 2 分，共 40 分。简答题共 4 题，每题 5 分，共 20 分	8:30—10:30，共计 120 分钟
10	《BIM 造价专业操作实务》	土建计量与计价 4 题，每题 25 分，共 100 分。安装计量与计价 4 题，每题 25 分，共 100 分	14:00—17:00，共计 180 分钟
11	《BIM 机电专业基础知识》	单选题共 40 题，每题 1 分，共 40 分。多选题共 20 题，每题 2 分，共 40 分。简答题共 4 题，每题 5 分，共 20 分	8:30—10:30，共计 120 分钟
12	《BIM 机电专业操作实务》	模型题共 4 题，每题 25 分，共 100 分	14:00—17:00，共计 180 分钟
13	《BIM 市政专业基础知识》	单选题共 40 题，每题 1 分，共 40 分。多选题共 20 题，每题 2 分，共 40 分。简答题共 4 题，每题 5 分，共 20 分	8:30—10:30，共计 120 分钟
14	《BIM 市政专业操作实务》	模型题共 4 题，每题 25 分，共 100 分	14:00—17:00，共计 180 分钟
15	《装配式钢结构建筑与 BIM 应用》	单选题共 30 题，每题 2 分，共 60 分。多选题共 10 题，每题 4 分，共 40 分	8:30—10:00，共计 90 分钟
16	《装配式建筑 BIM 技术概论》		10:30—12:00，共计 90 分钟
17	《装配式建筑 BIM 操作实务》	模型题共 4 题，每题 25 分，共 100 分	14:00—17:00，共计 180 分钟
18	《BIM 路桥专业基础知识》	单选题共 40 题，每题 1 分，共 40 分。多选题共 20 题，每题 2 分，共 40 分。简答题共 4 题，每题 5 分，共 20 分	8:30—10:30，共计 120 分钟
19	《BIM 路桥专业操作实务》	模型题共 4 题，每题 25 分，共 100 分	14:00—17:00，共计 180 分钟
20	《BIM 系统开发专业基础知识与操作实务》	单选题共 40 题，每题 1 分，共 40 分。多选题共 20 题，每题 2 分，共 40 分。简答题共 4 题，每题 5 分，共 20 分	8:30—10:30，共计 120 分钟
21	《BIM 运营维护基础知识与操作实务》		8:30—10:30，共计 120 分钟
22	《三维扫描与 BIM 技术应用》		14:00—16:00，共计 120 分钟
23	《BIM 轨道交通专业基础知识》		8:30—10:30，共计 120 分钟
24	《铁路工程 BIM 基础知识》		8:30—10:30，共计 120 分钟

序号	科目名称	题量与分值	时间安排
25	《BIM 轨道交通专业操作实务》	模型题共 4 题，每题 25 分，共 100 分	14：00－17：00，共计 180 分钟

七、成绩与证书颁发

1. 各科卷面分数 100 分，合格分数为 60 分。

2. 证书颁发：考核评估成绩合格者由北京绿色建筑产业联盟颁发《岗位技术证书》（非国家职业资格证书）。

3. 证书领取：

（1）个人报名人员成绩合格后的 30 个工作日内，由北京绿色建筑产业联盟考务处统一邮寄证书，或自行前来领取；

（2）由机构统一代报名的，成绩合格后北京绿色建筑产业联盟考务处统一将证书邮寄至代报机构，由代报机构负责证书的颁发。

4. 成绩查询时间：考核评估结束 30 个工作日，在官方网站 www.bjgba.com 查询。

5. 证书颁发时间：自成绩公布之日起 30 工作日。

6. 考核评估成绩有效期：相同考核评估岗位的各科目考核成绩长期有效。

八、有关费用的说明

考核评估费用包括：证书工本费、项目研发费、项目运营管理费、项目人力资源费、税金、项目办公经费、档案管理费、项目推广费、考试平台开发及维护费、考试场地费、命题费、阅卷费等费用。

（一）收费标准

1. 综合类岗位收费标准

（1）建筑信息化工程师（BIM 建模技术）：首次报名 380 元/人；考试未通过科目补考 100 元/科。

（2）建筑信息化工程师（BIM 项目管理）：首次报名 450 元/人；考试未通过科目补考 100 元/科。

（3）建筑信息化工程师（BIM 战略规划）：首次报名 450 元/人；考试未通过科目补考 100 元/科。

2. 专业类岗位收费标准

专业类岗位收费标准统一为首次报名 380 元/人；考试未通过科目补考 100 元/科。

（二）缴费方式与发票开具

个人申报人员可以直接通过 www.bjgba.com 网站进行考核评估费用的缴纳，支持微信支付和支付宝支付。个人报名成功后，可自行在平台申请发票。

通过机构代报名的，由机构统一收取考核评估费用。发票统一由代报机构开具。

九、其他

1. 本办法根据实际情况，每两年修订一次，同步在 www.bjgba.com 平台进行公示。

本办法由 BIM 技术系列岗位专业技能人才考评项目运营办公室负责解释。

2. 凡参与"建筑业重点关键岗位高新技能人才培养工程——建筑信息化工程师（BIM 系列）岗位技术培训与考核"项目的报名人员、BIM 技术培训机构、考试服务与管理、市场宣传推广、命题判卷、指导教材编写等工作的有关人员，均适用于执行本办法。

3. 本办法自 2019 年 4 月 1 日起执行。

北京绿色建筑产业联盟
二〇一九年三月